ジャンヌ・ダルクの物語

象られた人生

Joan of Arc
A Life
Transfigured

キャスリン・ハリソン
北代美和子［訳］

白水社

ジャンヌ・ダルクの物語

象られた人生

ジェリー・ハワードに捧げる

かつてわたしは雌鶏だった
けれども、ひとりの天使を愛し、そして孔雀になった
ニコス・カザンザキス

目次

凡例

・ジャンヌ・ダルクの処刑裁判（Procès de condamnation）、有罪判決無効化裁判（Procès en nullité de la condamnation）の記録からの引用は、著者による英文を参照のうえ、www.stejeannedarc.netに掲載されているフランス語訳より翻訳した。必要に応じて同サイト掲載のラテン語原文を確認した。ジャンヌ・ダルクおよび同時代の関係者の書翰は同サイトに掲載のフランス語原文より翻訳した。
・聖書からの引用は『聖書　新共同訳』（日本聖書協会、一九九三）を踏襲した。
・大天使MichaelおよびGabrielは『聖書　新共同訳』に則り、「ミカエル」「ガブリエル」とした。「声」としてジャンヌに語りかけたふたりの聖女CatherineおよびMargueriteはフランス語名「カトリーヌ」「マルグリット」を使用した。
・Pernoud, Régine and Marie Véronique Clin, *Joan of Arc, Her Story* からの引用は、原書 *Jeanne d'Arc*, Librairie Arthème Fayard, 1986のフランス語原文より翻訳した。
・距離および重さの単位は原書のまま表記した。一マイルは約一・六キロメートル、一フィートは約三〇センチメートル、一インチは約二・五センチメートル、一ポンドは約四五〇グラムである。
・原書の脚注は、†、‡の記号で段落ごとに示し、注本文は段落後に収録する。
・原注は、⚜1、⚜2……の形式で章ごとに示し、注本文は巻末に収録する。
・［　］は著者による補注。
・訳注は、文中において〔　〕で表わす。
・「引用の中における「引用」」は小カギ括弧「　」で表わす。

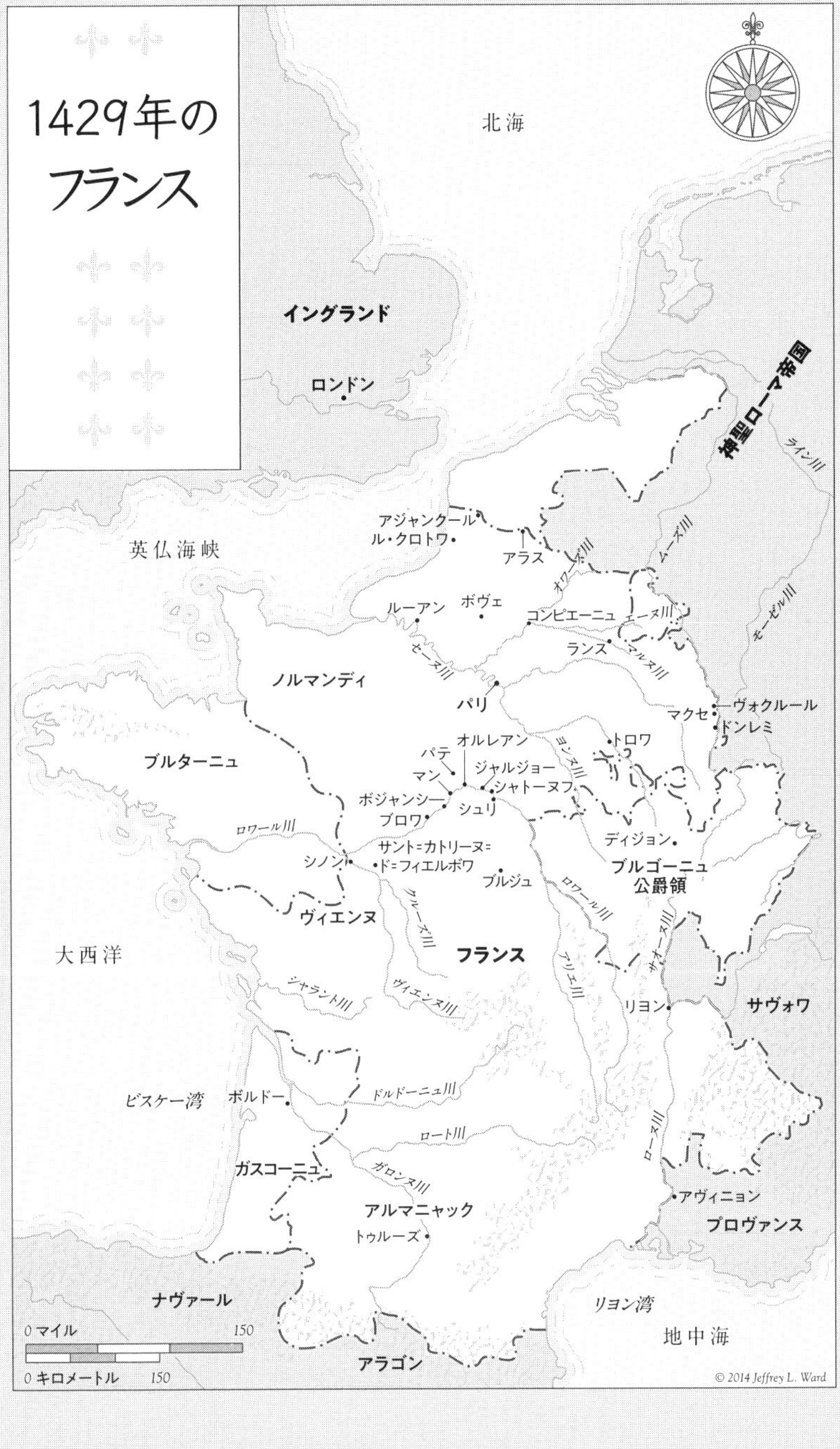

1429年の
フランス
北海
イングランド
ロンドン
神聖ローマ帝国
ライン川
英仏海峡
アジャンクール
ル・クロトワ
アラス
ムーズ川
オワーズ川
ルーアン
ボヴェ
コンピエーニュ
エーヌ川
モーゼル川
セーヌ川
ランス
マルヌ川
ノルマンディ
パリ
ヴォクルール
マクセ
ドンレミ
トロワ
ブルターニュ
オルレアン
パテ
ジャルジョー
ヨンヌ川
マン
シャトーヌフ
ボジャンシー
シュリ
ブロワ
ロワール川
ディジョン
サント=カトリーヌ=
ド=フィエルボワ
シノン
ブルジュ
ブルゴーニュ
公爵領
ロワール川
ヴィエンヌ
クルーズ川
サオーヌ川
大西洋
フランス
アリエ川
シャラント川
ヴィエンヌ川
リヨン
サヴォワ
ビスケー湾
ボルドー
ドルドーニュ川
ロート川
ローヌ川
ガスコーニュ
ガロンヌ川
アヴィニョン
アルマニャック
プロヴァンス
トゥルーズ
ナヴァール
リヨン湾
0 マイル 150
地中海
アラゴン
0 キロメートル 150
© 2014 Jeffrey L. Ward

第1章　初めに言《ことば》があった[1]

「あなたはあの預言を耳にしたことはないのか？　フランスはひとりの女によって荒廃させられ、ロレーヌの沼地からやってくるひとりの処女によって再興されるという預言を？」[2]

ジャンヌ・ダルク、すなわちアルクのジャンヌは、自分は「ラ・ピュセル」――フランスを宿敵イングランドから解放するために神から遣《つか》わされた処女――であると高らかに宣言するまでの五年間、天使たちの助言に従ってきた。ジャンヌが聞いた声たちは、大いなる光をともなって、彼女の右肩のうしろから話しかけてきた。それはジャンヌひとりだけの悦《よろこ》ばしい秘密だった。しかし声たちはある探求《クエスト》〔quest：あたえられた使命を達成するために騎士がおこなう旅〕のためにジャンヌを教え、準備をさせてきたのであり、一四二九年にその探求を開始する時が訪れたと告げたとき、彼らは見たところはただの平凡な農民の少女を、ひとりのヒロイン――中世後期の女性に課せられていたすべての制約に挑戦する幻視者――へと変容させた。

育てた者たちからは農村女性の平凡なマントをまとうことだけを期待されていたので、ジャンヌは、預言され、定められ、逃れようのない自分の宿命として受け容れたものの達成を両親から妨げられないように、声たちが自分に求めることを家族には内緒にしていた。十七歳のとき、ジャンヌは天の父の命に従って男の服を身に着けた。髪を短く刈り、甲冑《かっちゅう》をつけ、天使たちからあたえられた剣を手にした。神が自分に求めるものの法外な大きさに震えあがり、だれの尺度で測っても途方もないミッションを成し遂げるという決意で熱く燃え立っていた。

ジャンヌは声たちに抗議した。「馬に乗ることも戦争を指揮することもできない」[3]。だがそれでも、装備不足で無能な疲れ切った軍隊を熱意に燃えるひとつの軍団に育てあげ、その熱意が軍を一戦、また一戦と思いもかけない勝利に導いていった。実のところ、揺るぎのない信仰をのぞけば——あるいはその信仰ゆえに——ジャンヌ・ダルクはなによりもまずパラドックスによって特徴づけられた。片田舎の農民の娘で文字も読めないのに、貴族や司教、王侯のあいだを意図をもって動きまわり、人間の権威の基準をものともしなかった。ジャンヌの鬨《とき》の声は配下の軍隊を乱戦乱闘へと追い立てた。だが、その声は優しくて女らしいと形容された。敵を打ち破りたい一心で、部下たちを乱暴に脅し、命令に従わない者はだれであろうと断頭に処すと言い放ちながら、ひとつの命を奪うという考えを前にしてあとずさり、剣を使わずにすむように、一二フィートの旗印を掲げて自軍を率いた。旗には右手に地球を掲げ、天使に付き添われて審判を下すキリストが描かれていた。戦闘の終了後には勝利を祝うのではなく、死傷者を悼み悲しんだ。部下たちの記憶には、死にゆく敵兵の頭を膝に抱いて啜り泣き、罪を告白するよう促すジャンヌの姿が残っていた。

ジャンヌは死すべき定めの人間であり、戦闘で受けた傷口からはほんものの赤い血が流れ出した。だが、その目は王冠を戴《いただ》く有翼の天使を見ることができた。ひざまずいて天使たちの脚を抱きしめたときには、実体としてのその肉を腕のなかに感じた。ジャンヌの勇気は歴戦の軍人のそれを凌駕したが、ありふれた若い娘たちと同じように、すぐに涙を流した。処女であるだけでなく、みずからを肉の歓びの外におく苦行者でもあり、イングランド人の隊長から娼婦呼ばわりされたときには、衝撃と憤怒のあまり啜り泣いた。それでも戦士たちのあいだで戦士として暮らし、野営時には好色な若い騎士たちのあいだで服を脱ぎ、眠り、淑女ぶらなかった。騎士たちは娘の美しい肉体を記憶しているが、その肉体にはだれもあえて——ジャンヌが娼婦たちを軍隊から追いはらったあとでさえ——近づこうとしなかった。娼婦たちが愚かにもあとをついて歩いていた軍隊は、指揮官の権力の正当性がその純潔と不可分の軍隊だったのである。緊迫した戦闘行為のただなかでも、ジャンヌは部下が小さな冒瀆の罪を犯すことを許さなかった。だが、なによりもまず勝利を切望して、祭日に攻撃を仕かける利点を正しく理解した。ジャンヌは神の望みを知っていた。神の指示に従った。なにも尋ねなかった。彼女の探求はジャンヌひとりだけに明かされ、どんなローマ教皇も主張できない特権を彼女にあたえた。みずからの命のかかった裁判では、ソルボンヌ大学で養成された教会博士たちが、ジャンヌが魔女であり、異端であることを躍起になって証明しようとした。ジャンヌはカトリック教義の微妙な論点を知らないのに、彼らの修辞上の罠を巧みにかわした。将校たちを指揮できそうには少しも見えなかったが、百年戦争の流れ、そして歴史の流れを変えた。

　ジャンヌの生涯と同じほどにありえない生涯を送った者はほかにただひとりしかいない。その男、ナザレのイエスもまた神が語るのを聞いた。平和のプリンスであるのと同じように逆説《パラドックス》のプリンス。死すべき人間として苦しみ、死んだ神。そのたとえ話が人を混乱させるよう意図されていた預言者。「彼らが見ても見えず、聞いても理解できない」[4]。赦しと愛のメッセンジャー。剣を帯びて訪れ、一千年におよぶ審判と暴力を煽動した——その「新しく永遠《とこしえ》の契約」[5]の血は、彼の天の規則を拒否する者たちから搾《しぼ》りとられた。他のいかなるカトリックの殉教者にも増して、ジャンヌ・ダルクのたどった道はキリストのそれと並び立つ。「この世に生をうけた人のなかで最も気高い人だったのだ、ただお一人のお方〔イエス・キリスト〕を除いては」とマーク・トウェインは書いた。ジャンヌの誕生は預言されていた。ひとりの処女戦士が民のために立ちあがるだろう。ジャンヌは自然界に力をおよぼすことができた。水上は歩かなかったが、風の方向を意のままに操った。未来を預言した。山上で説教をするあいだに変容はさせられなかったとしても〔マタイ一七章1-2。マルコ九章2-3。ルカ九章28〕、証人たちは彼女が戦闘中に輝いていたと語る。甲冑が燃えるような光を発していただけではない。光線は甲冑のなかの少女からも放たれていた。イングランド人はその旗から白い蝶が雲のように沸きだしたと言う——イングランド人はそれを魔術の証拠と呼んだ。ジャンヌが触れると死者が生き返った。ジャンヌ誕生の六世紀後、日々知識が更新される現代にあってもなお、その偉業を合理化して人間の尺度にまで矮小化しようといくら努力しても、それが達成されることは決してない。ジャンヌの偉業は驚異の念に打たれた何万もの人びとの忠誠を勝ちえ、同じように大勢の熱い敵をつくりだした。ジャンヌは言った。ただひとつ恐れているのは裏切りだ、と。

捕縛されたジャンヌはイングランド人に売り渡され、彼女がフランスの王冠を頭に載せてやった国王から見捨てられて、運命の手に引き渡された。ジャンヌの受難はゲッセマネの園のなかではなく、牢獄で展開した。しかしイエスと同様に、孤独のなかで死の苦悶を味わった。ほとんどが腐りきった数十名の聖職者に裁かれ、教会博士たちの最後通牒に応じるのを拒否した。博士たちはジャンヌに、彼女が知る神を捨て、彼女を導いた声たちを悪魔の仕業として絶縁するよう求めた。そうしなかったとき、ジャンヌは死刑を宣告され、異端者として火刑に処された。縛りつけられた火刑柱は、炎が魔女をどうするのか興味津々で嘲り笑う見物人の上にそびえ立っていた。まだ十九歳。黒焦げの遺骸はわざわざ調べようとするすべての人の目にさらされた。結局のところ、ジャンヌは男だったのか？男だったとしたら、それがジャンヌが達成したことのいずれかの説明になるのか？

ジャンヌ・ダルクの同時代人で見識をもっていたわずかの人びとは、ロレーヌの沼地からきた処女による救済という考えを共同体の祈り——預言というよりは、救われたいという願望——として理解したのかもしれない。おそらくほとんどがこの考えを額面どおりに受けとり、ある者はそれに信任をあたえ、ある者はそれを退けたのだろう。しかしひとりだけ、ひとりの少女だけがそれを召命として聞いた。少女は、自分は糸紡ぎと針仕事、村人の羊の見張り番について習ったことから先はほとんどなにも知らないと主張した。神の意志の仲介者を自認したジャンヌ・ダルクは、不滅にされたというよりは、むしろ天使とともにいたこと、そしてそれによって授けられた力によって称揚され、生きた神話として集団の想像力のなかにはいりこんだのである。

フランスを「荒廃させた」女はイザボー・ド・バヴィエール。フランスの荒廃は、イザボーが自分の息子である王太子、つまりジャンヌがフランスの王座を再興してやることになるシャルルから相続権を剝奪し、その実の父親をめぐる疑いを生むことによって完遂された。父親をめぐる疑いは説得力があり、イザボーの子ども八人全員について投げかけられたかもしれず、それに根拠がないわけではない。イザボーは、夫の狂王シャルル六世（今日であれば「統合失調症」と呼ばれるだろう）に対する不貞で悪名高かったからだ。庶出《しょしゅつ》であることは、共通の先祖をもちながら対立しあった君主たちのあいだに王朝をめぐる争いを招きはしたが、貴族階級においては恥の種ではなかった。声高らかに告げられれはしなくても公表され、正式の婚姻外で生まれた家長の息子の紋章には特別な「バー・シニスター」がつけられた。[†] 実のところ、数世紀におよぶ英仏間の縄張り争いは、ひとりの傑出した庶子が一〇六六年にイングランドに侵入したことにより加速した。征服王ノルマンディー公ウィリアム〔フランス名ギョーム〕はイングランドの王座は自分のものだと主張したが、フランス王の封臣にとどまったし、ウィリアムのあとに統治した者たちも同様にした。当然の成り行きとして、この取り決めは数世紀にわたる王朝の混乱を約束したようなものであり、ヴァロワ家[‡]は不幸にも百年戦争を先頭に立って戦うことになった。開戦当初、フランスは蛮勇を振るった。ノルマン人によるイングランド征服に続く十字軍の数世紀は、リーヴルを国際貿易の通貨として確立し、フランスはその富によって諸国のあいだに卓越性を獲得した。フランス語は交渉の目的で使われただけではなく、ヨーロッパの共通語《リンガ・フランカ》として使用され、マルコ・ポーロは『東方見聞録』をフランス語で出版した。

† ラテン語で「左」を意味する「シニスター」は紋章の左下のクォーターから右上のクォーターに伸びる線を表わす。フランス語の A la main gauche、「（父親の）左手に」は非嫡出子を表わす。

‡ カペー朝の分家。ヴァロワ朝の国王は一三二八年から一五八九年までフランスを支配した。

疲弊させられる膠着状態、時おりの飢饉、一三四八年のペスト到来をあいだにはさみながら、百年戦争は容赦なく進行し、フランスの人口は半減した。ジャンヌが神にあたえられたミッションを開始したとき、イングランドはロワール以北のフランスほぼ全域を支配下においていた。イザボーが王太子の父親についての疑惑を明かし、息子をフランスの王座から実質的に締め出すころには、ロレーヌの沼地からくる処女による救済の前兆が広まり始めて数十年が経過していた。災厄が噂のきっかけとなり、災厄が重なれば前兆も増殖した。ジャンヌ到来の預言は歴史上のいつ成されたと考えられたのか。その時期は、ジャンヌの名声が高まるとともにどんどん早くなっていった。同時代人の詩人で歴史家のクリスティーヌ・ド・ピザンの報告によれば、聖職者による第一回の正式の審問――フランスの大臣たちは、いまだ審問を受けていない幻視者に王太子が信任をあたえる前に、念のため取り調べる必要があると考えた――のときに、ジャンヌはマーリン、シビラの巫女、ベーダ・ヴェネラビリス†が到来を預言したメシアとして受け容れられた。クリスティーヌは夫に先立たれ、自分と子どもたちの生活を裕福な後援者に愛の詩を詠《よ》むことで支えていた。しかしその名が記憶されているのは、影響力をもった高名な女性たちの物語を集めた寓話的な著作『女の都』によってである。父親がシャルル五世の宮廷付占星学者・医師だったため、広大な王室資料庫から、女性には拒否されていた大学レベルの教養を得ることができた。クリスティーヌは中世後期の思考と文学を特徴づける女性嫌悪《ミソジニー》への挑戦を目標とし、自分のユートピア的な世界観の市民としてジャンヌを歓迎した。「過去のすべての勇敢な男たちに優先して、この女は王冠を戴くべきだ！」[7]と詩人は叫んだ。ピザンがジャンヌ栄光の絶頂のときに詠んだ叙事詩的バラード『ジャンヌ頌』[8]は、フランスの救済者として記憶されることになる少女についての最初の大衆的な作品だった。その主題は「勝利者となるべき強さと権力を神があたえたもうた少女」[9]だった。

† マーリンはアーサー王伝説に登場する魔法使い、シビラの巫女は伝説の預言者、ベーダ・ヴェネラビリスは七世紀末から八世紀初めにかけてのイングランドの修道士。

預言をしたという魔術師自体が神話なのだから、現代の読者はその預言を無益ではないにしても怪しいと考えるが、中世の心性は魔術と騎士物語に占められていたし、アーサー王伝説の源泉を掘り当てた後世の学術的研究に煩わされることもなかったので、マーリンのものとされた言葉を信用した。シビラの巫女とベーダが遠い昔の神話としてマーリンに加わり、ジャンヌの生誕時期をめぐってなされたより厳密な預言を補強した。ジャンヌがみずからを神の救済者であると告白したあと、彼女を最初に調べた審問官たちは、ジャンヌの告白が真実であることを強く望み、それを過去を遡って有効にする手段として預言に助けを求めた。マーリンとシビラの巫女、ベーダは三人組として象徴的に呼び出され[10]、それぞれが神秘的でも原型的でもある言葉と結びつけられた。「ひとりの処女が人馬宮の背に乗って／その処女性の花を隠す」がマーリンの預言である。これは欧州大陸にアーサー王伝説を広めた十二世紀のモンマスのジェフリーによる『ブリテン王史』から書き写され、永続する預言がすべてそうであるように、幅広い解釈が可能である。ジャンヌに適用される場合、戦場で男たちを率いるジャンヌの権威を是認し、男装と甲冑で保護されたその禁欲を強調する。教会の本能的な修正主義は教義の妨げとなる神話をすべて破壊してきたが、シビラの巫女ははるか以前に復権させて利用してきた。シビラの巫女は紀元前五世紀にまで遡る伝説[11]の預言者で、しばしば複数で言及される。ひとりだろうと複数だろうと、記録に残るシビラの神託はないので、どんな嘆願であってもそれを裏づけるために呼び出すことができた。ベーダ・ヴェネラビリスがジャンヌがフランスを救うと預言したという根拠は、ベーダの死後六世紀を経て書かれたアングロサクソンの詩からとりこまれたただひとつの文「見よ、闘いがとどろき渡る、おとめが旗を掲げる」[12]にある。

イエスの降臨も同様に正当化された。福音書記者は、「ひとりのみどりごがわたしたちのために生まれた。ひとりの男の子がわたしたちに与えられた。権威が彼の肩にある」[13]のような救世主到来についての包括的な預言をキリストの降誕にあてはめ、自分の知るイエスの生涯を、預言者イザヤ、ダニエル、ホセア[14]による特定の預言に合わせるために修正した。より重要なのは、イエスが自分自身を旧約聖書の預言の成就として絶えず示したことである。たとえば枝の日曜日のエルサレム入城を六〇〇年前のゼカリヤの指示に従って意図的に演出した。「見よ、あなたの王が来る。／彼は神に従い、勝利を与えられた者／高ぶることなく、ろばに乗って来る」[15]と預言者はメシアについて書いた。これは成就された預言ではなく、聖書学に根拠をおく公的な宣言である。なぜならば、イエスはいやしくもユダヤの聖典を知るユダヤ人であり、自分は神であると主張するイエスの不遜に応えてその死をわめきたてた高位の祭司たちと同じほどに、旧約聖書を熟知していたからである。「このすべてのことが起こったのは、預言者たちの書いたことが実現するためである」[16]とイエスは弟子たちに言った。寺院の長老たちには、自分はイザヤが「虐げられた人を解放」[17]するために到来を約束したメシアであると語った。

　イエスと同じく、ジャンヌも聖書のなかに、だが旧約というよりは新約聖書のなかに自分自身を認めた。福音書にあるひとつの生涯の記述から言葉を借りてきて、「わたしは貧しく見捨てられた人びとの慰めとして送られた」と主張した。福音書に書かれた生涯はジャンヌの生涯と同じように、奇蹟とスペクタクルと預言の成就によって人びとを説得した。

　ジャンヌが成長しながら聞いたであろうわずかの預言のうち、ただひとつ自分のミッションと結びつけたことが知られているのは、ほかでもない生誕の地についての預言である。フランスはひとりの女によって荒廃させられ、ロレーヌの沼地からきた処女によって再興される。新旧の聖書が明示するように、預言とはつねに政治的なメディアであり、褒賞にあたいする民族《ネーション》に土地をあたえる嫉妬深い神によって広められる。一三九八年、フランスの国民的巫女マリ・ロビーヌが祖国の荒廃を予見したとき、マリはパリの宮廷にまっすぐにやってきて、それを詳しく描いて見せた。マリは出自の慎ましい隠遁者であり、諸教皇が彼女の黙示録的著作『啓示の書』に注目したことによって威信を得て、貧者からも貴人たちからも同じように受け容れられた。精神に混乱をきたしていたらしいシャルル六世からは謁見を拒否されたが、予見者マリは「多くの苦難」が訪れると警告した。ある幻視のなかで甲冑を見て、それに怯えた。「だが、彼女には恐れるなと告げられた。この甲冑はおまえのためではなく、おまえのあとにくるひとりの処女のためだ。その処女がこの甲冑を身に着けて王国を敵の手から解放する」[18]。証人たちはジャンヌがロレーヌに特別に関係のある預言のみを口にしたと記憶しているが、その一方で、ジャンヌがマリの幻視の内容を知っていたことに疑問の余地はない。マリの幻視は民間に共有された伝承であるのみならず、ジャンヌの召命を明示し、彼女が甲冑を身にまとうことを正当化した。

一四一二年一月のジャンヌの誕生当時、フランスは七五年間にわたる敵の占領に耐えてきただけでなく、イングランドによる統治は避けがたいと考えた実際家のブルゴーニュ家が無遠慮な征服者の側についたために内戦のなかに転がり落ちていた。前世紀の周期的な不作と飢饉、密集した生活環境が疫病の拡大に手を貸すところならどこでも、相変わらずくすぶり続けていた腺ペストによってすでに半減していた民衆の上に、外国による占領が暗い影を落としていた。イングランド人たちは渇望した土地を数十年間にわたって略奪したあと、自分たちが統治しているのはゴーストタウン、そして灰燼《かいじん》に帰した葡萄畑や穀物畑、瓦礫の山と化した家や教会、殺害されて腐るにまかされた家畜であることに気づいた。フランス人は失った土地をいつの日にか取りもどすのをあきらめ、彼らを守る軍隊は政府が破産したために賃金は未払いだったし、装備は貧しかった。悲惨な苦境にあればあるほど、彼らは必死になって希望をより高位の力に託した。彼らは自分たちはまさにその力からこそ救われなければならないと信じていた。記憶の彼方の昔から耐えてきた罰は、神が――神が彼らの嘆願に耳を傾けたことが一度でもあったとして――フランスは救済にあたいしないと考えていることを示唆していた。このような救いようのない窮状を説明できるのは、神からソドムとゴモラ並みの懲らしめを受けなければならないような広範囲にわたる邪悪な不正行為だけである。

ほとんどすべての生者が腐った死骸を目にするときには、貴族的な芸術と大衆文化のどちらもが病と腐敗のもっとも陰惨な様相に目をとめがちになる。中世史の大家ヨーハン・ホイジンガが中世後期について書いたように、「人生と世界とをあからさまにほめたたえることは無作法[19]」と考えられた。流行は「その苦悶と窮状のみを見て、いたるところに頽廃とまもなくの終末の到来を発見する――ひとことで言えば、時勢を非難するか軽蔑する――ことだった……なぜならば真の未来は最後の審判であり、それはすぐ近くまで迫っているからだ[20]」。ブリューゲル、ボッシュ、ホルバインの傑作から大衆的な呼び売り本の粗野な木版画にいたるまで、加速しながら到来する最後の審判のために死の舞踏がリズムを刻んでいた。貴族の奢侈禁止令が覆い隠そうとしたものを、ペストが明らかにした。死は民主的である。偉大な平等主義者、死は王侯も貧民も同様に訪れ、教会の教義に慰めを得る者たちのために、正しき者には褒美を、悪しき者には罰をあたえる。

十五世紀のヨーロッパ全体が、ユダヤ人や十八世紀大覚醒期のアメリカ人――あるいは死すべき人間の苦悶を罪、とくにセックスに関連する罪の結果として繰り返し説明する現代の原理主義――と同じように、ユダヤ＝キリスト教的思考様式の虜になっていた。それは人類の卑しい性質と、違反者を破滅させようという神の衝動を強調する。たとえばケオピスネズミノミが腺ペストの媒介動物であることを突きとめ、気象パターンが旱魃《かんばつ》と飢饉を説明するように、科学は宗教に対抗する知識を提供する。科学がないところでは、教会は疑問を呈されない――そして異端審問の期間には、疑問を呈しえない――権威を民衆の上に意のままに振るっていた。民衆の宗教教育は「イヴによる死、マリアによる生[†]」を、苦しみを理解するための定式として力説した。女性の性衝動《セクシュアリティ》を不服従や堕落と同等とみなし、女性をその性的な行動だけに基づいて裁くことは、ユダヤ＝キリスト教の伝統の礎石であり、構造上の、だからこそ消すことのできない教義である。それは女性蔑視《ミソジニー》に対する弁明書《アポロギア》だ。スウェーデンの聖ビルギッタが一三四六年に記録を始め、のちに出版されて、ヨーロッパ全土で信じられた『天の啓示』は、フランスの荒廃の源は罪にあるとした。処女性をみずからの徳の証拠と象徴の両方として披歴したジャンヌは、神がフランス人を罰したのは、「彼らの罪のために彼らを打つのが神の意志」だからだと信じた。

† 聖ヒエロニムスの言葉とされる中世の民間の諺。

みずからの信奉者の忠誠をやたらと試しがちな神の気まぐれの前で、孤独なヨブは頭を下げたかもしれない。しかし、恩寵から転落するだけでなく、神の際限のない怒りの対象となるほどに神の保護からも遠ざかってしまったという恥辱と恐れとがひとつの社会全体に浸透したとき、その社会が想像できたのは、ただひとつの救済手段、穢《けが》れなき仲裁者だけだった。もし性的な逸脱が死を運んでくるのなら、その反対、つまり禁欲の清浄は死にかけた国《ネーション》に命を回復させるだろう。

不貞の王妃イザボーは彼女の乱れた性生活の汚点を強調する預言の前半を実現した。残りの半分の実現には、誘惑を受けつけない処女が必要だろう。

⊕

少女時代を語るジャンヌの証言には「理性の年ごろ」〔「物ごころのつく年ごろ」〕という言葉が何度か登場する。少女時代は十二歳、天使の導きが彼女に「理性」をあたえ、同年代の仲間たちから遠ざけたときに終了した。ジャンヌは、仲間の屈託のない遊びは自分がみずからの人生の真の物語と考えていることとは無関係だとして、「できるだけ」加わらなかった。ジャンヌは真の物語、ひとつの語り《ナラティヴ》を、敵の嘲笑から守ったのと同じように、支持者たちの熱意あまっての潤色からも注意深く守った。ジャンヌの擁護者たちが、彼女が父親の羊に最小限の世話をあたえたことを大げさに誇張し、イエスやイエスの生誕に敬意を表した羊飼いたち、さらには旧約の預言者イザヤやエゼキエル、ゼカリヤ[21]のあいだにジャンヌの場所を確保したとき、彼女は、羊飼いだったという誤解――意図的か否かはともかく誤解に変わりはない――を即座に正した。だがジャンヌは自分の物語を長いあいだは守れなかった。キリスト誕生の一千年前に、羊飼いを神の化身として選んだ語り《ナラティヴ》の伝統から羊飼いのモチーフを追いはらうのは不可能だった。ダビデ王は歌った。「主は羊飼い。わたしには何も欠けることがない」。ジャンヌ誕生の五世紀後、そしてダビデ王の三〇〇〇年後の一九一六年に封切られたセシル・B・デミル監督初の大作『その女ジョウン』（邦題『ジャンヌ・ダーク』）は、強烈な象徴性がこめられた監督のヴィジョンを冒頭から示す。ジョウン＝ジャンヌは、キリストに似て、羊たちを連れてスクリーンに登場し、超自然的な光が満ちた風景のなかを観客に向かって歩み寄ってくる。光は最終的に彼女のまわりに収斂して、輝く後光、全身を包みこむ光輪となる（図5）。二十世紀の傑出したフランス中世史学者ジョルジュ・デュビーでさえ、裏づけのある資料をいくらでも渉猟できたにもかかわらず、ジャンヌを卑しい羊飼いの群れのなかにいっしょくたにしている。[22]

もちろんジャンヌの生涯については多くの物語がある。処刑裁判における一連の敵意ある質問への回答から自伝をまとめられるというかぎりにおいては、ジャンヌは自分自身の物語を残した。抵抗する彼女を根負けさせ、罠にかけて偽証を誘おうという試みのなかで、多くの質問が何度も繰り返された。判事たちが真実を求めたことは一度もなかった。しかしこの場合、真実を隠してはおけなかった。炎の下でのジャンヌの落ち着きは、彼女がたとえ教養ある碩学だったとしても、自分の力だけでは示せなかったことを示した。哲学と修辞学を講じた聖アウグスティヌスがしたように、みずからの肖像を組み立てて磨きあげることと、十九歳でみずからの高潔を示すこととは別物である。策謀する教条主義者たちが声を合わせても、ジャンヌの高潔を解体はできず、彼らの詭弁法はジャンヌの徳を本人みずからは成しえなかった形で示した。裁判の筆記録でおもしろく読めるものはわずかである。ただひとつだけがジャンヌ・ダルクの声を保存している。判事たちの言葉が簡単に忘れ去られる――独裁者はすべて同じに聞こえる――のに対して、ジャンヌの言葉は尋問の制約を超越する。拷問で脅し、牢番たちが犯そうと襲いかかっても、判事たちが彼女のために引いた輪郭にジャンヌを無理やり従わせることはできなかった。それは彼らの台本《スクリプト》、ジャンヌの生涯についての彼らの物語《ストーリー》であり、この種の他の中世の資料とは異なり、彼女の迫害者たちによって複写され、綴じられ、配布された。その皮肉な目的は、自分たちが教会法を遵守したと立証することだった。

ジャンヌ擁護を目的として、その死後二五年を経ておこなわれた有罪判決の無効化裁判〔復権裁判〕が二つ目の公式ナラティヴを提供する。生前のジャンヌに拒否された弁論は、ジャンヌに代わって証言をする一一五名の証人によって語られた。この二種の筆記録のほかに、国王顧問ギヨーム・クジノの『ラ・ピュセル年代記』、フランスの詩人アラン・シャルティエの『エピストラ・デ・プエッラ』、匿名の著者の『オルレアン籠城日記』と『パリの一市民の日記』のような同時代の証言、ジャンヌ自身が口述筆記させた書翰と、国王や聖職者、友人、敵が彼女について書いた書翰、詩、神学的な分析、讃辞、伝記、死後すぐに演じられた受難劇がある。本人はいやいやながらも生前でさえ、ジャンヌは崇拝の対象となり、その処刑は、恍惚となったヨーロッパ中の観衆の前で展開されたドラマの必要欠くべからざるひと幕だった。観衆は彼女の驚くべき生涯のすべての噂、すべての記録を消費し、それをひとつのナラティヴへと織りあげた。

その比類なき地上の生ゆえに、人類の大部分から切り離されているすべての聖なる表象――神自身、アラー、キリストの生涯を含む――と同様に、ひとりの聖人とはひとつの物語であり、ジャンヌ・

ダルクの物語は唯一無二である。ジャンヌの誕生当時、カトリック教会はヨーロッパ文化の中心であり、実質でもあった。中世の音楽と美術はほぼ全面的に信仰に捧げられ、その最高の表現が大聖堂の内部に見出された。大聖堂のゴシック建築は上方から射す光の源を強調し、たとえそれらが神がどんな細部も見逃さずに監視していることを人類に思い出させはしても、側廊上に並ぶ高窓からは天上の光線が屋根の下に集った信徒たちの上に降りそそぎ、尖塔は視線を上方、この恩寵の源へと導いた。中世に建造された数百の大聖堂はひとつひとつが偉大な贖罪の行為の証だった。ひとつの都市が神の恩寵をめぐって他の都市と競いあった。教会は津々浦々に広がり、民衆の心の動きをコントロールしていたので、キリスト教は「『詩編をとなえることができる時間の間』卵をゆでるのに要求される料理法でさえあった」[23]。教会は政府と分離されているどころか、国家そのものだった。法は神の正義により、地上でキリストを代理する大司教だけが国王を塗油によって聖別できた。ケンブリッジ、オックスフォード、ボローニャ、バドヴァ、ナポリ、サラマンカ、バヤドリド、パリ、モンペリエ、トゥルーズ、そしてオルレアン――ヨーロッパ全域の思考の大中心地は、宗教共同体に起源を有する。

富裕層にとって、教育や芸術を後援することは、金持ちが近づくと天国の門を針の穴の大きさに縮めてしまう神から好意を買うための手段だった。祭壇背後の飾り、ステンドグラスのはまった窓、十字架の道行の留〔キリストの受難を表わす一四の像〕、呼び売り本、文字の読めない貧者のために、教会は宗教教育を、寓意と福音書の挿画という形で提供した。学者が教会から報酬を得ているとき、教育は必然的に教会の利益と偏見を反映し、最上位から底辺まで中世文化にはすべて同じ不安が浸透していた。とくに最下層階級は、死すべき生の終わりなき苦しみを修正する手段として死後の生を見つめ、炉辺で語られる物語は娯楽と同様に宗教教育も提供した。ジャンヌが慣れ親しんでいたであろう民間説話がキリストの誕生に――一部は一千年も――先がけていたにもかかわらず、それらは主題と象徴をキリスト教と共有し、魔術の業が神の介入の役割を引き受けた。徳は天の祝福によって報いられると約束する八福〔山上の垂訓の八つの教え。マタイ五章3‐12〕と同等の意味をもつ寓話は、プロットを裁きと相応の報いに向かわせる。たとえば『シンデレラ』の教訓は、「柔和な人々は、幸いである。その人たちは地を受け継ぐ」〔マタイ五章5〕となりえるだろう。ヒロインの生来の善良と従順は、超自然的な修正によって報われる。それは彼女の真の輝きを創造するのではなく、むしろ明かすのであり、彼女を隷属から解放して、王の息子の腕のなかでの永遠の幸福に引き渡す。眠れる森の美女も、贖罪の口づけをするために茨の藪を切り進んできた王子に触れられて眠りから目覚め、高貴な恋人との結婚に到達する。無邪気な白雪姫は、善と悪の知恵がこめられた果物、林檎《りんご》をかじる。林檎を差し出すのは、蛇に代わって介入する悪辣《あくらつ》な王妃である。穢れなき娘は倒れて息絶え、人間の影響力の届かないところで王子の到来を待つ。王子はキリストのように、姫を甦らせ、自分の王国に連れ去る。おとぎ話の森はエデンの園の陰鬱な裏返し、陽光注ぐ園には影が広がり、罪を隠す。赤ずきんちゃんが母の警告を忘れて従順の小道から迷い出るとき、彼女は性的な捕食を象徴するようになった動物、狼と出会う。ナラティヴのジャンルとして、聖文学は伝記とフィクションのあいだに宙づりにされ、ひとつの真実が歴史的であろうとなかろうと、それを強化するためにフィクションから自由に借りてくる。聖人物語の一部は、民間伝承からモチーフだけでなくプロットもそのまま横どりした。たとえば『驢馬の皮』物語は、聖ディンプナ物語に焼きなおされた。驢馬の皮もディンプナも、妻の死を悲しんで自分の娘を花嫁にしようとする父親に言い寄られる。驢馬の皮はこの世の王子の腕のなかで結末を迎え、ディンプナは父親の近親相姦の誘いを拒否したとき、首を切り落とされ、この物語の聖女版となる。騎士道にもキリスト教が浸透していた。理想の騎士はどの主人よりもまず神に仕えた。ガラハッドが聖杯を携えて円卓にもどることはなかった。その前に天国に昇り、あまりにも濃密な恍惚状態を経験したので、その抱擁のなかで死ぬことを選んだ、二世紀後、セルバンテスによる騎士物語のパロディも救世主《メシア》の軌跡をなぞらずにはいられなかった。ドン・キホーテは「奈落までおりる」[24]モンテシーノスの洞窟――地下世界――に降り、三日間、死者のあいだにとどまったあと、生き返る。

　何世紀ものあいだ、ジャンヌ・ダルクの物語を語った人がだれであろうと、彼または彼女は記録されたイエスの生涯のひとコマひとコマを知っていた。とても幼いときから知ってきたから、ジャンヌの短い生涯がたどった道をイエスのそれと並ぶように系統立てるのは自然なことだった――自分を女性版ガラハッドと見なしたジャンヌにとって、殉教へと向かうとき、メシアとしてのイエスの道をたどるのが自然だったのと同じように。彼女の生涯が聖書に預言されていなかったとしても、その輪郭は、発想の源となった福音書のナラティヴに予示されて、見出されるべくしてそこにあった。

　預言、お告げ、処女性。隠された剣、宝冠をもつ天使。騎士たちの軍隊、蝶の雲。的をはずれる男根的な矢。塔の独房、邪悪な司教、国王の背信。焼けない心臓、この不死の心臓を焼きつくせなかった炎から飛び立つ一羽の鳩。ジャンヌにおいては、運命、あるいは神、あるいは神たち、あるいは無作為の意味のない偶然が現実のヒロインをつくり出した。限られたメディアが象徴に大きく依存していた時代に、彼女が地上で過ごした短い時間は、象徴で豊かに彩られていた。ジャンヌ・ダルクの物語は集団の夢を実現しただけでなく、それを変容させ、炉辺から天国へと昇格させた。事実は混乱し、ジャンヌの伝記のような伝記は創造を促す。その出所は無意識であり、その論理は理性とは別物である。すべての善きほら話と同様に、ジャンヌの物語も口伝えで広まり、語り手の気まぐれのままに増補されたり、省略されたりした。しかし、忠実な支持者が加えた愛すべき細部――嘘をつくというよりは、彼女を敬虔なレンズを通して見ている――が、彼女の生涯のいくつもの異本に錆《さび》のようについている一方で、その生涯は人びとの眼前で展開した。数千人が目撃し、その輪郭は想像されたのではなく知られたのであり、書かれた資料によって守られていた。最初期の伝記作者は、その物語が展開しているまさにそのとき、神話の王国に運び去られていく物語を語った。その物語は、詳細さにおいて特筆すべき歴史的記録のおかげで、神話化を免れていることが示されるだろう。

真実とフィクションのあいだの緊張が、ジャンヌの伝記を生き返らせつづけている。なぜならば、ひとつの物語が生きているのは、ひとつの言語と同様に、それが変化を続けているかぎりにおいてだからだ。ラテン語は死んだ。ジャンヌは生きる。ジャンヌはシェイクスピア、ヴォルテール、シラー、トウェイン、ショー、ブレヒト、アヌイ、そしてそれほど有名ではない何千もの作家によって想像され、想像しなおされてきた。その死後数世紀にわたって、キリスト教徒、フェミニスト、フランスのナショナリスト、メキシコの革命家、そしてヘアドレッサーたち[25]によって慈しまれてきた。彼女の粗野なヘアカットは、家父長的構造からの独立のシンボルとして、フラッパーたちのボブヘアに想をあたえた。彼女が耳にした声たちは、神学者と同様に精神科医と神経科医の注意を引いてきた。ジャンヌ・ダルクは決して安らかには眠れないように思われる。ジャンヌの記憶が繰り返し呼びさまされるのは、一度理解した物語をわたしたちは忘れてしまうからなのだろうか?

第2章　天使たちの話しかたと言葉で

ジャンヌ生誕の地ドンレミはパリの東約一五〇マイル、フランス北東部ロレーヌ地方†を流れるムーズ川上流の西岸に位置する。十四世紀に実施された国勢調査――個々の人間の頭数よりも炉床の数を数えた――では、村の人口は二〇〇人をわずかに下まわると推定された。現在の人口は一五〇人程度である。ジャンヌ・ダルク・センターとジャンヌを讃えて建立された聖堂をのぞくと、ドンレミはジャンヌの時代とほとんど変わらず、ムーズの丘陵地帯にある小さな農村にとどまっている。気候は厳しいというよりは温暖で、夏の暑さは七月に約二七度に達し、冬は一月がもっとも寒い。浅い川は村を迂回して沼に向かい、流れを緩めて最後には氷結する。土壌は固く、粘土質で石灰が豊富に含まれ、家畜の放牧とカラス麦、小麦、ライ麦、麻、そして葡萄の栽培にはうってつけである。

† ロレーヌは三分割されたカロリング帝国領のひとつロタリンギアに端を発する。カロリング帝国は西暦八〇〇年、シャルルマーニュが教皇レオ三世から皇帝冠を授けられたときに成立した。

いまも昔もどこまでも牧歌的な風景が、小さく密集したドンレミの家々の周囲に広がる。家はほとんどが平屋。緑の草原とぽつぽつと白い羊たちのパッチワーク、蛇行する川がとぐろを巻きながら丘陵を抜け、丘はしだいに高くなってぼんやりとした暗い樫の森《ボワ・シュニュ》になる。森の黒い影のなかには狼が潜み、迷子の仔羊を待ち構える。森には狼よりも恐ろしい捕食者がいた。暗い木々の幕の背後で、悪魔が二本足の獲物を待ちながら、衣裳を着替えて変装するのは周知の事実。

北のヴォクルールや南のヌフシャトーと同じように、旧アグリッパ街道上に位置しているのでなければ、ドンレミはもっと寂れた農村だっただろう。ローマ時代に建造されたアグリッパ街道はフランスを十文字に走る。ドンレミの場合はラングルを通ってヴェルダンとディジョンを結ぶ線とつながっていた。おかけで村は小規模な戦闘の結果すべて、そして戦闘後の王太子の対応について王太子の近習たちがばらまく情報を適時に受けとっていた。村の立地条件でそれほど幸運でなかった点は通過する略奪団に対して脆弱だったことだ。街道とは道沿いに町から町へと略奪してまわる誘惑を意味した。近くのランスやメスといった都市の生活は要塞化された城壁で守られていた。一方、田園に居住して、その労働によって都市が消費するすべてを供給していた農民や葡萄栽培者は、略奪をする兵隊の集団だけでなく、脱走兵、傭兵、防御が不充分な資産に引き寄せられる略奪者たちから、散り散りになって逃げるしかなかった。略奪者は「皮剝ぎ団」と呼ばれ、戦闘がほぼ完全に攻囲戦に終始しているあいだは、土地から根こそぎ剝ぎとることはなかったにしても、失業すれば手当たり次第に盗んだ。ジャンヌが戦闘で対峙したジョン・ファストルフ司令官は一目おかれた戦術家だが、攻囲戦にともなう仕事のやり方を手短に述べている。攻囲戦の究極の目的は王族を誘拐して身代金をとることによって、王朝の支配権を手に入れることだった。占領軍には、盗めないものすべて――家屋、穀物、果樹、収穫――を焼きはらい、わがものにできない家畜を殺すことで、土地を徹底的に荒廃させるよう指示された。この戦略は庶民の気力を削ぎ、士気を挫くことを意図していた。[1] 見たところ終わりのない戦争が英仏両政府の金庫を空にしたとき、一部の兵士は自分の衣食をまかなうために盗まざるをえなかった。また一部は罰せられない破壊、強姦、殺人の誘惑に負けた。それは野放しの暴力の時代、ペストの惨禍が人びとをグロテスクな肉体的苦痛に慣れさせ、肉体的な苦痛は魅惑の対象、娯楽にさえなった。戦争は殺戮を是認し、上流階級は殺戮のために生きた。戦闘の合間の乱暴な馬上槍試合や疑似戦闘は残念ながら実害をともない、それが古代ローマの剣闘士の試合と異なるのは、気高い騎士道の見せかけをまとっていることだけだった。農民たちは槍先に掲げられた首や、肉が腐って骨から落ちるまで絞首台に吊るされたままの死体をぽかんと眺めていた。

十五世紀までに、飢饉、ペスト、戦争が五体満足な者を大地から奪い去ったために、経済および社会の構造はもはや農奴制を維持できず、約一千年間にわたって西ヨーロッパを特徴づけてきた統治システムはほぼ崩壊した。黒死病は命を奪わなかった者たちを束縛から解放した。農民、農奴、肉体労働者――何千何万もの平民――はこの機に乗じて、記憶にないほどの昔から仕えてきた貴族階級に対して突然、牙をむき、遺言を残さずに死んだ者たちの城を乗っとって、羽根布団の暖かさを感じ、銀杯で分けあたえられる口いっぱいのワインの魅力を味わった。もちろんだれもが殺人と盗みに走ったわけではない。ひとたび隷属のくびきを逃れると、熟練労働者は労働に対する支払いを要求できるようになり、世間の階段をあがっていった。ジャンヌの父ジャック・ダルクは一三七五年、一般市民の不安がもっとも広がっていたときに生まれ、前例のない社会的流動性の時代を生きた。進取の気質に富んだ人間は土地の価格が下落したのを利用して不動産を増やし、社会秩序の緩みは秩序に付随する固定された思考体系にも類似の不安定性をもたらした。神はみずからの被造物をあまりにも無差別に攻撃し、壊滅的打撃をあたえたために、説得力をわずかに失い、人間は、自分を教父たちの禁圧的な思考から解放できるかぎりにおいて、自分で考える力をもつことができた。西欧社会が体制順応主義者よりも自由思考の個人に価値をおくようになるまでには何世紀もかかるが、とにかく変化は起きた。

ジャンヌの父親はドンレミから西に五〇マイルのシャンパーニュ地方セフォン出身の自由農民《ヴィラン》で、土地四〇エーカーを所有、その土地で穀物を輪作し、羊を放牧した。そのほか樫《ボワ・シュニュ》の森にも一〇エーカーを所有。村人は、豚にドングリを食べさせて肥育する必要があるときにしか、森には足を踏み入れなかった。ジャック・ダルクは自宅と自宅の家具を所有していた。ジャンヌの母イザベル・ロメは一三七七年生まれ。[2] ドンレミの北西わずか五マイルのヴトンで育った。イザベルの兄弟（ときにはおじとされる）アンリ・ド・ヴトンはセルメーズのベネディクト会修道院長で、どうやらジャック・ダルクとの婚約を取り持ったようである。子ども時代のジャンヌに慎ましい羊飼いの役が割り振られたように、家族もしばしば実際よりも貧しく、社会的に孤立し、無知で、俗世間につきものの堕落を免れていたように描かれる。しかし、近親者に修道院長がいると言える農民はほとんどいない。土地所有者もほとんどいない。イザベルはヴトンに不動産を所有していたし、ジャックが一四三一年に——その年、ジャンヌが処刑されたので、一説には悲しみのために——死亡したときに相続したであろうものも所有していた。ロメはいわゆる姓ではなく——十五世紀、農民は必ずしも姓をもってもいなかった——イザベル（あるいはその母親かもしれない）がローマに巡礼したのであたえられた称号である。ローマ巡礼には高額の支出が必要であり、信仰に人一倍の関与をしていた証拠である。巡礼の旅に出かけるには金銭だけでなく、巡礼街道沿いで待ち伏せる盗賊、ペストやレプラに身をさらす覚悟も必要だった。中世の巡礼者はしばしば必ずしも帰郷を期待していたわけではなく、旅の費用を賄うために全所有物を売りはらった。友人や隣人たちがあまねく証言するとおり。ジャック・ダルクとイザベル・ロメは「真の善きカトリック教徒」[3]だった。

彼らは「立派な耕作者」[4]で、小麦、ライ麦、オート麦を栽培したが、土地の食生活、そしてダルク家の生計は家畜――乳、チーズ、卵、家禽、豚――に基礎をおいていた。ジャックが毎春、刈りとる羊の毛で家族が栽培していないもの、あるいは自作しないものを購入できた。ダルク家は農民としては豊かで、数百フラン†を貯金し、ときおりの旅人に食事と一夜の宿を提供するのに充分な食物と空間を――一階の炉床の前か、家の二階を形成する二つの屋根裏部屋に――もっていた。都市か農村かにかかわらず、ほとんどの住居が木造の時代に、ジャック・ダルクの家は「村でただ一軒、木材と藁ではなく石で造られた家」[5]だった。

† 一三六〇年から一六四一年まで鋳造されていた一リーヴル貨につけられた名称。「リーヴル」はラテン語の「リベラ」から派生し、イングランドの「ポンド」と同様に重さの単位だった。

ジャンヌは両親の五人の子どものうちの四番目で、一四一二年に生まれた。兄のジャックマンとジャン、ただひとりの姉カトリーヌ、弟のピエールがいた。しかしながら兄弟の生まれ順とそれぞれの年齢について資料はまちまちだし、不完全でもある。長男のジャックマンが一四〇六年、イザベル三十歳のときの子だとするものもあるが、ジャックマンは一四一九年に結婚したと言われるので、一四〇六年生まれとすれば、とても若い花婿だったことになる。ジャックマンは結婚後、ヴトンの母親の土地に居を構え、そこに一四二九年春までとどまった。そのころにはジャンヌの名声が兄弟全員を栄光と、歴史書のなか――農民にしてはめったにない到達地――に引きずりこんでいた。ジャンとピエールがジャンヌを追って戦闘に向かったあと、ジャックマンはドンレミにもどり、五十代半ばの両親を手伝って、家族の農園を経営した。そのころまでにはカトリーヌは結婚して、近隣の村グルーに移り、おそらくは産褥で死亡していた。

ジャンヌの誕生日は伝統的に一月六日、すなわち十二日節〔クリスマス後の第十二日。公現祭〕に祝われてきた。それが正確なのかどうかは、日付について実在する唯一の資料が王太子側近の宮廷人が興奮して書いた派手な書翰であるために疑問視されてきた。この宮廷人、ペルスヴァル・ド・ブランヴィリエが辺鄙な村で教会祭日の祝いに立ち会っていなかったのはほぼ確実である。一四二九年六月、彼はミラノ公に宛てて「彼女が初めてこの世の光を見たのは公現祭の夜のあいだでした」[6]と書いた。「驚くべきことに、〔ドンレミの〕住民たちは言葉では表わせない歓びにとらえられ……〔そして〕どんな新しいことが起きたのかとあちこち尋ねてまわりました。この予期せぬ歓びの先触れに、雄鶏たちがこれまで一度も聞いたことのないような鳴き声をあげ、翼をばたばたとさせて体をたたき、それを二時間近くにわたって続けて、この出来事を預言しました」[7]。ブランヴィリエの手紙で現存すると知られているのはこれ一通で、ジャンヌがオルレアンの攻囲を解き、アジャンクールの厭《いと》うべき屈辱を陰に追いやり、長く待たれていた神の慈悲を証明した一か月後の一四二九年六月二一日に書かれている。ブランヴィリエは国王顧問、フランス軍徴兵官だったので、勝利は彼の仕事を可能にし、またたやすくもするから、彼には勝利を祝うだけの理由があった。以前は前線から逃げ出した男たちが、ジャンヌ指揮下で戦う幸運を得るために踵《きびす》を返してそのあとを追いかけた。宮廷は歓喜に酔い、浮わついていてさえいたが、注目の中心には王太子シャルル・ド・ヴァロワがいたのではなかった。中心を占めていたのはジャンヌ、国境を越えてセンセーションを巻き起こした人。フランスがその勝利を負う人。ブランヴィリエのものと同様の書翰がシノンからヨーロッパ中の城や館に殺到した。フランス語を話し、読むすべての教養あるヨーロッパ人が、ジャンヌの名声の伝播を加速させた。事実だけでもすでに現実離れした出来事をさらに飾り立てる衝動には、貴族も市場で噂話をする主婦も抵抗はできなかった。かつては人間の預言者たちがジャンヌの到来を預言した。今度は自然が、少なくともひとつの種、鳥類がジャンヌの到来を確認した。中世人には誕生日を記録しておく習慣はなかったから、人間の記憶力という信頼のできない装置は、ジャンヌが冬に生まれたという記憶を彼女の栄光にふさわしい日付と簡単に結びつけた。公現祭に生まれたのは天の操作の結果なのか、あるいは幸いなる偶然、あるいはブランヴィリエの空想、あるいは噂が次から次へとフランス貴族に伝わっていった過程のどこかでの寓話作者の贈り物だったのか。それはたいした問題ではなかった。より重要なのは、ジャンヌの誕生がファンファーレで迎えられ、その日付が意味をもつことだった。公現祭は東方三博士のイエス訪問と礼拝を記念する。イエス、子どものメシアは豊かな象徴と寓意とで中世の心性には大切な書であるヨハネ黙示録の「新しい天と新しい地」を表象する。みずからを神の代理人――フランスの民を救い、その王冠を神が選んだ王に渡すために「わたしが生まれた理由」――と理解した少女にこれ以上ふさわしい誕生日はなかった。イエスは一二月二五日をソール神〔ローマ神話の太陽神〕から借りてきた。ソール神はほとんどの太陽神と同様に、冬至のあとを追うようにタイミングを合わせて到来する。ローマの皇帝たちがしたように、イエスはソール神の降臨も受け継いだ。

信仰によって形作られ、伝えられてきた物語《ナラティヴ》の伝統の引力を、具体的な史料あるいは人工遺物が相殺しない場合、ジャンヌやイエスのもののような生涯の歴史的真実は宗教的な真実に道を譲る。死すべき人間の姿をとる神々には、両親、生誕の地、子ども時代が必要だ。ブランヴィリエは無意識のうちに、ジャンヌの誕生日を実際には起きていなかったかもしれない事件と連動させた。生まれたばかりの神の子に三博士が詣でたことを裏づける証拠はない。導きの星と解釈された天体の現象を記録した天文学者もいない。イエスが飼葉桶に寝かされたという話は、アラム語からギリシア語への誤訳から生まれた。イエスはおそらく飼葉桶からは離れた場所、オリーヴを搾るのに使われた地下室で生まれ、そこには羊飼いや東方三博士を迎え入れる場所はなかった。キリストが降誕したのはベツレヘムではなかったかもしれない。イエス生誕の地の可能性があると考古学者が認めた五都市のうちで、その名が示すように、ナザレがもっとも可能性が高い。福音書記者マタイは八〇〇年前のミカの預言[8]（「エフラタのベツレヘムよ／お前はユダの氏族の中でいと小さき者。／お前の中から、わたしのために／イスラエルを治める者が出る」）を成就させるためにベツレヘムを選んだ――「ユダの地、ベツレヘムよ／お前はユダの指導者たちの中で／決していちばん小さいものではない。／お前から指導者が現れ、／わたしの民イスラエルの牧者となるからである」[9]。ヨハネの福音は別の根拠を選んだ――「わたしたちは、モーセが律法に記し、預言者たちも書いている方に出会った。それはナザレの人で、ヨセフの子イエスだ」[10]。モーセの場合は、青銅時代にまで遡る伝統を呼び起こすことになる。イエスと同様にジャンヌの場合も、生まれにまつわる神話は、比類なき生涯として知られたものに、接頭辞として付け加えられたのである。続いて起こる奇蹟を予見する幸先のよい始まり――数百人が目撃し、ほかに説明のしようがないので、神の御業として経験された現象に文脈をあたえるために、過去に遡って適応された預言。

　ジャンヌの幼少期を証言した者のなかには、友人や隣人、地元の聖職者、おじを自称するが実際は従姉妹の夫にあたる男、そして一二名かそれ以上の数の名づけ親のうちの四人がいた。教会区がまだ文字による記録を保管しておらず、庶民の大部分が文字を読めなかった時代、一二名という名づけ親の数は、とりわけ村の重要人物の娘の場合、異常なことではなかった。ある人物の身元、年齢、そしてもっとも重要なことに、受洗を証言できる人の数は多ければ多いほどよかった。ジャンヌは名づけ親のひとりにちなんでJehanne《ジャンヌ》あるいはJehannette《ジャネット》と名づけられた。本人は「ダルク」の名は一度も使わなかった。処刑裁判のとき、正確であることを確認するために――「上記ジャンヌが、集められた回答の一部について言ったことを否定する」といけないので――毎日の記録をジャンヌに読み返して聞かせた書記に対してジャンヌが説明したように、ジャンヌの住む世界では、子どもには母親の姓がつけられた（このことから一部の伝記作者は、ジャンヌの父親の母親は、セフォンの北一〇マイルのアルク出身かもしれないと考えた）。ジャンヌは自分はジャンヌ・ロメだろうと考えたが、いつも自分のことを「ジャンヌ・ラ・ピュセル」つまり「処女ジャンヌ」、地上の父よりも天上の父の子どもとするほうを選んだ。

ジャンヌの真の肖像画であると立証できるものはなく、容姿についての記述もわずかである。裁判記録で述べられた「教会によって聖別された諸聖人の祝日のためにつくられたメダルのように、鉛やその他の金属でできたメダル」に刻印された横顔も含めて、生前に描かれた肖像は処刑に引き続いて破壊されたのだろう。それらはもはや信心の品ではなく、悪魔の業だった。唯一現存する同時代の画像はスケッチというよりは落書きで、ジャンヌを一度も見たことのない男が描いた。書記のクレマン・ド・フォカンベルグはパリ高等法院の記録にオルレアン解放を書きつけたとき、余白に長い髪の娘をスケッチしている。娘の身体はドレスに包まれ、横向きの顔の表情は厳しく、片手に剣を、反対の手に旗をもつ（図1）。偶然の成せる業で、書記はあるひとつのことを正しく描いている。十九世紀になってジャンヌが口述筆記した手紙の一通の封蠟のなかに髪のひと房が発見されたが、髪の色は書記のインクと同じ黒だった。これを宮廷における目撃者も確認している。書翰に少女の偉業を満載したブランヴィリエは宮廷で本人と初めて会い、彼女の姿は「優雅」だと思った。彼は書いた。彼女は「活発に振る舞います。ほとんどしゃべらず、その言葉は驚くほど用心深い。女らしく優しい声をして、わずかしか食べず、ワインもわずかしか飲みません。力強い表情をしています」[11]。アランソン公は他のジャンヌの戦友と同様に、いっしょに「藁の上で寝」て、ジャンヌが服を脱ぐのを見る機会があった。アランソンはその肉体を美しいと称讃したあと、自分は「肉欲を覚えたことは一度もない」[12]と急いで付け加え、それはジャンヌが彼女を称讃するすべての者の欲望を消滅させる能力をもつからだとする。この力については、ジャンヌの軍に同行した他の男たちも証言している。従者ジャン・ドロンは語る。「彼女は年頃の美しくて若い娘」で、自分は「強くて若くて、力をもっていた」にもかかわらず、彼女の服を脱がせ、傷の手当てをしながら「彼女の乳房や……裸の脚を何度も見たのに、彼女に対する肉欲はまったく起こらなかった」[13]。

ジャンヌの戦友の多くが、彼女には肉欲を呼び覚まされなかったことをまことの奇蹟だと述べていることからは、その容姿がたしかに魅力的でなくはなかったと考えられる。食事をともにした者だれもが、ジャンヌの質素な食習慣に触れていることを考えれば、おそらくはほっそりとしていただろう。自分の服が仕立てあがってくるまでのあいだ、ぴったりと合う男性服を容易に手に入れられたので、当時の女性のほとんどよりも背が高く、おそらく十五世紀のヨーロッパ人男性の平均身長五フィート八インチほどあったかもしれない。もっとも彼女の生涯をよりロマンティックに解釈するときには、「小柄」と表現する傾向はある。ジャンヌが囚われていたとき、身体を調べる機会があった医師は、「彼女がストリカ、つまり腰が細いのに気づいた」[14]。この少年のような外見を姉カトリーヌが共有していたとすれば、それがカトリーヌの生涯を終わらせたのだろう。カトリーヌはおそらく産褥で死亡した。ジャンヌが運動力に優れ、強靭な娘だったことに疑いはない。受けとってすぐ、ときには一日中つけていたプレートアーマー〔板金鎧〕は四〇ポンドから五〇ポンドあり、修行中の騎士が追加の重さに慣れるまでには一般的には数週間を要した。

　ジャンヌの顔については、それを描写した文章さえひとつも残っていないので、何世紀にもわたって想像が勝手気ままに力を振るってきた。一五九七年初演のシェイクスピア『ヘンリー六世』は、ジャンヌの容姿問題を巧みに避けている。ジャンヌは王太子に語る。「ごらんのとおり、こんなに美しい姿」は聖母マリアからの贈り物。マリアの「清らかな光」はジャンヌの外見を変容させ、彼女をその無垢の輝きのなかに引き入れた。「焼けつくような太陽の日差しに頬をさらしていた」ときは「日焼けして真黒だった[15]」が、いまは肌は美しく、青白い。人生を影のなかで過ごす贅沢が許されたのは貴族だけだったから、青白いのは美しいとされた。

　ジャンヌを主題とした作家の多くは白いキャンバスをあたえられて、フランスの農婦というよりはワルキューレに似た端正な金髪娘のイメージを呼び起こしてきた。やはり知られていないイエスの顔立ちをつくりあげたのと同じである。すべての肖像画がオマージュであるだけでなく、ある概念の投影でもあった。徳が求める完璧性を明かすために、闇ではなく光に付き従われ、ヒーローはつねにハンサムで、ヒロインは美しくなければならない。魔女が焼かれるときには黒服を着たと考えたくなるが、ジャンヌの服はほとんど例外なく白く塗られている。[†] ジャンヌは栄光のなか、輝く甲冑をまとい、白馬にまたがった姿で描かれることのほうが多かった。女の脚のみだらな曲線を露わにしないように、描かれたジャンヌの甲冑は胴着《ボディス》のようにウエストで終わる傾向があり、ウエストから下はスカートがゆったりと広がる。スカートはたいていの場合、鎖帷子《くさりかたびら》でつくられた不釣り合いな襞飾り《ペプラム》の下から始まる（図2）。神の軍隊の指揮官である聖ミカエルは慎ましさの基準で言えば下のほうにおかれるが、普通は短いスカートをはいて、天使たちがもたない堕落の局部、問題となる股間はなしですませる。

† 例外はドンレミの北一マイルにあるベルモンのノートルダム礼拝堂内にある十五世紀の壁画である。この壁画では、黒服の――そして金髪の――ジャンヌが処刑を待つ。

ジャンヌの証言は声たちが到来する前の歳月にはさりげなく触れるだけである。この期間はあとに続いた出来事の輝きと興奮によって陰に追いやられ、ジャンヌはそれに重要性や思い入れをほとんど付与しない。顔立ちについて特徴が残っていないのとほとんど同じように、これと言った出来事がなく、ジャンヌの幼少期は創作を誘い、虚構のジャンヌは、現実にそうであった女性についてというより、キリスト教的な語り《ナラティヴ》の標準的な常套句を私たちに語る。一四二九年、「パリの一市民」と呼ばれる無名の書記者は日記にこう記録した。ジャンヌが「とても幼くて、羊たちの番をしていたとき、彼女が呼ぶと、森や野の小鳥たちがきて、飼いならされているかのように、その膝の上でパンをついばんだ」[16]。鳥類はジャンヌ伝説に継続して登場するモチーフとなる。誕生のさいに時をつくった雄鶏から、死のときに心臓から飛び立つのを目撃された白い鳩まで、鳥の存在は聖霊の存在を示す。四福音書のすべてで、聖霊は天から降りてくる鳩の姿で表現され、ノアにオリーヴの枝を運んでくる鳩の昔にまで遡る。フリードリヒ・シラーは、ジャンヌが自分自身の到来を予見する場面をこう創作した。「一羽の白鳩が舞いあがる。わたしたちの国を引き裂く禿鷹に、鷲のように勇敢に襲いかかるために」[17]。アヌイはジャンヌを主人公にした一九五五年の戯曲を『ひばり』と題したが。彼女を「兵士たちの頭上、フランスの空にうたうあのかわいいひばり」として描いた。「あの楽しげな、そのくせ馬鹿げた歌（…）

太陽の光をあびて微動だにしないでいる（…）フランスにも馬鹿や、無能力者や、放蕩者がたくさんいる。しかし、ときにはそういう連中を消してしまうようなひばりが空にあらわれる」[18]。

子どものイエスの伝説にも小鳥がいて、天と地のあいだで繰り広げられる幼児期の物語があった。『トマスの原福音書』はイエスが「雀をつくり、手をたたいて飛び立たせた」[19]と書く。洗礼者ヨハネは「神の聖霊が鳩のように……降って来る」のを見て、天の声が「これはわたしの愛する子、わたしの心に適う者」[20]と言うのを聞いたとき、イエスをメシアと認めた。

当時のほとんどすべての母親と同様に、イザベルは娘たちに女に期待される家事を教えた。修業は幼女が使い走りができるようになるとすぐに始められた。子ども時代になにか手仕事を学んだかと尋ねられたとき、ジャンヌはたしかに学んだと言い、「裁縫と糸紡ぎについては女で右に出る者はいない」と胸を張った。このような、そして他のすべての「女にふさわしい義務」の重要性については、「それらをおこなうのに充分な数の女がほかにいる」と付け加えた。

牛の乳を搾り、クリームを掬いとり、攪拌してバターをつくり、チーズをつくり、穀物を水車小屋まで運び、小麦粉を持ち帰ってパンを焼くのに充分な数の女房と娘たち。家禽に餌をやり、卵を集め、鍋に入れられる運命にあるものたちをつぶし、羽根をむしり、食用にする。菜園に種を撒き、世話をし、収穫し、作物にやる水を運びもする。家族の衣類をつくり、縫い、羊の油から石鹸をつくり、それで洗濯をし、それから床を掃いて、鍋を磨き、薪を集め、火をおこして料理をする。赤ん坊に乳をやり、あやし、よちよち歩きのあとを追いかけ、だれかが病気になれば看病をするのに充分な数の女。畑を耕したり、落ち穂を拾ったり、脱穀をしたりする必要があるときには、男たちについて畑に出る。大鎌で牧草を刈り、空中に放り投げて乾燥させる。ホップを摘み、家に持ち帰って乾燥させ、それでビールをつくる。次には亜麻を収穫し、その種をふるいにかけ、茎を水に漬け、乾かし、槌でたたき、最後にその繊維を糸に紡ぐ。羊の毛を刈り、洗い、羊毛を梳《す》き、編糸に紡ぐ。

女の義務に終わりはなかった。それは女を家に、そして父親か祖父か兄弟か、あるいは従兄弟か、とにかくもっとも近い血縁の男の支配下に閉じこめた。未婚の娘が窓から顔を出すようなちょっとしたことでも性的放縦の証拠と思われかねないとき、女が不服従のイヴから受け継いだ性格から女を守るのは男の役割だった。女が怠惰や醜聞や不謹慎や、最悪の場合は肉欲の餌食にならないように。しかし結婚させたり、修道院に閉じ込めたりできるようになるはるか以前に、ジャンヌには異なる人生が提示され、その特異な人生行路は彼女を家庭内の隷属から解放しただけでなく、同性との仲間づきあいからも引き離し、好色で不敬な男たちの軍隊へと引き渡した。肉体的な強さはもちろん、年齢と身分が彼女のそれを大きく凌駕する男たちが、ジャンヌ自身が神を信じたのと同じ確かな信仰をもって彼女に従った。

神の意志を成就するために、ほかでもないおまえが選ばれたのはなぜかと尋ねられたとき、ジャンヌは言った。「王の敵を駆逐するために、それがただのピュセル〔処女〕によって成されることが神のお気に召した」。これは厳密に不誠実だとは言えないにしても、誤解を招く主張だった。たしかに文字は読めなかった。しかしジャンヌは「ただのピュセル」ではなかった。教育は受けていなかった。だが、その鋭敏な精神は彼女に、ソルボンヌで育成され、年齢が三倍もの神学者たちに対する優位性をあたえた。一四二三年、ジャンヌが十一歳のとき、父親は地元の「長老」に任じられ、その高潔な人格と、そして裕福さの両方を証明している。村人は自分たちの利益を代表するために、村でいちばん裕福な者を選ぶ傾向にあったからだ。長老として、ジャック・ダルクは固定給を受けとり、ドンレミの行政上の雑事を処理した。市の立つ日には秤や定規を検査し、公正な取引を担保した。税金を徴収し、警備隊を組織し、土地をめぐる紛争では地元代表を務めた。同じ一四二三年には、北二五マイルの「コメルシーの領主」に警護料を払うために、「ドンレミとグルーの村長と、ほかに両村の「名士」七名に同行した」[21]。責務柄、他の地元の官吏と道連れになることが多く、全員で集まって、王国各地からの情報を熱心にやりとりした。ほかの状況では、情報交換などできなかっただろう。旅、そして旅だけが、轍のついた道路に沿って、村から村へと情報を伝えた。道は無数の脚や蹄がもうもうとほこりをあげているか、泥でぬかるんでいるかだった。商人たちは荷馬車を牽《ひ》き、手押し車を押す。巡回の織工は機織り機を運ぶ。聖職者は免罪符を売り歩く。家畜の列が市場や城に向かう。鋳掛《いかけ》屋、収税官、灰と哀歌に包まれ、わが身を鞭打って悔い改める巡礼の苦行会員。彼らの声はすべてひとつになって、終わりのない噂話と事実の奔流へと流れこむ。ジャンヌの父親は、家では食卓で食事をしながら、炉辺に腰をおろしながら、友人たちと話しながら、男たちの名前を口にしただろう。いずれ声たちがジャンヌをその男たちのもとに送り出し、ジャンヌは彼らのなかにフランス宮廷への道案内を探すことになる。

　ジャンヌは優れた神学者ハインリヒ・フォン・ゴルクムが描くような「羊飼いの娘で、自分も羊の群れを追った」[22]という民間伝承のイメージとはかけ離れていた。ゴルクムは、やはり尊敬される同僚ジャン・デュピュイによる記述「動物の番をしていただけの娘」[23]を引き写している。両者ともジャンヌの同時代人であり、彼女の偉業をそれが展開するのに従って記述した。パリの一市民と同じように、彼らには教養があり、世間を知っていた。それでも、おしゃべりな宮廷人ブランヴィリエのように、聖人伝の約束事に従ってジャンヌを形作る衝動を免れてはいなかった。ほとんどの小村と同様に、ドンレミでも牧畜は共同体の責任下にあった。羊飼いというジャンヌの伝説上の仕事は、自分の番がきたら、他の雑用をしながら、ほかの子どもたちといっしょに村の羊を見守ることだけだった。たいていの場合、ジャンヌは糸を紡ぐための紡錘《つむ》をもっていった。村人は略奪者が迫ってきて、羊の群れを別の村まで追い立てていく余裕のないときの手順を決めていた。ジャック・ダルクともうひとりの村民ジャン・ビジェは、近くのムーズ川に浮かぶ島（はるか昔に波に洗われて消滅した）を不在地主のブルレモン殿から借りるために代表団を率いていった。島はとても浅い川のなかにあったので、ドンレミの村人が望んだのは島そのものではなく、放棄された城塞だった。城塞は村から四分の一マイルも離れていない。砦は即席の畜舎となり、警報が発せられると、すべての動物は所有者にあとを追われながら浅瀬を渡って島に上陸する。安全になったあと帰宅した村人を待つのは、全焼ではないにしても、略奪された家だった。ダルクの家は石造だったから、焼き討ちの災厄は免れた。

ヨーロッパ全土のほとんどの村と同様に、ドンレミは土俗の風習を維持し続け、教会はそれに不釣り合いなキリスト教的慈悲の虚飾をまとわせた。毎年春になると、ドンレミからグルーまでの短い街道沿いに立つ橅の老木「妖精の木」の枝がつくる大きな天蓋の下に、村の若者たちが集った。「妖精の木」は、ジャンヌの故郷に派遣された密偵たちが異端審問官にもちかえった「証拠」の好例である。異端審問官はそれを、ジャンヌ・ダルクの専門家レジーヌ・ペルヌーいわく「ジャンヌの考え方をわざと不正確に伝える虚偽の提案」[24]につくりあげ、この場合は、魔術を連想させる異教の儀式にジャンヌを関与させた。「魔法を使う女たち——妖精と呼ばれた——が、かつてはこの木の下に踊りにいった」[25]とジャンヌの名づけ親ジャン・モロー〔レジーヌ・ペルヌーなど「モレル」とするものもある〕は回想する。名づけ親のひとりで、オブリ村の村長の妻ジャンヌは妖精たちを見たと主張した。それが真実か否か、ジャンヌは知らなかった。本人は「その木の下で、妖精は一度も見ず」、そのような生き物についてもなにも知らなかった。彼女が生きていた時代、このような踊りや飲酒をともなうお祭り騒ぎの名残りはすべて「よろこびの主日」〔四旬節中の第四日曜日〕（「よろこびにあふれた」を意味するラテン語から派生）の祝祭につくりなおされた。「よろこびの主日」の日曜日には四旬節の断食を破ることが許され、祭壇は花で飾られた。土地の農民エピナルのジェラルダンが描くように、娘たちは若者たちと「葉や枝が地面まで垂れさがって」いる下で遊んだ。「母親たちはパンを作ってやり、若い男女は……そこで歌い踊り、そのあとランの泉にもどって、水を飲んだ[26]」。泉は目と鼻の先にあって、薬効で有名な地下水が湧きだしていた。

この木について語るとき、だれもがその美しさを回想する。村からは輪郭がようやく見分けられるほどの距離にあり、その緑の葉むらは若者たちの王国のひとつをその下に収め、葉を通して陽光が輝いた。

「あなたも妖精の木によくいったのではないか?」と審問官はジャンヌに尋ねた。

「ときどきわたしはドンレミの聖母のために花輪をつくった」

「花輪をどうしたのだ?」

「わたしたちはそれを枝にかけた。ときどきほかの娘たちといっしょにそこに花輪を下げた。ときおりわたしたちはそれを持ち帰り、ときおりはそこに残した」

ジャンヌは「熱病患者たちが泉の水を飲み、健康を回復するためにその水を汲みにいったと言われたのを聞いている」ものの、「彼らが治ったかどうかは知らない」。「物ごころついて以来、そのそばで踊ったかどうかは覚えていない」。「妖精の木」は、みずからのミッションの重さをひとたび理解したあとでジャンヌが放棄した屈託のないお愉しみのひとつにすぎなかった。

ジャック・ダルクが長老に任じられたのと同じ年、ブルゴーニュ派のバロワ総督が、ジャンヌの母方の大おじである修道院長が住むセルメーズを襲い、攻囲した。小規模な戦闘で政治的な結果はほとんどなく、それが記憶されているのは。ひとりの兵士コロ・テュルロの死によってにすぎない。テュルロの若い未亡人マンジェットはジャンヌの従姉妹だった。一四二四年八月一七日に戦闘が交わされたヴェルヌイユの戦いは悲惨な結果となり、第二のアジャンクールと呼ばれた。またしてもフランスの損失は忍びがたかった。ノルマンティは陥落した。敵兵一名に対して、フランス軍の五名が死亡した。死者の総数は七二六二名にのぼる。そのうちの半数がフランスの同盟国スコットランドの兵士だった。ヴェルヌイユの敗北は、王太子が神の寵愛に信を失い、救いのない罰に身を任せた瞬間として引合いに出される。

家の近くでは、一四二五年、ブルゴーニュ派についたために悪名高かった土地の無法者が、ドンレミとそのすぐ北の姉妹村グルーで家畜泥棒を働いたとして血祭りにあげられた。両村の住民――ジャンヌの父親や兄弟ではなかったとしても、その隣人たちではある――は、法の外で復讐を果たし、ブルゴーニュ派支持者を殺害した。この男は死後に無実とされた。[27] このリンチ事件は、内戦の憎しみがいかに深く、そして条件反射を誘うものだったかを示唆する。内戦が時間を前後して到達するまさにそのとき、憎しみは国全体に浸透し、数世代の人生が裏切り、破壊、不正義のなかに完全に囲いこまれていた――「一世紀全体に陰鬱な憎しみの色調」[28]が染み渡っていた、と歴史は判断する。非戦闘員にとってさえ、戦争は苦難と損害をもたらし、生活のすべての様相に内戦という分裂が影響をあたえていた。

子どもたちの遊戯は戦闘を模倣し、彼らを派閥に分断し、ドンレミの若者たちにドンレミの北西わずか一マイルの隣村でブルゴーニュの支配下にあったマクセの若者と小競り合いを始める口実をあたえた。中世版のカウボーイとインディアンごっこ――おもちゃのピストルと矢の代わりに、棒と石をもって――に加わったのかと尋ねられて、ジャンヌは宣誓下で「覚えているかぎり」一度もないと答えた。ジャンヌが一貫して自分を他の子どもたちから区別していたのでなければ、とくにジャンヌのように主戦論で頭をいっぱいにした娘の発言としては、この回答は曖昧に聞こえるかもしれない。ジャンヌは、彼らがドンレミの家に「ひどい怪我をして、血まみれになって」帰ってきたことを覚えていた。

リンチ事件直後、ジャンヌの村はふたたびブルゴーニュ派の襲撃を受け、略奪と焼き討ちの憂き目に遭った。今回、村人は南のヌフシャトーに逃げざるをえなかった。ブルゴーニュとアルマニャック両派の支配地の境界線上に位置するドンレミのような村について、十九世紀フランスの中世史家ジュール・ミシュレは「なにびとにも所属せず、またなにびとにも支えられず労《いたわ》られず、神のほかには領主も庇護者もなかった」[29]と特徴づけている。帰宅したとき、地元小教区のサン＝レミ教会はひどく破壊されていた。教会は家のすぐ隣にあったので、ジャンヌは窓から外を見るたびに、あるいは自宅の正面扉から出るたびに、この屈辱に真っ向から対峙しなければならなかっただろう。預言された処女はいつ訪れるのか？　神はいつフランスを赦し、救世主を送ってくれるのか？

十三歳の夏、ジャンヌは本人が「わたしがみずからを律するのを助けるための神からの声」と呼ぶものを受けとった。声は正午、教会墓地に隣接する父親の菜園にいるときに訪れた。この時代に典型的な家庭菜園であれば、そこにはキャベツが一列か二列、タマネギ、ニンニク、リーキ、インゲンマメ、パースニップ、ビート、薬草が植えられていただろう。中世の主婦はだれでも、鋤で耕せる土地があれば、一画にラビッジやヘンルーダを、カタルや蟯虫から疫病に到るまで、あらゆる疾患の治療薬として育てていた。ジャンヌは太陽の光を背中に浴びながら、地面に膝をつき、土の温かさを感じていたのかもしれない。雑草をむしったり、母親からとってくるよう言いつかったタマネギを一個、掘り起こしていたのかもしれない。正午、頭の上で教会の鐘が鳴り始めた。ジャンヌは手を止め、もしすでに膝をついていたのでなければ、その場にひざまずいたことだろう。農民を畑から家に呼びもどすにしても、ジャンヌを祈りに呼びだすにしても、ドンレミのような村では、空を横切る太陽と教会の鐘だけが村人たちが時を計る唯一の手段だった。鐘の音は日々の暮らしのどよめきの上に響き渡り、教会の尖塔が美と秩序の王国に目を向けさせるように、耳をその王国へと誘なった。予期しないときに鳴る鐘は、火事や狼、あるいは敵の人間たちが近づいてくるという警報だった。村の警備を監督するのは父親だったから、ジャンヌはドンレミの村が維持していたわずかの防衛手段のまっただなかで生活していたことになる。文字どおり、ジャンヌのため以上に、教会の鐘が大きく鳴り響くことはなく、「あらゆる種類の外来者による、ほとんど継続的な侵入と略奪」[30]は、ジャンヌを神と時と危険を語る鐘の音に異常に執着する子どもに育てあげた。

村の教会管理人ペラン・ドラピエは、ミサや夕べの祈りのための鐘を鳴らすのを忘れたとき、ジャンヌから叱られたのを覚えていた。叱ってもだめなときは、ジャンヌは餌で釣ろうとし、自分の義務をきちんと果たしさえすれば「ガレット」、つまり赤ずきんちゃんが籠に入れていったような種類のお菓子を、ご褒美にあげると約束した。子ども時代の友だち、ふたり並んでジャンヌの父親の鋤を引いたジャン・ヴァトランは、「教会の鐘が鳴るのを聞くと、彼女はひざまずき」、しばしば「神と話す」[31]ためにそこを抜け出したと語った。もうひとりのジャン、ジャンヌの親しい戦友のひとりとなるデュノワ伯爵は、ジャンヌがその戦歴においてもっとも激しく戦っているときでさえ、「晩課や夜明けの祈りの時間には毎日教会に引きこもり、鐘を半時間鳴らさせた」[32]と証言する。デュノワが見たのは「驚くべき歓びに高揚して」[33]祈る女の姿だった。本人のどんな告白よりも多くを明かす証言である。

この夏の日の正午、初めて声が訪れたとき、鐘の音を聞いて十字を切る暇もないうちに、菜園が、そして大地と空とが消え去った。教会も、川も、緑の原もない。ただ光があるだけ。「まさにふさわしくあらゆる方向に光があった」とジャンヌは審問官に語り、辛辣に指摘した。「あらゆる光があなたひとりを訪れるわけではない！」。

ジャンヌの審問官たちは、声の到来に強い関心を示した。そうでないことがありえただろうか？ それが悪魔に由来するのを証明するのに使いうる証拠を手に入れようとして、あるいは構築しようとして、審問官たちはジャンヌに繰り返し尋ねた。しかし、最初の午後に声がジャンヌにあたえたのは、聖職者がどんな子どもにも教えるような穏やかで決まり切った心得だけだった。「正しく振る舞い、教会に通え」と声は言った。「そのあと声は沈黙し、菜園が光の洪水のなかから浮かび出てきた。ジャンヌは「とても怯えた」。怯えていても、声が去ったことは、ジャンヌを呆然とさせた。「わたしは泣いた。いっしょに連れていってほしかった」。

「ひとつ以上の声がしたのか？」と審問官が尋ねた。

「それは聖ミカエルだった。ひとりではなかった。天国から大勢の天使たちを連れていた。天使の大群。聖ガブリエルもそのなかにいた」

ミカエル[34]、大天使であり、十字軍の戦士たちの守護聖人。「ヨハネの黙示録」で巨大な竜と呼ばれるサタンをミカエルが殺したことは、「最初の武勲」[35]と考えられ、そこから騎士という身分が生まれた。

ガブリエルは聖処女マリアに受胎を告知した者である。

今日、私たちはジャンヌの審判を教会博士というよりは医学博士に任せる。ジャンヌが聞いた声たちには、ヒステリーや統合失調症、てんかん、果ては結核という診断までが後づけで下されている。学者は裁かない。解釈する。フェミニスト系の研究者は、ジャンヌが充分に計算をして、シエナのカタリナやスウェーデンのビルギッタのような予見者の衣装をみずからに着せかけたのだと仮定する。この時代、神秘的な啓示は、女性が政治権力を手にするための数少ない道のひとつだった。文化人類学は私たちに、予見者が姿を表わすのは圧倒的な社会的危機のときだと教える。たとえば戦争とペストと飢饉のあとをよろよろとよろめき歩いていた十五世紀フランスや、ローマの重い踵《かかと》に踏みにじられ、民が飢えていた一世紀のイスラエル。イエスがイスラエルの民に黙示録的な神の言葉を伝えたとき話しかけていたひとつの民族《ネーション》は、みずからの土地を占領され、みずからの民は飢餓と疫病で殲滅され、生き残った市民たちは懲罰的課税と暴力的な不正義の対象となっていた。それはイエスが唯一知る、死すべき人間の世界だった。主の祈り――「わたしたちに必要な糧を今日与えてください」〔マタイ六章11〕――を思いついたひとりのメシアは、種の発芽と不作とをたとえ話の主題にし、その最大の奇跡のなかにはパンと魚とを増やして、大勢の飢えた人びとに食事をあたえたことが数え入れられた。

ジャンヌは、自分自身について「わたしは貧しく見捨てられた人びとの慰めのために遣わされた」と語った。

民族誌学は、シャーマン的人物を成功した社会のひとつの特徴ととらえる。私たちの大多数には知りえない意識の状態に達する能力をあたえられたシャーマンは、私たちが神に嘆願をする手段であるのと同時に、私たちの恐怖と希望の保管所でもある。神経学は脳内に「神のスポット」を発見した。五人のうちの四人が、側頭葉の特定の場所を磁場によって刺激されると、本人が恍惚状態と認識する感情を経験する。脳がより高い存在への信仰のために準備されているのだとしたら、信仰には進化上の利益があるはずである。

ウィリアム・ジェームズは書いた。「最初に神を作ったのは恐怖である」[36]。

⊕

アビラの聖テレジアが言う神性との「合一への献身」[37]、「崇高なる高み」に関する報告を文章として残さなかったという点で、ジャンヌはカトリックの神秘家中の例外である。聖テレジアはこの「高み」という有利な位置からでなければ見えない真理を見てとり、そこから自分は「神のなかに、神は自分のなかに」いたと確信して降りてきた。もし聖テレジアのように、ジャンヌが天使の手に「長い黄金の槍を、そしてその切っ先に……小さな炎」を見て、「天使がそれを私の心臓に、そしてわたしのはらわたに突き刺し、わたしを神の偉大なる愛で燃え立たせた」としても、ジャンヌがそれを口にすることは決してなかった。スウェーデンのビルギッタのように、子どものキリストが「太陽さえも較べものにならず、言葉では言い表わせない光と輝きを発している」[38]のを見たとしても、そのことにも触れなかった。

ジャンヌは天使と聖人とをまったく区別せず、身近で同行した者たちが宗教的な法悦として描き出したものを「慰め」と形容した。教会のお墨つきを得た神秘家たちの、細部が豊かで、官能的な色合いを帯びている啓示の話と較べれば、驚くほどに簡単明瞭な報告である。神秘家たちは聖職者のルートを通して正統性を認められたが、ジャンヌは聖職者たちに意見を求めようとはしなかった。ジャンヌの決意は拷問台を見てもよりいっそう強固になるだけだった。「わたしの四肢を四肢から引きちぎりなさい」とジャンヌは捕縛者たちに言った。「知っていることをすべてあなたに話すくらいなら、あなたにわたしの首を切らせるほうがよい」。もっとも秘めやかな体験の細部を打ち明けるのを拒否したこと、その体験は人に知らせるべきではない自分だけの体験であると言い続けたことは、ジャンヌが処女性――挿入されず、奪われてはいない状態、その魂の清廉潔白を反映する肉体の純潔性――といかに絶対的に一体化していたかを表わす。

神秘体験は、本質から言って死すべき人間の言語コミュニケーション能力の外にあって言葉にされえないとしても、熱にうなされた夢が現実になったかのように幻視を物語るのが当時の習慣だった。マージェリー・ケンプは、「空が稲妻のごとく輝かしく開かれ」、「消すことのできない愛の炎がわたしの魂のなかで激しく燃え立ったために、しっかりと立っている力を奪われた」[39]。ノリッジのジュリアンが重病になり、身体が「腰から下は死んだ」[40]とき、彼女は自分が暗闇に沈みこんでいるのに気づいた。そのあと、視力を失った目の前で、十字架のイメージが燃えあがり、痛みは消え、肉体は癒された。神聖なる「恋人」が眼前に現われ、ジュリアンの視線は恋人の頭に刺さる棘に引きよせられた。頭からは「赤い血が、熱く、鮮やかに、どくどくと滴り落ちていた」[41]。シエナのカタリナは、神秘的な婚姻でキリストと結ばれ、その傷からほとばしる血を飲んだと書いた。カタリナは生涯の最後の二年間、聖体のパンのみで生き延びたと言われ、その花婿イエスと同じ年齢、三十三歳でこの世を去った。

こういった聖人たちの特徴である血への関心は、吸血鬼のそれとほとんど変わらない。神に癒されようと、悪魔に癒されようと、生命の精髄に対する官能的な渇きは不死をちらつかせる。二十世紀初頭の詩人で劇作家のシャルル・ペギーは、ジャンヌのなかに、ちょっとした個人的な羨望を吹きこまずにはいられなかった。「あなたの脇腹を刺したローマの兵士は、たくさんの聖人、たくさんの殉教者が与えられなかったものを、与えられた」とジャンヌはイエスに言う。同時代人たちがイエスの傷の血を語るところで、ジャンヌは「かれはあなた〔イエス〕に触れ、あなたをまのあたり見ることができた……あなたの慈しみの眼差しを受けた……あなたのおん眼差しを飲み干した者は幸い[42]」と語る。

啓示の約束はきわめて豊かで明確なディテールに基づいて描き出されたので、人気のジャンルとなった。それはあからさまに誘惑するのでないときには感覚に訴えかけた。ノリッジのジュリアンは、「悪魔の悪意に満ちた顔つき[43]」をこう描いている。「焼きたてのタイルのように赤く、そのなかには黒いソバカスのような黒点があった――タイルよりもなお穢らわしい。その髪は錆のように赤く、前髪は切り下げられ、こめかみにはたっぷりとした巻き毛が垂れていた」。悪魔と小鬼たちは、画家のキャンバスのなかから流し目を送り、正しき者たちを陽気に誘惑し、地獄に落とされた者たちを引きずっていくのと同じように、この時代の神秘家たちの幻視を通してこっそりと忍び寄ってくる。「忌まわしい姿をしたサタンが、わたしの左側に現われた[44]」とアビラのテレジアは書いた。「わたしはその口元に注目した。なぜならばサタンは話したからであり、それは恐ろしかった。完璧に輝きながら、影のない巨大な炎がその身体を出たりはいったりしているように見えた」。しかし、ジャンヌは悪魔のことは一度も語らなかった。その幻視を占めるのは天使たちだけであり、そこに悪魔の居場所はなかったように見える。

それでもアヌイの検事〔審問官〕はジャンヌに指摘する。悪魔は「魂を誘惑しにくるとき〔…〕柔らかな手と、おまえを受け容れて溺れさせる水のような目と、白く透明で……美しい女の肉をもってやってくる[45]」。幻影が神聖なのか、悪魔的なのかを判断する識別力をもつのかと問われて、ジャンヌは答えた。自分は神の真の天使と偽物とを区別できると確信している。「わたしは〔その善なることを〕すぐに信じた。そして、それを信じたいという欲望をもった」。「欲望」という言葉はときに「意志」と訳される。

怯えていようといまいと、ジャンヌはふたたび起こるべきことが起こるのを待っていた。声を聞いた体験がその心のなかで徐々に明確になっていっただけではない。訪れた声は、話を終えたとたんに、ジャンヌとジャンヌがふだん送っていた生活とのあいだに滑りこみ、その影響は弱まるどころか増大していった。ジャンヌはひとつの輝きを見つめていた。それは死すべき生をほとんど口のなかの灰の味同然にした。菜園で起きたことは親友のオヴィエットや姉のカトリーヌにも、村の司祭や優しい母親にも告げなかった。信心深い母はジャンヌを神へと導き、主の祈りと聖母祝詞をとなえ、ニカイア信条として知られるものを朗誦することを教えた。ニカイア信条は西暦三二五年、ローマ帝国皇帝コンスタンティヌス一世が召集したニカイア公会議で採択された。ニカイア公会議はカトリック教会によって認められている全キリスト教会の会議二一回†の第一回にあたり、全キリスト教世界を代表する司教たちがキリスト教信仰の基本的な教義を宣言した。

† もっとも最近の公会議は一九六二年から六五年に開催された第二ヴァチカン公会議である。

わたしたちは、唯一の神、全能の父〔Father〕、天と地、すべての目に見えるもの、見えないものの創り主を信じます。

わたしたちは唯一の主〔Lord〕、イエス・キリスト、すべての世界に先立って、父より生まれた神のひとり子〔Son〕を信じます。

光よりの光、真の神よりの真の神、造られたのではなく、生まれた者、父と同質の者。すべてのものは彼によって造られました。

わたしたち人間〔men〕のために、そしてわたしたちの救済のために、彼は天から降りてこられました。

聖霊〔Holy Spirit〕の御力によって、彼は聖処女マリアより生まれ、人〔man〕となりました。

わたしたちのために、彼はポンティオ・ピラトのもとで十字架につけられました。

彼はわたしたちのためにお苦しみになり、死に、そして埋葬されました。

三日目に、彼は聖書にあるとおり、甦りました。

彼は天に昇り、父の右手に座しておられます。

彼は生きている者と死んでいる者を裁くために、栄光に包まれて、ふたたび来られるでしょう。

そして彼の王国には終わりがないでしょう。

わたしたちは聖霊、主〔Lord＝聖霊〕、命をあたえる者、父から出た者、父と息子とともに崇拝され、栄光を讃えられる者を信じます。

彼は預言者たちを通して語られました。

私たちはひとつの聖なる使徒的教会を信じます。

わたしたちは罪の赦しのための唯一の洗礼を認めます。

わたしたちは死者の復活を、そして来世の命を待ち望みます。

アーメン。〔既訳を参照のうえ、英文Nicene Creedより翻訳した〕

天の王の御言葉を伝える天使の訪問を受けたと他人に告げれば、批判的な視線を浴びるかもしれない。ジャンヌは、その視線から本能的にわが身を守った。声がもどってきて、ふたたび話しかけてきたときも、それを自分の胸にしまっておいた。一九年の生涯のうち、みずから「善き七年間」と評した残りの生涯を通して、毎日、ジャンヌに連れ添っていたのは本人以外の目に見えず、耳に聞こえない存在だった。ジャンヌは死すべき人間たちよりも、彼らとともにいることを選び、人間のだれに対しても服従しなかったような形で彼らに服従した。

「あの方がたはしばしばキリスト教徒のあいだに姿を見せるが、わたし以外のだれにもお姿を見られることはなかった」とジャンヌは審問官に言った。

「聖ミカエルを肉体の目で、現実に見たのか？」

「いま、あなたを見ているように、わたしの肉体の目で見た」

ジャンヌは論じた。声たちがわたし自身の意識の外からわたしのもとを訪れ、わたしを眠りから目覚めさせて御言葉を伝えたとき、わたしに彼らを想像することなどどうしてできようか？ 法廷に立ったジャンヌは室内のざわめきが天使たちの声をかき消してしまうと訴えた。天使たちがあたえる助言が聞こえない。ときには牢獄内があまりにも騒がしいので、独房のなかで天使たちが話しかけてきてもきちんと聞きとれなかった。

「あなたの旗印に手足と翼をもち、長衣を着た姿で天使を描くようにあなたを説得したのはだれだ？」

「わたしは天使たちを教会のなかで描かれているとおりのお姿に描かせた」

「描かれているような姿をした天使を、自分の目で見たのか？」と審問官は尋ねた。これはジャンヌが回答を拒否した質問のひとつである。

ジャンヌがその声を聞き、姿を見た天使たちについての証言を避けようとしたり、変えたりしたことは、何世紀にもわたって細かい詮索と批判の対象になってきた。ヴィタ・サックヴィル＝ウエストは、ジャンヌが「彼らの個々の特徴を語るのを嫌がっていたのは明白であり、また一貫していた」[46]と指摘する。二月二二日、第二回目の公開審問において、ジャンヌは三回の訪問のあと、ようやく天使が聖ミカエルであるとわかったと語った。三月一五日には——この時点で審問の場所はジャンヌの独房に移されていたが——聖ミカエルと信じるようになったのは、「何度も」見たあとだと言っている。この食い違いは無意味に見える。ジャンヌは裁判の初めから、質問に答えるか否か、答えるとすればどの質問に正直に答えるべきかを判断するのは、裁く側と見なされている人びとなのではなく、自分自身なのだと決めていたからだ。自分の召命に対する確信はジャンヌに迫害者に警告を発するだけの正義心をもたせた。「もしあなたがわたしについてきちんと知らされているのなら、あなたはわたしが自分の手を離れることを望むだろう、わたしは啓示によること以外、なにもしていないのだから」。

　裁判記録が示すとおり、描写できないものを描写するように、しつこく、そして強く迫られれば迫られるほど、ジャンヌはより多くのディテールを持ち出して、神の御言葉を伝える天使のものと理解した訪問を記述するようになる。天使を表わす旧約聖書の用語 mal’ àk ‘èlohîm は「神のメッセンジャー」を意味する。おそらく大きな光をともなうただひとつの声が、ジャンヌが聞き分けることのできるいくつもの声へと変化し、それらの声が今度は話すべき口、王冠を戴《いただ》く頭、ジャンヌが目にし、手で触れ、匂いをかぐことさえできる肉体をもつ存在として立ち現われたのだろう。出会いのたびに輪郭と細部が明確になっていくのは、ジャンヌの体験したような天使の訪問では典型的に見られる現象である。ジャンヌはひとつの体験——死すべき自分の生命と、天使たちとの永遠の交わりとを交換するときまでに何千回にも達した体験——をし、それを説明する必要があった。おそらくは、細部をでっちあげていったというよりは、ゆっくりと小出しにして打ち明けていったのだろう。おそらくでっちあげたのではなく、無意識のうちに借用してきたのだろう。よく知った姿たち、神から遣わされてきた神聖なる天使や聖人はできあいの器を提供し、ジャンヌはそのなかに、忘れたり否定したりしたくはないもの、あまりにも圧倒的な歓びであり、道を迷わせる可能性があるがゆえにしまっておくべきものを安全にしまっておけた。

アヌイの戯曲『ひばり』のなかで、ジャンヌは説明しようとする。「太陽を超えて、太陽よりも強い光がやってきました」[47]。光は、ジャンヌが「わたしの影」と呼ぶもののなかにはいり、それを打ち負かす。

「話しているのが天使だと、どうしてわかったのか?」と審問官は尋ね、書記が筆記し、判事たちはそれを裁判記録に残すことを許可した。

「天使たちの話しかたと言葉で」とジャンヌは言った。

歴史家ジュール・ミシュレは、ジャンヌをこう描き出す。「教会のおひざもとに生まれ、教会の鐘の音を子守歌に、さまざまな聖人伝説を耳にして育った……少女は、無意識のうちに、己れ自身の理念をいわば《創造》し、そしてそれを《実現》していた。彼女は理念を存在たらしめ、それに汚れを知らぬ自らの生の宝庫から燦然たる全能の生命をかよわせて、この世の惨めな現実を顔色なからしめるのである」[48]。

聖ミカエルは「正しい振る舞い」の意味は明確にしなかったが、毎日、ときには毎時に、明確で劇的な役割モデルを提供するための導き手となるよう、ふたりの聖女を送るとジャンヌに言った。

「ふたりをどうやって見分けたのか?」と審問官は尋ねた。

「わたしにした挨拶によって。また聖女たちはわたしに名を名乗ったので、彼女たちがわかった」

聖カトリーヌは救難聖人一四人[†]のうちのひとり。救難聖人は神と人間のあいだの強力な仲介者であり、ペストの時代には救難聖人崇拝が発展した。彼らの像はジャンヌが子ども時代に訪れた教会や礼拝堂に飾られていた。カトリーヌは異教の王コンストゥスの美しい娘で、二八二年にエジプトのアレクサンドリアに生まれ、男性が大部分を独占していた世界に学者としてはいりこんだ。十四歳になるころにはキリスト教に改宗し、みずからの処女性を天の花婿に捧げて、説得力を有する布教者となった。アレクサンドリアからヨーロッパに渡り、ローマ皇帝マクセンティウスの妻ヴァレリアを改宗させた。マクセンティウスはキリスト教信仰の罪でヴァレリアを処刑した。皇帝は自分と自分の真の欲望の対象であるカトリーヌのあいだに立ちふさがっていた障害を取り去ったあと、カトリーヌに求婚した。しかしカトリーヌは、キリストの代わりにこの世の花婿を受け容れるのを拒否した。マクセンティウスはカトリーヌを拷問にかけるよう命じたが、その身体をつぶすはずの車輪は彼女が触れると粉々に砕け散った。皇帝はそれでもあきらめず、カトリーヌを断首刑に処した。

† 一四名とは、アカキウス、バルバラ、ブラシウス、アレクサンドリアのカタリナ〔フランス名「カトリーヌ」〕、クリストフォロス、キリアクス、パリの聖ディオニシウス〔聖ドニ〕、エラスムス、エウスタキウス、ゲオルギウス、アエギディウス(一四人のうちでただひとり殉教者ではない)、アンティオキアのマルガレータ〔フランス名「マルグリット」〕、パンタレオン、ヴィトゥスである。

ジャンヌの実家のすぐ隣、小さなサン=レミ教会のなかにはもうひとりの救難聖人、アンティオキアの聖マルグリットの彫像が立っていた。天国からきたふたり目の導き手もまた王家の娘だが、社会的地位は異なる。父親は異教の祭司で、娘がキリスト教に改宗し、処女にとどまると誓ったとき、娘と縁を切った。娘は男装して父の家から逃げた。ローマ総督がマルグリットに信仰を放棄させ、妻にしようとしたが、彼女は拒絶した。マルグリットは奇蹟の力によって、次つぎと続く拷問をはねのけた。もっとも着目すべき奇蹟は竜の腹のなかから脱したことだ。彼女は竜に呑みこまれるが、十字架で竜の胃袋をひっかいてついには吐き出させる。最終的にマルグリットの嘆願には応答はなかった。あるいは彼女はこの世の生の反対側にあるものをより明確に見とって、生を放棄したのだろう。三〇四年に殉教したと言われるが、四九四年にはマルグリット信仰は正統なものではないと宣言された。しかし、このように事実認定されても、マルグリットの人気や、信者たちが彼女をめぐってつくりあげた現実にはなんの影響もあたえなかった。

初期教会の処女殉教者と同様に、ジャンヌにとっても、正しく振る舞うこととは、肉体においても精神と心においても純潔であることを意味した。女性に許容される三つの生活様式——処女、妻、寡婦——のなかで、処女だけが女という性に内在する穢れを免れていた。三つの「勲位」が処女、妻、寡婦それぞれの相対的価値を明確にしていた。「処女がその功徳の果実の一〇〇倍を手に入れるのに対して、寡婦は六〇倍、人妻は三〇倍しか手に入れられない」[49]。三つの生活様式内で「女性のカテゴリーの数がまさしく爆発的に増加」[50]し、リンネ式分類体系から外れて、男性のもつ道徳的抑制力と頭脳を欠く、より原始的とされるジェンダーに序列をつける。性的に未熟な少女、結婚の用意ができた娘、結婚した女、未婚の女、晩婚の女、生殖年齢を過ぎた女[51]というように、女は畜産に類する視点からランクづけされ、各ランクは社会的ヒエラルキーに従って、王家から小貴族、尼僧、使用人、鶏の販売人まで、下位区分される。娼婦には、全体としてさげすまれた「女」という集団のなかに含める価値さえなかった。

ある中世の聖職者はわめいた。「おまえは穢れた泥でつくられたのではないのか？　おまえはつねに穢れにまみれていたのではないのか？　おまえは蛆虫の餌になるのではないのか？」[52]。この時代の学者は、女性に対する初期教会の敵意を有効化するような古典を発掘してきた。それは理想的なターゲットを経血に見出した。経血は手に触れられる証拠であり、女性の穢れのおあつらえ向きの象徴でもあった。「この血は穀物が実るのを妨げ、ブドウ酒の原液を酸っぱくする。この血に触れると草は枯れ、樹木はその果実を失い、鉄は錆に侵され、青銅の品は黒ずむ」[53]と非難された。アリストテレスは生理中の女の視線はあまりにも穢れているので、鏡のガラスの裏側から光を盗んで、鏡を曇らせると教えた。この結論はガレノスの有毒ガス論で合理的に説明された。たとえば閉経した女から有毒ガスが発生するのは、「月経によって排泄されていた余分なものがもはや排泄されず、過剰になった体液が目から出るからである」[54]。テルトゥリアヌス〔一五五年頃――二二〇年以降。カルタゴ生まれの初期キリスト教神学者〕はひとりの女を「下水の上に建てられた寺院」[55]と忘れがたい言葉で記述し、「白く塗った墓」[56]のキリストのイメージを喚起した。「外側は美しく見えるが、内側は死者の骨やあらゆる汚れで満ちている」。

しかしジャンヌには月経がなかった、と従者は報告する。ジャン・ドロンは彼女の着替えを手伝い、世話をしていた数か月間ずっと、「女の病」に苦しむ証拠を見なかった。ミシュレは書いた。「上からのいのちが彼女の心の内にあってももう一つのいのちをつねに呑みこんでおり、それが彼女の世俗的な発展をおさえていた……彼女は心身共に、子供のままであるという神の賜物をうけていた」[57]。おそらく熱い純潔の誓いが初潮をいつまでも妨げたのだろう。おそらく戦争と虜囚のストレスが自然な生殖サイクルを抑制したのだろう。この物語に理由は重要ではない。記憶のなかで、そのあとは伝記と歴史のなかで、ジャンヌは純潔だっただけでなく、いまだにイヴの影の下に落ちること、あるいはイヴの原罪の染みを担うこともなく、女になる過度期に永遠にとどまるだろう。

友人たちはジャンヌが離れていったことに気づき、彼女の新しいひとりぼっちの生活をいぶかったにちがいない。おそらくあまりにも信心深くて、遊びもしない少女を気の毒に思ったかもしれない。しかし、彼らのもとを天使は一度も訪れなかったし、彼らに天国の栄光が示されることもなかった。彼らはジャンヌが仲間との付き合いを放棄し、かわりに恍惚境を選んだことも知らなかった。それは一日に何度も彼女を燃えたたせ、それにより完全に身を任せることができたのは、彼らと離れて森のなかにいるときだった。

アヌイのジャンヌは、「わたしは、あなたがたが、わたしに話しかけた日に生まれたんです」と声たちに言って、聖人伝作者が懸命になって鳥の歌声で満たそうとした幼年期だけでなく、彼女が召命の外に存在していたという概念も追いやる。「わたしに、そうするようにとおっしゃったことをした日から、わたしは生きはじめました。馬に乗り、手に剣をもって！」[58]。

天使が訪れる前、ジャンヌの行動が模範的キリスト教徒のそれではなかったとしても、いま彼女の徳はあまりにも強烈であり、この世のお愉しみとの決別を要求した。本人が言ったように、「フランスにこなければならないと知ったときから、わたしはできるだけ遊戯や浮かれ騒ぎはしなかった」（裁判記録のあちこちで、ジャンヌは「フランス」という言葉を使用するが、それは国境線上というドンレミの曖昧な位置が混乱を生んでいるからである）。

「彼女はしばしば施し物をしたし、貧しい人びとに宿を貸した。彼らが彼女の寝台で寝られるように、自分は炉辺で夜を過ごした」[59]と年長の娘イザベレットは証言した。イザベレットはドンレミにとどまり、地元の農民と結婚する。「通りで見かけたことはなく、教会で祈っていた。ダンスもしないので、若者やそのほかの人たちは嘆いた。ジャンヌは進んで働き、糸を紡ぎ、父親と地面を耕した」と有罪判決の無効化裁判でイザベレットは証言した。

あまりにも信心深かったせいで、ジャンヌは噂を呼び、嘲笑もされた。「彼女は神や聖処女に大いに祈りを捧げたので、若かった自分や他の若者は彼女をからかった」[60]と幼馴染のコランは回想した。「その敬虔さのために、当時まだ若かったわたしを含め、若い連中は彼女をからかった」。他の子どものひとりジャン・ヴァトランも同じことを言い、「他の者たちといっしょに彼女をからかった」[61]と認めた。

「ジャネット姉さん。あたしはあたしのお祈りをしている」[62]とペギーの『ジャンヌ・ダルクの愛の神秘』で、オヴィエットは友をたしなめる。「だけどお姉さんはお祈りをやめることがないんでしょう。いつもいつもお祈りをしているのね。おしまいがないんでしょう。道ばたの十字架という十字架のまえでお祈りするのね。教会だけじゃ足りないのね。道ばたの十字架が、こんなに使われたことなんかぜったいにないわ……お姉さんはあたしたちのお友だち、でもあたしたちのようにはぜったいにならないわ」。

それ以前は孤独な魂ではなかったとしても、ジャンヌの魂はすぐに孤独になり、その視線は召命の栄光と恐れとにじっと注がれていたので、仲間たちの期待に応えろという圧力を免れ、人間からのいかなる叱責にも影響されなかった。「彼女はよろこんで、しかもたびたび教会にいった」[63]と友だちのマンジェットは言った。ジャンヌがあまりにもたびたび告解をするので、助任司祭はそれについて触れた。ジャンヌがあらゆる機会をとらえてひざまずいたことを記憶する人びともいた。「ジャンヌは父親の財産から施しをおこなった。あまりにも善良で素朴で信心深かったので、他の娘たちとわたしはジャンヌに言ったものだ。あなたは信心深すぎる、と」。マンジェットはジャンヌは勤勉だったと付け加えた。「彼女は働くのが好きで、あらゆる種類の仕事をした」。

ジャンヌは彼らよりもはるかに信心深く、唯一の罪は「親たちが娘は畑で犂《すき》を引いているかなにかしていると思っているときに」[64]、森のなかで祈るために、あるいは教会を訪れるために、家事から逃げ出すことだった、と名づけ親のジャン・モローは証言した。

「森にいると、わたしのもとを訪れる声たちがよく聞こえた」とジャンヌは審問官に言った。

事実、ジャンヌと声たちとの対話はますます切迫していった。施しをあたえ、献身的に病人を世話するだけでは、あるいは神が望むかぎり処女にとどまっているという誓いだけでは神には充分ではない。

「神の子ジャンヌ」と声たちは呼び、ほどなく実家を離れて、聖なる探求《クエスト》の旅に出かける時がくると告げた。出発の予感をあたえられたのはジャンヌだけではなかった。「わたしがまだ家にいるとき、母はわたしに何度も言った。お父さんはあなたが兵隊たちと遠くへいく夢を見た、と」。ジャンヌは「両親はわたしをしっかり見張るよう注意していた」と証言した。

当時のほとんどの男性と同様に、ジャック・ダルクは夢を神託、預言と見なしていた。兵士についていく女は娼婦だけだった時代、下の娘が軍隊と出発する夢を何度も見たとき、ジャックはそれを恐ろしい警告としてだけでなく、行動への呼びかけとしても受けとった。ジャックは息子たちに言った。「娘について夢に見たことが起きると思ったら、わたしはおまえたちが彼女を溺死させるよう望むだろう。おまえたちがやらなければ、わたしがこの手でやってのけるだろう」

「両親はわたしに厳しい服従を課した」とジャンヌは証言した。

『ひばり』のなかでジャンヌが声に出して祈っているとき、父親は「おまえは大声で、さよなら、って言ってたな。ありゃあ誰だ」と言う。「どこへか知らねえが、まんまと逃げちまいやがった（……）誰としゃべってた？　答えろ！　答えねえと、ぶっとばすぞ（……）」。

「聖ミカエルさまとよ」

ジャックはジャンヌを殴る。「やい！　おやじをばかにする気か！」。彼は言う。「おまえもほかの連中とおんなじに、らんちき騒ぎを始めてえんだな。（…）よしみてろ！　その聖ミカエル様とやらのどてっぱらに、馬鍬《まぐわ》をぶちこんでやる。そしてこの手でおまえを溺れ死にさせてやる。さかりのついた汚ねえ雌猫のおまえをな！[65]」。

ジャック・ダルクが繰り返し見た悪夢は彼の千里眼を証明はしなかったが、悪夢はジャンヌと父親のあいだの大きな諍《いさか》いを家族が記憶し、詳細に語るのに充分なほどの不安を生じさせた。何年もあと、密偵たちがジャンヌの幼なじみや隣人たちの記憶を集めたとき、彼らが集めたのは、語り手たちがその劇的要素のためばかりでなく、それが処女殉教者におなじみの筋書きが要求するひとつの要素——娘の召命の前に立ちふさがろうとする支配的な父親——を提供するという理由からも記憶にとどめていたことだった。父親による裏切りの強制は処女殉教者の栄光に対する最初の障害の典型例である。ジャンヌは純潔だったとしても、その態度の一部は不服従と受けとられたにちがいなく、最終的に、ジャックにほかの男に娘の手綱をとらせようという考えを吹きこんだ。しかしジャンヌの父親が知ることになるように、みずからを神に捧げた娘を結婚させるのは容易ではない。

歴史がヒロインの敵に優しいことはめったにない。ジャック・ダルクは娘の性格を誤解したが、その誤解は積み重なって最終的には事実と逆の解釈に帰結した。娘は軍隊についていくのではなく、軍隊を導くことになる。彼女が主張した力はその処女性に基づいていた。ジャンヌのアイデンティティのなかでもっとも深く、もっともしっかりと守られていたもの。ジャンヌが生まれ変わった自分につけた名前を提供するもの。ラテン語のプエラ——「まだ女として成熟していない娘」から発生した言葉、ラ・ピュセル。おとめ。

第3章　小さな、いえ、ほんのつまらぬこと

ジャンヌが十五歳のとき、父親はドンレミの北一二マイルほどのヴォクルールに呼び出され、「相戦う両派間で高まる緊張」[1]をめぐって、町の隊長ロベール・ド・ボドリクールと面会した。どちらも西に数百マイルのモン・サン゠ミシェルとトゥルネをのぞくと、ヴォクルールはロワール川以北で唯一フランス領にとどまっていた町である。それはボドリクールの勇気と、その監督下にある要塞守備隊の男たちの不屈の精神を証言していた。一四二七年のことである。ジャンヌの声たちはもはや処女性ではなく戦闘の話をしていた。ジャンヌは自分ただひとりが神に選ばれたのであり、本人の言葉によれば「国王も公爵もスコットランド王の娘も世界のだれもフランス王国を回復させることはできない」ことを知っていた。「スコットランド王」に言及したのはたまたまではない。条件反射的にイングラン

ドに敵対するスコットランドはフランスの同盟国だった。スコットランド王の娘は、王太子の息子で、まだ四歳にもならないルイと婚約したばかりだ。王朝どうしの政略を注視する娘だけがこのような展開を知りえただろう。声たちははっきりと告げていた。ジャンヌだけが王太子の軍隊を勝利に、そして王太子をランスにおける戴冠式に導くことができる、と。ランスこそは歴代フランス王戴冠の地だった。

アラン・シャルティエは一四二九年著の『エピストラ・デ・プエッラ』にこう記録している。「彼女は天上の神々の託宣に警告されていたというよりもむしろ王のもとに迅速に赴かなければ厳罰を受けると脅されていた」[2]。アラン・シャルティエはシャルル七世の秘書官ジャン・シャルティエとは無関係で、この時代のフランス二大詩人のひとりだった——もうひとりはクリスティーヌ・ド・ピザンである。シャルティエはジャンヌの召命を神に強制されたものととらえる点で異例である。おそらくは戦争遂行によってのみ満たされる熱情を無視することで、主題のジャンヌをより女らしく見せようとしたのだろう。同じように、シラーのジャンヌはみずからの運命を嘆く。「恐ろしい契約がわたしを強くしっかりと霊の国に縛りつけている。そして剣を手にして、戦いの神がわたしのもとに否応なく送りつけてくる生者すべてを殺すよう命じる」[3]。

しかし一定数の少女が、自分は現実離れした騎士物語に歩みいる戦士なのだと想像したにちがいない。教会のために、ヒロイズムを——そして殉教を——夢見る少女たち。少女たちが夢に見る運命を成就する権限を彼女たちに渡す男はいないだろう。中世ヨーロッパの情報媒体がきわめて限られていたために、十二世紀のクレティアン・ド・トロワほどの人気を誇り、その結果として文化的影響力をもつに到ったトルヴェール、あるいは武勲詩作者はごくわずかしかいなかった。ド・トロワはアーサー王物語集成を膨らませて拡大し、そこに古いケルトの英雄たち、聖杯のテーマ、アーサー王の都としてのキャメロットをもちこんだ。ヨーロッパ全域に並々ならぬ数の翻訳や翻案の写本が残る。手書きで挿絵を入れて書き写された稿本は、クレティアン・ド・トロワのヴィジョンが中世後期の社会に広く浸透していた証拠である。『エレックとエニード』、『クリジェス』、『ランスロット』、『イヴァンまたは獅子の騎士』、『ペルスヴァルまたは聖杯の物語』、それぞれの作品の中心人物は遍歴の騎士である。騎士は礼儀正しく、寛大であり、生まれは高貴、命よりも名誉に重きをおき、その偉業は馬上槍試合や戦場に限定されず、竜や巨人や魔法にかけられた城のようなおとぎ話の要素も含む。中世の想像力には、俗語で書かれたものだけでなく、復活祭の受難劇その他の典礼的な演劇のように声に出して朗読され、演じられた文学の約束事がぎっしりと詰まっていた。騎士の姿で登場するヒロイズムをすべての子どもが知っていた。騎士の完璧な徳は彼の崇拝する貴夫人の徳のなかにその反射を見出し、貴婦人像はしだいに聖処女マリアと融合していった。中世史家のフランシス・ギーズが指摘するように、「トルバドゥール詩のなかで、この世の女性をほめたたえる言葉はしばしば聖処女マリアを讃えるのに使われる言葉を——大胆に——借りてきた。トルバドゥールは彼の貴夫人を「崇拝」した。「彼女のような婦人はいなかった[4]」」。風刺のなかでさえも、ドン・キホーテのロマンティックな妄想は比類なきドルチネーア、あまりにも神々しいから永遠に手の届かない存在を中心に展開する。

　武勲詩は聖処女マリアを取り巻く崇拝を模倣した。聖処女の人気は中世のあいだに著しく上昇し、福音書にあるわずかの言及よりはむしろ、大量の聖書偽典[†]によって不朽にされた。偽典とは、マリアの生涯について増加する口述文化から奇蹟と神話を集めてきた聖書正典外のテクストである。神学者ヤロスラフ・ペリカン〔一九二三—二〇〇六。アメリカの神学者〕は、マリアは「ほかのあらゆる人間と同様に出はまったくの人間である。しかし、神から神の母に選ばれたため、その人間格は変容を遂げる[5]」と強調する。処女性はジャンヌの変容と同様に、マリアの変容の鍵だった。ジャンヌはみずからの召命を『聖母マリアの降誕について』（現在では九世紀カロリング朝の学者パスカシウス・ラドベルトゥスの作とされている）

から引いたなじみのある言葉で述べている。「毎日、マリアのもとを天使たちが訪れた」と『聖母マリアの降誕について』には書かれている。「毎日、マリアは神々しい姿を迎えた。それはマリアをすべての悪から守り、すべての善において富ませた。こうして彼女は十四の歳に達した」[6]。

† ギリシア語の pseude（偽の）と epigraphein（記述する）から派生した。pseudepigrapha（偽典）は、外伝がウルガタ聖書に含まれるのとは異なり、いかなる聖書正典にも含まれない。

土曜日ごとにジャンヌはドンレミの北二マイルにある丘の上の聖堂、聖処女マリアに捧げられたノートルダム・ド・ベルモンに出かけた。シラーはジャンヌの聖処女信仰に想を得て、ジャンヌに召命を伝える役を、好戦的な聖ミカエルから聖処女に変更した。聖処女は「剣と旗を携えて、わたしの前に、でもまさしく羊飼いの服装をしてお姿をお見せになった」とジャンヌは言う。戦士の技はもっていない、とジャンヌが抗議すると、聖母は告げる。「穢れなき処女は、この世の愛に抵抗しおおせるとき、この世のすべての善きおこないを成し遂げることができるのです。わたくしを見ればよい。わたくしはあなたのように貞潔なおとめでした。それでも主を、神である主を生みました。わたくし自身が神なのです！」[7]。

シラーのジャンヌは言う。「それから聖処女はわたしのまつげにお触れになった。わたしが視線をあげたとき、天は天使たちで満たされていた……〔聖処女が〕お話になっているあいだに、羊飼いの服はその足もとに落ち、聖処女はそこに、いく千もの太陽の輝きのなかに立ち、金色の雲が聖処女をゆっくりとわたしの視界から連れ去り、天国へと運んでいった」。

剣と旗にもかかわらず、マリアの羊飼いの服装は、シラーのヴィジョンがロマン主義的で、ジャンヌの女性化に達しているという警告である。ジャンヌの純潔は、彼女がマリアという受動的神性に自己を同一化したり、メシアを産むことを夢見たりしたことを意味はしない。ジャンヌは純潔の役割を自分自身のものと見なしていた。おそらくジャンヌが聖堂に引き寄せられたのは、聖堂が聖処女に捧げられていたからというよりは、遠く離れた場所にあったからだろう。聖処女についてはめったに口にしなかったし、聖ミカエルや聖カトリーヌ、聖マルグリットに見せたほどの熱情をこめて語ったことは一度もない。のちには、幸いなる聖処女マリアの祝日であっても、軍事的優位をつかむことをためらわず、パリ市民が聖処女を讃えるミサと行列に従事しているとき攻撃を仕かけている。違反を認めるよう迫る審問官に、ジャンヌはまるでどうでもいいことのように言った。「次の質問は?」。ジャンヌは聖堂が捧げられている者のことは語らず、聖堂までいくのに必要なちょっとした巡礼についてだけ語った。家から礼拝堂までの登り坂は、現在もジャンヌの時代と変わらず、四季を通じて——とくに春は——美しい。血のように赤いひなげしの列で分けられた高台の牧草地を通り、ノラニンジンの泡のような花が縁どる小道に沿って進み、ようやくあちらこちらに小さな苺が群生する森にはいる。道中で摘んだ花と、「蠟燭《ろうそく》をともすための」数スー†を握りしめ、天使たちがずっといっしょだった。ジャンヌは証言する。天使たちは「王太子に到る道を神がおまえのために掃き清めてくださる」と請け合った。

† 二〇スーが一リーヴルにあたる。

しかし、その道はすぐには見えなかった。年齢とジェンダーとがジャンヌをだれであろうとドンレミのすべての成人の監視下に縛りつけていた。ロベール・ド・ボドリクールのもとに出かける方策を見つけ出すのは、一四二八年、ジャンヌ十六歳の春である。行き先がロベール殿だったのは、声たちが彼に援助を求めるよう告げたからだ。ジャンヌが知るとおり、ロベール殿は王太子に接触できた。また声たちは、小さな抵抗地帯を意味するバール公爵領（ドンレミとヴォクルールを含む）から西に向かい、敵の支配地を通過して、王太子のいるシノンまで彼女につきそうために、ロベール殿が「わたしに軍人をあたえるだろう」と言った。

ヴォクルールまで一二マイルを歩くこともできた。朝に出発すれば、昼までには到着できたはずだ。しかし単身では男の世界をうまく通り抜けられないとき、家出をしても意味はなかった。女にはいかなる自律も許さない王国のなかで、ジャンヌは娘でもあり、よそ者でもあって、隊長に紹介してくれる男が必要だった。だが、いったいだれが？　やる気満々でも、ジャンヌには神が求めることをどうやって達成すればよいのか皆目見当もつかなかった。声たちは言った。デュランおじに助けを求めなさい。デュラン・ラクサールはジャンヌの母親の従姉妹の夫で四十歳。「おじ」と言える年齢だったので、ジャンヌは愛情と敬意をこめて「おじさん」と呼んだ。しかし二家族はどんなに親しくても、一〇マイル離れて暮らしており、ジャンヌは、おじを訪ねても父親が計画に気づかないような機会を待たなければならなかった。その計画は、自分に対して父の心をいっそう頑なにしかねないからだ。

このころには、ジャンヌは神の意志と連携するためには、ときには現世の術策も必要だと悟っており、事実を隠すことも、必要とあれば平然と嘘をつくこともいたしかたないと考えていた。「わたしが話すことで、両親がわたしに罰をあたえないのであれば、声たちはわたしが両親に告げるのに満足しただろう」と彼女は両親について語った。「わたしとしては両親にはなにも話さなかっただろう」。信仰はジャンヌにこの世の人間に愛着をもつという贅沢を許さなかった。声たちが行動を絶対的に指示したように、神は献身を絶対的に要求した。審問官が、娘としての責任を果たさなかったことに注意を促したとき、ジャンヌは言った。「一〇〇人の父親、一〇〇人の母親がいたとしても、わたしは出かけただろう」。ジャンヌも判事たちも、イエスが自称信徒にあたえた訓戒を覚えていた。「もし、だれかがわたしのもとに来るとしても、父、母、妻、子供、兄弟、姉妹を、更に自分の命であろうとも、これを憎まないなら、わたしの弟子ではありえない……自分の持ち物を一切捨てないならば、あなたがたのだれ一人としてわたしの弟子ではありえない」[8]。

ペギーのジャンヌはイエスについて語る。「主はその父と母とのよき息子であり給うた……すべての人が主を愛したのです／主がその使命につき給う日までは[9]」。

ラクサールはヴォクルール近郊ビュレの集落に暮らし、農民らしく身なりも態度も粗野で、貴族の一員に近づくのは気が進まなかった。彼が考えていたとおり、ジャンヌは「性格がよくて信心深く、忍耐強い[10]」働き者で「よろこんで告解をし」、教会によく通ったかもしれない。だが、たとえジャンヌのような美徳の鑑《かがみ》であっても、ラクサールのような地位にある男がそれを王太子の隊長のところまで送り届けるのに同意するだろうか？　とくにこの美徳の鑑がこれほど厚かましい要求をしているのだから。

ジャンヌに同行した一週間のあいだに、ラクサールは彼女の意志がいかに固いかを学んだ。ジャンヌは彼に尋ねた。「かつて言われたのではなかっただろうか、フランスはひとりの女によって荒廃させられるが、そのあと、ひとりのおとめによって立てなおされる、と?[11]」。ジャンヌはおじに自分がその予見された処女、自分がラ・ピュセルなのだと語り、審問官に自分には出発するよりほか選択肢はなかったと語った。聖カトリーヌと聖マルグリットはそのことを絶えず話していた。「声たちはわたしに告げた。わたしはこの地を離れ、フランスに赴かなくてはならない、と」。いまいる場所にこれ以上とどまってはいられなかった。「声たちは、王太子を戴冠させるために、わたしは彼のもとにいかなければならないと言った」。ジャンヌの言葉にどんなに驚いたとしても、ラクサールはそれを彼の時代と場所に典型的なひとりの男が受けとるように受けとった。世界を神の遣いが訪れる場所、もちろんサタンも訪れる場所として理解していた男。ジャンヌはとり憑かれている。それは明らかだ。しかしラクサールはジャンヌを知っていた。その善良さをよく知っていたから、彼女が悪魔にとり憑かれているとは思えなかった。

一四二八年五月一三日、ラクサールはジャンヌをロベール・ド・ボドリクールのもとに連れていく。ボドリクールは、自分が頼まれているのは妄想を抱いた農民の娘を王太子のもとに送り届けることだと理解すると、ラクサールに言った。「父親の家まで連れ帰り、平手打ちをくわせてやれ」[12]。ジャンヌの父親はその明晰な頭脳と良識で村の長老に任じられた男であり、もちろんボドリクールは日ごろから顔を合わせていた。初めてジャンヌのミッションを聞いたとき、隊長はジャック・ダルクにこんなに頭のおかしい娘がいると考えて、しばし立ち止まったにちがいない——ボドリクールはこの先も彼女についてなにかを学ぶたびに、いちいち立ち止まって驚嘆することになる。なぜならば次の夏には、全ヨーロッパがロレーヌの片田舎から出現した処女戦士を知ることになるからだ。ある日、彼女は羊飼いだった。次の日には馬上の騎士だった。神の指が地上に奇蹟をもたらし、どんな信仰をもっていようとも、あるいは信仰をもっていなくても、だれもその光景から顔を背けることはできなかった。もちろん、ある者は彼女は魔女で、指はサタンのものだと言うだろう。しかしボドリクールに関するかぎり、差しあたってのところ、ジャンヌはジャック・ダルクのおてんば娘、自らが属する場所、暖かな家庭を遠く離れてきたわがままな娘、そして結婚と育児の準備ができた花嫁候補にすぎなかった——なんとしても彼女を縛りつけ、こんな戯言をほざく暇のないよう忙しくさせておくのだ。

ラクサールを別にすると、ロベール殿とジャンヌの一回目の対決の目撃者として記録に残るのはベルトラン・ド・プランジである。プランジは準騎士、つまり騎士見習いで、ヴォクルールに駐屯していた。ジャンヌの神性をその場で確信し、彼女の両親の友となり、ジャンヌの死後、たびたび彼らの家を訪れた。彼はジャンヌが「ロベール・ド・ボドリクールと話をしているのを見た」[13]。彼女はボドリクールに自分は「わが主の代理として」、王太子に「わが主は謝肉祭〔四旬節の中日〕までに援軍を送るであろうことを知らせる」ようお願いにきたのだと言った。

ロベール殿はこの「主」とはだれなのかを知りたがった。

「天の王だ」[14]とジャンヌは言い、フランスはいかなる人間の支配者にも属さず、神に属するのであり、神はフランスをシャルルに委ねることを望み、「王太子が国王にされること……自分が〔王太子を〕案内して塗油させる」ことを約束されたと説明した。

ロベール殿は笑った。彼には別の考えがあった。かわりに「この娘を自分の兵隊たちの慰み者にしていけないわけがあるだろうか?」。それは処女と推定される娘を無力化するひとつの方法だ。『ひばり』はボドリクールを売春斡旋者《プロキュラー》というより性的捕食者《プレデター》として登場させる。「いちばん効き目のあるところを蹴飛ばしてやろうか」[15]と尋ねたあと、隊長は部下のためというより自分のために条件を交渉し、彼が「地獄の有害物」、「恐ろしい蚊」と呼ぶ娘に対して「相場」を説明する。彼の「心の広さ」に対する報酬として、彼が望みのものを手に入れられているかぎりにおいて、彼女は馬と男性の服と護衛をもつことができる。「こういうことみんな、村の娘は教えてくれなかったか?」[16]と彼はジャンヌに尋ねる。

一四三七年から五〇年まで王室修史官を務めたジャン・シャルティエはこの対決について、「彼らはただ笑い、このすべてについて彼女をばかにした」[17]と言った。

「この地上のいさかいにかかりあってはいけないわ！／争いに首をつっこんだりすれば、きっとまきこまれてしまうのよ！」と、ベルトルト・ブレヒト『屠殺場の聖ヨハンナ』（一九二九年）のコロスはヨハンナ＝ジャンヌに警告し、中世的な忠告をあたえる。「純粋さはすぐ汚《けが》されて、ほんのわずかの暖かみも／すべてを支配する寒さにあって消えてしまうわ。／暖かく包んでくれる暖炉《だんろ》のそばから離れていくものは／善良さもなくしてしまう」[18]。この作品は、ブレヒトがジャンヌ・ダルクを主題にした戯曲三作のうちのひとつで、神話的な〔セオドア・〕ドライサー風のシカゴで展開する。ヨハンナ＝ジャンヌは「黒麦稈《むぎわら》帽隊」――ブレヒトは救世軍をこう命名する――の隊長で、食肉王その人に近づくために、ピーアポント・モーラーの子分たちのあいだを苦労して進んでいかなければならない。彼女はすでに腹を空かせたモーラーの労働者たちに、自分の金銭的利益のために工場を閉鎖しないようモーラーを説得すると約束する。「血なまぐさい混乱の支配するこの暗黒の時代に／無秩序が秩序正しく／したい放題のことが計画的に行なわれ／人間が非人間になったこの時代に（…）わたしたちはふたたびこの世に、神をお迎えしましょう」[19]と彼女は興奮する群衆に叫ぶ。

キリスト教社会主義は、イエスの反体制的な平等主義のメッセージを強調し、ドロシー・デイのカトリック労働運動の先鞭をつけた。十五世紀に設定されようと、二十世紀に設定されようと、ジャンヌがもたらす戦争は革命的である。「わたしたちのこういう行動は、／きっとこれが最後なのです」と屠殺場のヨハンナ＝ジャンヌは労働者の群れに告げる。「この堕落した世の中に……いま一度神をよみがえらせる／最後の行動だと思います」。状況は黙示録的であり、血を流す心臓〔イエスの心臓。聖心。人類に対する犠牲の愛の象徴として、しばしば茨の冠や血とともに描かれる〕ではなく、むしろ正義の剣をもったイエスに向かって速度を速めながら突進する。「わたしたちは神さまに仕える兵士なのです」とヨハンナ＝ジャンヌは叫ぶ。「わたしたちは太鼓を打ちならし、旗をかかげて、不平がたかまって暴力行為の危機が迫るところに進軍し、忘れられている神を思い起こさせ、すべての人の心に神をとりもどさせるのです」[20]。

敗北はせずとも落胆はして、ジャンヌは家に帰る。ドンレミでは略奪団が移動をしながらあたりを荒らしまわっていた。七月にはブルゴーニュ軍がヴォクルールに進軍し、ジャンヌの家族はまたしても、出発するときに羊の群れを野に追いやったあと、ヌフシャトーに避難を余儀なくされた。一家はラ・ルス――「赤毛」――と呼ばれる女が経営する旅籠に二週間、滞在した。ジャンヌは隣人に「その場所にとどまりたくはなく、ドンレミにいるほうがよい」[21]と言った。それでも旅籠でともに食卓を囲む旅行者の会話からは、いろいろと収穫すべきことがあった。得られた情報は、神にあたえられたミッションのために出発したいというジャンヌのいらだちをかきたてた。ジャンヌは部屋と食事と交換で、ラ・ルスの台所で働くのを厭わなかった。自分の人生が始まるのを怠惰に待つよりは、家事雑用で時間を過ごすほうがよかったのだろう。しかし異端審問の密偵たちがのちに報告したように、旅籠には兵隊が滞在していた。この情報の切れ端を使って、判事側はひとつの申し立てをでっちあげた。ジャンヌは「自分の意志で上記父母の許可なしにロレーヌのヌフシャトーの町にたどりつき、ある期間、ある女、ラ・ルスという名の旅籠経営者の家で働いた。旅籠には多くの慎みのない若い娘たちが滞在し、その宿泊者はほとんどが兵隊だった」。

ラ・ルスは売春宿の女将で、ジャンヌは娼婦だったとほのめかしたあと、判事側はこの中傷にさらなる利用価値を見つけ出した。ジャンヌに対してもちだされた七十の「告訴箇条」第九条に述べられたように、ジャンヌは「この仕事をしているあいだに、ある青年を婚姻約束違反でトゥルの裁判官の前に呼び出し、この件のために、何度もトゥルにいき、この機会に手持ちの財をほとんどすべて使い果たした。青年はジャンヌが上記の女たちと同居していたのを知り、彼女との結婚を拒否し、訴訟中に死亡した。これが上記ジャンヌが悔し紛れに上記の仕事を離れた理由である」。

いんちき法廷の議事録も含めた当時の語り《ナラティヴ》のジャンルすべてにおいて、このモチーフ――二心ある身持ちの悪い女が純真無垢の若者を餌で釣り、女の性的穢れから逃れようと苦闘する若者を死に到らしめる――が浮びあがってくる。

いいえ、とジャンヌは反論した。わたしはどんな若者にも約束してはいない。わたしは全身全霊を、わたしの信仰の象徴と証拠である純潔を、神に捧げた。神に命じられないかぎり、決して結婚はしないだろう。「彼〔青年〕のほうがわたしを召喚させたのだ」とジャンヌは審問官の言葉を訂正した。「聖カトリーヌと聖マルグリットはわたしが裁判に勝つと保証した」。ふたりの聖女が約束したとおり、裁判官は訴訟を却下し、父親が選んだ結婚相手を拒否したこと以外は、ジャンヌを無罪とした。父親は地元の青年を選んで、問題含みとなった娘を譲り渡そうとしたのだろう。子どもに本人が望まない結婚を承諾させるために、両親が賄賂や脅迫、果ては暴力にさえ頼るのは当たり前のことだった一方で、十五世紀には教会法がこのような子どもを守り、もはや父親には娘を本人の同意なしで嫁がせる権利はなかった。ジャンヌは自分は過剰に保護されていると考えたかもしれないが、公的には奴隷ではなかった。第九条は最終的に告訴箇条からのぞかれた。中傷を受けた旅籠の主人ラ・ルスは、ジャンヌの幼なじみ数人が証言したように、きちんとした身持ちのよい女だった。

すでに気づいていなかったとすれば、ジャンヌはこのとき、純潔を宣伝することは、純潔という主張を疑ってくれと言うこと、さらに悪い場合にはそれを偽りとしてくれと言うのと同じことなのに気づいただろう。ヌフシャトー滞在中はつねに両親に付き添われ、家族全員がドンレミの隣人たちのあいだで暮らして、知らない人たちからは離れていた。ジャンヌの評判を守ることに本人以上に腐心した者はいなかった。ジャンヌは自分の将来像を公的人物として知覚しはじめ、噂には真実にはない力があることを理解した。安全になるとすぐに、ジャンヌ一家はドンレミに帰り、またしてもほとんどの家屋が焼かれ、教会が廃墟になっているのを見た。

「御存知ですか?」とペギーのジャンヌは、癇癪を抑えるよう忠告する者たちに尋ねる。「兵隊たちがいたるところで村を襲い、教会に押入っているのを? ……それにあの人たちは、マリアさま、聖母マリアさまに向っておそろしいことを言ってます。十字架の上のイエズスさまを辱しめ、けがしています……兵隊たちがパンと葡萄酒をけがしているわ。イエズスさまの身体と血を」[22]。

一四二八年一〇月一二日、イングランド軍がオルレアンを攻囲した。オルレアンはイングランド軍がロワール川を渡河し、いまだフランス領にとどまる土地を占領するのを阻止するためにただひとつ残った要塞だったので、その話題でもちきりになった。わずか一〇〇年前はヨーロッパに君臨していた至高の王国がいまや存亡の危機に瀕していた。オルレアンが陥落すれば、全フランスがそのあとに続くだろう。自分をフランス人と呼んでいた者はすべてイングランド王の支配下にはいる。避けがたい敗北と見えるものを前にして、希望を育むのはますます困難になっていった。逃げ出すのには位が高すぎる兵士たちは死刑囚の無気力のなかに沈みこんだ。フランスの聖職者は、凍えた軍隊の歩兵たちのまわりをぐるぐると行進し、定期的に通りを練り歩いて、みずからの変らぬ献身を示し、奇蹟を呼びおこすことを期待した。王太子は自分が非嫡出子であることを恐れるあまり、運命論に陥り、沈みかけた自分の王国を捨てて、フランスの同盟者――スコットランドかスペイン――の城に向から計画を立てていた。

一二月、ジャンヌはヴォクルールにもどっていた。声たちは成功を約束した。今回、北にいく口実には、ラクサールの妻が出産間近なことを使いなさい。粘り強く頑張るだけでよいのです。ジャンヌはデュランおじといっしょにその家にいかせてくれるよう両親を説得した。そこに数週間、滞在して、母の従姉妹がお産の床についているあいだ手を貸す。ジャンヌを嫁がせる計画が頓挫し、娘が手元に残ってしまったためにいら立っていたのでなければ、ジャックはこのような策略に同意はしなかっただろう。ジャンヌがロベール殿から人前で叱りつけられ、そのあと笑い者にされた結果として、突飛な計画を放棄した、とジャックが考えてもおかしくはない。けれども、ビュレにおじを訪ねたときの出来事を明かしたのはジャンヌではない。両親の家にいるときは、いつものように用心深く、声たちの要求への関心を隠し続けた。何年間もそうしてきたのだ。しかしジャンヌの住む世界は狭かった。イザベルの姉妹の孫がジャンヌの兄弟にボドリクールと初めて対面したときの話を語った。ジャンヌと軍人が関わるすべてのシナリオは疑惑を呼び起こすことになるが、このときも、ジャンとピエールはジャンヌと町の隊長とのばかげたやりとりを聞いて疑いを抱き、それだけでもう抵抗しがたい醜聞の種を提供する場面を、今度はふたりが両親に話した。

どんな理由にせよ――おそらくは彼女自身のいらだちのために――ジャンヌはドンレミを急いで出発した。ジャンヌの出立が記憶されているのは、主にその別れの挨拶がそっけなかったせいである。急いではいたが、出発は秘密にはされなかった。村を出る途中で出会った村人には別れの挨拶をした。オヴィエットに自分の出発を告げたかったかもしれないが、その機会はもてなかった。オヴィエットは「そのために、ずいぶんと泣いた。彼女はとても優しかったので、とても好きだったからだ」[23]と言った。マンジェットはいっしょに糸を紡ぎ、「家事もした」が、「父の家はジャネットの父親の家とほとんど隣どうしだった」ので、おそらくは家が近かったおかげで、最後の抱擁を交わした。

「出発のとき、彼女はわたしに「さようなら」と言った[24]」とマンジェットは証言した。「わたしのことを神に願い、ヴォクルールにいった」。

農民エピナルのジェラルダンは証言した。「出発のとき、彼女はわたしに「おやじさん、あなたがブルゴーニュ派でなければ、あることを話すのだけど」と言った[25]」。ジェラルダンはどうやら村でただひとり、敵の支持者だったらしく、神に求められれば、ジャンヌはよろこんでその頭を「切り落とした」だろう。ジェラルダンの側は、ジャンヌの秘密をその年ごろの他の娘のそれとまったく同じこと、「だれか結婚したい男友だちのこと」だと推測した。


ジョージ・バーナード・ショーの『聖女ジョウン』で、ロベール・ド・ボドリクールは賄方に言う。「卵がない！　卵がないだと!![26]」戯曲はおとぎ話のように城のなかで始まり、伝説的な鳥類のイメージを増幅する。それはジョウン＝ジャンヌの物語を死すべき他の人間の物語の上にもちあげ、ジャンヌに天使の視点を貸しあたえる。「くたばっちまえ！　馬鹿者。いったいどういうこった、卵がないとは?!」。ロベール殿の雌鶏――シャンパーニュで最高の産卵鶏――全部がなぜ産卵をやめてしまったのか？

「牛乳もございません」と賄方はロベール殿に伝える。「卵もございません。あすになれば何もかもなくなってしまいます……私どもには呪いがかかっております。みんな魔法にかけられているので……あの乙女《むすめ》が城門におります間は、だめでございます[27]」。

しかしジャンヌは城門で待っていたのではない。近郊のビュレでおじさんの家に滞在していたのでもない。おじの友人ル・ロワイエ夫妻の家に泊まっていた。アンリとカトリーヌのル・ロワイエ夫妻はヴォクルールの市壁内に家を所有していた。ジャンヌにはみずからの大義にさらに多くの強力な支持者を引き寄せて、自分の要求の正統性を強化するまではロベール殿のもとにもどる気はなかった。前回の訪問後の八か月間で噂が広まっていた。オルレアン攻囲前は、ホームスパン〔ウールの手織り地〕の赤い服を着た奇妙な娘を笑い飛ばすのは簡単だった。しかしきわめて重要な都市がいまにも陥落しかけているという報せは、フランス人を絶望の手に引き渡し、ジャンヌを冗談の種から真剣に注目するにあたいする若い女に変えた。おそらく彼女はほんとうに本人が主張するとおりのもの、ロレーヌの沼地からくると予見された処女なのかもしれない。幼なじみのジャン・ヴァトランは証言する。「彼女が何度も自分はフランスと国王の血筋を再興すると言うのを聞いた」[28]。

　ジャンヌがヴォクルールに到着するとすぐに、彼女がもどってきたことが全市に知れ渡った。早く彼女をひと目見ようと、群衆がル・ロワイエの戸口に集まった。

「わたしのお友だち、ここでなにしているの」[29]と市の要塞に駐屯する準騎士ジャン・ド・メスはいたずらっぽい口調で尋ねた。「王さまは王国から追い出され、わたしたちはイングランド人になるのがよいと言うのかい?」。ジャン・ド・メスはベルトラン・ド・プランジ同様に修行中の騎士だった。まったく表裏のないジャンヌが皮肉を理解しないとは思いもよらず、彼女を出しにして、群衆に向かって冗談を言った。

「たとえ脚を膝まですり減らしても、謝肉祭までには王のもとへ行かなければならない」[30]とジャンヌは彼に告げた。フランスの救済は定められており、「わたしはそのために生まれてきた」[31]とジャンヌはアンリ・ル・ロワイエに言った。ジャンヌはメシアとしての自分の役割をイエスのそれと明確に同一視した。イエスを「捜し回って」イエスがほかの町にも神の福音を告げ知らせるために「自分たちから離れていかないようにと、しきりに引き止めた」[32]者たちにイエスは言った。「わたしはそのために遣わされたのだ」。ベルトラン・ド・プランジの場合と同様に、ジャンヌの熱のこもった回答はジャン・ド・メスをジャンヌ生涯の友とした。ジャンは身分の高い人物のなかでもうひとり、即座にジャンヌの支持者となった。「わたしはラ・ピュセルの言葉を強く信じ、彼女の言葉や神への愛に奮い立たせられた」[33]とジャンは証言した。

「わたしやほかにも大勢が彼女の言葉を信じた」[34]とカトリーヌ・ル・ロワイエは証言した。ジャンヌが同行者の一団を集め、ボドリクールの祝福なしでシノンに向けて出発するのに充分なほど――「大勢が信じた」。しかしカトリーヌによれば、このミッションはすぐに頓挫した。「ジャンヌはこんなふうに出発するのは適切ではないと言った」。もどってきた一行はジャンヌの運がふたたび変わったのを知る。ちょうど前回、彼女がヴォクルールにもどってきたときと同じだった。しかし前回は数か月間の不在のあとだったが、今回はシノンまでの道のりの四分の一にあたるサン＝ニコラまでいって帰ってくるのに必要な数日でよかった。聖カトリーヌと聖マルグリットが約束したように、神は、王太子殿下までの道を掃き清めていた。

シャルルの覇権を支えた二つの王家のうち、歴史書のページを大幅に占めるのはアルマニャックの名だが、アンジュー家のほうが大きく、また強力だった。アラゴン、キプロス、エルサレム、シチリア「四王国の女王」と呼ばれたアラゴン家のヨランドは、名目上のナポリ王妃であり、プロヴァンス伯爵夫人、アンジュー公爵夫人だった（図7）。一四〇七年の姉フアナの死で、兄弟姉妹で生き残っているのは二十三歳のヨランドただひとりとなり、もし男子であれば、父の王冠の唯一の相続人となったはずだ。しかしヨランドはアンジュー公兼プロヴァンス伯ルイ二世〔ルイ二世はナポリの対立王でもあった〕と結婚、一四一七年に夫が他界したあとは、六人の子のうちの長男ルイ三世の摂政として行動した。ヨランドの次男ルネはロレーヌ公令嬢・バール女公爵イザベルと結婚させられ、結果として北フランスに対するヨランドの影響力を確保した。貴族の女性として、ヨランドにはそのジェンダーにふさわしいと考えられた科目――「フランス語とラテン語で読み書きすること……音楽、天文学、いくらかの医学と応急手当」[35]――を教えられた。だが彼女が学んだのは政治的な策謀と巧妙な人身操作術――ヨランドの時代の国際関係論――であり、彼女はひとつの王国を統治するのに王冠は必ずしも必要ではなく、ただ操りやすい王がいればいいのだと結論した。一四一九年、ヨランドはアジャンクールの敗戦直後、そしてブルゴーニュがイングランドと正式な同盟を結ぶ五年前、ヨランドはアンジュー家とヴァロワ家の関係を、政治同盟ではもっともよく使われ、たいていの場合は信頼に足る手段、つまり婚姻によって強固にした。当時まだ十歳の娘マリは十二歳の王太子シャルルと婚約。ヨランドはシャルルの父親を説得して、シャルルを自分の息子であり、相続人であるとする勅令に署名させた。王太子受胎の期間、イザボーのセックスパートナーはシャルル六世ただひとりだと知られていたので、良識に従えば王太子の王座要求は当然と考えられたが、それでも王太子は母親が自分の生得権に投げかけた疑いに悩み続けた。イザボーがシャルルをフランス宮廷に返すよう要求したとき、ヨランドはあなたは王太子を育てるのには不適任だと言い放ったと言われる。「わたくしたちはこの子を、この子の兄弟たちのように死なせるために、あるいはこの子の父親のように狂わせるために、あるいはあなたのようにイングランド人となるために育み、慈しんだのではありません。わたくしはこの子をわたくしの手元においておきます。あなたにその勇気があるのなら、この子を連れにおいでなさい」[36]。

王太子は、ときには統治にはなんの関心ももたない怠惰なディレッタントに、ときには頭の鈍いプレイボーイに描かれるが、愚かでも無気力でもなかった。母親の背信以前には、芝居がかった派手な軍功で知られ、まだ十代で軍隊を率いてイングランド軍に対峙した。しかしイザボーの背信は彼を心理的に麻痺させ、そのために彼は権力を操ろうと策謀する宮廷人に抵抗できなくなった。宮廷人の一部はブルゴーニュ派に忠誠を誓っていた。一四二二年春、王太子十九歳、マリ十七歳での結婚、続く秋の父王の死はなにも解決しなかった。七年後、ジャンヌがシノンへの道を求めて苦闘していると き、王太子は自分のもの、すなわち空位となったままのフランス王位をいまだ主張していなかった。ヨランドは軍に資金を提供したが、シャルルにはそれを派遣する自信がなかった。ヨランドには娘のために確保した王国をシャルルの無気力の犠牲にするつもりはない。差しあたっては、進軍してくる敵をかわしながら、残っているフランスの諸家をひとつにまとめておくことに腐心する。何か月ものあいだ。彼女は自分が望み、彼が望まない戦争へとシャルルを導く、あるいは必要とあれば強制する手段を探していた。「ロレーヌの処女」と称する娘がヴォクルールに到着し、自分はフランス軍を率いて、嫌がる王太子をランスにおける塗油式に送り届けると告げたという報せに、ヨランドは興奮して飛びついた。この渡りに船の噂を聞くとただちに、伝令コレ・ド・ヴィエンヌをシノンの宮廷から息子ルネの宮廷に派遣する。ルネはのちにバールおよびロレーヌ公となるが、ボドリクールは直属の部下だった。

ヨランドはルネに書いた。成就された預言が吹きこむ活力と自信とを祖国が必要としているいまこのとき、ロベール殿はこの農民の娘を黙らせたり、追放したりしては絶対にいけない。ルネはロベール殿と接触し、娘を値踏みさせて、彼女の言葉を真剣に注目するにあたいするものとして扱うよう彼に告げなければならない。

息子は母親に従い、隊長は公爵に従う。カトリーヌ・ル・ロワイエは予期せぬ訪問者たちを迎えていた。ボドリクールはジャンヌが思いもかけなかったことをした。教会の権威を召集し、彼女のミッションの価値を測らせたのである。ジャンヌは下手な芝居で時間の無駄とわかっていることに参加せざるをえなかった。「当時、ヴォクルールの町の隊長だったロベール・ド・ボドリクールとジャン・フルニエ師が、わたしの家にはいるのを見た」とカトリーヌは証言した。「ジャンヌはわたしに言った。この神父が、頚垂帯をもってきて、もし彼女が悪い霊であれば、彼女はそれから遠ざかり、もしよい霊ならばそれに近づくと言った、と」。彼は彼女の告解を聞き、したがってすでに彼女の魂の状態を知っていたのだから、ジャンヌはこの司祭は「よいことはしなかったと言っていた[37]」。声たちが成功を約束していたので、ジャンヌはそれをどう実現させるかについてはわざわざ頭を悩ませなかったし、現世に縛りつけられた聖職者たちに譲歩もしなかった。彼らは「キリストの敵との闘争に参加するすべての善きキリスト教徒たち[38]」を戦闘の教会〔現世で悪と戦う地上の信徒たち〕と呼び、勝利の教会〔現世で悪に勝利し、昇天した霊魂たち〕と区別する。彼らは戦闘の教会の上に君臨する。勝利の教会の信徒は天国に住んでいる。それでも神との直接の接触を欠く残りの世界は、教会の教義に逆らうことは重大な過ちであると信じていた。そしてジャンヌがルネの義父、老公爵シャルル・ド・ロレーヌからようやく呼び出されるのは、フルニエの裁可を得たあとだった。

貴族の館への招待は、耳に聞こえない声たちの指示と目に見えないヨランドの手を通して、ジャンヌが農民の身分から跳びあがり、社会の最高位の階層に移ったと告げているのも同然だった。奇蹟と呼ぶにふさわしいほど、めったにない達成である。今度はジャンヌの新しい身分を外見に反映させる必要があった。ジャン・ド・メスは「その服で出かけるつもりか」と尋ね、ジャンヌの「赤茶色の粗末な女の服」を語っている。それが典型的な農民の娘の服だったとすれば、袖が長く、丈はくるぶしまであり、紐で結んでとめる胴着がついていた。「彼女は男の服を着るほうがよいと答えた。そこでわたしは彼女が着るように、わたしの従者の服とショース〔タイツ風のズボン〕をやった」[39]。

しかし、ジャンヌのおじデュランによれば、「ヴォクルールの住民」[40]が、ジャンヌは召使でなく貴人の服装で公爵に会いに出かけるべきだと考え、「必要なものすべて」を彼女のためにあつらえさせた。服は贈り物として提供されているから、自分たちの処女騎士に衣服を用意した市民が、男装の女を「神と人間に対して忌まわしく、神の法と自然の法の両方、そして教会の規則に反し……破門の罰のもとで禁止されている」ものと考えたことはまずないだろう。裁判記録はこの見解を、ジャンヌの服の記述で水増ししている。服装の特徴にあまりにも多くの字数を費やしているので、他人の罪を数えあげる楽しみからそうしたとしか思えない。ジャンヌは「シャツ、ズボン、ダブレット〔男性用の胴着〕、二〇本の紐で結ばれて上記のダブレットと一体化したショース、編上げ靴、膝かそのあたりまでの短いローブ、頭巾、ぴったり合う長靴を身に着けた」。

結局のところ、ジャンヌは伊達男のようになった——あるいはすぐに伊達男のようになった。ヴォクルール市民が贈ったテイラーメイドの服は彼女のなかに、奢侈禁止令が農民の手に届かないところにおいていた贅沢な生地と派手なスタイルへの好みを目覚めさせた。金糸で刺繍をほどこしたベルベットの外衣、毛皮で縁どりしたマント、紋章をつけた派手な色のテュニック。ぴったりとしたダマスク地のダブレットに宝石のはまったボタン、袖の切れ目からは反対色の絹の裏地がのぞく。派手な色のショース、ピガシュというこれ見よがしに長くてつま先がとがった靴、袖が地面まで届くたっぷりとしたガウン〔ウプランド〕、セーム革の手袋、鈴や小さな飾りがぶら下がるベルト。「限りない種類の帽子……タモシャンター〔房がついたベレー帽〕と毛皮のついたつばのある帽子、フードとつば、さまざまな花の冠、渦巻き型のターバン、ふくらまされたり、ひだがつけられたり、ほたて貝型にされたり、丸められたりした、リラパイプと呼ばれる長い尾のような袋になったさまざまな型のフードにつけられる布片[41]」。

ジャンヌはきわめて重要な転換点を選んで服装規定に反旗を翻したと言えるだろう。服飾史家は中世最盛期を西欧にファッションが出現した時期ととらえている。エジプトからの木綿、オスマン帝国からの絹、染料と染色技術の改良、たとえばブロケードやベルベットのように中国における機織り技術の革新によって可能になった複雑な模様と新しい生地。殺人を背負って東に向かった十字軍はオートクチュールの素材を家に持ち帰った。貴族階級の権力喪失にともなって増大した社会の移動性は、ジャック・ダルクのような男のなかに野心を呼び覚ましたが、いまだに支配的地位にとどまる貴族階級はなおいっそうのこと、衣服の基準を階級に割り振り、維持しようとした。たとえ農民が大金を費やして領主に変装しようとしても、衣服の基準が農民を農民と認識させる。語源学はvillein〔農奴〕をvillainous〔悪党のような〕の、churl〔田舎者〕をchurlish〔野卑な〕の語源と認め、貴族が農民をどう見ていたかを暗示する。農民の低い身分は、その卑しい性格の証拠として受けとめられた。ホイジンガは、ブルゴーニュの年代記作者で『我が時代の年代記』の著者ジョルジュ・シャトランが「至高の美を貴族階級だけに帰属させている[42]」と指摘する。この年代記は一四一七年から七四年までの歴史で、「理論的には、神が手の触れようのない秩序を確立し、衣裳はその表現にすぎなかった[43]」時代に書かれた。ユダヤ人を示す黄色のバッジはナチスの第三帝国が考え出したわけではない。一二一五年に教皇インノケンティウス三世が出した勅令の発想――ユダヤ人は「公衆の目に、他の民族から区別されて見えなければならない」――を甦らせたのである。†ジャンヌが誕生するころには、二世紀にわたって増大してきた社会不安が、奢侈禁止令の課す制限をはるかに厳しくしていた。これ以前、あるいはこれ以降で、ヨーロッパにおいて市民の区分けがこれほど厳格に、また目に見える形で強調されたことはない。たとえ娼婦が貴族の贅沢な衣類を手に入れられるほど商売に成功しても、法によって縞模様のフードかマントを身につけることを要求されたから、貴族の女性と間違えられることは決してなかった。処刑裁判の判事たちに言わせれば、その服装が「彼女の強情、悪のなかの頑固、慈善心の欠如、教会に対する不服従、聖なる秘蹟について彼女が抱く軽蔑」を明かしていたジャンヌは、この文脈の枠内において、男女を分けるもっとも基本的で本質的な差異を認めるのを拒否した。ミシュレは書いた。「この時代を彩るものは、神学者たちの無知な精神、霊を省みない文字への盲目の執心であり、だから彼らにはいかなる問題も女が男装をしたという罪以上に重大だとは思われなかったのである[44]」。

† 教皇インノケンティウス三世召集による第四ラテラノ公会議教令六八。

「心して聞いていただきたい」と、〔ジョージ・バーナード・〕ショーの異端審問官は説教する。「女がみずからの衣服を嫌って男装するは、男がバプティストのヨハネをまねてみずからの毛皮の衣服をすてるにひとしい。かかる連中のあとには、夜が昼につづくごとく確実に、衣服をまったく身にまとおうとせぬ野蛮な男女がつづいてあらわれよう[45]」。ショーが創作した聖職者の反応は史料に基づくものではないが、教会の立場を充分に表現している。パリ大学の無名の学者が口にしたように、「もし一人の女が自分の好きなように男の服を着て罰を受けないのならば、女たちは姦淫をし、教義によって女に法的に禁じられている行為……たとえば説教をし、教え、武器を携え、赦免をあたえ、破門する……のような男の行為を実践する機会を抑制されずに手にすることになるだろう[46]」。

イエスは自分自身の死刑執行令状の下書きを寺院のなかで書いた。金貸しの台をひっくり返し、聖なる儀礼のために鳩を売る者たちを叱りつけ、金持ちが聖なる権力を金で買うことを許す腐敗した社会秩序に公然と挑戦した――その秩序を、イエスを神格化した教会は速やかに復活させた。だからいまジャンヌは、彼女が従うのを拒否した法を起草し、擁護する者と、彼らのミソジニーに支配された大衆の注目を引くことによって、自分の死刑執行令状の下書きを書いたのである。

聖マルグリットや彼女以前の処女殉教者たちの例にならって、ジャンヌは髪を切った。髪を切ることで自分を他の未婚の娘たちの仲間の枠外においたことを告げた。未婚の娘は人前では頭を覆わずに、髪は求婚者となる見込みがある男たちに自分は未婚だと告げる手段として、結わずに背中に垂らしておくものとされた。女が決して髪を切らせてもらえなかった時代に、ジャンヌの髪はようやく耳が隠れる長さだった。彼女の髪型は、フラッパーが女性解放のシンボルとして採用したボブヘアの原型であり、フランスではいまでもジャンヌ・ダルク風カットと呼ばれる。女性や少女は髪を三つ編みにして頭に巻きつけることもよくあったから、ジャンヌは長髪のまま、戦場に出ることもできただろう。金属の兜は矢をよけるだけでなく、胸壁から騎士の頭上に落とされる石の衝撃からも頭を守るように設計されていた。兜の下に追加の緩衝材があるのは楽だったたし、また用心にさえなったのはまず間違いない。

しかしジャンヌは、もはや女の運命を望まなかったように、女の髪型も望まなかった。ミッションを果たすころには、国家の頂点にいる者に付き従い、白馬にまたがり、甲冑をまとい、赤いベルベットのマントを羽織って、宮廷人や貴族の前を進み、「気高い王太子」をランス大聖堂の祭壇に送り届けた。ランス大聖堂で王太子はシャルル七世として塗油され、国王の肩書きを確保した。神が定めたことを死すべき人間はだれも取り消せない。甲冑を脱げば、ジャンヌは国民的ヒロインにふさわしく、これ見よがしにおしゃれで高価な服を着た。彼女を崇拝し、是認する支持者と敵のどちらもがそのことを記している。敵は頽廃の、いやもっと悪いこと、つまり高慢の証拠として、彼女の服装に注意を促した。彼らの理解では、ジャンヌは自分にはふさわしくない一組のシンボルに飛びついたのである。彼女の捕縛と敗北に黄金のマントが果たすことになる役割に彼らはなんと大きな歓びを見出したことか。彼女の肩にかかるマントの豊かな重さのなかに見とった虚栄と放縦にいかに腹を立てたことか。

　ジャンヌが着たもの――そして着なかったもの――は、声に出して口にされないがゆえに、より強力なことを告知していた。ジャンヌは尋問を受けたとき、男装をしたのは、男のあいだにいて戦争して過ごした生活に便利なように配慮したからだと言った。しかし彼女は兵士のあいだにいようといまいと、あらゆる状況下で男装をした。シラーのジャンヌはみずからの聖戦に出発するために家を離れる前に兜をつかむ。兜から「戦争の考え」[47]が頭のなかに注ぎこまれ、その目を輝かせ、頬を赤く染める。ジャンヌがその処女の肉体を包んだ高価な男の服は実用的な配慮を超越していた。それは家父長制を甘受することの拒否、絶対的で妥協の余地なき抵抗の肉体的表現――告知――であり、そのことをジャンヌと判事たちのどちらもが知っていた。異端審問的な裁判がジャンヌの衣服に過度に注目したこと、処刑の決定に異性装の果たした役割は、社会を支配していた聖職者が、ジャンヌが男装する権利を強奪したことを、体制を破壊しかねない真の危険であると考えていたことを明らかにする。尋問されたとき、ジャンヌはこの問題を「小さな、いえ、ほんのつまらぬこと」とひとことで片づけた。だが、だれも、とくにジャンヌは、男装を「小さな、いえ、ほんのつまらぬこと」とは考えなかった。

　ジャンヌが女の務めと考えたことは、自分をシンデレラか眠れる森の美女と想像する娘たちにとってはよいことだった。善良な娘はつまらない家事に対する褒賞を得る。眠れる森の美女の場合、あまりにも無抵抗だから耳も聞こえず、口もきけず、目も見えない昏睡状態に陥る。ジャンヌが指摘したように、そういう女はもうすでに充分な数がいた。十字軍の守護聖人である聖ミカエルの竜退治は「最初の武勲」[48]と考えられ、騎士道が芽生える端緒となった。自分のことを聖ミカエルに呼び出された聖なる探求の指導者だと考える娘の道程が、パーシヴァル、ランスロット、ガラハッド、とくに中世のロマンスにおけるキリストの表象ガラハッドに合流するのを止めることができたのは、足かせと牢獄の独房だけだった。ガラハッドがアーサー王の宮廷にきたとき、彼は円卓に残る空席がただひとつなのを見る。

集まった騎士たちはガラハッドに告げた。「この席はまだきていない者に属する。聖杯を見つけるであろうおとめの騎士に属する」。ガラハッド以前にもきた者たちはいた。彼らは円卓に残る空席につこうとし、だれもが席に触れた瞬間に絶命した。ガラハッドは空席につき、生きた。

⊕

ケルト神話の魔法の大鍋から借用してきた聖なる器[49]、聖杯が初めて登場するのはクレティアン・ド・トロワによる未刊のロマンス『ペルスヴァルまたは聖杯の物語』である。ド・トロワは器を神の慈悲を表象し、それを容れるものとして使用した。ガラハッドは燃え立つ緋色の甲冑を身にまとい[50]、聖霊降誕祭の日にアーサー王の宮廷に到着する。聖霊降誕祭は聖霊が炎の舌の形をして使徒たちの上に降臨したことを祝う祭りである。ガラハッドは、聖杯を見つけるのはほかでもない彼だというマーリンの預言を成就するが、聖杯を手にアーサー王の宮廷に帰還する前に、彼のもとをアリマタヤの聖ヨセフ[51]が訪れる。聖ヨセフは十字架にかけられたイエスの遺体をピラトから受けとり、埋葬のために自分の墓を提供した。この聖人の前で、ガラハッドは恍惚境に身を任せ、その感覚はあまりにも濃密なので、彼はそれに抱かれて死ぬことを願い、天使によって天国に運ばれる。

神〔の怒り〕をなだめるためのあらゆる方法が話題になったように、相変わらず十字軍も話題になった。『騎士道の書』に記述された理想――寛大、武勇、礼儀、忠誠――は、十四世紀中葉に初めてジョフロワ・ド・シャルニが列挙したときと同じ影響力をいまだにもっていた。騎士道は戦争と愛の両方に適用された倫理体系、貴族の全生活を管理する体系だった。教会の構造と似て、この規範が「約五分の四くらいまでは幻想であったということが、それにもかかわらず、騎士道をとても統制的なものにした」[52]。裁判記録はジャンヌがみずからの信仰、そして神の軍隊での軍務《サーヴィス》に対して予想していた褒賞が、教皇ウルバヌス二世が一〇九五年に異教徒からエルサレムを救い出すために派遣した六万の十字軍兵士に約束したのと同じもの――罪の赦しと永遠の救済――だったことを示す。ジャンヌもまた「軍事修道会の会員にとって考えうる最悪の犯罪は、たとえ自分の命を救うためであっても、背教すること、十字架を否定することだ」[53]と信じた。六万強の軍隊は類を見ない規模であり、その光景は五〇〇〇名の軍隊を大群と考えた人びとに恐れを吹きこむのに充分だった。

十二世紀の高位聖職者テュロスのウィリアムは、十字軍のきっかけとなった状況を記述している。第一次十字軍は百年戦争に匹敵する暴力と不安の時代に出現した。十一世紀のヨーロッパはローマ帝国崩壊に続く無政府状態からまだ抜け出してはいなかった。略奪が法であり、人を殺して罰せられなかった。教会が社会が結束する唯一の手段を意味していた。ただひとつ変化しないと確信できた物語は、教会の中心にある物語、戦闘の教会の苦難に意味をあたえ、天国への道を指し示す四福音書だった。十字軍戦士はキリストの名において剣を手にし、神の子が死者のあいだから甦った地、エルサレム奪還のために東へと馬を走らせた。十字軍はエルサレムで、十五世紀ヨーロッパの攻囲戦とほとんど変わらない攻囲戦を実践した。その戦いには天国における利益で報酬が支払われ、「殺戮と拷問」[54]、「棒の先に頭を突き刺して掲げること、頭を飛び道具代わりに使うことまでも」がその特徴となった。第一次十字軍と同時代の年代記作者レモン・ダギレは書いた。「切り刻まれた身体が屋内や街路に横たわり。騎士や軍人に踏みつけられた……十字軍の兵士たちは自分の膝や馬の手綱まで達する血の海のなか、馬を走らせていった」[55]。戦争に勝利するころには、彼らは三万のイスラム教徒を殺害していた。イスラム教徒はいまでも「十字軍」という言葉を聞くとき、二十一世紀の西欧人が「ジハード」†という言葉を聞くときのように、迷信と恐怖の暗黒時代に生きた未開の野蛮人によるテロリズムの行為を連想する。

† ジハードは、必然的に暴力的な意味をもつ「聖戦」よりはむしろ「アラーの道で苦闘する」を意味するイスラムの用語。

戦闘の教会は大量殺戮を公的に是認し、敬神の行為として体裁を繕った。

ジャンヌは新しい晴着をまとった。ロレーヌ公訪問の準備は整った。公爵は彼女が神聖なる客を迎えているという話を聞いて、彼女を呼び出し、安全通行権をあたえた。というのも病気だったので、ジャンヌが自分のために神にとりなすことを望んだからだ。ジャンヌ側は公爵の招待を、彼に支持を訴える好機として受諾した。処刑裁判記録によれば、ジャンヌは「彼に自分はフランスにいきたいのだと告げた。公爵は自分の健康の回復についてジャンヌに尋ねた。しかし彼女はそれについてはなにも知らないと言った……それでも公爵に言った。自分をフランスまで護衛するために公爵の息子と部下数名を送るように、自分は公爵の健康のために神に祈る、と」。シャルル七世の財務顧問官の未亡人で、シャルル戴冠後の三週間、ジャンヌを自宅に泊めたマルグリット・ラ・トゥルルドは、ジャンヌが公爵に「公爵は罪を犯しており、おこないを改めなければ、病気は治らないだろう」[56]と告げたと言う。ジャンヌは「善き配偶者を呼びもどすように勧めた」。「善き配偶者」とは、信心深さで名高いパラティナ〔ヴィッテルスバッハ〕のマルグリットである。公爵は、馬車で南にすぐのナンシーにいる愛人アリゾン・デュメのために妻を捨てた。このずけずけとものを言う客人について伯爵に予備知識があれば、肉欲を抑制せよと警告されても驚きはしなかっただろう。彼は義理の息子ルイの入隊をジャンヌへの贈り物にはしなかったが、ジャンヌは四フランと「黒毛の馬」、そして貴族内にもうひとりの味方の分だけ豊かになって、ヴォクルールに帰った。

一四二九年一月初めにヴォクルールに到着してから二月一三日にシノンに向けて出発するまで、バール＝ロレーヌの宮廷を訪問した二週間を引くと、ジャンヌには丸一か月が残る。ジャンヌはヴォクルールの要塞に駐屯する騎士から馬術と槍の訓練を受けたと推定される。「彼女は馬術においてとても大胆だった……そして若い娘にはおこなう習慣のないそのほかの離れ業や訓練もおこなった」[57]とパテでジャンヌと対戦したブルゴーニュ派のジャン・ド・ヴァヴランは言った。

騎士に必要な技を身に着けるには通常は何年もかかるが、ジャンヌにはヴォクルールでの四週間に加えて、ポワティエでさらに三週間があたえられたのだろう。ただし、召命の主張を吟味するために集まった聖職者たちから尋問を受けた期間はのぞく。生まれつきの才能を有する頑強な騎手でも、六週間で高度な専門技術を身に着けるのは驚異だっただろう。「馬に乗ることも戦争を指揮することもできない」と抗議した少女は、軍馬の巧みな扱いで広く——味方からも敵からも同じように——称讃された。ジャンヌが「馬」の意味で使用した表現は、通常の単語cheval《シュヴァル》ではなく、強く、俊足で、戦闘用に交配された騎士の駿馬《しゅんめ》を指すdestrier《デストリエ》〔軍馬〕である。サラブレットがクライズデール〔重輓馬〕とは違うように軍馬は農耕馬とは違う。それは騎士のもっとも破壊的な武器であり、乱闘奥深くに飛びこんで、後脚で立ちあがり、脚をおろす勢いで前脚を蹴りあげる。前脚は強力で、蹄鉄をつけたひずめの一撃で敵を倒す。ジャンヌ一家は比較的裕福だったが、労働のための動物以外を飼っていたことはまずなさそうだ。雄牛は鋤で耕し、馬は市まで馬車を牽く。戸外にいて、ひとりで森に出かけるのが好きな活発な娘、騎士道的空想と格闘している娘であっても、軍馬の騎乗を学ぶ手段はもたなかっただろう。

戦闘に対するジャンヌの熱意は明白だった。しかし謙遜の見せかけなしで、そしてあまりにも厚かましい探求の旅を引き受けることに対するためらいをほのめかす数語の言葉なしで、権力をもつ男の前に出るにはジャンヌには分別がありすぎた。自分の命がかかった裁判が開廷されるはるか前から、ジャンヌは自分には個人的野心はないことを強調するように気を配った。

「男たちに、ものをわからそうなんて、しちゃいけないよ」と『ひばり』でジャンヌの母親は告げる。「はあい、と言っとけばいいの、男たちは野良仕事に行くだろ、行ってしまえば、こっちのもんさ」[58]。

しかしジャンヌは認められていない力を得るために身を屈しはしなかった。「あたしが傲慢であることをお望みでないのなら、なぜ神様は光に輝く天使長様、光に包まれた聖女様をおつかわしになったのでしょう?」と、アヌイのジャンヌは審問官に尋ねる。「羊の番をしたり、糸を紡ぐ仕事をあたしにさせておおきになれば、それでよかったんです。そうすればけっして傲慢な女にならなかったと存じます」[59]。

「わたしの母、あの気の毒なひとのそばで糸を紡いているほうがいい」とジャンヌはジャン・ド・メスに言った。「それ〔王国を救うこと〕はわたしの身分のすることではない。しかし、どうしてもいかねばならない。そのように行動しなければならない。なぜならばわが主がお望みなのだから」[60]。しかしひとたび召命が達成されても、ジャンヌは実家にはもどらず、軍の指揮官の身分を放棄するのを拒否した。従順においては模範的な子どもだったことは、彼女が家の決まり仕事を受け容れることではなく、正しく振る舞えという声の指導に従ったことを意味した。家事にもどるつもりはまったくなかった。「私は兵隊です」と、ショーのジョウン＝ジャンヌは宣言する。「女のほしがる物など、ほしくありません。女の夢は恋人やお金です。私の夢は、突撃の先頭に立ったり、大砲を配置することです」[61]。

ヒロインの潜在的能力について、〔セシル・B・〕デミルのヴィジョンはよりあからさまでさえある。「おまえが神のもとからきたのなら」とロベール・ド・ボドリクールはジャンヌに言う。「これに対して神がどのように応えるのか見せてみろ！」ボドリクールは王座に似た椅子から立ちあがり、剣を鞘から抜いて振りかざす。横を向いて立ち、左手で剣の刃を指し、右手で剣の柄《つか》をちょうど骨盤の高さに保つ。剣はある角度を成して彼の鼠蹊部から突き出し、硬直して勃起を示唆する。挑発を受けて、ジャンヌは脇に立つ従卒から短刀を借り、それが聖杯であるかのように掲げる。神の恩寵を受けるために顔を天に向かってあげ、恩寵は小さな刀に奇蹟の力を注ぎこむ。ジャンヌはボドリクールのはるかに長い武器を一刀両断にする。ロベール殿はすぐに望みのものはなんでもあたえることに同意するが、ジャンヌの目を見て話すことはできない。彼の視線は切断された刀に釘づけだ。「わたしは納得した。そしておまえを国王のもとに送ろう」と、中間字幕《タイトルカード》には言わずもがなの台詞が読める。今日の観衆には意図せずして滑稽に見えるとしても、この場面は明確で直接的な象徴の使用によって相変わらず価値がある。映画は大衆文化が心理学的概念〔とくにフロイト〕に大きな影響を受ける前に公開された。不自然に誇張された男根のような武器をもつ敵対者を去勢すること以上に、ジャンヌ・ダルクが吹きこむ恐怖の性格を明白に伝えるものがあるだろうか？

ようやくシノンに向けて出発したとき、六名の男が同行した。少なくともそのうちのひとりは、ジャンヌが主張する力を奪いとるために、彼女を犯そうと考えながら旅を始めたことをのちに認めている。

第4章　国王の宝

旅の一行七名、内訳は旅行費用を負担したふたりの騎士ジャン・ド・メスとベルラン・ド・プランジ、ベルトランの従者ジュリアン、ヨランドの伝令コレ・ド・ヴィエンヌ、弓兵リシャール、リシャールとヴィエンヌ両名の世話をする従者ジャン・ド・オンクールである。ジャンヌは証言した。「彼ら全員がロベール・ド・ボドリクール殿の騎士と従僕だった。ロベール殿は彼らにわたしをしっかりと安全に送り届けることを誓わせた」。

「いけ」とロベールは出発するジャンヌに言った。「いけ、なるようになれ」。祝福の言葉とは言いがたいが、ボドリクールは命令に従っていたのであり、信仰から行動したのではない。ボドリクール本人の意見がなんであれ、頑固な娘を厄介払いする対価は、娘に護衛をつけ、王太子への正式の紹介状をあたえることだった——結局のところ、これはお得な取り引きだった。たとえヨランドが遠くから画策しなくても、いまやロレーヌの市民たちが、ラ・ピュセルをひと目見ようと何マイルもの道のりをやってきて、そのまわりに詰めかけている。彼らが神からラ・ピュセルにあたえられたと信じるミッションに手を貸すのを拒否したら、ボドリクールは暴動の引き金を引きかねなかっただろう。

必要としていた正式の紹介状を手に、ジャンヌと同行者六名は、一四二九年二月一二日の夜、本人の言葉によれば「王太子のもとへ、そしてわたしがそのために生まれてきたことのために」シノンに向けて出発した。彼女の言葉遣いは福音書に記載されたイエスの言葉をしばしば模倣する。ここでは召命を果たしにいくイエスを引きとめようとする人びとへの訓戒の言葉——「わたしはそのために遣わされたのだ」[1]をそっくりまねている。

一八八七年に初めて展示されたジャン＝ジャック・シェレルによる壮大な歴史画『ヴォクルールを出立するジャンヌ・ダルク』[2]（図8）は、フランスの起源神話に密かに忍びこみ、その一部になっている。同じく物語風に描かれたエマヌエル・ロイツェ作『デラウェア川を渡るワシントン』も、無数のアメリカの学童が抱くイメージを形成してきた。シェレルの作品では、等身大に描かれたジャンヌは王侯然として、茶色のテュニックとケープ、レギンスでおしゃれに装い、まだ短くカットしていない髪を肩から背中にかけて垂らし——変身は未完である——壮麗で恐ろしい運命の戸口に立ち止まっている。ロイツェの作品で腰をすえて櫓を漕ぐ者たちの上にそびえたつワシントンのように、ラ・ピュセルの馬は彼女を英雄の高みにもちあげる。ジャンヌは乞食から宮廷人まで階級を超越した群衆の頭や肩よりも高い位置にいる。歴史はジャンヌを「祖国の母」[3]、「フランスのジョージ・ワシントン」と判断する。ジャンヌは別れの合図に左手を挙げ、右手は召命の象徴である剣に伸びる。剣の柄と刃は手甲のために中央部分が隠れ、十字の形を強調して、ジャンヌの戦争が聖戦であることを思いださせる。

「剣がない！」と、一九四八年公開のヴィクター・フレミング監督『アルクのジョウン』（邦題『ジャンヌ・ダーク』）で、ロベール殿は叫ぶ。「ほら、ここに。わたしのをもってゆけ！」。

シェレルの作品には焦点がひとつある。隊長からラ・ピュセルに渡される剣の銀の輝きが視線をとらえ、決定的な瞬間に釘づけにする。この瞬間、豊かで身分の高い男がみずからの権力の象徴を自分よりはるかに若い女に譲るのである。やりとりされる剣のすぐ下にもうひとつ象徴的なもの――装甲をつけたジャンヌの鞍《くら》の前橋《ぜんきょう》――がある。前橋は横向きに描かれ、ジャンヌの股間から収縮した男根のように突きだす。ロベール殿は手を頭上に伸ばし、巻いて紐で結んだ手紙を武器といっしょに前橋の上に差しだす。彼の背後では、農民の女がひとりの男の腕のなかで泣き崩れ、男の目はジャンヌに懇願する。しかしジャンヌの視線は、ワシントンのそれのように、幻視者のものであり、彼女ひとりだけに見えるものを凝視する。

嘆き悲しんでいるのはもちろんジャンヌの両親である。両親はヴォクルールからの出発の場面にしばしば誤って描き入れられる。画家の巧妙な手は、ジャンヌの偉業達成が両親に畏敬の念を抱かせ、父親の不信感を払拭したときまで時を進めている。十九世紀、この絵は国境を越えて展示された。ジャンヌ列聖が、本作を世界中で承認されるイメージとする。複製画はいまも人気がある。マクスウェル・アンダーソンは自作の『ロレーヌのジョウン』（一九四六年）のなかの劇中劇をフレミングの映画のために脚色したが、男物の旅行用マントを羽織った馬上のジョウン＝ジャンヌを囲む群衆のなかにジャンヌの母親を配置した。

「母親というものは子どもたちを身ごもり、子どもたちを産み、自分は子どもたちを知っていると考える。けれども母親は子どもたちをまったく知らない」[4]とイザベルは言う。ジャンヌが市の門を通過する前、ひとつの世界からもうひとつの世界――そこから帰還はない――にはいる前に、母親は群衆を押し分けて前に進み、形見の品を渡す。ジャンヌの判事たちはそれに疑いの視線を注ぐことになるだろう。

この主題はジャンヌに対する告訴箇条を決定する予備審理のあいだに初めて持ち出された。そのころまでにジャンヌは一年を虜囚の身で過ごし、最後の六か月は明かりのない独房の果てしなき薄暗がりのなかに拘束され、食事は貧しく、日々、乱暴な仕打ちを受け、それでも娘の決意を粉砕しようとする七〇人の判事の努力を無に帰さしめつづけていた。

「いくつか指輪をもっていなかったか？」と審問官はジャンヌに尋ねた。

「わたしの指輪、ひとつはあなたがもっている。わたしに返しなさい。もうひとつはブルゴーニュの人たちがもっている」

「いまブルゴーニュ派がもっている指輪をだれからもらったのか？」

「あなたがもっているのなら、わたしに見せなさい」

「ブルゴーニュ派に奪われた指輪はだれからもらったのか？」

「父あるいは母から。ドンレミで」

「その指輪はほかの指輪とどこが違うのか？」

「イエス・マリアの名が記されている」

「だれが記させたのか？」と審問官は尋ねた。そして、「イエスとマリアの名に対する敬愛を奨励するフランシスコ会士とそれをサタン崇拝として禁じるよう教皇に促すドミニコ会士とのあいだの同時代の論争」[5]から着想を得て、質問を繰り返した。

たしかに「イエス」と「マリア」という言葉は正統信仰からの飛躍を示唆した。教皇庁分裂の結果のひとつは、隠れた原始プロテスタント宗派が増殖したことであり、彼らはどちらの教皇とも関係をもちたがらなかった。ジャンヌの審問官は考えうるすべての方法を使って、異端や魔術へのジャンヌの関与を立証することに時間をかけた。彼らはジャンヌに圧力をかけ、「イエス」と「マリア」の名はなにかの呪文だと認めさせようとした。虚偽の告発がイエスに判決を言い渡したサンヘドリン〔最高法院。裁判や立法の機能のほかに政治的役割もあった〕の政治的意図を隠していたのと同じように、宗教上の問題に関して捏造された告発は、ソルボンヌで養成された強欲な聖職者の政治的意図を裁判のあいだずっと覆い隠していた。どちらの法廷もできるかぎりの影響力を保ちながら、占領軍に卑屈に服従した。「イエス・マリア」はすべての修道会の托鉢修道士が使った方策、彼らが腐敗していると考えた聖職者とは別個のものとしておたがいを認め合う手段だった。たとえば幻視者で、聖クララ女子修道会を改革した隠者コルビの聖コレッタは「手紙のなかで「イエス・マリア」の紋章を使って、ジャンヌの地方を旅した」[6]ことが知られている。ジャンヌを裁くためにルーアンに集まった判事の大部分は大学で養成されていたが、彼らは定められたミサの儀式以外はどんな目的でも、聖なる名前を使用することを反乱の罪、支配的な家父長制が規定する形式と伝統に従わないという罪と考えた。

「だれが名前を記したのか？」

「すでにあなたに言った。わたしは知らない」

「指輪には石がはまっていたか？」

「十字架が三つ、わたしの知るかぎり、イエス・マリア以外のほかに刻印はない。あなたがもつ指輪をくれたのはわたしの兄弟だ。わたしに返さないのなら、教会に奉納しなさい」

「戦闘に向かう前になぜこの指輪を見つめたのか？」

「歓びから、そしてわたしの父と母に敬意を表して」

「ほかに理由は？」と審問官は尋ねた。

「聖カトリーヌがわたしの前に姿を現わし、わたしが聖女に触れたとき、指輪はわたしの指にはまっていた」

「聖カトリーヌのからだのどこに触れたのか？」

「それについては、あなたがほかになにかを知ることはないだろう」


　ジャンヌがシノンに向けて出発した日、フランス軍は、イングランド軍が四旬節の肉食制限に先んじて調達した塩漬け鰊《にしん》の樽と弾薬を運ぶ荷馬車三〇〇両の輸送隊の前進を妨害する目的で、ヴォクルールから南西に一五〇マイルほどのなにもない平野でイングランド軍と交戦状態にはいった。『オルレアン籠城日記』とクジノの『ラ・ピュセル年代記』によれば、ジャンヌはロベール殿を説得して「彼女を武装」させた。「なぜならばオルレアン近郊ルヴレにおける二月の戦闘、いわゆる鰊の戦いにフランス軍が敗北するのを千里眼によって知っていたからだ。そして報せがヴォクルールに届く前に、そのことを彼に告げた」[7]。

「神の御名にかけて申します、ロベール・ド・ボードリクール、あなたはわたしの派遣について、あまりにもぐずぐずし過ぎております」と、マーク・トウェインの『ジャンヌ・ダルクについての個人的回想〔邦訳タイトルは『マーク・トウェインのジャンヌ・ダルク』〕』でジャンヌは言う。「そのため、あなたは大きな損害を招いているのです。なぜなら、今日、王太子の軍隊はオルレアンの近くで一戦に敗れたからです。そしてもっと大きな損害を受けるはずです、もしすぐにわたしを王太子のところへ派遣してくださらなければ、きっと受けます」。

　市長はこの言葉にとまどい、そして言った。

「今日だって、今日だと申すのか? あんな遠いところで今日おこったことを、どうして知ることができるのだ? 報《しら》せがとどくまで八日か一〇日はかかるはずだぞ」
「わたしの「声」がその報せをもってきてくれたのです。そしてそれは本当のことです。闘いは今日、負けました。そしてそれは、あなたのせいなのです。わたしをこのように、ぐずぐずさせておいたのですから」[8]。

フランス軍が先に攻撃を開始したことが敗北をいっそう面目なきものにした。フランス軍と同盟国スコットランドの軍は、戦場となった木立ちのない平野を横切ってきたので、イングランド軍には接近してくる敵が見えた。イングランド軍はジョン・ファストルフ卿の指揮のもと、前進をやめて荷馬車隊のまわりに円陣を敷く。彼らはフランス軍騎馬隊の突撃を妨げるため、原始的な防衛陣地の外側の地面にパイク〔歩兵用のやり〕を突き刺した。これまでの戦闘で数的不利のときに役立った戦略である。時は「フランスの騎士たち」の無能力を証明してきた。彼らは「戦争を国家政策の手立てではなく、自分たちの騎士道精神を披歴する闘技場と見なし続けていた」[9]。おそらくより高くついたのは、軍事史が立証するように、フランスの指揮官が平民を軽蔑し、彼らと協力して働く能力をもたなかったことだろう。「地元の農民を、たとえばロングボウ〔長弓〕のような効果的武器をもたせるほどに信頼するフランス貴族はいなかった」[10]のに対して、「高い身分のイングランドの騎士と平民生まれのイングランドのロングボウ兵はおたがいの技と勇気を尊重しあい、チームとしてともに働く経験を長い時間をかけて積んできた」[11]。フランス人——「自軍の同僚の兵士を社会的に劣る者として軽蔑する利己的な栄光の探求者……ディレッタント」[12]——は自分の武器を効果的に使えるところまで敵に接近する前に、雨あられと降りかかる矢のなかで何度も何度もドン・キホーテ的突撃を繰り返した。騎乗する軍馬は頭だけが装甲されていたが、敵の矢で無力化されるよりも逆上することのほうが多かったので、騎馬隊はおたがいに踏みつけあうざまだった。今回、フランス軍とスコットランド軍の指揮官は攻撃を連動させるのに失敗し、そのため輸送隊強奪の決定に優柔不断のところがあったようだ。イングランド軍はためらいを臆病と見てとり、敵の混乱に乗じて背後から反撃に出て、四〇〇〇名にのぼるフランス＝スコットランド連合軍兵士を潰走させた。

　ジャンヌとその護衛隊は闇が落ちるのを待って、ヴォクルールの門の先に足を踏み出した。同時代の語り《ナラティヴ》と後世の改訂版のどちらもが、ボドリクールの見かけ上の変身は超自然的な方法で達成されたと説明する。その著者たちは舞台の袖からのヨランドの指示に気づいていないか、意図的にその重要性を減じているかのどちらかである。ジャンヌも他の証人も、ジャンヌが戦闘における大虐殺を予見したことをほのめかしてはいない。だが、あまり遠くまでいく前に、死者数四〇〇〇名が公にしていること、つまりフランス軍の壊滅を人間の口を介して必ず知ったはずである。ボドリクールは無効化裁判の前に世を去った。彼の行動と言葉についての証言だけが残る。しかしジャンヌの千里眼の話が伝説か否かにかかわらず、ヨランドの命令がロベール殿の対応を決定した。ヨランドは、ジャンヌの前進に重要な役割を果たす数名の人物のひとりとなる。彼らの影響力は通常は無視されるか軽く扱われるが、それは彼らがメシアのナラティヴの約束事を土台から揺るがすからだ。またジャンヌ・ダルクの物語は、シャルルの母イザボーの容疑は晴らさないが、義母のそれは晴らす傾向にある。なぜならばヨランドはジャンヌのミッションの役に立ったからだ。実際には、ふたりの女イザボーとヨランドは、その野心においてよく似ており、それぞれが弱い男たちを操って、政治的有利を得た。

西に約三五〇マイルのシノンは、イングランドの占領地を抜ける一一日間の旅の果てにあった。あちこちの川は例年通り二月に反乱して「すでに道も橋もなくなっていた」[13]。用心深く夜間のみに移動したものの、七人の軍人――あるいは六人と武装した少女ひとり――が、街道を監視したり、街道沿いの都市を巡回したりする兵士たちに気づかれも妨害もされずに馬で旅をしたことは、しばしばジャンヌの超人的な力が起こした最初の奇蹟に挙げられる。「ジャンヌが国王に会いにきたとき、その道の途中で監視についていた兵士たち」が語る物語を、スガン・スガンが無効化裁判で証言した。スガンはドミニコ会修道士で、ジャンヌがポワティエで初めて聖職者から受けた公式審問の唯一の目撃談を提供した。歴史家はスガンの証言がもっとも信頼できると考えている。兵士たちは「待ち伏せをして彼女とその同行者たちから金品を奪おうとした。しかし実行しようとしたときに、その場から動けなくなり、ジャンヌと随行者は妨げられずに道を続けた」[14]。これほど漠然としたものではなく、しかもより劇的な奇蹟がほかにも起きるだろう。それでもそれが神の恩寵によって成就されたのか否かはともかく、大人数の一行が、敵兵と、無政府状態が大量に生み出す盗賊の両方をうまく逃れたことは、とにかく幸運だったのであり、決して見こまれていたわけではなかった。結局のところ、ボドリクールは理由があって、ジャンヌに護衛を提供したのである。

争いが浮上したのは一行の内部においてであり、ジャンヌと護衛団のメンバー間の権力闘争の形をとった。護衛たちはボドリクールと同じようにただ命令に従っていた――ただしロベール殿は要塞都市の城壁内で安全だった一方で、護衛は、神の声を聞いたと主張するだけでなく、男装もしている娘のために命を危険にさらしていたという違いがある。ドンレミから一〇マイルも離れていないヴィヴィルの鋳掛屋ユッソン・ルメートルは、無効化裁判で証言した。「ジャンヌがヴォクルールから国王のところまで連れられていったとき、彼女を案内していた兵士の何人かが敵軍のふりをしたという話を聞いた。彼女といっしょにいた者たちが逃げるふりをすると、彼女は言った。「神にかけて、逃げてはいけない！彼らはわたしたちに危害は加えない」」[15]。ジャン・ド・メスとベルトラン・ド・プランジは最初からジャンヌの聖性の確固たる擁護者だったものの、他の同行者はこの厄介な処女の傲岸さをたたきつぶすために一計を案じた。だが国王の従者のひとりゴベール・ティボーが耳にしたとおりの結果となっただけだった。ティボーは「ジャンヌと親しかった大勢が彼女への欲望を一度も感じなかったと言う」のを聞いた。「つまり、ときに肉欲の衝動が生まれたとしても、あえて思いを彼女に向けることはなく、彼女を色欲の対象とはできないと考えた。彼女が近づいてくるのを見ると……たちまちのうちに肉の衝動を放棄した」[16]。このジャンヌの能力が、天の影響を明かすにせよ、あるいはジャンヌの敵たちが証言するように悪魔の影響を明かすにせよ、そして彼女の擁護者はこの能力を次のような言葉で特徴づけることはほとんどないものの、ジャンヌは暴行者になりかねない者たちを超自然の力を使って去勢することで、その処女性を守ったと信じられた。

「彼女を国王のところに連れてきた者たちがこう話すのを聞いた[17]」とマルグリット・ラ・トゥルルドは言った。

最初は頭がおかしい娘だと思い、試してやるつもりだった。しかしいざ彼女を案内していくために、旅を始めたとき、なんでもジャンヌの望むとおりにする気になり、彼女自身と同じほどに、彼女を国王に会わせたいと望んだ。ジャンヌの意志に逆らうことはできなくなったのだろう。彼らは言った……最初は彼女を肉体的に求めようとしたが、そのことを彼女に話そうと考えると、ひどく恥ずかしくなったので、あえてそうする気にはならなかった。

「わたしたちは彼女を……可能なかぎり秘密裡に王のもとまで送り届けた」とジャン・ド・メスは回想した。警護上の必要から、ジャンヌは望むように定期的にミサにあずかることができなかった。機会があたえられれば、一日に一回以上ミサにあずかった。「もしわたしたちがミサにあずかれるなら、すばらしいことになるだろう」と彼女が言ったのをジャンは覚えていた。「しかし、道中ではミサには二度しかあずかれなかった」[18]。一度は最初の晩、一行がサン＝テュルバンの町に到着し、修道院に泊まるように招かれたとき、そして数日後にもう一度、オセールを通過し、ジャンヌが町第一の礼拝堂でミサに参列したときの二度である。二月二一日、七名の旅人はサント＝カトリーヌ＝ド＝フィエルボワで一時停止した。シノンまではさらに西に馬で一日である。サント＝カトリーヌ＝ド＝フィエルボワから城の王太子に近づく許可を求めた、とジャンヌは審問官に告げた。「わたしはわが国王に書翰を送り、わたしは王の助けに駆けつけるために一五〇リューの長旅をしてきたと告げた。そしてわたしは王の利益になるようなことをたくさん知っているとも告げた」。

このときもまたジャンヌの評判が本人に先駆けていた。シャルルが彼女を引見すべきか否か、王太子顧問団の意見は分かれた。アンジュー家にはヨランドの方針に同意するよりほか選択の余地はほとんどなかった。もっともルネをのぞくと、この成就された生きる預言の到着をお膳立てしたのがヨランドであることを知る者はわずかだった。ジャンヌはフィエルボワで二日間、宮廷への招待を待つ。このような貴族と平民の会見は、現在ほど奇想天外な考えではなかった。ヨランドは、フランス王の伝統となるもの——神との関係を国王が〔教会を介さずに〕私物化する——の枠内で画策していた。ジャンヌが捕縛されるはるか以前に、ランス大司教はジャンヌの代役ル・ベルジェ[†]——フランス語で「羊飼い」

を意味する――を仕立てはじめた。ル・ベルジェは、拡大する両教皇間の不和の間隙に滑りこみ、あとからあとから出現する霊媒と予見者たちのあいだから選ばれた心底純朴な田舎者だった。一三七八年にウルバヌス六世が教皇に選出され、これに反対する勢力がクレメンス七世を選出、クレメンス七世がローマを離れ、アヴィニヨンに対立教皇庁を開設して以来、教会分裂は対立する派閥間にきわめて強い敵意をかきたてたので、家族や商人はどちらの教皇に忠誠を誓うかによって居住する都市を変更した。アヴィニヨンはローマよりも接近しやすかったかもしれないが、歴史はそれを「豪奢な虚飾の、大きな文化的魅力の、無制限な聖職売買――つまり聖務の切り売りの、虚像上の世俗状態」[19]と断じた。言い換えれば、在仏の教皇庁は明らかに腐敗していたから、宮廷は教皇に対する信頼を取りさげ、それをマリ・ロビーヌのような幻視者に託した。マリ・ロビーヌは政治権力に接近できたが、幻視者が宮廷に迎えられるのは例外というより規則となっていた。しかしシャルルの王室侍従長で、当時、王太子顧問団のなかの寵臣とは言えないにしても、もっとも侮りがたい人物ジョルジュ・ド・ラ・トレモイユは、ヒステリックな信奉者の一団を引き連れた幻視者の助けを望まなかった。それが男のようにめかしこみ、剣をがちゃがちゃいわせている女幻視者の場合はなおさらだ。ラ・トレモイユはなによりもまず自分の利益の保全だけに腐心する日和見主義者で、兄弟のひとりはブルゴーニュ公爵に仕えていた。ラ・トレモイユはフランスの独立を犠牲にしても降参したかった。苦労してシャルルを操れるようになったのだ。それを手放すつもりはない。シャルルにおべっかを使い、賄賂を渡し、威圧して従属させるために奮闘もした。

† 予見できたことだが、ル・ベルジェは運命の逆転の犠牲になり、罵られ、死刑を言い渡される。しかし「長い悲惨な投獄や延々と続く裁判の笑劇は免れた。彼はただイングランド人によって袋詰めにされ、さっさと川に放りこまれた[20]」。

またしても足止めされたいらだちをジャンヌはただひとつ知る方法で和らげた。修道士がミサを挙げるたびにそれに参列し、サント＝カトリーヌ＝ド＝フィエルボワ聖堂の聖域内でできるかぎりの時間を過ごした。この聖堂には、カール・マルテルが七三二年の対イスラム戦勝利の記念として剣を奉納したと言われていた。カール・マルテルはシャルルマーニュの祖父であり、シャルルマーニュの軍隊が騎馬隊への依存を深めたことが騎士階級誕生のきっかけとなったので、彼は騎士道——chevalry（騎士道）はフランス語のcheval（馬）から派生——の父と認められている。聖カトリーヌに関連づけられた奇蹟物語は増殖し、サンチャゴ・デ・コンポステラの巡礼の道に沿う聖堂を無数の騎士が目指した。彼らはインググランドの捕縛の手から逃れると、武器や甲冑や「足かせ、手かせ、重りなど、聖女が信者たちを奇蹟的にそこから解放した牢獄の道具[21]を奉納にきた。もっとも慎ましい祭壇から村の農民には想像もできない規模と華麗の大聖堂まで、ジャンヌがその短い生涯でひざまずいた祭壇は多数にのぼるだろう。やむをえない事情のために、彼女はよそよりも長くサント＝カトリーヌ＝ド＝フィエルボワで、奉納物のあいだに膝をつき、祭壇の前で頭を垂れていた。

円錐型の小塔が付属した堂々たる石造りの建造物、シノンの城はその規模と華麗さとで、小さな村の娘たちほとんどの心を、妖精物語の一場面のように打ったにちがいない。生まれた土地から遠くに旅をする娘はわずかだった。小塔に掲げられた三角旗がたえずはためきながら居住者の紋章をきらきらと世に知らしめる。城の土台は一望できるかぎりでもっとも高い地点に築かれ、胸壁はヴィエンヌ川を見おろす岩棚から立ちあがっていた。岩棚は厚い一枚の影となって、この高さをよじ登ろうとするほど愚かな軍隊の上にぼうっと浮かんでいる。ヴィエンヌ川はロワール川第一の支流で、川が有史以前に交易路として使われるようになって以来、両岸にはずっと人が住む。高さがあたえる戦略的有利に加えて、城には稀に見る造形的な美しさが備わっていた。ジャンヌはシノンに一四二九年三月四日に到着し、ひとりの女性の家に逗留。彼女は審問官が宿の女主人を中傷することを見越して、その女性についてわざわざ評判のよい女性だと述べている。その家で彼女はまたしてもやりたくないことをやらされた。すなわち待機である。

「わたしは神が国王のためにしるしを送るよう祈りつづけた」とジャンヌは言った。そしてようやく神はしるしを送ってきた。「天使がきたとき、わたしは宿にいた。そのあと、わたしたちはいっしょに国王のもとにいった」。城門に続く険しい九十九《つづら》折りを登るとき、ジャンヌと天使には同行者がいた。横をジャン・ド・メスとベルトラン・ド・プランジが歩いていた。

ジャンヌとともに旅をした聴罪司祭ジャン・パスクレルは次のように証言した。「この日、ジャンヌが国王と話すために国王の住まいにはいるとき、騎乗の男がひとり、彼女に次のような言葉をかけた。「そこにいるのはラ・ピュセルではないか」。そして神を呪いながら、もしひと晩、彼女を自分のところに引きとめておけたら、彼女が〔そこから〕処女として出ていくことはないだろうと言った。ジャンヌは男に答えた。「ああ、神の名において。おまえは神を否定する。そしておまえは自分の死のすぐそばにいる!」。この男はそのあと一時間後に水に落ちて溺死した」[22]。パスクレルは、ジャンヌが戦闘の装備を整えていたトゥールで会うまで、ジャンヌ軍には加わらなかったので、彼自身がこの事件を目撃したわけではない。だが、彼が信頼できると考えていた目撃者数名がこの話を確認した。グレアム・グリーンは、一九五七年に封切られたオットー・プレミンガー監督の同名映画のためにショーの『聖女ジョウン』を脚色したが、このやりとりをひとつの場面に圧縮した。礼儀知らずの傭兵は連れていた娼婦の一団から離れて、ジャンヌを馬から引きずりおろそうとする。傭兵はジャンヌに言う。「おまえ、小さなたわけ。自分は士官専用だと思ってるんだろう」。

ジャンヌは助けに駆けつけた従者を叱る。「その気の毒な人を放っておきなさい。この人の命は尽きかけている」。傭兵はジャンヌに向かって突進するが、指が彼女のマントに触れたとき、地面に倒れて死ぬ。

ロベール・ド・ボドリクールのような分別のある実際家が「ロレーヌの処女」を名乗る娘に護衛をつけ、犠牲にする余裕がないはずの騎士や馬を手放し、自称ラ・ピュセルを公に支持して自分の評判を危険にさらしているのである。ラ・トレモイユはボドリクールの手紙がシャルルに対して義母が意図した効果をたしかに挙げることを知っていた。宮廷人として王太子顧問団のひとりと考えられ、レジーヌ・ペルヌーによれば「国王と親しく、国王の反応をもっとも忠実に記録した」[23] 会計院院長シモン・シャルルが、「その手紙のために、国王は彼女の話を聞くよう促され、ジャンヌに謁見が許された」[24] と証言した。

しかし階上の王太子のアパルトマンに通されたとき、ジャン・ド・メスとベルトラン・ド・プランジは、シャルルがロレーヌからきた処女の到着を待っていたのではないことを知る。ラ・トレモイユはサント＝カトリーヌ＝ド＝フィエルボワからジャンヌが送った手紙を途中で差し押さえ、ジャンヌの手紙を破棄し、ボドリクールの手紙は没収していた。王太子がボドリクールの手紙の存在を知ると、ラ・トレモイユはその手紙を取り出し、二枚舌を証明した。

「あの宮廷には悪しかない」とアラン・シャルティエは『ロレーヌのジョウン』で警告する。「死んだ犬がぶんぶんいう虫を引き寄せるように、弱き統治者はみずからに悪を引き寄せる」[25]。

陛下の衛兵所に留め置かれ、ジャンヌは自分には王太子だけに伝えることがあるのだと言い張った。しかし「王の命令で自分のミッションの理由を述べるよう要求され」、そうしなければ王とは会えなかったので、言われたとおりにするほか選択の余地はなかった。「天国の王から遣わされた」のには二つの理由がある、とジャンヌは言った。「ひとつはオルレアン解放、もうひとつは、国王を戴冠と塗油のためにランスに連れていくことだ」。

シモン・シャルルは証言する。「これを聞いて顧問団の一部」──ラ・トレモイユを筆頭に──は、「王はこのジャンヌを絶対に信用すべきではないと言い、他の一部はその女は自分は神の遣いで王に話すべきことがあると言っているのだから、王は少なくとも話を聞くべきだと言った」[26]。

シラーはロレーヌからきた架空の騎士をひとり導入することで、ジャンヌの主張の正当性を国王に納得させている。騎士は、彼女がこれから指揮を執るはずの軍がいまだに戦っていない戦闘の結果を知らせた。「将軍たちがなにを成すべきか成さざるべきかを話し合い、いまだに決定できずにいたとき──わたしたちの目の前で奇蹟が起きました！　突然、ひとりの少女が戦争の女神のように頭に兜をかぶり。美しく、でも恐ろしく、森の奥から歩み出てきたのです。彼女の髪は褐色の巻き毛となって首のまわりに落ち、その姿のまわりには天の霊気のようなものが揺れているかと思われました」。騎士は戦闘のようすを描き出す。彼女の兵隊たちは驚きで言葉も出ず、ほとんど自分の意志に反するかのように、怯えた敵を殺しまくったので、「それは戦闘ではなく──虐殺でした。川が呑みこんだ者を数に入れなくても、二〇〇〇の死体が戦場に転がっていました。わたしたちの側にはひとりの死者もなく……彼女は自分は天から遣わされた預言者だと言い、月が替わる前にオルレアンを救うと約束しました」[27]。

王太子に謁見を許される前、念のために予備的な神学的審問がただちにおこなわれた。ジャンヌの戦友のひとりが証言したように、集まった聖職者のなかには、王の聴罪司祭ジェラール・マシェ、パリ大学の学者ピエール・ド・ヴェルサイユ、そしてポワティエのジュルダン・モラン、ユーグ・ド・コンバレルを含む五名ほどの司教がいた。歴史はこの全員が「道徳的で真面目で倫理的な男たち」[28]であり、彼らの責務は「彼女のカトリックの実践、道徳、純潔の基本的確認を提供する」ことだけだったと判断する。顧問団に強く言われて、シャルルはさらに念を入れて、ジャック・ジュリュに「尊敬すべき、しかし完全に独立した意見」[29]を求めた。ジュリュはいまだに塗油されていない王に、ジャンヌの主張を軽々しく受け容れないよう警告した。彼は書いた。「フランス人は騙されやすい性格だとの評判をとっているから」、シャルルは「諸外国の目に自分を滑稽に見せてはならない」[30]。ジャンヌが、ロレーヌ、つまり魔術に寛容なことで悪名高く、ブルゴーニュ派の共鳴者と国境を接している地域からきたことを、ジュリュは王太子に指摘した。彼女の動機が純粋だったとしても、彼女は騙されやすい羊飼いだ。賢いやり方はゆっくりやることだ。忍耐を、とジュリュは助言した。忍耐を。悪魔は永遠に隠れていることはできません。それを隠そうとする人間の試みの背後から浮かび出てこざるをえないでしょう。

自分自身のものとはあまりにも違う世界、富が農民生活の貧窮を遠ざける力をもつ世界に到着したことに圧倒されたとしても、ジャンヌは少しの不安も表に出さなかった。国王の城にはいるとき、なんらかの畏怖を感じたとしても、同行者にはそれをまったく見せなかった。一四一八年にブルゴーニュ公の軍隊がパリを制圧したとき、シャルルが逃げこんだシノンはロワール渓谷の真珠、何世紀にもわたって国王や王妃たちのお気に入りの住まいだった。ロワール地方の城の大多数と同様に、アンジュー家——ヨランド——に帰属していた。建造物のほとんどが、アキテーヌのアリエノールとの結婚によってフランスを手に入れたイングランド王ヘンリー二世のもとで完成しており、ヘンリー二世はシノンの城内で一一八九年に逝去した。城には配管が設置され、暖房があった。大広間にはタピスリーがかかっていた。羽毛を詰めたベッドにかかるカバーにはアーミン〔オコジョの毛皮〕で縁どりがされていた。床は大理石。充分な数の突き出し燭台と枝付き燭台が暗闇を消し去った。

しかしジャンヌの注意はほかの場所、城のかなたにあり、本人の前を走っていた。宮廷に到着するはるか以前から、ジャンヌは幻視を体験しはじめ、その体験は延々と続いて、死のときにようやく終了する。ジャンヌは社会階層を通過して上昇し、貴族階級の最高レベルに達する。そのことはジャンヌの目を、平均的な農民の娘の目をくらませたかもしれないほどにはくらませなかった。それでも自然の美しさしか知らなかったジャンヌは、新しい形式、自分の身には想像もできなかったであろう、きらきらと輝く人工の壮麗さを発見した。宝石を飾った指や喉もと、両手だけでは結えない髪型。身にまとうためには、貴紳には小姓、貴婦人には侍女を必要とする衣装。彼女は貴婦人のエナン〔円錐形の髪飾り〕の先端から垂れる薄絹のヴェールがふわふわと漂うのをいたるところで目にした。ジャンヌが宮廷に着いたとき、エナンは最新の流行だったからだ。歴史はそれをこの時代のファッションの象徴として選ぶことになる。王侯たちの宝冠の美しさは、天使たちの冠の美しさにはかなわなかったが、それでも天使たちの冠を描こうとするとき、ジャンヌは必然的にそれをお手本にした。この時代の視覚芸術は地上の富と天国の富の融合を期せずして示す。聖書は聖俗双方の富を同等のものとする。黙示録の天国は純金の都市、基礎は貴石で、一二の門のそれぞれは一個の真珠でできている。

すでにシノンの市民は通りに群がり、噂話をしながら、ラ・ピュセルを見る機会を待っていた。市壁の外側では、やる気に燃える歩兵の軍が数を増しつつあった。「あらゆる年齢、あらゆる職業のフランス人が家を離れて軍に加わり、星を追う東方三博士のように、ジャンヌに向かって行進していた」[31]。平民の大群が木靴を履き、斧やピッチフォークやつるはし――肉弾戦で使用される武器の原型となる農具――をもっていた。「ロレーヌからシノンに向かうすべての街道に沿って、群衆」[32]が、処女戦士の軍隊で戦うためにみずから命を差し出しにきた。その処女戦士は「王の敵の領土」を邪魔をされずに通過し、「たくさんの川の浅瀬をほとんど奇蹟的に渡ってきた」[33]。

『ひばり』でヨランドはシャルルに言う。「あの娘には、何か人並みはずれたものがある、すくなくとも、みんなはそう思い込んでいます。それなんですよ、大切なのは」[34]。

自分の決定についてヨランドから公然の支持を得て、シャルルはラ・トレモイユとブルゴーニュ派の内通者と支持者の廷臣を無視し、ジャンヌを階上に連れてくるよう命じた。ジャンヌがようやく王太子に謁見する場面は、ジャンヌの物語すべてのエピソードのなかでとくに際立っている。宮廷人のなかに隠れていた王太子をジャンヌが即座に見分けたことは、ジャンヌ最初の重要な奇蹟、ジャンヌのメシア的軌跡の導火線に火を点けた奇蹟と認められた。結局のところ、彼女は王太子の肖像をそれまで一度も見たことがなかった――声たちがそっと知らせたことのほか、なにを知りえただろう？　予想どおり、その場面は語られるたびごとにいっそう現実離れしていくが、ただしジャンヌの場合は、聖伝であれば受容するような宗教的真実が、歴史的事実を陰に追いやることはできない。ジャンヌとシャルルの初対面の場には片手ほどの人しか立ち会っていなかった。第二回目は一回目の再演で、数か月後、ジャンヌが教会の法廷で念入りに調べられたあとにおこなわれた。

「天使は高みからおりてきた」と、ジャンヌは最初の訪問に同行した天使について語った。天使は「わたしとともに階段を通って国王のアパルトマンまでいった」。

「だれが最初になかにはいったのか？」と審問官は尋ねた。

「天使が最初にはいった。天使はわれらが主の命令できたのだ」

「どのようにして？」

「扉からはいった。扉からはいって地上を歩き、わが国王に歩み寄った」

「天使とあなたの国王のあいだはどのくらい離れていた？」

「よい槍の長さほど」。つまり九から一四フィートのあいだということになる。

「ほかにだれか、この天使を見たり聞いたりした者はいるか？　あなたのほかに？」

「わが国王とほかに数人が、わたしを助けにきた声たちを聞き、見た」。ジャンヌは言った。この証言は、天使と聖人、そしてその特性について尋ねられたとき、ジャンヌがいかに曖昧で、謎めいていたかを示す。無効化裁判では、声たちを見たり聞いたりしたと主張する証人はいなかった。もっとも、彼らはそれが現実であると信じてはいた。ジャンヌの同時代人のひとりとして、彼女が天の顕現と信じた経験について一度でも嘘をついたことがあったと示唆する者はいない。

「ほかにいたのはだれだ？」

「シャルル・ド・ブルボンとたぶんほかに三人」――ヨランド、ラ・トレモイユ、そしてひと握りの王太子の最側近たち。

シモン・シャルルは証言した。「王は彼女がくると知ったとき、ほかの人びとの背後に引っこんだ。それでもジャンヌは国王をきちんと見分けた」[35]。

宮廷人のなかでは、国王侍従で、かつての十字軍戦士ラウル・ド・ゴクールが次のように回想する。ジャンヌ――彼もまた「貧しい羊飼いの娘」と呼んでいる――は、「とても慎ましく、まったく気取らずに国王陛下の眼前に姿を現わし……わたしは彼女が次のように国王に言うのを聞いた。「気高き王太子殿下、わたしは神から遣わされて、殿下と殿下の王国に助けをもたらすためにきました」[36]」

ジャンヌは天使や聖人たちの前でしたように、王太子の前にひざまずいた。シャルルは彼女が服従のしるしに、その前で頭を下げた数少ない人間のひとりだった。彼女はヴォクルールからの旅路で着ていたもの――「ジョースがつながった黒いダブレット、黒の粗布の短いテュニック、丸くカットされた黒髪の頭には黒い帽子」[37]――を身に着けていた。その姿を幾度となく想像してきた男の容姿を見て驚いたとしても、それを表には出さなかった。イザボーは若いころは美人の誉れ高かったが、その子どもたちは見栄えがしなかった。子どものうち三人は幼くして死亡している。シャルルは兄弟のだれよりも長命で、五十八歳まで生きた。ジャン・フーケによる公式の肖像画（図10）がありのままの姿を描いてはいないとしても、王太子の容姿では人好きはしなかったにちがいない。顔の下半分は厚い唇と不機嫌そうな口もと、肉のついた顎で構成され、食欲が満たされていることを示唆する。ふくれた鼻の上の目は、同時代人が指摘するように、小さくて計算高い。「もしあなたが彼にもたらす徳で三スーの利益をあげられるのなら、彼はあなたを売りはらい、中身のないソーセージの皮のように、あなたを隅に投げ捨てるだろう」[38]と『ロレーヌのジョウン』のなかでシャルティエは指摘する。王太子の腕と脚はあまりにも華奢だったので、儀式用のベルベットと毛皮で着ぶくれていないとき、普段着の緑のテュニック姿の彼を見る者は衝撃を受けた。安物の普段着は、肘に穴が開いても捨てられるのではなく、つぎをあてられ、フランス宮廷の凋落ぶりをよく示していた。ジャンヌはしだいにシャルルの優柔不断、そして臆病と見えるものにいらだっていき、シャルルがジャンヌの命をみずからの野心の犠牲にしたにもかかわらず、彼女は決して彼を裁かなかった。一度にひとりの男だろうと、あるいは全部まとめてだろうと、残りの世界のほとんどに対して正当な批判をするのを、彼女は悪いこととは思わなかった。しかし、シャルルは神に油を注がれた者〔神権による王〕だった。彼が危険と見なし、彼女が好機と理解した軍事作戦の着手に抵抗する彼を説得できると考えたなら、ジャンヌは一時間でも彼に諫言をしたはずだ。しかしジャンヌは、教皇を見るのと同じ目でシャルルを見ていた。教皇とシャルルのどちらもを――自分と同じように――人間による譴責《けんせき》の手の届かないところにいる神の意志の代理人と見なしていた。

ラ・トレモイユと大司教ルニョー・ド・シャルトルは反対したが、王太子はヨランドの圧力を受けてジャンヌと別室に下がることに同意した。この初対面について、ジャンヌの従者ジャン・ドロンはこう書いている。「ラ・ピュセルはわれらが国王陛下とふたりきりで話し、国王にいくつかの秘密を語ったが、その秘密についてはわたしは知らない」[39]。

シモン・シャルルは付け加える。「彼女の話を聞き終えたあと、国王は楽しげに見えた」[40]。だれの話でも、いつもぐずぐずと煮え切らない無能な王が、ふたりきりの謁見のあと、楽観主義と自信で輝きながら登場し、突然、統治能力をもつ男に見えてきたようだ。

王太子とラ・ピュセルのあいだでいったいなにが起きたのか？　それは六世紀にわたって好奇心をかき立て続けている。ジャンヌは、たとえ自分の命を救うためであっても、それについて話すことを全面的に拒否した。

「神から遣わされたことを示すどのようなしるしをシャルルのところにもってきたのか？」と審問官は何度も尋ねた。

「国王に聞きにいきなさい」とジャンヌは言った。「わたしはすでにあなたに言った。あなたはそれをわたしの唇から引き出すことはできない、と」。

王太子とふたりきりの謁見についてのジャンヌの証言は、判事の質問――神性は正確にどこまでみずからを表わしたのか――に明確に答えていない。その一方で、ジャンヌが審問官に対する条件つきの宣誓以外の発言を拒否するときには、真実を掘り起こすために彼女の首尾一貫しない回答を徹底的に吟味し、そのひとつひとつを詳しく検討することにも、またその言葉の一貫性の欠如を説明するために合理的解釈を構築することにも、あまり意味はない。

「あなたはそのようなことをわたしに尋ねることもできる。わたしはあるものには答え、あるものには答えないだろう」。彼女は、異端と魔術を裁く裁判の主題であると自分――判事ではなく――が考えたものについてのみ真実を語ると誓い、プライヴェートな神体験を明かすことは拒否した。彼女が言うとおり、「天使たちの気に入らないことを言って彼らに背くことを、あなたに答えないこと以上に恐れている」とき、なぜそれを明かしたりするだろうか？　彼女は判事たちに言った。あなたがたがほかの証人を呼ぶのを歓迎する。わたしの仲間たちは、声が神からわたしのもとに遣わされたことをよく知っている。彼らはこの声を知っている。

ジャンヌからあたえられたしるしについて、シャルルがなんらかの報告をしたのは、事件の何年もあとである。ジャンヌがわが「気高き王太子（gentil dauphin）」†と呼んだ男の発言については、歴史にはまた聞きの噂以上は残されていない。シャルルの息子で後継者のルイ十一世治世下の宮廷人・年代記作者ピエール・サラは、晩年に王が侍従のギヨーム・グフィエに秘密を打ちあげたと書いている。グフィエは職務上、王の寝室で眠らなければならなかった。グフィエはサラにこう話した。シャルルは「われらが主への祈りのなかで、慎ましく静かな要求」をした。「……そのなかで、もし自分が神の相続人であることが真実であるのならば……どうかわたしを保護し、守ってくださいますようにと信心深く請うた」[41]。言い換えれば、シャルルは同盟国のひとつ、スペインかスコットランドの宮廷に逃げることを許すよう神に頼んだ。シャルルは言った。ジャンヌはわたしのこの祈りの内容を知っていた、彼女の正統性を信じるのに充分なほど詳細に知っていた、と。全フランスがシャルルの窮地を理解し、その優柔不断に苦しんでいたのだから、臣下のだれであっても彼の祈りの内容は推測できただろう。王太子を納得させたのが、ジャンヌの言ったことだったのか、彼の祈りの言葉を奇蹟的なほど正確に繰り返したことだったのか、あるいは彼女が言葉にこめた熱意だったのかは、知るよしもない。宮廷の空気にはあまりにも長いあいだ悲観主義と不安が浸みこんでいたから、ジャンヌの情熱はたしかに彼女を王太子がほかに知るだれからもへだてていただろう。

† この文脈では gentil は現代の英語訳「親切」の意味をもつのではなく、gentleman の例に見られるように、王太子の称号 dauphin の前におかれて階級を示す。

ラ・ピュセルを自分の目で見て判断するように宮廷に呼ばれた貴族のなかにはシャルルの従兄弟アランソン公ジャン一世がいた。アランソンは無効化裁判で証人となり、こう証言する。「ジャンヌが国王に会いにきたとき、国王はシノンの町に、わたしはサン・フロランの町にいた」。サン・フロランはシノンからわずか一日の行程にある。

鶉を狩るために散策をしていたとき、王の家令のひとりがきて、こう知らせた。王のもとにひとりのおとめがきて、わたしはイングランド人を逃亡させ、イングランド人が攻囲したオルレアンを解放するために神から遣わされたと言った、と。そこでわたしは翌日すぐ、シノンの町の国王のもとにいき、そこでこのジャンヌと会った。ジャンヌは国王と話をしていた。わたしが近づくのを見ると、彼女はあれはだれかと尋ね、王はアランソン公だと答えた。するとジャンヌは言った。「あなたを大いに歓迎する。フランス王の血筋が集まれば集まるほどよい」[42]。

アランソンはその称号を父親がアジャンクールで死んだ一四一五年、六歳の未成年者として引き継いだ。ジャンヌと会ったときは二十歳、おそらくは青春真っ盛りの美青年だったから、ジャンヌが「かわいい公爵」と呼んだアランソンは、シャルルの親友のひとりだった。「食事のあと、国王は牧場に散歩に出かけ、ジャンヌは槍を手にしてそこを走りまわっていた」とアランソンは到着した日のことを回想する。「槍を手にしながらのジャンヌの振る舞い方や、槍を手にして走るのを見て、わたしは馬を一頭贈った」[43]。

ジャンヌは馬を完璧に操る必要がある状況下で一一日間、夜間に馬を操ったことで、特筆すべきスタミナをもつ熟練の騎士よりもなお優秀なことを証明した。彼女には動物に対する特別な力があり、人はそのことに気づき、本人はすぐにそれを神の意志の表われとして認識するようになる。「わたしは彼女が頭のほかは、全身をプレートアーマー〔板金鎧〕で覆われているのを見ました」と、ある騎士は母親に宛てて宮廷から書いた。ジャンヌは「手に小さな斧をもち」、従卒が彼女の「大きな黒い軍馬」を抑えるのを待っていた。「馬は彼女の宿舎の入口で、獰猛に前脚を振りあげ、彼女を乗せようとはしませんでした。すると彼女は言いました。「この馬を十字架まで連れていけ」。十字架は通りを下ったところの教会の正面にありました。そこで彼女は、繋がれているかのように動かない馬にまたがりました」[44]。

アランソンがあたえた駿馬はちょっとした贈り物ではない。それは、疾走する雄馬にまたがり、身長の二倍の武器を振るう娘への、高価な貢物だった。軍馬は最高で五〇リーヴルすることもある。いまジャンヌはそれを二頭所有していた。

ラウル・ド・ゴクールは証言する。「彼女と会い、話を聞くと、王は彼女の状態についてより広く知るために、王室侍従長でトロワの国王代官、シノンの副隊長のギヨーム・ベリエの監視下に預けた。

彼の妻はたいへんに信心深く、また評判がよかった」[45]。十字軍の古参兵で、シャルルから王室侍従長に任命され、また無効化裁判開始のために、シャルルによって教皇のもとに派遣されたラウル・ド・ゴクールはジャンヌを泊めた女性の高い評判にわざわざ言及している。なぜならば、事実上のお目付け役として、ジャンヌが純潔を守っていたことを保証したのは彼女だからである。ジャンヌの純潔は、ゴクール夫人とトレーヴ夫人の立ち会いのもと、ヨランド自身が確認した。

「ジャンヌは国王のところへきたとき、彼女がどんなか、男なのか女なのか、処女か否かを調べるために、女たちに二度、検査された」[46]とパスクレルは言った。彼の回想をジャン・ドロンが確認する。ジャン・ドロンは「賢い騎士で模範的な人物だったので」、シャルルによってジャンヌの従者に選ばれ、「ラ・ピュセルに付き添って彼女を守った」[47]。

「王妃は王に、自分と自分の女官たちは、彼女が腐敗や違反の兆候はなにもない真の、そして手を触れられていない処女であることは、すべての疑いの彼方にあると思うと言った」[48]とパスクレルは証言する。

ジャンヌは純潔であったのと同じくらい幸運でもあったし、人によっては祝福されていたとも言うだろう。この時代、娘の外性器を検査してもほとんど意味はなかった。十五世紀には娘の処女性を確実に決定することは、とくにジャンヌのように運動をして、一週間のあいだ馬に乗っていた娘については、医学的に不可能だった。ジャンヌは自覚のないままに、繊細な膜を破るのに充分すぎるほどの肉体的活動をしてきた。処女膜は痛みや出血なしで簡単に破れることもありえる。そのアイデンティティがその処女性と不可分となった若い女は、三年間のあいだに、膣管への挿入をともなう検査を何度も受けなければならなかった。なにか抗議の声をあげたとしても、それは記録されなかった。ジャンヌは召命が要求する他の犠牲すべてについて克己的だったように、おそらく検査をしなければ彼女の言葉を信じない者たちに対して、みずからの徳を証明する必要についても克己的だったのだろう。異端審問官たちはまず彼女の処女性を二重チェックし、そのあとその破壊をたくらんだ。だが、戦場での奮闘さえも処女性の肉体的証拠を傷つけなかったのだから、たしかに祝福は継続していた。

ジャンヌが、本人が予想していたよりもはるかに長く、より完全な審問を聖職者から受けるために、ポワティエに送られる数日前、王太子は彼女に、西端の要塞に取り囲まれた天守閣クドゥレの塔に宿泊するよう命じた。ルイ・ド・クートは証言する。クートと「レモン某」のふたりの騎士見習いは「塔でジャンヌといっしょにいた。彼女がそこにいたあいだは、昼間はずっと彼女に付き添っていた。夜は女たちがいた。彼女がこのクドゥレの塔にいたあいだに、位の高い人びとが何度もきて、ジャンヌと話したのをよく覚えている。しかし彼らがなにをしたのか、なにを話したのかは知らない。なぜならばこういった男たちがくるのを見るといつも、わたしはその場を退出したからだ。彼らがだれかも知らない」。ルイは当時、十四歳か十五歳。ラウル・ド・ゴクールから戦争の術を学んでいるところで、身分の低い女主人よりも、宮廷人が有する高い地位や力のほうをはるかに称讃していた。女主人の信心ぶりは彼には度外れて見え、それに強く打たれた。「ジャンヌがひざまずいて、見たところでは祈りを捧げているのをたびたび目にした。ときには泣いていたこともあるが、なんと言っていたのかは聞こえなかった」[49]。

一一五年前、テンプル騎士団総長ジャック・ド・モレは、ジャンヌがいまいる塔の寝室で——客人としてではなく、囚人として——眠った。一三一二年、「テンプル騎士団」と略称された「キリストとソロモン神殿の貧しき戦友たち」は解散させられ、団員は異端、背教、偶像崇拝で告発された。ジャンヌがヨーロッパを虜にしたように、この騎士修道会は二世紀にわたって、ヨーロッパを一種の虜にしつづけた。修道会の歴史は十字軍のそれと不可分であり、その紋章、白地に血のように赤い十字架はいまでもよく知られている。テンプル騎士団は騎士の勇気と聖職者の純潔を体現することにこだわった。彼らの運命がジャンヌの運命を予見させるように、大衆によるその受容はジャンヌが受容されることを予示した。フランス王フィリップ四世はテンプル騎士団に債務があり、軍資金の調達に充分な税金を国民に課せられなかったので、一三〇七年一〇月一三日金曜日、テンプル騎士団を犠牲にして、自分の金庫をふたたび満たした。そのころには、騎士団の気高い清貧の誓いは、略奪の光景が目覚めさせた強欲にとっくに道を譲っていた。略奪を異教徒を殺害する危険と困難の報酬と見なすのはたやすい。教皇から授与された免税特権[50]は騎士団の富裕化を加速し、その想像を絶する富はあまりにも膨大で、一部の者は金貸しになり、銀行業を始めたほどである。しかし修道会の資産を没収するよりもむしろ、修道会を消滅させることが喫緊の課題となったのは、彼らが自立していたからである。騎士約二千名の捕縛の根拠とするために、「王の検察官たちは、中世の精神に根付いている魔術師と悪魔崇拝というあらゆる暗い迷信と恐ろしい想像を、暴露し」[51]、証人を買収して偽の証言をさせ、拷問で自白を引きだした。

ジャンヌの裁判が示すように、中世の聖職者法廷には不正義がつきものであり、そのために法廷の体制は正義の見せかけを卑屈なまでに注意深く維持しようとした。たとえ証拠とやらが不法で不道徳な手段で入手されたとしても、判決を言い渡すには有罪の証拠が必要だった。ジャック・ド・モレはフィリップ四世の友であり、その娘の名づけ親だったが、みずからとみずからの修道会の潔白を主張したあと、パリのノートルダム大聖堂の前で火刑に処された。最終的に六七名のテンプル騎士団員が、無理やりさせられた自白を撤回した。彼らは異端再犯として有罪になり、人間の犠牲による贖罪のために、群衆の面前で生きたまま焼かれて、ジャンヌの処刑が満たすことになるのと同じ欲求を満たした。それは十字架刑の焼きなおしだったが、教会はいまだに暴力的な十字架刑を聖餐の秘蹟と納得いくように一体化させるか、その中に包合させようとしていた。ミサでの象徴的な十字架刑の再演は本物の血を求める戦闘の教会の渇きを——十五世紀には——癒すことはできなかった。異端審問が神ひとりに属する裁きと懲らしめの権力を勝手に使っているかぎり、それは人間の大罪を贖うキリストの犠牲の力を否定していた。

イエスが自分の運命を読みとるためには、ジャンヌのように一一五年前まで遡る必要はなく——わずか三年でよかった。イエスが洗礼者ヨハネに従う人の群れとその黙示録的なメッセージを引き継ぐのは、ヨハネがヘロデ王の近親相姦的な結婚[52]を人前で公然と非難したために、ローマ人に処刑された直後だったからだ。イエスは四大福音書のすべて[53]でみずからの殉教を預言したと報告されている。警告はあまたあったが、それはイエスが殉教を預言するのに必要とした警告ではなかった。サンヘドリンはイエスの信奉者のあいだに密偵を放った。密偵たちの生命とは言わなくても、彼らの生計は、なにか役立つこと、あるいは単に使いうることを見つけられるかにかかっていた。福音書記者マルコは、「多くの者がイエスに不利な偽証をした」とし、「その証言は食い違っていた[54]」と書く。ひとりの男をゴルゴタへの道の上に立たせるにはほんとうにごくわずかのことしか必要なかった。ゴルゴタはエルサレムの市壁のすぐ外に位置する放棄された石切り場で、高い場所にあり、よく見えることから刑場に選ばれていた。ローマ人はむき出しの岩の堆積の上に十字架を森のように林立させ、死者を架けたままにして、骨が地面に落ちるまでハゲタカについばませた。骨はシデムシがきれいにした。正統的聖職者に従うのを拒否すればどのような代価を支払うことになるのかを人びとに思い出させる、それが死者たちの役目だった。聖職者たちは、自分たちは人間の体験のなかでももっとも私的なもの、つまり神性の体験を仲介する独占的権利をもっと主張したのである。

◈

ポワティエにおけるジャンヌの審問記録は失われた。シャルルが戴冠されたあと、破棄させたのかもしれない。[55] この記録には、一四二九年にはフランスの王座の敵と見なされていたが、その後ふたたび忠誠を誓った貴族に、ばつの悪い思いをさせ、彼らを遠ざける恐れがあった。より可能性が高いのは、審問による調査結果と意見が、異端審問〔ジャンヌの処刑裁判〕にはきわめて不都合だったので、あらゆる文書が捜し出され、破棄されたことだ。しかし数名の証人と年代記作者がいて、一連の措置を記述している。政治についても語った詩人のアラン・シャルティエはジャンヌの並外れた知力を強調する——「彼女は野で羊の番をしていたというよりも、大学で学んできたように見える」。[56] また、ポワティエの記録そのものは失われはしたが、ジャンヌを審問した神学者たちの公式の結論として受容された資料が一四二九年春に筆写され、配布された。一般的には、ポワティエの審問は、ルーアンでのこと細かに進められた異端審問裁判よりもはるかに略式の聴取だったと理解されている一方で、それは急遽召集されたシノンの法廷よりも多くの手ごわい男性聖職者の集団によって実施された。探求の旅の開始が許される前に、ジャンヌの性格が取り調べられるのは——あるいはジャンヌが余計な口出しによる出発の遅延に耐えなければならなかったのは——これで三度目だった。王太子とその随行団は、フランスに残る領土の臨時の首都、一四一八年から三六年まで高等法院が所在したポワティエまで、ジャンヌに同行した。いまやジャンヌは、国王の触れ役ではないにしても、町の触れ役が報せを触れてまわる主題となっていた。ジャンヌを取り巻くのは、国王の側近のように社会の最高位の階級から精選されたわけではなかったが、その数は数百に及んだ。国王一行はジャンヌに従う農民の群れにつきまとわれた。ジャンヌは自分を待つのは試験だと知ってはいたが、その試験の性格は知らなかった。シャルティエはそれについて、「多数対ひとり、身分の高い者対身分の低い者、学のある者対読み書きのできない者、複数の男対ひとりの女」[57]と述べている。

歴史家はばらばらの資料から審問を再構築し、ドミニコ会、カルメル会、フランシスコ会、ベネディクト会を代表する一八名の聖職者がジャンヌ尋問のために集ったと推定する。スガン・スガンは次のように証言する。「わたしはそこに召集され、またパリ大学神学教授ジャン・ロンバール師、ポワティエ司教座聖堂参事会員の神学士候補ギヨーム・ル・メール、神学教授のドメニコ会士ギヨーム・エムリ、ピエール・テュルリュール修道士、ジャック・マドロン師、ほか何名かがいた……われわれにはジャンヌを尋問して、この娘についてわれわれの見たところを国王の評議会に報告すべく、国王によって召集されたと告げられた。われわれはジャンヌを取り調べるために、ジャンヌが滞在していたポワティエの町のジャン・ラバトー師の家に送られた」[58]。王太子の従者のひとり、準騎士ゴベール・ティボーはさらにふたりの神学の教授、ピエール・ド・ヴェルサイユ師とジャン・エロー師がポワティエに呼ばれたのを記憶していた。要するに、彼らは「占領されていないフランスでもっとも優秀な聖職者の集団」[59]を意味していた。判断を留保することはだれにも許されなかった。それぞれがジャンヌのミッションを認めるか、認めないかのどちらかを選択せざるをえなかった。

十五世紀フランス神学界の重鎮、パリ大学の神学者ジャン・ジェルソン〔一三六三―一四二九〕著の年代不詳の論文『ある若い娘について(De quadam puella)』は一時期、ポワティエの審問団のたたき台としてつくられたと考えられていた。この論考はジェルソンの著作集初版に収録されているが、おそらくはジェルソン本人の手になるものではない。後世の版では門下生のひとりの作となっている。より問題なのは、この論考がポワティエの審問に基づいてジャンヌに軍隊があたえられた数か月後にジャンヌ指揮下で戦われた戦闘にそれとなく触れていることである。論考の執筆時期と著者がどうであろうと、聖職者による審問の標準的な方法を組織化し、「霊の識別」(discretio spirituum) の基準を確立したのはジェルソンだった。この基準はポワティエで使用され、また王国のすべての場所でも使われるようになる。その名声にもかかわらず、ジェルソンは象牙の塔内にとどまっておらず、論文『偽の幻視から真の幻視を識別することについて』(De distinctione verarum visionum a falsis) を縮めて手軽な短詩にした。

たずねよ、だれ、なに、なぜ、と。
だれに対して、どんな種類で、どこから、と。[60]

「聖なる文書〔聖書〕に従うことによって」[61]、ジャンヌは「彼女の生活、道徳、意図について尋ねる」判事たちの「人間的な用心」を通して、「……そしてしるしを求める信心深い祈りを通して」、身の証を立てねばならないだろう。「それが成されることを聖なる文書が期待しているように」、ジャンヌの「魂は超自然的なのかどうかについて、厳密に調べられなければならない」[62]とある匿名の詩人は記録した。この詩人による審問の要約は無効化裁判記録のなかに含まれた。アランソン公ジャンによれば、魂の「究明」はとても厳しかったので、ジャンヌは取り乱したあまり涙を浮かべ、アランソンを探した。しかし、怯えていなかったのはたしかである。「そのあと、わたしと食事をしたジャンヌは、たくさん質問をされたが、尋問者に言ったことよりも多くのことを知っていたし、できもしたと言った」[63]と彼は証言する。匿名の詩人はポワティエにいた聖職者のひとりと考えられるが、この審問はルーアンでジャンヌの命を奪った裁判と同じほどに魔女裁判的だったと証言する。どちらの場合もジャンヌの運命は世俗的な野心をもつ世俗的な男たちの手に委ねられていた。違いは、彼らの行動計画《アジェンダ》のなかに、そしてアジェンダの結果としての彼らの判決のなかにあった。

『ある若い娘について』は聖書から引いてきた指示を一二の「提案」にまとめたが、そのうちの六つはラ・ピュセルを支持するために、残りの六つは否定するために提示された。旧約聖書の預言者や女性戦士も同様に引いてこられ、ジャンヌを測るにあたって参照すべき前例を提供した。クリスティーヌ・ド・ピザンは讃歌『ジャンヌ頌』に『ある若い娘について』が引いているのと同じ模範的女性——デボラ、エステル、ユディト——を含めている。「現存するヘブライ文学最古の重要な断章」[64]と考えられている士師記第五章は、広く「デボラの歌」と称される。預言者デボラの軍事優先主義的アジェンダはジャンヌのそれをほぼ予兆し、イスラエル軍の将軍に対する熱い励ましの言葉は、ジャンヌが戦いに疲弊した兵士たちを鼓舞するのに使う言葉ときわめて似た響きをもつ。兵士たちの苦境はイスラエルの人びとの苦境を映していた。イスラエルの人びとはまたしても主の目に悪とされることをおこない、その結果、カナン人の手に売り渡された。イスラエル君主制成立以前の士師のうち、四人目のデボラは、ナフタリ人の指揮官バラクを呼び、彼に言う。「立ちなさい。主が、シセラをあなたの手にお渡しになる日が来ました。主が、あなたに先立って出て行かれたではありませんか」[65]。エステル記は、ユダヤ人のペルシア逃亡を祝う祭日——プリム祭の起源神話の形で、「離散から帰還したユダヤ人が故郷にもちかえった祭りをパレスティナで遵守するためのプロパガンダ」として考えられた可能性がもっとも高い。エステル記は歴史物語と広く考えられ、その名が題名となっているヒロインはユダヤ人の孤児で、ペルシア王と結婚し、「巧妙に計画された反ユダヤのポグロム」[66]を暴き、死の危険を冒す。聖書の外典とされることもあるユディト記は、ナショナリスト的で実際的な宗教を代表し、信仰と祖国愛を同等視して[67]、主役ユディトは侵略者アッシリアの軍指揮官ホロフェルネスを捜し出すよう促す。ユディトはホロフェルネスに取り入って彼の天幕にはいり込んだあと、彼が酔いつぶれるのを待ち、その首を切り落として、イスラエルの人びとに対する神の辛抱強い愛の証拠として国に持ち帰る。

ユディトは祖国の人びとにアッシリアの将軍の頭を見せるとき、「主は女の腕をもって彼を討たれたのです[68]」と告げる。

しかし聖書に見られる先例は、偽の預言者に油断してはならぬと、信者たちをいさめるイエスの警告の前ではほとんど意味を成さない。「わたしの名を名乗る者が大勢現れ、『わたしがそれだ』と言って、多くの人を惑わすだろう[69]」とイエスは言った。『ある若い娘について』の著者は主張する。「もしジャンヌが預言者であれば、彼女は優れた聖人にふさわしい高貴な人であるはず」であり、パウロの言葉――告発の証人として思い起こされる――によれば、「かぶり物の代わりに女に与えられた[70]」もの〔長い髪〕を刈りこみ、「男装をして馬にまたがり、若者特有の無作法の傾向をもつ[71]」娘ではないはずだ。異性装を禁じていたのは奢侈禁止令だけではない。聖書ではそれはタブーに等しい。かつてパリサイ人サウロとして、初期キリスト教徒を迫害したパウロは、モーセまで遡る古い戒律を使った。「女は男の着物を身に着けてはならない。男は女の着物を着てはならない。このようなことをする者をすべて、あなたの神、主はいとわれる[72]」。

パウロは霊的にはユダヤ人、法的にはローマ人、知的にはギリシア人――改宗を勧める者にはうってつけのパスポート――であり、福音を広めただけでなく、自分で修正も加えた。彼は、ガラテヤの信徒への手紙で強調したように、「そこではもはや、ユダヤ人もギリシア人もなく、奴隷も自由な身分の者もなく、男も女もありません。あなたがたは皆、キリスト・イエスにおいて一つだからです[73]」と約束する信仰であるにもかかわらず、そのなかにミソジニーの口実だけでなく、その実践も含めた。地上では女は従属的であり、女には自分が穢れと死の源であることをいつも思い出させてやらなければならない。

だまされたのはアダムではない、とパウロは弟子テモテに書いた。「アダムはだまされませんでしたが、女はだまされて、罪を犯してしまいました」[74]。パウロは新約聖書の三分の一を書いた。神学者は新約聖書二七の書†のうち、パウロによる一三の書が、ほかの著者たちのだれの貢献よりもキリスト教の教義に影響をあたえたと考えている。教会の指導者は、指導者の地位から女性を実質的に排除するために、彼の訓戒——「婦人は、静かに、全く従順に学ぶべきです」を引用し続ける。パウロはテモテに書いた。「婦人が教えたり、男の上に立ったりするのを、わたしは許しません。むしろ、静かにしているべきです」[75]。

† パウロは新約聖書の書のほぼ半数を書いたが、テクストの量としては三分の一弱である。

「わたしはもう一度、「神を信じるのか」と尋ねた。彼女は「はい、たしかに。あなたより深く」と答えた」[76]と、スガン・スガンは天使に話しかける少女について報告した。ポワティエの学部長スガンは、神学教授でドメニコ会士のギヨーム・エムリがジャンヌを難詰した場面を回想する。「おまえは声が告げたと言う。神がフランスを災禍から解放する、と。もし神が解放するのなら兵士は必要ない」[77]。

この出来事の二七年後にスガンが記述したのは、激昂し、憤慨した回答であり、たしかに審問官に威圧された少女の言葉ではない。ジャンヌは言った。「神の名にかけて。兵士は戦うだろう。そうすれば神は勝利をあたえるだろう」[78]。それは戦友たちがジャンヌのお気に入りとして思い出す箴言——「神はみずからを助ける者を助ける」の応用だった。ベンジャミン・フランクリンが『貧しきリチャードの暦』に含めたこのモットーは——それが恩寵の教義を無視する、あるいはその価値を減じるように見え、しかもキリスト教に少なくとも六〇〇年は先駆けるにもかかわらず——しばしば聖書からの引用だと誤解される。この諺はイソップ寓話「ヘラクレスと御者」の教訓で、トロイ戦争を舞台にしたソフォクレスの『ピロクテーテース』も含めて多くのギリシア悲劇で使われている。トロイ戦争は、大きな馬をつくって、突撃隊をなかに入れるというオデュッセウスの思いつきによって、忘れがたき終わりを告げる。オデュッセウスは言う。「天は行動しない人間を決して助けない」[79]。

神を信じ、万一に備えよ。主を讃え、武器を配置せよ〔日本軍の真珠湾攻撃に対して書かれたアメリカの愛国歌。作詞：フランク・レッサー〕。どんな形でもこのモットー——ジャンヌと同じように気短で、重箱の隅をつつくような尋問に、ジャンヌと同じようにいらだっていた天使たちからの武器をとれとの当然の呼びかけ——はつねに兵士に訴えかける。

「声たちはどんな言葉をしゃべるのか？」[80] とスガンは尋ねた。

「あなたよりもよい言葉を」とジャンヌは答えた。スガン学部長は、自分は南フランスのラングドックの出身で、口語ラテン語から大きな影響を受けた俗語、したがって純粋ではないフランス語を話すと証言した。†

† オイユ語 langue d'oïl とオック語 langue d'oc とは中世フランスで広く使用された二大方言で、どちらも「ウイ〔はい〕の言葉」と訳せる。「オイル」「オック」とも現代の肯定語「ウイ」にあたり、「オイル」は北部と中部で、「オック」は南部で使用された。

ただの羊飼いと呼ばれて怒った娘の言葉はたしかに羊飼いの言葉には聞こえなかったし、彼女が口述筆記させたイングランド人宛の手紙は、尋問下で見せつけた雄弁の才に加えて、喧嘩好きな傾向をも期せずして示す。ある偏狭なルーアンの判事は、ジャンヌが聴衆におよぼす強い影響力を「完全に女的な巧緻さによって巧緻である」と表現した。結局のところ、聖書を間接的に引用して、ジャンヌの大義をもっとも効果的に支えたのは、聖書学者ではなくジャンヌ自身だった。

「わたしたちがあなたを信じるべきだということを示すために、神がなにかしるしを送ってこなければ、神はわたしたちにあなたの言葉を信じさせることはできない。あなたの言葉だけで、兵士をあなたに預けて危険にさらすよう王に進言はできない。ほかに言うことはないか？」とスガンはジャンヌに言った。[81]

ジャンヌには言うことがあった。「わたしはしるしを見せるためにポワティエにきたのではない」と、そこにいる一八人の審問官に言った。「わたしをオルレアンに連れていきなさい。そうすればわたしがそのために遣わされてきたしるしをあなたたちに見せよう」[82]。

たとえ聖職者でなくても、ジャンヌの非難を、独善的なファリサイ派の人びとに対するイエスの非難の引き写しと認めることができる。ファリサイ派の人びとは、神から送られたしるしによって、みずからの神性を証明しろとイエスに迫った。イエスは告げた。「よこしまで神に背いた時代〔adulterous generation〕の者たちはしるしを欲しがる」[83]。「よこしまで神に背いた世代〔generation〕」、法の文言をその精神に優先させ、その邪悪さをイエスが婚姻外の性行為を意味する言葉adulterous〔「姦通の・不義の」を意味する形容詞〕で表現したひとつの世代。ジャンヌは信心家ぶる聖職者たちのしるしの求めに対して、暗黙のうちに同じことを言った。ポワティエの審問官たちに不誠実に「わたしはaもbも知らない」[84]と言い切って、みずからの無知を告げた被審問者ジャンヌには、この識別裁判の終わるまでに、「われらが主の本のなかにはあなたがたの本のなかよりも多くのことがある」のを審問官たちに思い出させる機会があった。

ジャンヌになにか罪があったとすれば、それは生意気だったことである。ポワティエの委員会は「彼女のなかにはなんの悪も見つからず、善良と謙遜、処女性、献身、正直、率直しかない」[85]と結論して、生意気を赦した。それ以上にジャンヌは人びとに「多くの敬虔な信念、神への称讃」[86]を抱かせた。

あるいはアヌイの『ひばり』のなかで、ルーアンにおけるジャンヌの獄吏ウォリック伯爵がひとことでまとめたように、「最終的にジャンヌを旗持ちにして、民衆の要望に応えることに決めたんです。要するに、かわいいマスコット、そのかわいさで、単純な兵士を誘惑し、命を投げ出す決心をさせる」[87]。

ポワティエの審問の期間の長さは――結果と同様に――ヨランドが決めたのだろうか？　フランスの高位の人びとのどんな集団であれ、ヨランドの影響からは逃れられなかった。計算があったか否かにかかわらず、ラ・ピュセルを数週間、民衆の目から隠しておくことには焦《じ》らしの効果があった。暴徒とは移り気なものである。ほとんどの支配者は彼らを恐れる。暴力的なジャックリーの乱の記憶は宮廷にしっかりと残っていた。二世代前、下層階級（貴族は、農民の目印である短い上着「ジャック」から、彼らを「ジャックリー」と呼んでばかにした）に対する懲罰的な重税が領主に対する暴動の引き金を引いた。領主階級は彼らが依存している農民をそしり、手荒く扱った。一三五八年春のある晩、パリの商人頭――「市長」に等しい肩書き――エティエンヌ・マルセルに鼓舞された煽動者の一団が市の北約二五マイルのサン＝ルー墓地に集まり、農民の目には国王への忠誠を撤回したと見えるほどの独裁的な一部の貴族を襲撃する計画を立てた。反乱は三週間で鎮圧されたが、社会正義の名のもとにおこなわれた残虐行為は上流階級に、平民の敵意がいかに深く、それがどのような野蛮な行為を促しうるかについて、消すことのできない警告を残した。反乱者は騎士を家族の目の前で捕らえ、腹を裂き、彼がまだ生きているのにその内臓を糸巻きに巻きつけ、内臓を出した身体を串焼きにし、妻と子どもたちに無理やり食べさせた。自分の政治的な行動計画《アジェンダ》を前進させるために、集団ヒステリーほどに気まぐれな手段を使うのには、その地上の権力に対する確信が神の力添えに対するメシアの信頼に等しいヨランドのような統治者が必要だった。救済の約束を人参のようにぶらさげておくのはもちろんのこと、大衆の注意を引いておくための驚異がほかにないとき、大衆が広まりつつある噂で間に合わせることは、わずかの希望に引き寄せられて、さらに多くの人びとがシノンに流れこんできたことが示すとおりである。

一四二九年三月二七日、ジャンヌはより幅広い層の宮廷人に正式にお披露目された。ヨーロッパ中の王女を探しても、かくも深く記憶に残る宮廷デビューを飾ったものはいない。ヨランドの随行団のひとり、ヴァンドーム伯爵がジャンヌを要塞中央の階上の大広間までエスコートした。「壮麗なるアパルトマン……長さ約七〇フィート、幅二五フィート。片側にフードつきの大きな暖炉、内宮の庭園を見おろす三つの大きな窓、そして町と川、その向こうの風景を見おろす小窓がひとつ」[88]。押し黙ってじっと見つめる人びとが二つに分かれてジャンヌと伯爵を王座まで通すと、伯爵はそこにすわっている男にジャンヌを紹介した。それはシャルルではなかった。ジャンヌの入室前に、王太子は集まった全員に策略を説明した。ジャンヌの声たちの助言を試すために、自分は宮廷人のひとりと衣服を交換し、宮廷人が台座上のシャルルの席にすわり、シャルルのほうは群衆のあいだに隠れる。マルコ・ド・ガスティーヌの『ジャンヌ・ダルクのすばらしき人生』では、ジャンヌ自身がこの試験に挑戦することを提案し、宮廷人のひとりがそれをシャルルに伝えることになっている。バーナード・ショーの『聖女ジョウン』では、王太子は悪名高きブルターニュの騎士ジル・ド・レと服を交換する。ジル・ド・レはジャンヌと轡《くつわ》を並べて戦うが、連続強姦魔、二〇〇人もの幼児殺害者としての生涯は「青髭」の創造に想をあたえ、一四四〇年、三十六歳で絞首刑に処されて終わる。王太子のふりをしたのがジル・ド・レだと想像する理由はなく、ジル・ド・レがそこにいたこと、あるいは王太子がだれかと場所を交換した証拠はない——シモン・シャルルの報告によると、「他の者たちのうしろに引っこんだ」[89]という証言しかない。しかし、ショーの奇抜な思いつきのおかげで、ショーやショーの先例にならう著者たちは、次のような正真正銘の衝撃的な偶然の一致に注意を引くことができた。どんなに悪魔的な欲望でも、ジャンヌのそばにいれば消え去ってしまうかのように、ジル・ド・レはジャンヌが処刑されるまではオカルトや幼児殺害に手を出さなかった――ジル・ド・レは実際にジャンヌの戦友のひとりであり、ふたりは白と黒のように明確な対照性を見せながら戦友として並置される。欲望のもっとも卑しく破壊的な体現が、光り輝く絶対的純潔と並び立つ。神のためであればジャンヌがすべての兵士をどんなに重い罪を背負っていようとも躊躇《ためら》うことなく受け容れたことは、どんな罪人も遠ざけなかったキリストの抱擁を想起させ、華麗な語り《ナラティヴ》はジャンヌを神聖化し、歴史上の大悪党のひとりを救済する。

ジャンヌは詐称者にはだまされず、まっすぐに王太子のところにいった。「ジャンヌは国王をきちんと見分けた」とシモン・シャルルは回想する。

「わたしは声の助言によって、他の多くの者のあいだに王太子を見分けた」とジャンヌはルーアンの判事たちに言った。「声がわたしに彼を明かした」。

「どうしてわしだってことがわかった?」と、ブレヒトの食肉王は屠殺場のヨハンナ＝ジャンヌに尋ねる。

「血まみれの顔をしているから」[90]とヨハンナ＝ジャンヌは告げる。

審問官は尋ねた。「初めて王太子を見たとき、彼の頭上に天使がいたのか?」

ジャンヌは証言した。「いたとしても、わたしは見なかった」。

「光はあったのか?」

「そこには三〇〇人の騎士がいて、霊的な光を数に入れなくても、五〇の松明《たいまつ》があった。わたしが光なしで啓示を受けることはめったにない」

ヨランドの意図どおり、集まった人びとはジャンヌの超自然的な力を即座に見せつけられて興奮し、驚愕した。人びとのなかで、ジャンヌがすでに一度、ごく少人数の集まりのなかから王太子を選び出していたことを知る者はごくわずかだった。一回目の拝謁のとき、立ち会っていた人の数はとても少なかったから、賢くて観察力のある少女が、いあわせた人びとが示す服従の仕草だけからでも王太子を見分けなかったとしたらかえって意外だっただろう。人びとが沈黙を守ったことはヨランドの統制力の証拠となる。知っていた数人のうちで、王室侍従長のラウル・ド・ゴクールだけが無効化裁判で証言し、ジャンヌのお披露目を、第一回目の拝謁と規模を拡大しての再演の二回ではなく、ただ一回の出来事として述べている。証言時、ゴクールは八十五歳だった。二回を一回にまとめたことに悪意はなかったと思われる。二七年が経過していた。老人にとって、ジャンヌの生涯の出発点を修正し、そのあとに続く栄光を預言する衝動に抵抗するのには、あまりにも長い歳月が経っていた。数かぎりなく語りなおし、そのことによって自分自身のただひとつの名声への権利を果てしなく想像しなおす。彼の名声は「貧しい羊飼い」のそばにいたことに完全に依存していた。

　混雑した室内ですべての視線が注がれるなか、ジャンヌは天使たちにしたのと同じ敬礼をするために、ひざまずき、王太子の脚を抱擁した。ジャン・シャルティエによる『シャルル七世王年代記』の記録によれば、「まるで宮廷で育てられたかのように、国王の前で慣例上おこなわれているのと同じお辞儀と敬礼」[91]を実践したが、おそらくそのように指導されていたのだろう。好みの新しくて美しい服ではなく、ヨランドの演出にふさわしい粗雑な黒の旅行服を着ていた。ジャンヌがヨランドの創造力に富む策略を支持したのか、支持したとすればどの程度かを知るのは難しい。自分のミッションに支援を集めるために入念に演出されたことに賛成しなかった、あるいはこのころにはこのような実演が役に立ち、必要でさえあると理解していなかったと推測する理由はないし、そう示唆する証拠もない。

結局のところ、彼女は何か月ものあいだ、わずかの数の宮廷人の支持を得るために熱心に運動してきたのである。その宮廷人の大勢をヨランドは、結局のところすでに起きていたことを演じさせ、拡大することによって一時間で納得させた。ジャンヌの入室は宮廷人に対する告知、完全に人間の手になる取り引きだった。それは無謀にも神に要求されたしるしではなかった。大衆を動かすための簡潔な仕草とイメージの力をジャンヌが理解していなかったとしても、いまは理解していた。尋問されたとき、彼女は初演と再演を合体し、そこには両方の会見のディテールが含まれた。

「あなたがしるしを国王に見せたとき、ほかにだれかいたか?」

「いなかったと思う。けれどもかなり近くには多くの人がいた」

二日後、尋問が公開の場からジャンヌの独房に移されたあと——判事の敵意は閉鎖空間でいっそう抑圧的だった——ふたたび尋ねられて、ジャンヌは回答を変え、もともとの第一回目の拝謁のあいだにふたりきりの場で起きたことを、彼女の宮廷お目見えのために集まった群衆が目撃したと主張した。「神はわたしの党派の人びとがしるしを見るのを許そうと望まれた」と彼女は言った。そしてそう言うことで、彼女が約束した神の助力に信頼をおいた。ジャンヌは付け加えた。感銘を受けたのは自分の支持者だけではない。自分の動機、あるいは精神の健全さに疑問を呈した人たちもだ、と。

「聖職者たちはしるしを認めたとき、わたしに反対するのをやめた」とジャンヌは審問官に告げた、しるしとは「とても豪華で貴重なので、わたしにはその価値をどうはかるか、あるいは評価するかわからない」王冠だった。「それは王太子がフランス王国を完全に手にすることを意味していた」

「このしるしはまだ続いているのか?」

「存在する。たしかに、それは一〇〇〇年以上も続くだろう」

「このしるしはどこにある?」

「国王の宝とともに保管されている」

「それが王の頭に載っているのをあなた自身が見たのか？」

「偽証をせずにそれをあなたに言うことはできない。声たちはそのことを話すのを許してはくれなかった」

「それは金か銀か？　貴石はついていたのか？　このしるしとはなにか？　それは王冠なのか？」

「そう、王冠だ。だれもこのしるしほどに豊かなものを言葉で描ける人間はいない」

「王冠はよい香りがしたのか？　それは輝いていたか？」

「そう、よい香りがした。そしてよい状態で、しかるべく守られているかぎりは、よい香りがしつづけるだろう」

ジャンヌがしるしを自分だけが見ることのできる神秘的な王国に閉じこめるのではなく、むしろ物質的実体をもつものとして描いたことは、中世の心性にとっては無意味ではなかったし、信じられないものでさえなかった。悪魔と聖人が説得的な肉体的現実をとるとすれば、しるしもそうありえた。また人間のであろうと神のであろうと、愛を具体的な言葉や態度で表現するのが自然であるように、霊的なものを伝えるのに人間の尺度、たとえば「霊の純粋さを表現するのに完全に適切な」[92]豪華な衣服を使うことは避けられなくもあった。ジャンヌは言った。王冠は王のもとに「神から、そして神以外のだれからでもなく遣わされた天使によって」運ばれた。「集まりを辞去したあと、わたしは三〇〇人以上がしるしを見たと聞いた」。そこにはシャルルとその宮廷人も含まれた。もし審問官が彼女を信じないのであれば、王のもとに使者を送って尋ねればよいではないか。

「しるしが王のもとにきたとき、あなたはしるしにどのような敬意を表したのか？」と審問官は問いつめた。

「わたしはかぶりものをとり、何度もひざまずいた。聖職者の反対から生まれた困難からわたしを解放してくださったことをわれらが主に感謝した」

「神に遣われた天使はどのような姿で、どのような大きさだったのか?」

「そのことをあなたに話す許しはあたえられていない」

「ひとりだったのか、あるいはほかの天使たちが同行していたのか?」

「ほかの天使たちもいた」

「で、この天使たちは、彼らは同じ姿をしていたのか?」

「わたしに見えたかぎりでは、ある者たちはおたがいにかなり似ていた。ある者たちは違っていた。ある者たちには翼があり、王冠をかぶっていた。ほかの者たちはそうではなかった……そして彼らの同行者のなかには聖カトリーヌと聖マルグリットがいた。聖女たちは……王のアパルトマンまで天使たちといっしょだった。王に使いを送りなさい。王があなたに話すだろう」

審問官は王に使いを送らなかった。ひとりの神秘主義者からの異常な報告を確認、あるいは否認するために、他の証人、その場にいて、彼女の幻視を共有した人びともひとりも呼ばなかった。しかも共有した人はわずかな数ではなかったのである。しかし天の主人がシャルルに神秘の王冠を授け、それによって彼の生得権を確立したとジャンヌが信じたことを示すために、どんな証人が必要だっただろうか? 自分の証言をフランス王に確認するよう求めたことがすでに充分な証拠だった。

図 1［上左］ **スケッチ**　クレマン・ド・フォカンベルグ、1429 年。パリ高等裁判所記録の余白に書記が描いた落書き。これが同時代に描かれたもので、唯一現存するジャンヌ・ダルクの肖像画である。存命中に描かれた似顔絵は、魔女として裁かれたあと、悪魔の道具と見なされて危険視され、破壊された。

図 2［上右］ **ミニアチュール**　不詳の画家、15 世紀。画家はジャンヌの脚を額縁の外におくことで彼女の慎みを守り、甲冑を女性化して女らしい体格を強調する堅固なボディス（胴着）とペプラム（襞飾り）に変化させている。

図 3 ドンレミ　ジャンヌが生まれ、17 歳まで暮らした家は修復され、現在は博物館として維持されている。

図 4 ジャンヌの子ども時代の家の屋内　正面の扉と窓のあいだに暖炉。ジャンヌは、ときにはその前で眠った。

図 5『その女ジョウン』 セシル・B・デミル監督、1916 年。ジャンヌ（ジェラルディン・ファラー）は、自分は羊飼いではないと強調したが、彼女をイエスのメシア的軌跡と連動させようとする衝動は、あらゆるメディアの芸術家にとって抵抗しがたいものであることがわかる。

図 6『ジャンヌ・ダルク』 ジュール・バスティアン＝ルパージュ、1879 年。バスティアン＝ルパージュはジャンヌの天使たちにまつわる論争を、天使たちを彼女の背後、放棄された彼女の織機の上、彼女の視野の外の空中に浮かばせることで解決した。画家は天使たちがジャンヌの想像力の産物であることを示唆しているのかもしれない。

図 8『ヴォクルールを出立するジャンヌ・ダルク』 ジャン＝ジャック・シェレル（1855-1916）。神にあたえられたミッションに出発する前、ジャンヌは市門で立ち止まる。女性のつまらない仕事を象徴する紡錘《つむ》が前景の地面に捨てられている。

図 7『アラゴン家のヨランド』 不詳の画家、15 世紀。ヨランドは未来のフランス王のあとを行進している。国王はヨランドが、ジャンヌが戴冠させるのを助ける王冠をいただく。

図 9『ジャンヌ・ラ・ピュセル』 ジャック・リヴェット監督、1994 年。ジャンヌ（サンドリーヌ・ボネール）は、初めて髪を切るとき、甲冑の磨かれたブレストプレートを鏡として使い、使徒パウロが神が女にその慎みを保つために「覆い」としてあたえたと言ったものを切り落とす。

図 10『シャルル 7 世』 ジャン・フーケ、1450 年 -55 年頃。宮廷の公式画家が描いた国王の肖像画は、同時代人による記述を確認する。記述は王が不器量であるという点について一致している。

図 11『ジャンヌ・ダルク』 ヴィクター・フレミング監督、1948 年。ラ・トレモイユ（右端）の肖像画は存在しないが、監督は同時代の年代記に忠実に、彼をシャルルの操作に長けた陰険で太った巨漢として提示する（左から、ホセ・フェラー、イングリット・バーグマン、ジーン・ロックハート）。

図 12 バシネ 15 世紀、鉄製。伝説では、ジャンヌはこの兜をかぶってオルレアンを解放したと言われる。これは彼女のものではないとしても、その時代と場所に典型的な兜である。

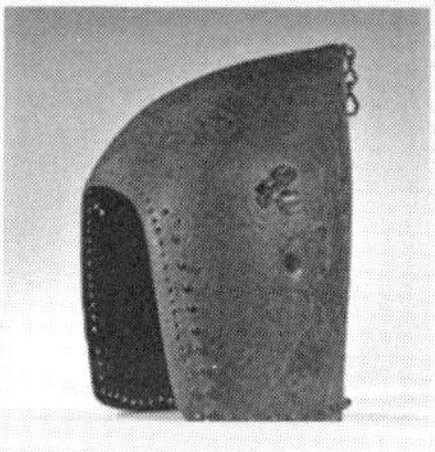

図 13 ジャンヌの旗印と小旗の現物は失われたが、彼女は（尋問されて）それを詳しく描いているので、複製の制作が可能である。

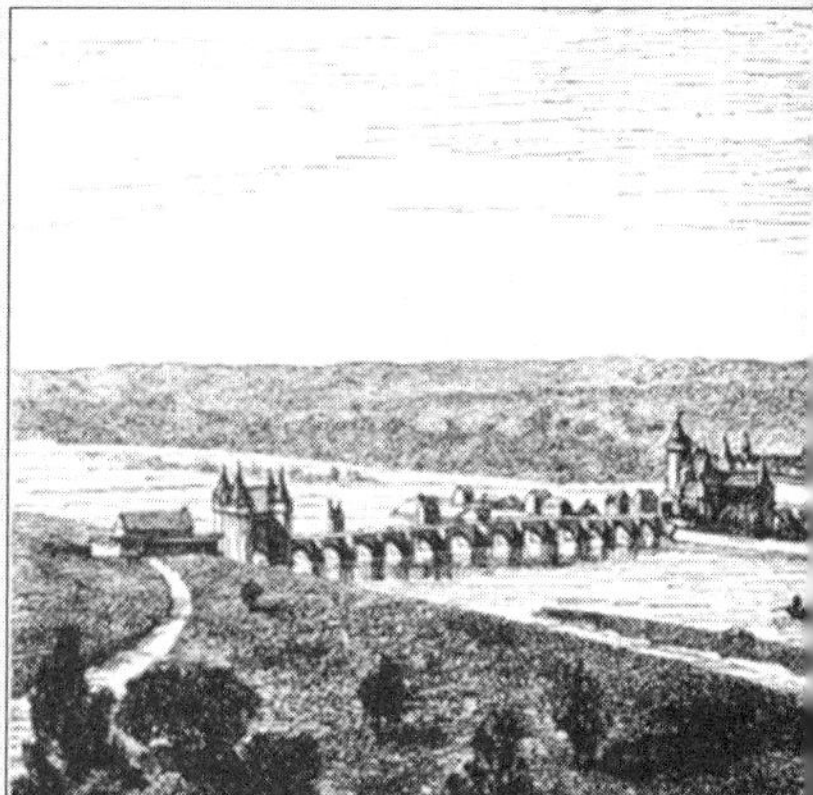

図 14 オルレアン 不詳の画家、15 世紀、木版。ジャンヌ時代のオルレアンの町。ロワール川にかかる橋は両端ともに堅固に要塞化されているが、オルレアン解放最後の決定的な戦闘の舞台となった。

図 15 デュノワ伯爵ジャン　不詳の画家、15 世紀。デュノワは苦戦中のオルレアンの軍司令官として、ジャンヌが助けよりは障害となると予想していた。神からあたえられたジャンヌの権威にデュノワが抵抗したとき、彼女は自分が主張する力を見せつけて、彼の懸念を払拭した。

図 16『シャルル 7 世王年代記』　マルシアル・ドヴェルニュ、1493 年。白い軍馬にまたがり、甲冑をつけたジャンヌは、自軍についてきた娼婦たちに向って剣を振りかざす。彼女の大腿のまわりに垂れる赤い布は従軍娼婦のスカートの裾をなぞり、陰舌のように開いて、甲冑をつけた男根のような脚をあらわにする。

図 17 版画 ベッドフォード公爵ランカスターのジョン　ジョルジュ・ヴェルテュ（1684-1756）、エングレーヴィング。イングランド王ヘンリー４世の生き残った息子のうちの３番目。ランカスターは甥ヘンリー６世のフランスにおける摂政を務めた。ヘンリー６世は幼児のときにイングランドの王位に就いた。

図 18 ヘンリー 6 世　不詳の画家、1535 年頃。1429 年 11 月 6 日にイングランド王に即位したとき、ヘンリーは 8 歳にもなっていなかった。1437 年に統治を開始するが、治世を通して精神錯乱の発作に悩み、イングランドが百年戦争に敗北したとき、完全に錯乱した。

図 19 ブルゴーニュのフィリップ善良公　ロジエ・ファン・デル・ワイデン(1399-1464)。ブルゴーニュによるイングランドとの背信的同盟は実際的でもあっただろうが、また公爵の個人的な目的の役にも立った。フィリップの父、無畏公ジャンは 1419 年に王太子シャルルの命令によって暗殺された。

図 20『ジャンヌ・ダルクのオルレアン入市』 ジャン゠ジャック・シェエレル(1855-1916)。高いところから射す光が死すべき人間たちの影の世界を切り分けながら、ジャンヌが率いる軍隊が神の軍隊であることを明確にしている。

第5章 いったい、この方はどなたなのだろう。風や湖さえも従うではないか。[1]

一四二九年四月六日、シノンにおいて宮廷にお目見えを果たした一週間後、ジャンヌはシノンの北西約五マイルのトゥールに到着、戦闘のための装備をあたえられた。従者ジャン・ドロンと従卒ルイ・ド・クート、軍の新しい出納長ジャン・ド・メスが同行した。シャルルの財務官エモン・ラギエはメスに六〇〇〇リーヴル近くを託し、戦争遂行の費用にあてるために、ジャンヌ軍の将軍二十数名に配らせた。民衆の想像のなかではジャンヌは「農民軍」[2]の指揮官だが、その軍隊の核は「通常通り、貴族、傭兵、都市の召集兵その他軍隊に典型的な人員の集団で構成されていた」。負けかけている戦闘に参加するのをそれまで見合わせていた大勢の兵隊をジャンヌはたしかに引き寄せたが、彼らは典型的な形で志願してきた兵士となんら変わらなかった。騎士は貴族階級に属し、随行団を連れて移動した。

そのなかには妻子や従僕、専用の料理人が含まれることもあり、殿方には近侍、淑女には侍女もいた。中世の軍隊のあとを、軍隊が意味する出来合いの市場でひと儲けをたくらむ商人たちがついて歩いた。ラギエの会計簿で一四二九年度の勘定科目のいくつかはとくにジャンヌに関連する。最初の一項目には「武具師親方へ。ラ・ピュセルのための武具一式、一〇〇トゥール・リーヴル」[3]とある。男性ではなく娘の身体を保護するための甲冑なので、必然的に特注せざるをえず、したがって高価だった。「彼女は国王の宮廷で生まれた軍の騎士として、完全な鎧で可及的速やかに武装された」[4]とジャン・シャルティエは書いた。

現在との換算ができないので参考までに示すが[5]、オルレアン公がアジャンクールで着用した甲冑は八五リーヴルにすぎない。ジャンヌにはいわゆる「白い甲冑」が用意された。「白い」というのは色が白いのではなく、儀礼用の甲冑のような派手な装飾がないシンプルな甲冑のことを指す。輝き具合は価格次第だった。すべての甲冑が銀色に輝いていたわけではない。「プレートアーマー〔板金鎧〕の時代に使用された「鉄」は現在、使用される精錬された均質の素材とはまったく違い、とてもむらのある鋼鉄で、一体の甲冑でも部位によって錬鉄から中炭素鋼までさまざまであり、しばしば全体にかなりの鉱滓が付着していた」[6]。武具職人の仕事は、「祖父から父、父から子へと伝承された」[7]。

花嫁衣装に興奮するどんな花嫁にもまして、ジャンヌは寸法あわせのたびに、自分の甲冑に胸を高鳴らせたことだろう。衣服と一般的に「鎧」と言われるもののあいだには、マットレスのように馬毛を詰めた重いキルティングのダブレットを着用した。これはギャンベゾン〔鎧下〕と呼ばれて、身体を保護し、甲冑の金属板が肌をこすって擦り傷をつくるのを防ぎ、プレートを突き破るほどの勢いで放たれた矢に対してはさらに大きな防御力となった。実際に、プレートアーマーが入手困難な者はギャンベゾンだけを着用することも多かった。ギャンベゾンに縫いつけられた鎖帷子[†]が鉄板が覆えない部分——たとえば膝の裏側——を守り、こうして全身が保護された。軍馬の背中にクレーンで吊りあげられる騎士という笑劇めいたイメージ[8]に要約されるように、一般的には甲冑の装着は動きを阻害すると誤解されがちだが、実のところ甲冑の運動性は現代の消防士の防護服と同程度である。鎧はほとんど完全な動きを可能にするのに充分な数の部品で構成され、巧みに製作された甲冑の重さは身体全体に等しく分散された。十五世紀のプレートアーマーの実物を使った実験では、訓練を受けていない男性でも馬に乗り降りし、地面に伏せたあと立ちあがり、走り、腕を自由に使い、以上のすべてを——甲冑が適切に身体に合っていれば——不快感なしでおこなうことができた。[9]ジャンヌの甲冑がぴったりと身体に合っていたのは間違いない、磨かれたブレストプレート〔胸当て〕の右側にはアレ・ド・キュイラス〔ランスレスト〕がとりつけられた。この「アレ」つまりストッパーは槍を固定して狙いの精度をあげ、馬上の騎士が彼の——彼女の——わきの下に槍を充分にしっかりと保持できるようにして、槍が命中したときの衝撃で後方にはね返されるのを防ぐ。「アレ・ド・キュイラス」とともに、ブレストプレート全体とギャンベゾンが槍が当たったときの衝撃を吸収し、右側の肩、肘、手首、手の負傷を最小限にとどめた。戦闘用の鞍の前部は鼠蹊部を保護するように装甲されていたので、馬上の騎士にコッドピース〔股袋〕は不要だった。ジャンヌには三つのスタイルの兜が入手可能だった。顔の部分が開いているバシネ（図12）は、てっぺんがとがった単なる鉄製の頭蓋用帽子。サレは上部が丸く、より保護の度合いが高く、まびさしがついていることもあった。カプリーヌには縁があり、壁をよじ登るのに最適だった。[10]戦友によると、ジャンヌは高位の軍司令官の多くがしたように、「しばしばなにもかぶらずに出撃した」[11]。

ジャンヌ——とりわけジャンヌ本人——を含めて、ジャンヌの物語の語り手で、彼女の剣に丁寧に

† 「鎖帷子」(chain mail) は現代の冗語である。chain も mail も意味は同じで、chain はもともとは見た目が鎖に類似する鎧を指した。

注意を払わない者はいない。ほとんどの伝記作者は剣の主題を冒すべからざるものと認識し、ジャンヌの言葉を尊重する。シノンに到着したとき、ジャンヌはヴォクルール出立時にロベール・ド・ボドリクールがあたえた武器を手にしていた。なんの変哲もない刀身で、敵の領土を通過するあいだ身を守る必要があったために携行されたにすぎず——アーサー王のエクスカリバーのようにジャンヌの代名詞となる剣を手に入れるまでの一時しのぎだった。ジャンヌは、トゥール滞在中に「サント＝カトリーヌ＝ド＝フィエルボワの教会の祭壇背後にある剣をとりにやらせた」と証言した。彼女は審問官に言った。剣のありかを知っていたのは、教会で時間を過ごすあいだに自分で見つけたからではなく、サント＝カトリーヌ＝ド＝フィエルボワを離れた数か月後、「声たちを通じて」知ったのだ。「すぐにそれはそこに見つかった。すっかり錆びて、地中にあった」と彼女は言った。「錆びだらけで、その上には五本の十字架がついていた」。

「あなたはサント＝カトリーヌ＝ド＝フィエルボワにいたのか？」

「いたことがある。そこからわが国王に手紙を送った。そしてそこからシノンにいった。フィエルボワでは同じ一日に三回ミサにあずかった」。絶えずミサに列席していたことを考えれば、ジャンヌは修道士たちと知り合いになったはずである。彼らに手紙で「わたしがその剣を所有することが彼らのよろこびになるかと尋ねた。彼らはそれをわたしに送ってきた。祭壇うしろの地面深くに埋められていたのではなかった。わたしはそれが祭壇のうしろにあると伝えたと思う」。

「地元の司祭たちがわたしに鞘をくれた。トゥールの司祭たちも」とジャンヌは審問官に語った。「ひとつは紅のベルベット、もうひとつは金地だった」。どちらも戦闘での使用には実用的ではなかったから、彼女は「とても丈夫な革でもうひとつつくらせた」。

「この剣をあなたのところにもってきたのはだれか？」

「それをとりにいった男とは一度も会っていない。[12]でも、商人、トゥールの甲冑師だったことは知っている。剣が見つかるとすぐに、司祭たちはそれを研ぎ、錆はなんなく落ちた」

アーサー王の剣との比較は避けがたい。どちらも男根を象徴する刀身が女である大地に抱かれて、正当な所有者が出現するまでは使用されない。アーサー王の剣は柄まで岩に突き刺さり、†ジャンヌの剣は土と錆の下に完全に隠されていた。中世には冶金学《やきんがく》は錬金術の姉妹と見なされる技術であり、聖人の聖遺物のように、剣は自然界と超自然界の両方において現実を付与されるオブジェだった。冶金学は物質を変形させる魔術、聖書においては神のみに属する能力であり、神はダビデにゴリアテを殺す剣をあたえる。黙示録では正義の「鋭い両刃の剣」[13]が復活したキリストの口から出てくる。「わたしが来たのは地上に平和をもたらすためだ、と思ってはならない。平和ではなく、剣をもたらすために来たのだ」[14]とイエスは言う。

† アーサー王伝説の異本の一部では、「エクスカリバー」と「岩のなかの剣」とは同じものである。これらを異なる二本の剣とする異本もある。

リュック・ベッソン監督の『ザ・メッセンジャー』〔邦題『ジャンヌ・ダルク』〕は、若きジャンヌのもとに実際の剣を届けるのに、手っとり早く神秘的な夢のシークエンスを使用する。一九九九年封切りのこの映画は性心理学的な解釈を促すように構想され、ジャンヌの召命を人間の復讐物語に合わせて刈りこんでいる。ジャンヌの剣を最初に振るうのは略奪中の敵兵である。この兵隊は剣をつかみ、ジャンヌの愛する姉を突き刺して殺したあと強姦し、刀身と犠牲者の両方を穢す。イメージは新しくもないし、別の目的に転用されているわけでもない。十五世紀のマルシアル・ドヴェルニュによる『シャルル七世王年代記』の挿画二枚は、敵兵が裾が床まで届く赤い農民の服を着た女を突き刺す場面を描く。一枚では贅沢な衣裳を着た貴族の男が剣を女の鼠蹊部あたりに直接、突き刺し、その足もとでは石畳みに血が飛び散って、切り落とされた首が視線を横に向けている。もう一枚では、歩兵の刃はもう少し上、女の脇腹を刺している。歩兵の狙いが貴族のそれほどに正確ではないとしても、彼の武器の輪郭は過剰なほど明確に男根をなぞり、より強い印象をあたえる。『シャルル七世王年代記』に登場するジャンヌは赤いロングスカート姿でパリ攻撃を指揮する。大きすぎる剣の柄は男根の形をして、ジャンヌの鼠蹊部の高さから突き出す（図26）。火刑柱に縛りつけられている場面では、剣の柄は消え去り、征服されたおとめは甲冑も武器ももたず、髪はもとどおり長く垂れさがる。このジャンルに特有の繊細でマニエリスム的なポーズは、だれにでも理解できる古い初歩的なシンボルの要素、男の剣、娘の長い髪やドレスを使っており、ジャンヌが呼び覚ます残忍な幻想を隠しおおせない。これらのシンボルは同じようによく知られている等式、たとえば処女喪失と死のあいだに成立する等式をわたしたちに示している。

⌖

伝説が主張するように、サント＝カトリーヌ＝ド＝フィエルボワで回収された剣がかつてカール・マルテルに属していたのなら、カール・マルテルはそれを自分で密かに祭壇のうしろに埋め、だれであろうと、次の所有者として神に選ばれた者に遺贈したことになる。五本の十字架が刻まれていたというジャンヌの具体的な描写は、十五世紀よりもむしろ八世紀に典型的な装飾のモチーフと一致する。カール・マルテルの剣であれば、それはフランク人の王によって、腰に帯刀され、振るわれ、異教徒の血に浸された。このような剣を神秘的な啓示によってあたえられることは、ジャンヌがほんとうに本人が主張するとおりの者、すなわち神に塗油された者、したがってフランスの救済者であることのもうひとつのしるしだった。

軍歴が終了するまでに、ジャンヌは都合五本の剣を所有する。ボドリクールからの贈り物、サント＝カトリーヌ＝ド＝フィエルボワで回収された一本、戦闘で守ってくれたことを感謝するための奉納物として、パリ郊外サン＝ドニの祭壇に残した二本、そして「イングランド＝ブルゴーニュ連合軍司令官から戦利品として」[15]得た一本である。ジャンヌによれば、最後の一本は「突いたり打ち振ったりする」役に立った。ただしジャンヌが剣を振るうのを目撃したと証言した証人はアランソン公ジャンひとりである。アランソンは彼女が「剣を鞘から抜いて、兵士たちといる娘を追いかけ」、娼婦の背中で「剣を折る」[16]のを見た（図16）。当時の典型的な戦闘用の剣は、両手で使うように設計され、重さが一〇ポンドにも達することがあったので、当たれば深刻な打撃をあたえる[17]。アンダーソンの『ロレーヌのジョウン』では、そのあとジョウン＝ジャンヌとともにオルレアン攻囲を解放した隊長デュノワはラ・トレモイユに「娼婦たちは全員が、涙と金切り声と争いのなかで」[18]去っていったと語る。

イエスもまたただ一度、肉体的な力を振るったことが記述されている。縄で鞭をつくり、両替人の台をひっくり返して、鞭で彼らを神殿から追いはらったときのことである[19]。ジャンヌと同様に、イエスの暴力は穢れに対する無意識の激しい拒絶、罪の厳しい追及における正当な怒り、神殿の聖性を守ることだった。「神殿」という言葉を、パウロは肉体、とくに女性の肉体の暗喩に選ぶ。「知らないのですか。あなたがたの体は、神からいただいた聖霊が宿ってくださる神殿であり、あなたがたはもはや自分自身のものではないのです」[20]。建築物の場合も心の場合も、聖霊が住む場所は腐敗から守られなければならない。

「あなたがたが、こうして神の家にやってくる自信をまだ持っているのは、ただ、あなたがたが汚《よご》れたお金を持っているからなのですよ。それがどこからどうやって、あなたがたの手に入ったのか、だれでも知っていることです」。ブレヒトの屠殺場のヨハンナ＝ジャンヌは、ひとりのブローカーを非難する。「まともなことで手に入れたのではありません。あなたがたが神のみもとにやってきたのはまちがいです。すぐにも追い払われなければなりません」[21]。

「その剣はいまどこにある?」と審問官はジャンヌに尋ねた。「どの町に?」。

「わたしには言えない。わたしはそれをラニーで使った。コンピエーニュのあと、わたしはもはやそれをもっていなかった」。なぜならばサント=カトリーヌ=ド=フィエルボワで見つかった剣は、ジャンヌが娼婦の背中を打ちつけて折ってしまったからだ、とミシュレは推測する。そして「処女なる剣はその打撃に耐えられず、こなごなに砕け、二度と再び鍛え直されることはなかった」[22]。

「なくしたのか?」

「それはあなたの裁判とは関りがない。捕らえられたときに所持していたものはすべて、馬や剣その他一万二〇〇〇エキュ以上の価値があるものは、いまわたしの兄弟が所有している」

彼女の武器がどこにいきつこうと、彼女はそれを戦闘では一度も使用しなかった。「だれも殺さないように、わたしは戦闘では自分の旗を掲げていた」と彼女は証言した。

シャルル七世の財務官エモン・ラギエはさらに「二二五リーヴル・トゥルノワ」を金庫から引き出し、「トゥール在住の画家オーヴ・プルノワールに、ラ・ピュセルのための幅広の小旗の生地と染料代として」あたえた[23]。旗は長さ約一二フィート、幅三フィートで、先端が二つに分かれていた。

「戦争の指揮官《シェフ・ド・ゲール》」として、大きな旗を掲げるのはジャンヌだった。旗は彼女が武器を手にとれないようにするほかに、ジャンヌのあとを追う数千人の兵士ひとりひとりが、ジャンヌ自身に視線を釘づけにすることを可能にした。

「あなたが掲げていた旗にわれらが主のお姿と天使たちを描かせるよう、だれがあなたに告げたのだ？」と審問官は尋ねた。

「わたしの聖人たちがわたしに「天の王の名において、旗を手にとれ」と告げた。これがわたしが旗にそのように描かせた理由だ」

「旗にはなにか文字も書かれていたか？」

「イエス・マリアの御名が」とジャンヌは言い、「旗には絹の縁どりがつけられていた」と付け加えた。

「その名前はどこに？　旗の上部か横か、あるいは下のほうか？」

「横だ」

「だれの指示でそのように描かせたのか？」

「神のご命令がないかぎり、わたしはなにもしない。そのことはもう何度も言った」

図柄を天使が考えて、ジャンヌがそれを旗つくりのプルノワールに伝えたという点で、ジャンヌの旗は審問官たちの注意を引いた。彼らの細かい質問のおかげで、妥当と思われる複製の製作が可能になる（図13）。

「この旗は何色だった？」

「白だった」とジャンヌは言った。「生地は白いリネン、あるいはブカサン〔リネン、ウールその他の混紡〕で、天地が描かれ、両側にそれぞれひとりずつ天使がいた。天使は百合を散らした白地の上に描かれた」——ジャンヌの言う「百合」とは金色のフルール＝ド＝リス〔百合の花〕のことである。フルール＝ド＝リスはきわめて様式化された花の模様で、国王と国の両方を表わし、国王だけがその使用を許可できた。シンボルとしての起源はフランク人の最初の王クロヴィスにまで遡る。クロヴィスは自分の大義に忠実な部族長を集めて、ガリアの独立した部族間で結ばれていた非公式かつ流動的な同盟をひとつの原始国家に組織した。国はただひとりの王によって統治され、その後継者が同盟国を引き継ぐことになる。クロヴィスは妻クロティルドのたっての願いで、統治七年目、四九六年のクリスマスにキリスト教に改宗した。ランスにおけるクロヴィスの洗礼式で、クロティルドのもとを聖霊が訪れる。天から一羽の鳩が降り立ち、聖職者、貴族、平民の三身分を表わす三枚の白い羽根をもたらす[24]。この三身分は三枚の金色の花びらとしてひとつの花をつくる。その発想の源は白百合というよりは、ラングドック地方によく見られる金色のアイリスであるように思われる[25]。シャルルの公式画家フーケは、浮上しつつあるフランスのナショナリズムを、知られているなかで最初に記録した視覚芸術家であり、その歴史画の多くが現存する。作品のほとんどに王家の青《ロイヤルブルー》地に浮かぶ金色のフルール＝ド＝リスが描き入れられている。デュノワの記憶に残る旗はいくぶんか異なり、「フルール＝ド＝リスを手にしたわれらが主が描かれた」旗印である。それでも、デュノワの話には、ジャンヌの旗の練りあげられた象徴性が維持され、ひとつの政治的メッセージを伝えている。羊飼い、あるいは犠牲の仔羊ではなく、国王としてのイエスの役割を強調し、それによって国王の神権を明確に示す。

「で、あなたはどちらをより好んだのだ」と審問官はジャンヌに尋ねた。「旗か、それとも剣か？」。「わたしは剣よりも旗のほうがずっと好きだった」とジャンヌは言った。「旗のほうが四〇倍も」。ジャンヌは四〇を、聖書で使われているように、あまりにも大きいので数えられない数の省略表現として使った。四〇はノアが水浸しの地表に浮かんでいた日数、イエスが悪魔に誘惑されながら、荒野で過ごした日数である。

「あなたは小旗に聖水を振りかけなかったか、あるいは他の者に振りかけさせなかったか？」

「それについてはなにも知らない。それが成されたのなら、わたしの指示ではなかった」

「他の軍人は、あなたの小旗をまねて小旗をつくらせなかったか？」

「殿さまたちはご自分の紋章を使い続けた」――どの騎士もそうしたはずである。肉弾戦の混乱を考えれば、家門の紋章が戦場で敵と友軍を見分ける唯一の手段だった。「わたしの戦友のなかには、旗を歓びのためにつくらせる者もいた。つくらせない者もいた」。つくらせたのは「自分の部下を他の者と区別するためだけ」だったと、ジャンヌは付け加えた。

紋章は貴族の出自について、外から見えて判読しやすいサインを提供し、それをつけている者には武器を帯びる権利があることを世に知らしめる。一度、国王がある家門にひとつの紋章を許すと、他の者がそれをつけることはできない。中世ではシンボルが偏愛されたから、集団のレベルでも個人のレベルでも、紋章は宗教的崇拝の域に達するほど崇められた。すべての騎士は、その戦歴で出会う可能性のあるすべての友、あるいは敵の紋章を見分けられなければならなかった。紋章は高度に専門化された視覚情報満載の言語であり、ジャンヌが数週間で理解したものを、ほとんどの騎士は何年もかけて習得した。ジャンヌは紋章を最初のアルファベットとして学び、紋章を構成する諸要素の組み合わせをすばやく解読する能力も同様に獲得した。神話は、イエスとジャンヌが単純であることにこだわる。この場合、「単純」は「ひたむき」と呼んだほうがいいだろう。ふたりの目標が複雑ではない――妥協のしようがない――ように見えかねない一方で、ふたりの知力に並び立つ者はいなかった。福音書記者は何度もイエスの急進的な聖書解釈に対する高学歴の聴衆の反応を引用する、聴衆は「その教えに非常に驚いた。彼らの律法学者のようにではなく、権威ある者としてお教えになったからである」。[26]ジャンヌのひときわ優れた才能、馬術の熟練、兵器類についてのすばやい理解に驚嘆したのはアランソン公ひとりではない。ジャンヌはイエスのように、†一部の学者からは無知無学と見なされたが、識字力の欠如を補ってあまりある優れた記憶力をもっていた。彼女は育む価値のある才能を選び出し、熟練の技を異常な速度と直感とで修得した。

† イエスの相対的な貧しさが、より裕福な家庭の少年に惜しみなくあたえられた教育を受けていないことの根拠となる一方で、聖書は二か所で彼の識字力を示唆する。ルカ四章17にはイエスがナザレのシナゴーグで預言者イザヤの書を読んだとある。ヨハネ八章6では、イエスはファリサイ派の人びとの言葉の罠にはまらないために「指で地面に何か線を引いた」とあり、この一節からイエスは文字が書けなかったと解釈する向きもある。もっともいくつかの版では「引いた」(drew) を「書いた」(wrote) で置き換え、後世の手稿は彼がファリサイ派の人びとの罪を地面に書いたことに触れている。

⊕

トゥールで、ひとりの若い托鉢修道会士がジャンヌに近づいてきた——修道士はジャンヌの母親の知人で、母親は彼とドンレミの南三〇〇マイルほどに位置するヴレのノートル゠ダム゠デ゠ピュイ教会で知りあった。ヴィクター・フレミングのジャンヌは、ヴォクルールで母親に別れを告げるときに言う。「母さん、ピュイの聖堂にいきなさい。そしてわたしのために祈ってください」[27]。

ピュイは数世紀後のルルドを先取りする重要な聖堂で、多くの巡礼を引き寄せた。イザベルの祈りはもちろん娘を中心にしていたが、ロレーヌからきた巡礼集団のあいだでは、すべてではないとしても、多くの会話がジャンヌを中心にして交わされた。トゥールで修道院の読師を務めていたジャン・パスクレルは聖人のような高徳な人物だったので、ジャンヌの母親には彼が自分の祈りに対する神の回答のように思われた。イザベルその他の巡礼者たちは、パスクレルに、トゥールに帰ったらジャンヌを探し出すよう頼んだ。

この話とは別に考えられるのは、パスクレルをラ・ピュセルに紹介するように、ヨランドが手配したことである。ヨランドには自分が軍資金を提供している戦争の前線に信頼のおける報告者をおく必要があった。ヨランド自身の美貌は彼女に美しい容姿の価値を教えていた。彼女はつねに舞台裏で忙しく立ちまわり、美しい女たちを訓練し、寝床への道を見つけて寝物語を効果的に利用するよう指示をあたえ、フランス全土の宮廷に派遣した。魅力的な密偵のネットワークが情報を持ち帰り、必要な場合は相手をそっと肘でつついて行動するように仕向け、ヨランドの行動計画《アジェンダ》を前進させた。パスクレルが女の罠にはまった、あるいは他の誘惑のとりこになったと想像する理由はない。だが、彼を連れてきた男たちのなかには、かわいらしい足首やよい香りのする胸に抵抗できなかった者もいたかもしれない。

「当時、ジャンヌは町人ジャン・デュピュイの家に滞在していた。わたしたちはそこでジャンヌと会い、わたしを連れてきた人びとはジャンヌに言った。「ジャンヌ、あなたのところに善き神父さまを連れてきました。よく知り合えば、あなたはこの方を好きになるでしょう」」とパスクレルは証言した。

ジャンヌはたしかにパスクレルがとても好きになったので、自分の聖なる軍隊に加わるよう懇願し、パスクレルは同意した。「わたしは彼女の告解を聞き、彼女の前でミサを挙げた」[28]。パスクレルはジャンヌが捕縛されるまでそばにとどまり、オルレアン解放とそのあとに続く作戦行動について、貴重な目撃証言を提供する。

ジャンヌの戦闘用装備が完了すると、ジャンヌ軍二五〇〇はトゥールの北東三〇マイルほどのブロワに向かった。デュノワ伯ジャンによれば、ランスの大司教とオルレアンの代官ラウル・ド・ゴクールが付き従っていた。ブロワはオルレアンまでのほぼ道半ばにあたる。そこでジャンヌは「糧食を運んできた殿たち、すなわち〔ジル＝ド＝〕レの殿とフランス元帥ブサック殿、このふたりとともにいたのが、フランス提督キュラン殿、ラ・イール、のちにパリ奉行となったアンブロワーズ・ド・ロレ殿」

に迎えられた。ブサックことフランス元帥ジャン・ド・ラ・ブロスはジャンヌの戦役すべてに参加した。「ハリネズミ」を意味する「ラ・イール」は傭兵隊長エティエンヌ・ド・ヴィニョルのあだ名で、このあだ名から彼が怒りっぽい性格だったとわかる。土地や娘たちに対する略奪癖で悪名が高かった。ラ・イールは決まって大声で下品、肥満に——実際よりも大げさに——描かれるが、けばけばしい衣裳や無教養な口調が隠しおおせない黄金の心をもつ娼婦を男にしたようなものである。「あなたのすべての罪とともに、あなたは神の子のなかの輝く美しい硬貨のようです！」[29]と、『ひばり』でジャンヌはラ・イールに向かって叫ぶ。ブロワでジャンヌを即座に歓迎したただひとりの隊長であり、デュノワ伯爵とともに、ジャンヌが捕らえられ、売られたあと、救い出そうとした、ただふたりの戦友だった。護衛隊の残りは、勝利とは言わないが、大いなる冒険になると約束されたものには従ったものの、命令にはあまり従わなかった。戦争が是認されたレクリエーションであり、騎士たちが余暇には馬上槍試合、喧嘩沙汰、弱い者いじめに興じた時代に、ロレーヌの処女は生きた預言であろうがなかろうが、真の戦闘における衝突に向かって行進していた。みずからの神性を確立するのはこれからだったが、それでも十字軍の興奮を提供していた。

ジャンヌはブロワで一時停止し、少し離れた場所から敵にみずからの正体を明かし、自分はすぐそこまできていると警告した。少し離れたサント=カトリーヌ=ド=フィエルボワから送った手紙によってシャルルとその宮廷に近づいたように、ジャンヌはイングランド人に伝言を送り、自分がだれであり、彼らが自分のオルレアン到着からなにを期待できるかを告げた。六世紀を経たいまでさえ、挨拶の言葉だけでも厚かましさの傑作であり、非難めいた「あなた」と「自称する」の反復は、ひとりの農民から王侯への呼びかけとしては驚くほどに高慢な形式である。

イエス・マリア

イングランド国王よ、そしてあなた、フランスの摂政を自称するベッドフォードの公爵よ、あなた、サフォーク伯爵ギヨーム・ド・ラ・プール〔ウィリアム・ド・ラ・ポール〕よ、タルボット卿ジャン〔ジョン・トールボット〕よ、そして先述したベットフォード公爵の副官を自称するあなた、スカル卿トマ〔トーマス・スケールズ〕よ。天の王が正しいとせよ。天の王、神によってここに遣わされたラ・ピュセルに、あなたたちが奪い、凌辱したすべての善き都市の鍵を返却せよ。彼女は王家の血筋を宣言するために、神の名においてここにきた。あなたたちが彼女が正しいとするのなら、あなたたちがフランスを返還し、フランスを支配した代償を支払いさえすれば、彼女には平和を成す用意がある。あなたたち、オルレアンの前にいる弓兵、戦争の同志、貴族もそうでない者も、神の名において、あなたたちの国に去れ。そうしないのであれば、ラ・ピュセルからの便りを待て。彼女はただちにあなたたちに会いにいき、あなたたちに大いなる損害をあたえるだろう。イングランドの国王よ、このようにしないのであれば、わたしはシェフ・ド・ゲールであり、フランスにいるあなたの配下と出会うときは、どこであろうとも、彼らが望もうと望むまいと、彼らを立ち去らせる。彼らが従おうとしないときは、わたしは彼ら全員を殺させる。わたしは身体と身体とで、あなたたちをフランス全土から追いはらうために、天の王、神の名においてここに遣わされた。そして彼らが従おうとすれば、わたしは彼らに慈悲をあたえるだろう。ほかの考えはもつな。なぜならばあなたたちは天の王、聖母マリアの息子、神のフランス王国を支配することはまったくないからだ。だが、フランス王国は真の継承者、国王シャルルが統治するだろう。なぜならば天の王、神がそれをお望みになり、そのことはラ・ピュセルによってシャルルに明かされ、王は善き仲間とともにパリにはいるだろう。あなたたちが報せを信じようとしないのなら、あなたたちが正しきことをしないのであれば、神とラ・ピュセルの名において、あなたたちがどこにいようとも、われわれはあなたたちを打擲《ちょうちゃく》し、この一〇〇〇年間、フランスにおいてはこれほど大きなものはなかったほどのアアイ〔騒ぎ〕を引き起こす。そして固く信ぜよ。天の神は、あなたたちが彼女と彼女の善き武人たちに対しておこなうすべての攻撃以上の軍隊をラ・ピュセルに送る、と。そして激しい殴打によって、人はだれが天の神のよりよき正統性をもつかを見るであろう。これ以上、破壊はするな。あなた、ベッドフォードの公爵よ、ラ・ピュセルはあなたに願い、要求する。あなたがラ・ピュセルが正しいとすれば、あなたは彼女の仲間になることができ、そこでフランス人はかつてキリスト教世界で成されたもっともすばらしいことを成すであろう。オルレアンの町で和平を望むのなら、回答せよ。そうしないのであれば、まもなくあなたたちに大きな損害が起こるであろう。聖週間の火曜日に記す。[30]

ジャンヌは最後通牒を六週間前、まだポワティエにいて、審問の結果を待っているときにまとめた。本人は審問の結果をすでに知っていた。戦争を開始する指揮官には宣戦布告が要求されるが、フランス人は占領軍に対して国土を防衛しているのだから、教会の伝統が規定する「正義の戦い」の規則により、ジャンヌにはイングランド人に正式に宣戦布告をする義務が免除された。戦争が贖罪の一形式と認識されるとき、悪を正す者だけが神に助けを求めて、それを得ることができる。ジャンヌにはイングランド人に警告する必要はなかった。いずれにしても、イングランド人は彼女が訪れるのを知っていた。彼女は神から勝利を約束された軍隊の指揮官として、確実な敗北を前にした敵に撤退する機会をあたえるために、当然ながら自分には説明責任があると考えることもできた。しかしジャンヌの手紙は慈悲の行為として着想されたのではない。それは自分自身を「シェフ・ド・ゲール」と宣言するための公開の舞台だった。このとき戦争を指揮していたフランスの武将たちはこの肩書きを彼女には決して認めないだろう。しかし神の庇護のもとで旅をしたジャンヌにとって、隠密行動にはなんの利点もないし、自分の地位ゆえに当然おこなう資格をもつ宣言をせずに、イングランドの指揮体系の最上位にいる者たちに対して軍隊を召集したり、指揮したりするつもりもなかった。イングランドの指揮官のうちふたりは、オルレアンにいるにはあまりにも位が高すぎた。ベッドフォード公爵（図17）はイングランド王ヘンリー四世の三男ランカスターのジョンであり。甥にあたる七歳のイングランド王ヘンリー六世（図18）のために、フランスでは国家元首として振る舞っていた。ジョン・トールボットはシュローズベリー伯爵、フランス大元帥、ブルゴーニュ軍総司令官である。サフォーク伯ウィリアム・ド・ラ・ポールは、ロンドンの北、イングランド東岸に五世紀に確立されたイースト・アングリア王国にあたる地域を統治していた。スケールズ卿トーマスはイングランドの騎士階級では最高位にあたるガーター騎士であり、ベッドフォード公爵の副官として働いた。ジャンヌはこのような男たちに、「攻撃と暴力の単なる認可状としか読めない」[31]挑戦状を投げつけたのである。

「ラ・ピュセルに、あなたたちが奪い、凌辱したすべての善き都市の鍵を返却せよ」。ジャンヌの敵は、彼女の権力の主張を無効化するために性的な中傷を使った。彼女はイングランドによる占領を「凌辱」の行為と呼んだ。「彼女は王家の血筋を宣言するために、神の名においてここにきた」。ここにあるのは、イヴの両脚のあいだから初めて流れ出した穢れた血を中和するのに必要な称揚された血——メンスが卑しいのと同じほどに神聖な聖なる血——である。死すべき人間であり、神性でもある穢れなきキリストの血と一体化した血。イザボーのみだらな裏切りに対する解毒剤。ここにいるのはジャンヌ。みずからを神に塗油される者、神のメシア、ラ・ピュセルと宣言する。自分自身をラ・ピュセル——「処女」と名づけることで、ジャンヌは「従軍娼婦と見なされることに対して先制攻撃」[32]を仕かけた。兵隊のあいだにいる女たちの唯一の目的は売春だと考えたのはジャック・ダルクひとりではなかったからである。

「あなたがラ・ピュセルが正しいとすれば、あなたは彼女の仲間になることができ」――かなりの上から目線で発せられた言葉――「そこでフランス人はかつてキリスト教世界で成されたもっともすばらしいことを成すであろう」。ジャンヌの散文は本人に先駆けて走っていた。すべての武勲詩のように型にはまり、ロマンティックで、突然、言葉と韻律が旧約聖書の神にまで立ちもどる一節に転じて、神に選ばれし者たちに、彼らの土地を占領している者たちに対する殲滅戦争をおこなうよう呼びかける。「わたしは身体と身体とで、あなたたちをフランス全土から追いはらうために、天の王、神の名においてここに遣わされた。そして彼らが従おうとすれば、わたしは彼らに慈悲をあたえるだろう」。他の手紙でもしているように、自分を「わたし」と「彼女」の両方で呼び、高揚した威厳のある三人称はラ・ピュセルだけに使い、うちとけた一人称はすべての声のなかでもっとも高揚した声を引用するときにだけ採用する。神はモーセに約束する。「今や、あなたは、わたしがファラオにすることを見るであろう。わたしの強い手によって、ファラオはついに彼らを去らせる」[33]。「このようにしないのであれば、わたしは」とジャンヌは占領軍に警告した。「彼らを立ち去らせる。彼らが従おうとしないときは、わたしは彼ら全員を殺させる」。

手紙には署名がない。ジャンヌが署名のしかたを学ぶまでにはさらに六か月が必要だった。一般的には征服者の兵隊が強奪する戦利品と考えられていた「おとめ」が、既存の秩序をこれほど完全にくつがえし、みずからをイングランド国王に対する「シェフ・ド・ゲール」と宣言し、神の報いをあたえると約束することは、手紙を受けとった者たちが、それ以前には想像しなかった――想像もできなかった――厚顔無恥の行為だった。彼らは手紙を届けた伝令の二名のうち、一名しか解放しなかった。イングランド人はジャンヌの挑戦状に回答した。アルマニャック派の娼婦は、捕縛されて焼き殺される前に家に帰ったほうがよい。彼らは解放しなかった伝令のために準備した火刑柱の下にすでに火口を準備し、伝令を焼けば、ジャンヌが彼女の軍隊に魔法をかけるのに使った呪文を解けるかどうか論じあった。ジャンヌは解放されてもどってきた伝令に回答をもたせて送り出した。

「いってタルボットに伝えなさい。そちらが武器をとるなら、こちらも武器をとる……。わたしを捕えられたら、火あぶりにさせるがいい、と」[34]。

一九四六年初演のマクスウェル・アンダーソンによる『ロレーヌのジョウン』は、五〇〇年後に残ったもの、ひとりの少女からの貴婦人らしからぬ言葉遣いの手紙の責任を、兄弟ジャンとピエールに転嫁する。少女の思い違いのひとつは、自分は男性と同等だと考えたことだった。手をもみしぼる臆病なジョウン゠ジャンヌに、兄弟は男のように権威をもって振る舞うにはどうすればよいのかを教える役目を引き受ける。ジャンヌの天使たちが「勇敢に話す」と呼ぶことを、ピエールは「娘の仕事ではない」[35]と表現するが、ジョウン゠ジャンヌの最初の話し方レッスンは自信ではなく、嘆きを引き起こす。

「ああ、わたしが男の子みたいに力強く威勢よく話せたら、あんなふうに立って、自分の言葉をラッパみたいに響かせることができたら――もしそうできたら、神がわたしにやれとお望みになることすべてができるでしょうに。でもわたしは女の子、わたしの声は女の子の声、わたしの仕草は女の子の仕草」[36]。

この台詞が書かれたのは一九四二年、入隊した夫や息子の仕事を献身的に引き受けたすべての妻や娘を代表するアイコンとして、「リベット打ちのロージー」〔第二次世界大戦中に軍需産業で働いた愛国的女性のシンボル〕が鳴り物入りで文化に侵入してきた直後である。戯曲が初演されるころには、第二次世界大戦は終了し、帰宅した男たちは、ひとたび家事から解放された女性たちの全員が、ふたたび家庭に引き寄せられた、あるいは無理やり引きもどされたわけではないことを発見した。同じように不安を呼んだのは、男に所属した活動を放棄することを拒否した女性も、女としてのアイデンティティを維持しつづけたことだ。「わたしたちにはそれができる！」――ポスターの娘は青いオーバーオールを着て、赤い口紅を塗り、肘を曲げて力こぶを誇示しながら、映画スターのように長いまつげの向こうからこちらをにらみつけている。これは戦争努力のためのポスターだ。ロージーのポーズは挑戦的である。しかし枢軸国が敵なのではない。彼女が見せる拳は、第一次世界大戦時の先輩が手にもつ剣と同じほどにシンボルとしては露骨である。「ジャンヌ・ダルクはフランスを救った。アメリカの女たちよ、祖国を救いたまえ。戦争貯蓄スタンプ〔第一次・第二次世界大戦で合衆国政府が戦争努力を支援するため発行。一定額に達すると戦時国債と交換可能だった〕を買いたまえ」（図36）。一九一七年のジャンヌの視線は優しく恍惚とし、手にもつ剣のように上方の天に向けられている。赤い唇は開かれて、頭上には白い光の輝きが注ぐ。ここにいるのは『ロレーヌのジョウン』のヒロイン。その輝く甲冑は「女の子の仕草」を保護し、その創作者のジャンヌ観はロマンティックで回顧的である。一八八八年生まれのアンダーソンは、ジャンヌ列福時には二十歳。アメリカは二つの世界大戦が訪れることを知らず、女性に期待された唯一の戦争努力は消費者として、夫のものと推定される金を使うことだった。ロージーは違う。ロージーは自分自身のものを所有するのがどういうことなのかを発見した。下唇を突きだして、自分の主張を明確にしていなかったら、閉じてとがらせた唇は誘惑するように見えたかもしれない。ロージーの着る男の服が隠すのは、輝く甲冑が隠すジャンヌよりも真実のジャンヌに近い。警告としてオーバーオールの袖をまくる女、世界のなかの自分の場所を奪おうとするすべての者と自分自身のあいだに立ちはだかる闘士。

ジャンヌのおこなった奇蹟のなかには数え入れられていないが、十七歳の娘が数千の兵隊を相手にして、神の冒瀆、賭け事、性行為――戦争のストレスに対する鎮静剤すべて――の慰めを拒否して成功したことは、いかなる基準から見ても並外れたことだった。トウェインは語り《ナラティヴ》の装置としてルイ・ド・クート〔トウェインの小説中では「コント」〕の「個人的回想」を使用したが、クートが描くように、ブロワの野営地は「オオカミやハイエナたち」のような「強盗ども」であふれていた。「連中はわめいたり酒をくらったりして、歩き回りながら、歓声をあげたり、怒鳴ったり、悪態をついたり、ありとあらゆる種類の野蛮で暴動じみたバカ騒ぎをしながら楽しんでおった。そしてその場所は、けばけばしく、みだらな女たちに溢《あふ》れていた。おまけにその女たちも、男たちに負けずにはしゃぎ回ったり、大声をあげたり、奇妙な振る舞いをしたりしておったのじゃ」[37]。世俗の文化は冒瀆を――ともかく判断するときには――礼儀作法の違反と判断しがちである。しかしジャンヌとジャンヌの知るすべての人びとは、神の名を無駄に口にすることを極刑を招きかねない種類の深刻な違反ととらえていた。ジャン・ジェルソンによれば、「フランス全土が、フランスのキリスト教世界全体のために、この恐ろしい罪の結果に、ほかのどの国よりも深く苦しんでいる。この罪はペスト、戦争、飢餓を引き起こす」[38]。これら罰として知覚された災厄の過酷さは、神には自分に背く者すべてを懲らしめようとする性向があることを、中世の人びとがいかに絶対的に信じていたかを示す。ジャンヌは「神を否定する習慣の（…）ラ・イールに、これ以後は神を否定しないよう」命じた、とスガンは証言する。「神を否定したくなったら」かわりに「自分の杖を否定しなさい」[39]――この提案は、おとめのナラティヴに溢れる男性器の象徴に敏感な読者を愉快がらせる。トウェインのジャンヌは「棍棒にかけて」という言い方ならよいとし、棍棒は「彼の指揮官としてのシンボル」[40]だとする。賭け事に関しては、マルグリット・ラ・トゥルルドが、ジャンヌは「さいころ遊びが大嫌いだった」[41]と回想する。この「大嫌いだった」はジャンヌが福音書のローマ兵の話を熟知していたことを示す[42]。イエスを十字架にかけるとき、兵士たちはその衣服をさいころを振って分け合った。野営地についてきた女の背中にあたって折れた剣は、配下の兵士は指揮官と同様に貞潔に振る舞うのだというジャンヌの決意を十二分に強調する。ジャンヌは、自分の指揮下では娼婦といるのを見つかった兵士は全員、その娼婦との結婚を強要されると通告した。この罰が一度も科せられなかったことを、デュノワは「わたしたちが彼女といるとき、女に近づいたり、女とつきあったりしようという意図も欲求ももたなかった」と説明し、「それはわたしにはほとんど神からきたように思えた」[43]と付け加えている。ジャンヌが勝利を約束したのは、みずからの信念を生きることでその信念を証明する軍隊に対してだけであり、ジャンヌは従軍司祭には一日に二度の礼拝を要求した。「毎日二回、朝と夕刻に、わたしに神父たち全員を集めさせた」とパスクレルは証言した。「彼らは集まると至福の聖処女のために交唱と聖歌を歌った。ジャンヌも彼らとともにいた。彼女は兵士たちが告解をすませなければこの神父たちに混ざることを許さなかった。しかし、彼女は兵士全員に、この集まりにくるために告解を勧めた。この集会では、神父たち全員に希望者の告解を聞いてやる準備ができていた」[44]。

　ジャンヌが意図したのではないが、教会儀礼は聖職者の指揮系統を掌握することによって、軍の指揮系統を回避し、ジャンヌに男性の権威の裏をかいて、兵士たちを召集する手段をあたえた。より破壊的で危険でさえあったのは、ジャンヌが教皇の権威よりも大きな権威をもって、これから先は穢れという荷を背負っていない兵士だけが天国に昇ることを約束し、彼らの性行動を非難し、制御したことである。暗に意味するのは、残りの兵士は穢れ、罪を赦されずに地獄行きということだ。おそらくひとりの女が男の服を着て、甲冑を身につけることは、女が男の衣服とともに男の闘技場も要求しないかぎりは許容可能だったかもしれない。一〇〇年前、ブルターニュ公爵ジャン・ド・モンフォールがイングランド人に捕らえられたとき、妻のジャンヌ・ド・フランドルは夫の剣を手に、馬にまたがって町々をまわり、軍隊を集め、「全身を鎧に包み、街路で軍馬にまたがって、雨あられと降り注ぐ矢の下で、兵士に熱く訴えかけ、女たちにスカートを短く切って、石や沸騰するピッチを城壁まで運び、敵に投げつけるよう命じて英雄的な防衛戦を指揮した。小康状態のあいだは、騎士の一団を秘密の門から出動させ、迂回路を走らせて、敵の宿営を後方から襲い、敵軍の半分を破壊し、攻囲を防衛した」[45]。ジャンヌ・ド・フランドルは敵の陣幕や糧食を焼きはらったことでフランス中に知られていたから、ジャンヌ・ラ・ピュセルは「炎のジャンヌ」の英雄譚をよく知っていただろう。「火事だ！　友よ、逃げよう！　火を点けたのは炎のジャンヌ、炎のジャンヌはまこと、この世でいちばん恐れを知らぬ者！」[46]と、あるブルターニュのバラードは歌う。ジャンヌ・ド・フランドルは男装し、甲冑を身につけたが、男性の侵入に対して女性的な防衛戦を戦った。夫が殺害されてしまうと、戦いを継続し、息子の命と引き換えに、みずからの命を差し出す。彼女の行動は一部の少女たちに女の人生が家庭内の隷属以上のものを提供することを示唆したかもしれないが、炎のジャンヌは、男性が独占する勇気と創意をもっていたことによってではなく、妻と母としての献身によって歓呼の声で迎えられた。彼女はそれによって称讃されたのではなく、赦されたのである。

これとは対照的に、ジャンヌはイエスと同じようにデマゴーグであることを証明した。イエスは律法から根本的に逸脱して愛に向い、その結果として社会正義を求めた。ジェンダーに課せられた制限内にとどまっているのを拒否することは――とくにその拒否がなおいっそう多くの人に声高に伝えられているときには――下層階級への慈しみを約束する以上になおいっそう慣習からの破壊的な逸脱となる可能性を秘めていた。「ジャンヌ・ダルクの声に耳を傾け、その目をじっと見た者は誰でも魔法にかかったようになり、もはや元の人間ではなくなってしまった」[47]とトゥウェインは説明した。

「ジャンヌがブロワを出てオルレアンに向かうとき、彼女はこの旗印の下に神父全員を集め、神父たちが兵士の前を歩いた。（…）「ヴェニ・クレアトル・スピリトゥス」を歌いながら」[48]とパスクレルは証言する。聖霊賛歌「ヴェニ・クレアトル・スピリトゥス」は九世紀のラテン語の賛歌（現在はグレゴリオ聖歌のひとつとされる）で、礼拝堂内でも軍役中でもアカペラで歌われた。第一行目は「来たれ、聖霊よ、創造主よ。わたしたちの胸のなかで憩いたまえ。あなたがおつくりになった胸をあなたの恵みと天のお助けで満たしたまえ」と訳せる。司祭たちの前衛部隊が聖なる歌で大気を分かち、約束されたロレーヌの処女のために道を準備し、処女は自軍の前に立って、ソローニュの広大な荒野と山を悠揚たる足どりで軍を率いていった。これ以降、ジャンヌが自軍をゆっくりと移動させることは二度とない。パスクレルは回想する。「この夜は野営し、翌日もそうした」。甲冑を着用していても騎手としては巧みに馬を乗りこなすジャンヌも、甲冑を着て眠ることには慣れていなかった。従卒のルイ・ド・クートによれば「青あざをつくり、疲れて目覚め」[49]、痛みを追いはらった。自分が乗り出した探求の旅についてジャンヌが思い描くことのなかには痛みのための場所はなかった。結局のところ、それは戦傷ではなかった。のちに戦傷の痛みを否定するのはより難しいことがわかる。テンプル騎士団がエルサレムを異教徒に占有された聖なる都と見なしたように、ジャンヌはオルレアンを自分が率いる十字軍が神の名において救うべき都市として見ていた。これは探求の旅のピカレスクな一面であり、ロマンスとして意識的に演出されたのではないが、ジャンヌが熟知していたさまざまな物語によって形作られていた。物語のなかには第一次十字軍の指揮官、まさにロレーヌ出身のボートワンとゴドフロワ兄弟の物語もある。弟はそのすばらしい勇気によってエルサレム王ボードワン一世とあだ名され、十字軍のなかで最初にエルサレム王の肩書きを担った。

ソローニュ盆地はロワール川に流れこむ水はけの悪い広大な沼地であり、当時は居住に適せず、住民はまばらで定住はしていなかった――密偵たちが描く風景――彼らがイングランド人に報告した光景は劇的だったにちがいない。ジャンヌと隊列はオルレアンの東わずか五マイルのシェシで森から姿を現わし、そこで名高い貴族、「オルレアンの私生児」ことデュノワ伯爵ジャンに迎えられた。ジャンは本人が証言するように「町を管轄し、戦争については総司令官だった」。デュノワは、シャルル六世の弟にあたるオルレアン公爵ルイ一世の息子（図15）で、オルレアンおよびロワールにおける戦役でジャンヌと轡を並べて戦い、最後の最後まで決然として彼女に忠実だったわずかふたりの戦友のうちのひとりとなる。

当然ながら、デュノワはジャンヌが到着するはるか前に、自分が負けかけている戦争に勝つためにやってくる娘のことを可能なかぎり調べていた。彼の使者「ボケールの国王代官ヴィラール殿と、のちにヴェルマンドワの代官になるジャメ・デュ・ティレ殿[50]」はシノンからもどり、娘の正体がなんであろうと、とにかく教会の承認を得て、王太子の軍隊を任されているのは事実だと報告した。軍隊は熱狂的な支持者、ある情報源によると「略奪者と放蕩者の乱暴な群れ[51]」によって増員され。その群れから「ジャンヌは規律正しい兵士の軍をつくりあげた」。伯爵は「彼女を迎えにいくために、ただちに大勢の兵士を集めた[52]」とジャン・ドロンは証言した。そして伯爵は自分が予想していたよりもはるかに多くの増援と糧食をラ・ピュセルが掌握していることを知った。デュノワは衰弱した市民が宗教による治癒を次から次へと求めている都市に縛りつけられ、彼らが来ては去るのを見てきた。彼らすべて、ほとんど裸でみずからを鞭打つ痛悔者、泣き叫びながら自分の傷に灰をすりこむ者たち、修道院全体が幟や十字架を掲げ、負担できる者が金を払った祈禱を唱えながら街路を行列して歩く。攻囲は市から狂気を抽出し、熱狂者を通りに絞り出して、ついにはすべての街角にひとりの説教師が立つに到る。もちろんオルレアンの市民はラ・ピュセルに目を凝らしていた。しかしいまついに、市壁の彼方に彼女の威力の証拠があった。破産した王太子がジャンヌを武装させるためにさらに負債を背負いこんだのが明らかだっただけでなく、彼はまた彼女を高位の武将たちとともに送り出しもした。フランスの想像力全体をジャンヌが掌握したことは、彼女の指揮下で戦うために軍隊入りした兵士の数によって証明された──中世の基準では二五〇〇は大群である。デュノワは彼女が同様に大勢の聖職者──配下の兵士最後のひとりに到るまで告解を聴くのに充分な数の従軍司祭、とジャンヌは彼に知らせた──を自軍に加わるよう説得したことにも気づいた。彼らには戦う準備ができていた。そしてジャンヌには彼らが死と対峙するのを許す準備ができていた。

しかしながらブロワとオルレアンのあいだにはボジャンシーとマンがあり、どちらもイングランド軍に占領されている。イングランドはまたオルレアンのブロワ側（西側）の主要な街道をすべて手中におさめていた。ただひとつの合理的な進路は二つの市を大きく迂回し、防御が手薄だった東側からオルレアンに接近することだった。一方、ジャンヌは「タルボットやイングランド人がいるところにまっすぐいく」[53]と思っていた。

ジャンヌは知らないうちに自分がどちらの方向に導かれたのか気づいたとき、「わたしをここ、川のこちら側にこさせて、タルボットやイングランド人のいるところにまっすぐいかせないよう忠告したのはあなたですか」と尋ねた。従者ジャン・ドロンは、デュノワがそうだと答えたと証言する。デュノワは、「わたしと、そしてさらに賢い人たちがよりよくより確実に行動することだと信じて、そう忠告した、と答えた」[54]。

ジャンヌはイングランド人を追いはらう決意を固めた軍隊を率いて、戦争を遂行するためにやってきたという前提で、オルレアンに近づいた。しかし「実際には、軍の喫緊の目的は、市に糧食を補給することだった」[55]。これは「ジャンヌへの試験」[56]として考えられたミッションだった。シャルルの顧問ギヨーム・クジノによれば、「多数の荷馬車、穀物の荷車、大量の雄牛、羊、牛、豚、その他の食糧」[57]を含む輸送隊を送り届けるには迂回して接近する必要があり、それはジャンヌの指揮下にある兵士には都合が悪かった。彼らは輸送隊がオルレアンのすぐ東のシェシでロワール川を渡っているあいだ、待機していなければならないだろう。シェシは防御されておらず、オルレアンが位置するロワール東岸への接近を確保するという利点があった。ここでは川幅は約四〇〇ヤード、「浅く、流れは速いが航行可能で、多くの島と砂洲がある」[58]。運悪く、予期せぬ障害が発生した。風が西ではなく東に向かって吹き、市壁内で待つ推定二万人の腹を空かせた市民に糧食を運ぶ平底船が使用できなかった。デュノワが言うように、状況は人知の彼方にあった。わたしはまさにこのために遣わされたのだ、とジャンヌは主張した。デュノワと配下の隊長たちが記すように、ジャンヌが自分はまっすぐにロワールの対岸にいる敵のもとに導かれていると思っていたことは、彼女が通過してきた土地の地理をまったく理解していなかったことを明らかにする。

ジャンヌは自分を排除していた作戦会議の全員に言った。「神の名において、わが主である神の忠告はあなたたちの忠告より賢くて確実だ……それは天の王の忠告だ。それはわたしの愛のためにくるのではない。オルレアンの町に憐れみをかけて、オルレアン殿の身体とその町が損害を受けないようにと請う聖ルイと聖シャルルマーニュの嘆願に応じて、神からくるのだ」[59]——オルレアン公爵†はアジャンクールの戦いで捕らえられていた。公爵はデュノワの異母兄で、嫡出子であり、アルマニャック派の指導者として文字どおり値段のつけようがなかった——身代金を要求されなかった。そして英仏海峡の向こう側に一四年以上も投獄されていた。ジャンヌがシャルルマーニュ、あるいは聖ルイのことを口にするのを目撃されたのはこのときだけである。地上の力と不死の力をもちだし、王たちを聖人たちといっしょくたにするのはジャンヌひとりではない。その発想の源は国王の神授権にある。塗油された者は神授権によって人間による判断を免れ、そのために専制政治の誘惑を追いかける。シャルルマーニュは列聖されていないが、第一代皇帝として神聖ローマ帝国を八〇〇年から八一四年まで統治した。彼は教皇権を保護し、初めて教会を国家と結びつけた。フランス国王でただひとり列聖された聖ルイは一二二六年から一二七〇年まで統治し、二回の十字軍を率いた。聖戦を戦うという嘆願の代弁者として、彼ほど適切で究極的には皮肉な人物はいないだろう。聖ルイはカタリ派（物質界は悪魔の仕業と信じ、イエスの身体はパンの切れ端には包合されえないと主張して聖餐を拒否した）を弾圧する過程で異端審問の権力を確立し、それによって限界のない聖戦状態を是認した。聖戦の最初のターゲットになったのはジェンダーバイアスのかかっていない宗派だった。カタリ派はどちらか一方の性だけに価値をおかず、女性の改宗者を引き寄せただけでなく、女性を聖職者のなかに招き入れた。

† デュノワ伯爵ジャン・デュノワ（のちのロングヴィル伯爵）はルイ・ド・オルレアン公と愛人マリエット・ダンギャンの息子である。

「あなたはわたしを騙したと思った。だが、あなたは自分自身のほうをより大きく騙している」とジャンヌは自分を蚊帳の外においた隊長に言った。「なぜならば。わたしは、ひとりの戦士やひとつの町にこれまであたえられたなかで最高の助けをあなたにもたらすからだ」。

デュノワはジャンヌとの初めての衝突を回想する。「オルレアンのための糧食を積んだ船隊が川を遡るのを妨げていた向かい風が、一瞬のうちに変化し、追い風になった」。川岸では橅の若木が頭をあげてまっすぐに立ち、それから枝葉を西に向けた。ただちに平底船に荷が積みこまれ、帆が掲げられ、糧食が川を越えて運ばれていった。この時点からデュノワはジャンヌの聖性と彼女がもたらす援助が神からくることを確信しつづけた。「彼女の言葉が救済の希望をあたえると、ただちに風が変化したことを見ても、その戦争行為において、ジャンヌは人間の精神というよりも神によって導かれていた」とデュノワは証言した。

パスクレルの証言はわずかに異なるが、同じように驚異的だ。「そのとき、川の水位はとても低かったので船隊は川を遡れず、イングランド兵のいる河岸に近づくこともできなかった。しかしほとんどすぐに水位が上昇し、船団は国王の兵士のいる場所までいくことができた」。

1429年のオルレアン

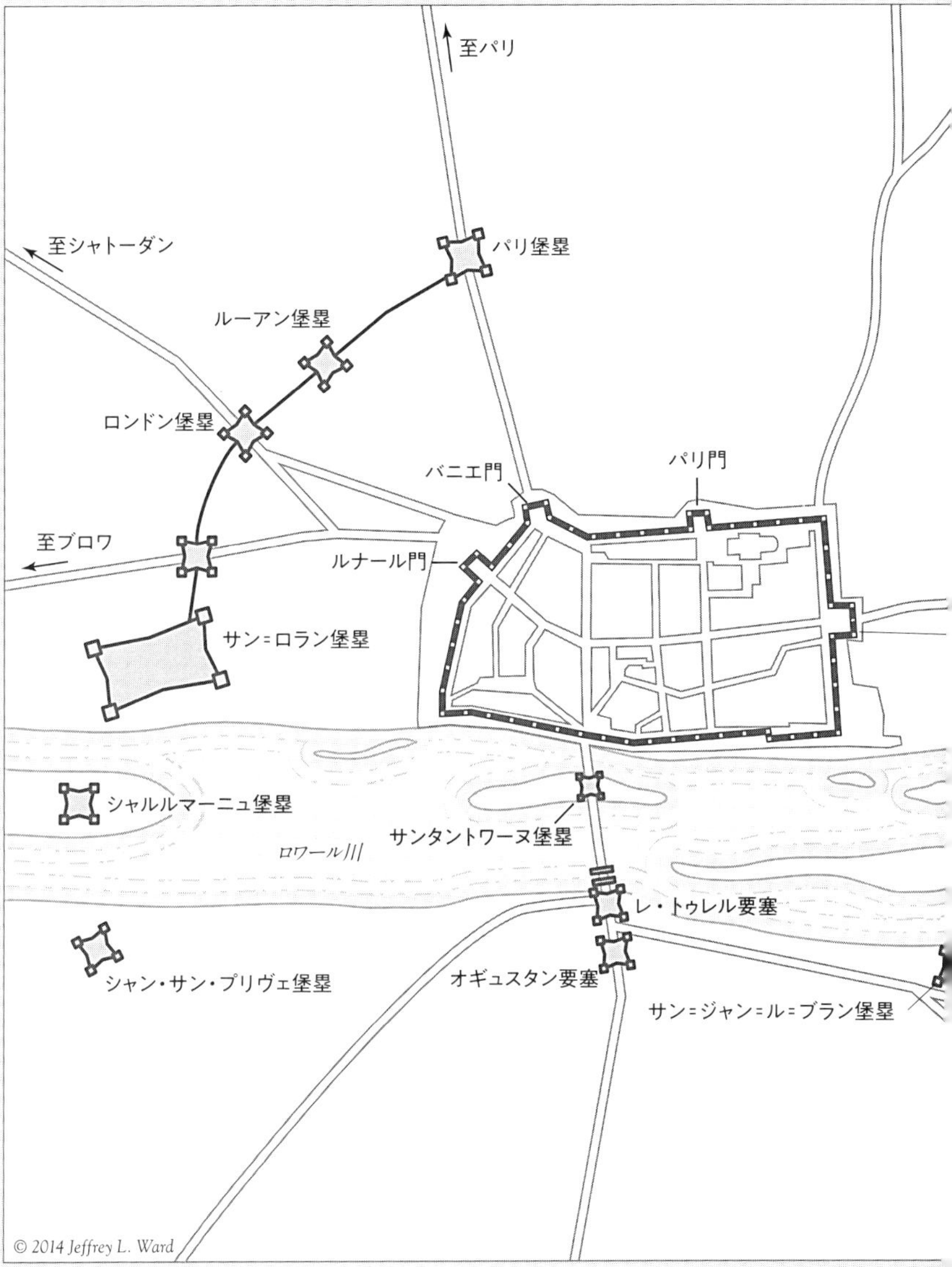
至パリ
至シャトーダン
パリ堡塁
ルーアン堡塁
ロンドン堡塁
バニエ門
パリ門
至ブロワ
ルナール門
サン=ロラン堡塁
シャルルマーニュ堡塁
サンタントワーヌ堡塁
ロワール川
レ・トゥレル要塞
シャン・サン・プリヴェ堡塁
オギュスタン要塞
サン=ジャン=ル=ブラン堡塁
© 2014 Jeffrey L. Ward

第6章　おとめに降伏せよ

たとえ川が魔法のように水かさを増したり、幸運にも風向きが変わったりしなくても、輸送隊のオルレアン入場は、モーセの前で海が二つに割れたのと同じように異常なまでにたやすく進行した。「ただちにラ・ピュセルとわたしは船に乗った」と従者ジャン・ドロンは証言する「彼女の部下の残りはブロワに引き返した。わたしたちはデュノワ殿や彼の部下とともにオルレアンの町に無事はいった」。ジャンヌの従卒ルイ・ド・クートもまた同じようになにごともなく到着したことを報告している。「ジャンヌ、わたし、ほかの大勢は向こう岸、オルレアンの町の側に案内され、そこから町にはいった」。東側から町に接近するには、敵の占領下にあるサン＝ルー砦の前を妨害されずに通過しなければならない。砦の前にはサン＝ルーの「ブルヴァール」があった。この場合の「ブルヴァール」は「大通り」

ではなく「堡塁《ほるい》」を意味する。† 堡塁の目的は火器に対する遮蔽物となることである。泥と木材で構築され、壁は低くて、内側から銃弾を浴びせかけることができた。また柔らかいので、砲撃を吸収し、堡塁が保護する石壁のように砲撃で粉々に砕け散ることもなかった。フランス軍は堡塁を約二五年間――射石砲を所有しているかぎりは――使用してきた。イングランド軍はその有効性を見てとって、それを採用した。デュノワはジャンヌ軍のほとんどと、パスクレルをのぞく聖職者全員をブロワに送り返したので、妨害が最小限であることを期待して、糧食は約二〇〇名という最小限の護送隊のもとで運搬された。これほどの量の糧食をこっそりと運びこむことも、あるいは雄牛の歩み以上の速度で輸送することも望めなかった。

† オランダ語 bolwerk より派生（フランス語の boulevard は通常は「大通り」を意味する）。

たまたまだが、イングランド軍の妨害はわずかどころの話ではなかった。彼らはなにもしなかった。無効化裁判の証人たちはこれを奇蹟と呼び、イングランド軍が、『オルレアン籠城日記』が記録するように動かなかったことについて、「奇蹟」という以外の説明を提供はしていない。町を六か月間にわたって計画的に窒息させ、飢えさせてきたイングランド軍が、糧食の長い隊列を妨害せずに町に入れるはずはない。だが、オルレアンの人びとが彼らの注意をうまく逸らした。推定人口二万人[1]のオルレアン市民のうち、戦闘可能な男性はわずか五〇〇〇人だが、彼らは糧食の隊列を守る覚悟を固めていた。彼らは「大挙して攻撃を仕かけ、サン＝ルー砦の前で突撃し、小規模の戦闘[2]をした。その結果、「両陣営で多数が戦死、負傷し、捕縛された」。輸送隊はかたかた、きいきいと音を立てながら、激しく動きまわる兵士の大群のあいだをゆっくりと前進した。兵士たちはたがいに殺しあうことに没頭するあまり、ブルゴーニュ門†に守備隊を確実に残しておくことまで気がまわらなかった。生存者が死者の数を数えあげるころにはもう手遅れだった。輸送隊はゆっくりとではあったが、まるで解放すべき攻囲などないかのように町のなかにはいっていった。

† 町の東側にあるのはこの門だけで、サン＝タニャン門とも呼ばれ、旧アグリッパ街道に直接つながっていた。

人間の戦争に必要不可欠なもの――戦力、武器、弾薬――がデュノワの頭を占めていたが、ジャンヌはそのようなものには悩まされず、ただちにイングランド軍に正面攻撃を仕かけることに没頭していたので、感謝を受けているあいだに攻撃が遅れるのを望まなかった。彼女が理解するかぎりでは、お礼を言われるのにあたいするようなことはまだなにも達成していない。デュノワは「彼女に、ロワール川を渡ってオルレアンの町にはいってくださいと頼んだ。町では彼女を待ち望んでいた」[3]。デュノワは隊長たちに、ブロワに引き返し、そこで援軍を待つよう命じ、ジャンヌを彼女の軍隊から引き離した。ジャンヌは、「兵士たちを「よく告解して、罪を悔い改め、善き意志をもつ」ようにすることができたが、この状況は彼女がいないと崩壊してしまう」[4]かもしれないので、部下たちが罪を犯して神の恩寵を失ってしまい、告解をせずに死ぬことになる前に、ただちに戦いたかった。デュノワが自分を同等の者として扱わないことにジャンヌがいらだっていた一方で、デュノワはジャンヌの聖性を以前に疑っていたのと同じほどにいまは強く確信していたので、自分には彼女を他者から、そして彼女自身からも守る責任があると考えた。

商人ジャン・リュイリエは、一四二九年四月二九日、実物のジャンヌがついに姿を現わし、噂が肉体として具現化されたとき、市民たちがいかに熱く反応したかを記憶している。「彼女の到来は、広まっていた噂のために、すべての市民から熱望されていた」[5]。リュイリエは市民たちは「神以外のだれに助けを求めてよいかわからなかった」からだと付け加えている。選ばれた騎士たちに付き従われ、ジャンヌは白い軍馬にまたがって、ブルゴーニュ門から町にはいった。甲冑姿で、手には白い旗印、横にはデュノワ。彼女は「神から送られた天使であるかのように、歓びと熱狂とで迎えられた」。『オルレアン籠城日記』は、数千の「男、女、小さな子どもたち」[6]が、ラ・ピュセルと、ラ・ピュセルの白馬に向かって押し寄せたと報告する。馬はジャンヌを群衆の頭上高くにもちあげていたので、はるか隅のほうで首を長くしている群衆にも彼女の姿が見えた。夕方の八時だった。太陽は空の低いところにあり、甲冑に反射して、ブレストプレートの上で炎を燃え立たせていた。馬を取り囲む人びとは頭や肩を密集させていたので、ジャンヌには足もとの地面が見えなかった。喧騒が押し寄せてきた。「彼女に触れよう、いや彼女が乗っている馬でもいい、せめてそれに触れようとして、人びとはすごい勢いで突進した」[7]。「人びとが彼女や彼女の馬に触れようとしたので、彼女のまわりでの押し合いへし合いはあまりにも激しく、たいまつの火が旗印に燃え移った。これを見て、ジャンヌは馬に拍車をかけ、馬を上手に回転させて、自分で火を消した」[8]。

いまジャンヌと配下の隊長たちを取り囲んでいる人びとの上に、六か月間ものあいだ、罰の雨が降り注ぎつづけていた。攻囲戦とは待機である。物質の欠乏だけで降伏させることはできない。オルレアンを攻囲した瞬間から、イングランド軍は降伏を早めるために、恐ろしい宿命論的諦観の雰囲気をつくりだしはじめた。フランス人が貯蔵していた穀物を粉に挽けないように、水車小屋は可及的速やかに破壊された。市壁内から塵芥を運び出す手段がなかったので、衛生状態は悪化し、疫病の蔓延を促した。市内からも市外からも、とくに先月、市の北門に穴が見つかったあとは、裏切りの噂が絶えず届いた。穴はフランス人の裏切り者が敵を市内に入れようとしているのか、あるいはイングランド人がすでに市内に侵入しているのかのどちらかを意味した。彼らを守るはずの城壁のなかに捕らえられ、ネズミを料理するほどに腹をすかせ、嬰児殺しに駆りたてられる者さえいた。市民たちは予期せぬ連続砲撃から、めったやたらに降り注ぐ矢の雨まで、あらゆることに耐えてきた。火をつけることを期待して、矢はピッチに浸されていた。かつて市場だった場所にはいまはなにもなく、闇市場の秘密取り引きにとってかわられた。しかし何か月ものあいだ、富者でさえ、買ったり交換したりできるものはほとんどなかった。彼らも平民に混ざって、甲冑をつけたジャンヌの太ももに触れようとした。あるいは太ももに触れただれかを介して間接的に触れるのでもよい。社会階級が高くても、欠乏から解放される役には立たなかったからだ。欠乏を自分自身で感じなかった者は、周囲の到るところにそれを見た。ジャンヌが自分を見つめる数千の瞳のなかに燃え立たせたものがなんであったにせよ、それはメシアを見つめた瞳のなかで燃えていたものと大して変わりはなかった。信奉者に日々の糧のために祈るよう教えたメシア、彼の最大の奇蹟のひとつは、パンと魚をありえないほどに増やして、腹をすかせた数千人に食べさせたことである。

ジャンヌは自分について、わたしは「貧しく見捨てられた人びとの慰めのために遣わされた」[9]と語った。シラーは彼女に追加の台詞を割り振り、自分の敵、すなわち神の敵への警告として、四大福音書記者すべてが引用する紀元前八世紀の黙示録的預言者イザヤから借りてくる。「復讐の日は近い」。

神秘主義的傾向をもつ社会主義者シャルル・ペギーは、貧者――「たべもののない飢えた他の人たち」――に対するジャンヌの関心を強調する。彼女は自分があたえたパンに「動物みたいに」飛びつく子どもたちを見て、「あの子たちのよろこび」に気分が悪くなる。彼女は、彼らの苦しみに対する罪悪感の虜になっている。「私は考えたわ……慰めのない不幸な人たちすべてのことを。数知れない不幸な人たちのことを。一ばん苦しんでいる人たちのことを」。

「神さま、だれがあの子たちに、毎日のパンを与えるでしょう……私だっていつもあげられるわけではありません。私は何もかもあげられるとはかぎりません。すべての人にあげられるとも言えません」[10]

「わたしに触れたのはだれか」とイエスは、群衆がまわりに押し寄せ、彼をつかもうと手を伸ばしたときに叫んだ。「だれかがわたしに触れた。わたしから力が出て行ったのを感じたのだ」[11]。

「イエズスさま。こんにち、あなたの民が飢えています。そしてあなたはその飢えをみたしては下さらない」とペギーのジャンヌはキリストを非難する。「あなたはもう、おふやしにはならない、干し魚とパンとをおふやしにはならないのでしょうか。あなたはこの群衆のためにお泣きにはならない[12]」。「貧しい人の悪いところが、際限ないと言うのなら、貧しさも際限ないのだわ」と屠殺場のヨハンナ＝ジャンヌは腐敗したブローカーを非難する。「あなたが見せてくださったのは、貧乏人の悪いところじゃなくて、貧者の貧しさです[13]」。

群衆がようやく静まり、自分の声が聞こえるようになると、ジャンヌは「神を信ずるよう勧め」、神を信ずれば「敵から解放されるだろうと言った」とリュイリエは証言する。ジャンヌを沸き立つ民衆の海から救い出し、その場を離れられるようにするには、デュノワ伯、ラ・イール、ジャン・ドロン、ルイ・ド・クートが力を合わせなければならなかった。この時点で――話はさまざまである――ジャンヌは聖体を拝領するために大聖堂にいったか、あるいはブシェという名の財務官の家に直行し、そこで寝る前に聖体を拝領したかのどちらかである。従卒は彼女が「オルレアンに到着したとき、とても疲れていた。なぜならばブロワを出発する前の夜、甲冑を脱がなかったからだ」と記憶している。ブシェは「町の重要な市民のひとりで、町でもっとも重要な女性のひとりと結婚していた」。夫妻の階級を合算すると、ラ・ピュセルを家に迎えるのがいかに大きな名誉だったかが測れる。ジャンヌのように町から町へと移動したイエスに宿を提供することも同じように大きな名誉だった。イエスは同行する仲間を、見捨てられた者、社会からのけ者にされた者、本人が彼らに告げたように、地を受け継ぐ運命に定められた者たち〔柔和な人びとは、幸いである。／その人たちは地を受け継ぐ（マタイ五章5）〕から選んだ。メシアとは高貴な物乞いであり、見知らぬ人びとの親切を頼った。「狐には穴があり、空の鳥には巣がある。だが、人の子には枕する所もない」[14]。ジャンヌは野営地で兵士たちに混ざって地面で眠った。攻囲された市の市壁の内側にはいると、宿泊先の主人が提供する寝台で眠った。地上の父親の家を一度離れてしまったあとは、人間の場所を求めなかった。

おそらくは「ほとんど宿の扉を破りそうなほど、彼女のことで相変わらず興奮していた」[15]オルレアン市民に起こされて、ジャンヌは起きあがるとすぐに一名の伝令をイングランド側に送り、彼らがまだ解放していない伝令の解放を求めた。『オルレアン籠城日記』はこう伝えている。ジャンヌは、「もし解放しなければ、オルレアンで捕虜になっているイングランド人すべてを乱暴に殺害し、また他の人びとと交換するために人質として捕らえているイングランド貴族も殺害する」[16]と約束した。ジャンヌは進行中の戦闘計画がないことに気づいて憤慨し、「オルレアンの私生児に会いにいき、話したが、もどったときにはひどくいらだっていた」と従卒ルイ・ド・クートは証言する。「この日は攻撃をおこなわないと決められたからだ」[17]。四月三〇日、いずれにしてもそれ以上の計画はなにもなかった。ジャンヌがデュノワと論じあっているあいだ、ラ・イールと少数の集団がまとまりのない歩兵、即席の武器を手にした市民を率いて、市の二つの北門を守る砦を占拠しているイングランド軍に突撃を仕かけた。敵を、彼らが盗んだ塔の落とし格子のうしろに退却させたものの、あまりにも小さな勝利だったので、オルレアンの反対側で市民に囲まれていたジャンヌは気づかなかった。

ひと晩の休息が彼女の休みを知らない活力を回復させ、デュノワと別れたあと、ジャンヌはいくところどこにでもついてくる崇拝者の大群に方角を尋ねながら、町周辺の道を覚え、いらだちに対処した――『オルレアン籠城日記』が記録するように、最後に「国王の兵がイングランドの堡塁〔レ・トゥレル〕に対して持ちこたえている堡塁にいき、そこからイングランド兵に、神の名にかけて、ここを去れ、さもなければわたしが追いはらってやる、と言った」[18]。この堡塁とは、オルレアンとロワール川の対岸をつなぐ橋のフランス側にあるベル゠クロワ堡塁のことである。彼女が呼びかけた貴族のひとり「グランヴィルの私生児という名の男が」と従卒ルイ・ド・クートは証言した。「ジャンヌに向かって悪口雑言を吐きまくり、おまえはわれわれがただの女ひとりに降伏することを望むのかと尋ね、ジャンヌといるフランス兵を「不信心野郎、娼婦のヒモ」と呼んだ」[19]。

デュノワは増大した軍隊内の各派閥をひとつにまとめようとしていたが、納得していない隊長たちから同じような侮辱を受けた。「梯形編成された部隊の欠如」[20]はいまだに封建的なフランス軍の特徴だったが、これはフランス人の傲慢が進歩を妨げたもうひとつの事例である。階級のシステムがないために、他の隊長に軍事上の命令権を認めようとする隊長はいなかった。大口をたたくガマシュ殿が明確にしたように、社会的ヒエラルキーは至高であり、それには勝てなかった。ガマシュは言った。「あなたはわたしのような騎士よりも生まれの卑しい生意気な子どもの忠告により大きな注意をはらうのだから……わたしは自分の旗印をおろし、もはやただの従者にすぎない。自分の主人としては、かつてはどこの馬の骨だったかわからないおてんば娘よりもひとりの貴族をもつほうがよい」[21]。

敵から娼婦と呼ばれると怒りの涙を流したとしても、ジャンヌには友、少なくとも礼儀正しい同志と想定していた人間からの非難のほうがはるかに屈辱的で受け容れがたかった。デュノワや隊長たちのなかでより冷静な者たちは、高貴な騎士と生まれの卑しい生意気な子どものあいだをとりもたなければならなかった。どちらも和解の接吻を強制されても、頰に口づけをするのを嫌がった。だが、鯨の戦いの記憶は生々しい。フランス軍は、軍の構成員が熱意をもって同盟を組んでいるときでさえ、致命的な無秩序に陥るのだ。神の助けがあろうがなかろうが、デュノワには、隊長たちが反目し、責任ある地位から降りようとしているときに、戦闘を開始して命を無駄にするつもりはない。しかし、ラ・ピュセルのために、そして攻囲された市壁のなかで集団ヒステリーに陥りつつある人びと、さらに市壁の外で――だが、数千人の群衆の声が届くところにいて――しだいにいらだつイングランド兵に彼女がもたらした効果のために、統制が整う前に戦闘が開始されることを防ぐのは難しかった。ジャンヌは二通目の手紙でイングランド軍を挑発した。デュノワは、この手紙は「彼女の母語で、とても簡単な言葉」[22]で書かれたと言っている。その内容は、「イングランド兵は攻囲を解いて、イングランド王国に帰れ。さもなければ、彼女は大規模な攻撃を仕かけて、彼らに退却を余儀なくさせるだろう」[23]。デュノワは続けて、敵がジャンヌの手紙を受けとった瞬間を、イングランド兵がかつて有していた力が消散した地点と見なしている。「四、五〇〇名の国王の兵と軍人が、イングランドほぼ全軍と戦い」、イングランド軍の気力を萎えさせ、その結果「イングランド軍は砦や要塞からあえて出ようとはしなかった」。リュイリエもまたジャンヌの二通目の手紙に対するイングランド軍の対応を転換点として記憶する。「この瞬間から、イングランド兵は恐怖に怯え、以前と同じ抵抗力をもたなくなった」。それでも彼らは彼女を捕らえて、「拷問し、火あぶりにしてやる。彼女はただの田舎者で、家畜の番にもどったほうがよい」[24]とメッセージを送ってきた。

デュノワはジャンヌを自分の直接の監督下からはずすのには気が進まなかったものの、彼自身が増援兵を得て編成をする前に、ジャンヌが意図的にかあるいはその救いようのない好戦性の結果としてか戦闘を誘発するのを案じ、五月一日に「クレルモン伯と協議し、ブロワで待機していた他の部隊を迎えにいくために、オルレアンを発ってブロワに向かった」[25]。そのころまでにブロワの駐屯兵は二〇〇〇人増加し、また「町の民兵がさらに二〇〇〇を加えたと思われる」[26]ので、合計四〇〇〇人に膨れあがっていた。イングランド軍は限られた兵力を占領中のフランスの諸都市に振り分けざるをえず、一回の奇襲でひとつの町を手に入れることを意図した奇襲攻撃で町を占領するかわりに、市壁の外で主要な門を通る道路を管理する建造物を接収し、それによって市内への食糧と生活用品のもちこみを妨害した。人びとはまず代用品ですませ、それから飢えて、最終的には降参する。オルレアンの場合、このようなサテライトとなる砦はレ・トゥレルとオギュスタン要塞である。レ・トゥレルは自立構造で立つ小塔で、ロワール川にかかる橋のたもとにあった。川は濠の役を果たし、市の南側の壁に沿う。オギュスタン要塞は橋の近くにあって放棄された修道院の廃墟の上に建てられた。どちらも市の対岸にある。サン＝ルー堡塁は東の市壁にあるブルゴーニュ門につながる道路沿いにあった。市にはより小さな門が三つ、二つは北側の市壁に、もうひとつは西の市壁にあったが、ロワール川には接続しないので、戦術的重要性は低かった。また中世の戦争はこの時代の他の社交と同様に、様式化されていた。騎士は敵に挑戦するとき手袋を投げ、敵はそれを拾いあげて戦闘への招待に応じる。隊長は正当なる攻撃の大義を滔々と述べ立てる文書で宣戦を布告する。ひとりの隊長、あるいは少人数の集団が通告せずに出かけてもどり、報復を受けずにいるのはたやすかった。前進して重要な塔や要塞を再占領し、市の門をふたたび開き、攻囲を破るために軍を組織するという目的で、デュノワが出発してもほとんど問題はなかっただろう。

日曜日だった。ジャンヌはミサにあずかり、そのあと従者とふたりの従卒を連れて市内を馬で走り抜けた。いくところどこでも群衆が押し寄せてくるので、胸壁を視察し、ゆっくりと進む。翌日はひとりで市壁の外を偵察し、周囲の見えにくい場所と砦を見つけ出した。五月三日火曜日、オルレアン市民はジャンヌを讃えて、全市をあげての公式の行列を開催し、「ラ・ピュセルとその戦友に金と贈り物を渡し、町の攻囲を解いてくれと頼んだ」[27]。いつもの習慣通り、ジャンヌはその日を、今回は大聖堂での祈りで終え、そこからブシェ邸にもどって寝台に横になった。

ジャン・ドロンは証言する。翌朝、「わたしたちがもどり、迎えにいった援軍を連れてきたことを知るとすぐに、ラ・ピュセルは馬に乗り、部下の一部とともにわたしたちを迎えに出発した」[28]。自分自身とよりよい忠告者の助けを借りて、彼女はデュノワと増強された軍隊を「敵の眼前で」オルレアンに護送し、近くのジャン、モンタルジ、シャトーダン、シャトールナールの駐屯地からきた歩兵全員を導いて、ブルゴーニュ門を無事、通過させた。デュノワに自分が市の防衛についていかに多くを学んだかをしきりに語り、デュノワのほうはサー・ジョン・ファストルフが接近中という噂が事実であることを認めた。ファストルフ指揮下の軍隊はジャンヴィルに到着。ジャンヴィルまでは北にわずか一日の行軍である。この時点で、フランス側にはファストルフが、すでにサン＝ルーに集結しているイングランド軍に合流することが推定できた。ジャン・ドロンには「この報せにラ・ピュセルは大よろこびしたように見えた。なぜならばただちにデュノワを説得にかかり、攻撃のため出撃させようとしたからだ。ジャン・ドロンはジャンヌの発言を記憶している。「私生児、私生児、神の名において、あなたに命令する。ファストルフがくると知ったらすぐにわたしに知らせなさい。わたしの知らないうちに彼が通過したら、誓ってあなたの首をはねさせてやる」。

「それについては疑いはしない」と、デュノワは宮廷人らしく、追従の入り混じった忍耐力を発揮して言った。「必ず知らせよう」。彼はこの忍耐力を、おとめとの交際のほとんどではないとしても多くの場合に求められたのである。

ジャンヌとジャンはブシェ邸にもどり、戦闘に備えて休息をとろうとした。ジャンヌはブシェの娘シャルロットと並んで寝台に横たわった。シャルロットは九歳で、これほどおとめの近くにいることを「大変な名誉」とし、「当時、寝台を分かちあうとき、子どもたちが守るべく教えられた規則――自分の側にとどまり、あちこちいじくりまわさず、口を閉じて眠る――を守った」[29]ことをサックヴィル＝ウエストは期待している。ジャンが「ラ・ピュセルの部屋にある小さな寝台」[30]でうとうとしていたとき、ジャンヌは声たちの悲鳴に呼ばれて目を覚ました。他の者たちといっしょに宿泊していたパスクレルは、ジャンヌがシャルロットの寝台から飛び起きて、叫んだのを覚えている。「わたしを武装させる者はどこにいる？　わたしたちの兵士の血が流れている！」。彼女はジャンを起こして言った。「神の名において、わたしの助言者はイングランド兵を攻撃せよとわたしに命じている。だが、砦にいくべきか、彼らに糧食を補給するはずのファストルフに対するべきか、わたしにはわからない」。ジャンヌが武装されているあいだに、ブシェ邸の外の通りから大きな喧騒、「大きな音や町にいた人びとの大きな叫び」が聞こえてきた。「彼らは敵がフランス軍に大損害をあたえたと叫んでいた」。

「悪党！」[31]と、ジャンヌは従卒が眼を覚ましていて、要するに報告ができたはずだったことに気づいたとき言った。「なぜフランス人の血が流されていると言わなかったのか」。

「彼女は彼女の馬を捜しにいくようわたしに命じた」とルイ・ド・クートは証言する。「その間にジャンヌは、家の女主人とその娘に甲冑を着せて」もらった。足から始め、装甲されたブーツの下に履く革靴――サバトンと呼ばれ、極端に長く、とがっているのが印象的なつま先でそれとわかる――そのあと脚にあがってグリーヴ、すなわち向こう脛《ずね》用のプレート、続いて両膝用と両腿用のプレート、さらにガンベゾン――防弾チョッキのようにシャツの下に着る。その上に、上部が革で縁どられた鎖帷子、胸当て、肩当て、手袋、最後に兜、要するに止めるべきバックルは無数にあった。

ルイは語る。「わたしが馬の装備を整えた」ときには、彼女は「すでに武装を終えていた」[32]。ジャンヌは従卒が興奮して急いだために旗印を忘れたのに気づいて、とてもいらだった。ルイはそれを窓越しに渡した。「ジャンヌはブルゴーニュ門に急いだ。宿の女主人があとを追えと言うので、わたしはそうした」。門をくぐるとき、ジャンヌは重傷を負ったフランス兵が市内に運ばれていくのを見て啜り泣きを始め、追いついたジャン・ドロンに言った。「フランス人の血が流れるのを見るときは、いつも髪の毛が逆立つ思いだ」[33]。このときにはサン＝ルー砦で戦闘が展開しているのが明らかになっていた。ジャンヌは攻撃に参加するため、東の旧アグリッパ街道に急いだ。その途中で、彼女は「たくさんの負傷者と出会い、そのことをひどく悲しんだ」[34]とパスクレルは証言する。

ジャンヌは、中世の軍隊では攻撃部隊にあたる騎馬隊とともに馬を走らせ、彼女の存在は彼らをめくるめく血への渇望へと駆り立てた。騎乗の騎士部隊が攻撃の先頭に立ち、全速力で馬を走らせ、歩兵がそのあとに従う。歩兵が構える盾に守られて、弓兵の列が前進し、槍兵と白兵戦専門の兵士が、斧や槌、棍棒、星形武器（釘を打ちつけた棍棒）を手に、あとに続く。騎士は槍を最初の攻撃のためだけに使用。槍は折れることが多く、敵の戦列に突入するときに投げ捨てる。一度、戦列を越えて乱闘に加わってしまうと、剣を使っての白兵戦に切り替える。考古学的証拠に裏づけられた当時の図解から、戦闘隊形や攻撃下の陣形だけでなく、武器についてもまあまあ正確な攻囲戦の光景を描くことが可能である。火薬を使用する大砲はいまだに粗雑だったが、効果をあげた。「十四世紀には数百ポンドだったフランス王国国庫による火薬の購入は、一四二九年には数千ポンドにのぼった」[35]。手で持つカルヴァリン砲は安価な武器――引き鉄がなく砲身と前装銃だけ――で、おそらく弾はロングボウの矢よりもプレートアーマーを貫通しやすかったかもしれないが、正確さではるかに劣った。しかしながら城壁に入口を開けて、重装備の砦を倒すとき、大砲に正確さは不要である。火薬が燃えると、地獄の火を連想させる硫黄の匂いが立ちのぼり、騒音は地獄並みで、それだけで人間と馬の両方に対する武器となった。熟練の騎士の技が試された。軍馬は戦闘用で休みを知らず、興奮した雄馬を乗りこなすのにはどんな乗り物よりも高い技術が要求された。うまくタイミングを計って連続的に放たれる砲火は、爆音に対する訓練ができていない馬を脅えさせ、組織的であるべき騎乗の騎手たちの攻撃をばらばらにすることができた。

「皮剝ぎ人」の略奪が実戦とは程遠かったのと同じように、武勲詩はジャンヌに戦闘の現実についての警告をあたえなかった。ロマンスの貞潔な騎士――「大きくて強くて美男子で敏捷で忠実で勇敢で勇気がある保護者で守護者、心と肉体の長所に満たされた者たち」[36]――と、ただのつまらない男たちのあいだで折り合いをつけるのが、彼女には難しかったとしても、トルバドゥールが優雅に押韻を踏みながら構想したピカレスクな小戦闘の裏には、戦闘の汚穢《おわい》と頽廃が隠されているということを学ぶのはもっと辛かった。『ロランの歌』は歌った。「フランク人は力と心をこめて攻撃した／手首と肋骨と背骨を切りながら／服を通してその下の生きている肉まで／緑の草に澄んだ血がいく筋もの川となって流れた」[37]。実際には騎馬隊のわずか四分の一が貴族の生まれ、あるいは貴族的な振る舞いをした。人が騎乗した馬と、その足もとの歩兵の重みで、ロワール川両岸のようなぬかるんだ地面は滑りやすい血と糞尿の泥沼と化し、敵の砦の射程距離内で、重火器――大砲、投石器、弩《いしゆみ》、射石砲――と、同じように重い砲弾を牽引するのを不可能ではないにしても、辛い強行軍にした。それでも三時間におよぶ激戦がフランス軍に決定的な勝利をもたらし、兵士たちはサン＝ルーの塁壁を空にしたあと、その破壊にとりかかった。『オルレアン籠城日記』の著者によれば、そのころまでに一四〇名のイングランド兵が戦死し、さらに四〇名が捕虜になっていた――この数は敵の全軍を意味する。フランス軍は「ごくわずかの損害を出すだけで」[38]攻撃を遂行したとジャン・ドロンは証言する。ラ・ピュセルの参戦が失敗に終わっていたら、それはジャンヌ軍の猛烈な攻撃によって明かされた自信に穴を開け、それを減じていただろう。戦友たちが小さくはあったが決定的な勝利を祝っているあいだ、ジャンヌは自分が引き起こした大虐殺に気分が悪くなり、啜り泣いた。

アンダーソンの『ロレーヌのジョウン』で、ジョウン＝ジャンヌはデュノワに言う。「彼らは死にました。恐ろしい死……悪のただなかで。そして彼らを殺したのはわたしなのです……わたしは多くの男たちの死でした……勝利は美しいと思っていました。けれどもそれは醜く血まみれで厭うべきものなのです」[39]。

「天の声がわたしを追いたてる」とシラーのジャンヌは嘆く。「わたし自身の意志ではなく――怒った霊のように激怒して……わたしは死を配る。わたしに歓びはない」[40]。

⊕

パスクレルによれば、五月五日は主のご昇天の日だったので、ジャンヌは戦闘を控え、かわりに紙の上で戦争を挑発した。

このフランス王国になんの権利ももたぬあなたたち、イングランド人よ。天の王はわたし、ジャンヌ・ラ・ピュセルを通して、あなたたちに命令し、伝える。要塞を出て、あなたたちの国に帰れ。さもなければわたしはあまりにも大きいので永遠に記憶されるであろうアユ〔鬨の声〕をあなたたちに対して挙げるだろう。これはわたしが三度目にして最後にあなたたちに書くことである。これ以上は書かないだろう。イエス・マリア。ジャンヌ・ラ・ピュセル。

〔追伸として〕わたし、わたしは手紙をきちんとした方法で送ろうとしているのに、あなたたち、あなたたちはギュイエンヌという名のわたしの伝令を拘束している。どうか彼をわたしのもとに返すように。そうすればわたしはサン゠ルー堡塁で捕らえたあなたたちの兵何人かをあなたたちのもとに送るだろう。彼ら全員がそこで死んだわけではないのだから[41]。

パスクレルは証言した。「それから彼女は矢を一本とり、手紙をその端に糸で結び、ひとりの弩兵に、それをイングランド軍に投げこむように命じ、「読みなさい。新しい報せだ」と叫んだ[42]」。「アルマニャックの娼婦からの報せだ！」と彼らは手紙を読んで叫んだ。「この言葉を聞くと、ジャンヌはため息をつき、たっぷりと涙を流しながら、天の王の助けを求めた」。彼女はいつもすぐに涙を流し、同じようにすぐにそれを乾かした。今回は慰められた、とのちにパスクレルを安心させている。なぜならば「わが主から新しい報せがあった」からだ。またやりとりについてよく考えて、イングランド人が彼女を嘲《あざけ》り、侮辱しても実質上の違いはほとんど生まれないことを見てとった。彼らがなんと言おうと、彼らは彼女を無視はしないし、追いやりもしない。事実、伝令がすぐに帰還したことは、イングランド人がジャンヌを重視し、用心深く進もうとしていることを示唆した。

シラーと同様に、ジャンヌの聴罪司祭は血への渇望を軽視した——血を渇望するのは、ジャンヌがそのためには自分の命を捨てる覚悟のある大義のためではある。しかし血への渇望であることにかわりはない——それはジャンヌを後悔させ、ジャンヌが祝日を几帳面に遵守したという証言が成されることを確実にした。異端審問官たちは、彼女が礼拝よりも戦闘を優先させた例をさんざんあげつらったが、この証言は無効化裁判での彼らに対する遅ればせの反撃だった。それでも彼女の従者や従卒は、ジャンヌが前日の幸福感が消え去るのを許さなかったことを記憶している。ジャン・ドロンが語るように「ラ・ピュセルと部下たちは敵に対する前日の勝利がいかに大きかったのかに気づいたとき、町の前にあるサン＝ジャン＝ル＝ブラン砦と呼ばれていた別の堡塁を攻撃するために、秩序正しく町から出撃した[43]」。

サン＝ジャン＝ル＝ブラン堡塁はオルレアンの対岸にあったので、ジャンヌ軍は「ロワールに浮かぶ島」、牛たちの島《イル・オ・ブフ》に「渡り、そこに集合して」[44]、そこから二隻の船で対岸に渡る橋をつくって攻撃を仕かけなければならなかった。軍隊は塁壁を超えて突撃したが、なかは無人だった。サン＝ジャン＝ル＝ブラン要塞奪還は実戦なしで達成され、ジャンヌが五月五日に戦闘を開始しなかったという点では、パスクレルは厳密に言えば正しかった。しかし彼女は戦闘を求めていた。それでも戦力で勝るイングランド人が踵を返して逃げ出し、オギュスタン要塞のより堅固な胸壁のうしろに隠れたとき、無血の勝利にがっかりするわけにもいかなかった。オギュスタン要塞は市の正門を封鎖している二大橋頭堡のひとつで、すぐに北にあるレ・トゥレルと並んで、濠にかかる跳ね橋として機能する構造物のすぐ先に位置していた。ロワール川を渡ってオルレアンにはいるにはレ・トゥレルとオギュスタン両方の要塞を通過しなければならない。フランス軍がサン＝ルーとサン＝ジャン＝ル＝ブランの小規模な勝利からやはり勝機のある小戦闘に移って、イングランド軍を北と西の道路上から追いはらおうとしても、最終的には町を羽交い絞めにしているオギュスタンとレ・トゥレルを攻撃しなければならなかっただろう。その二つの堡塁――奥行が二〇メートル、幅は二六メートルあり、深さ八メートルの濠に囲まれていた――は、軍事評論家たちから、「これまでに建造されたもっとも堂々たる防御用構築物」[45]のひとつに数えられている。

　デュノワや他の隊長たちは、ジャンヌがその戦歴を称讃した国民的英雄ベルトラン・デュ・ゲクランが好んだ一種の保守的作戦に賛成した。デュ・ゲクランはジャンヌと同じように、中世を通じて、たぐいまれなる勝利によって無名の中産階級から一躍騎士階級へと踊り出た数少ない軍事指導者のひとりである。中産階級から騎士階級に出世するのは、豚の耳で絹の財布をつくる〔「人間の本性は変えられない」という意味の諺「豚の耳で絹の財布はつくれない」から〕のに似たようなものだった。平民を貴族に列し、彼に――ジャンヌの場合は「彼女」に――紋章を授けなければならなかったからだ。自称騎士に貴族の出自を反駁の余地なく証明するよう求めることにおいては、フランスはヨーロッパ諸国のなかでもっとも融通が利かなかった。貴族叙階状はめったに発行されなかったし、それがジャンヌや彼女の英雄《ヒーロー》、デュ・ゲクランを貴族階級に引きあげるわけでもなかった。むしろ彼らを社会階級のヒエラルキーから取り出して、すべての人と自由に愛情の絆を結ぶことを許した。「フランスのより高い大義のために、自分のカリスマ性を使って、わずかの報酬、あるいは無報酬で働くようにフランス人を説得する」[46]ジャンヌの能力が、彼女の成功の鍵であると判明するだろう。ジャンヌの英雄はおそらく「十四世紀に実在した人物ができうるかぎりの真の騎士」[47]であり、彼女と同様に「異常な人気」を誇る人物――「恐ろしい騎士で生来の指導者であるのと同様に「もっとも礼儀正しく」「もっとも無欲な」」騎士と評され、実在のガラハットとして崇められた男だった。

デュ・ゲクランは、一三七〇年から一三八〇年までフランス大元帥――全軍の総司令官――を務め、「フランスにおける騎士道的な戦いの概念を、知性に基づいた計画と実践に従わせることに成功した」[48]。正面攻撃を避け、個別の小規模攻撃を連続して仕かけるのがその特徴である。それは、敵軍の隊長の注意を分散させ、軍の士気をくじいて、迅速で決定的な勝利を確実にする。ローマの独裁官ファビウス・マクシムス――第二次ポエニ戦争でローマに勝利をもたらした――は、ファビアン戦略と呼ばれる持久戦略を導入したことで知られる。デュノワが短気なジャンヌを招かなかった作戦会議においては、フランス軍の数的不利を踏まえ、陽動戦術を用いるとともに、民衆をサボタージュに煽動する必要があると決められた。あからさまな攻撃の道をとれば、大量殺戮と敗北を招くだけで、敵にロワール川を渡らせてフランス全土を壊滅させてしまうと考えたのである。ジャンヌは、神の保護を信じる軍隊にとっては直接攻撃こそが唯一実行可能な戦略だと主張した――隠密や奇襲の作戦は神を信頼していないことを意味する。

シモン・シャルルの証言によれば、王太子シャルルの家令でシノンの守備隊長ラウル・ド・ゴクールはシモンに「攻撃や突撃の命令は出さない」[49]と伝えた。ゴクールは市の門を固める役を命じられ、「町から外に出るのを阻んだ」。ジャンヌは命令を無視した。

　ジャンヌは行く手が阻まれているのを見て、ゴクールを「悪いやつ」と呼んだ。従卒を「悪党」と呼んだのと同じで、彼女はこの言葉を味方だろうが敵だろうが、自分の大義を邪魔する者すべてに使った。彼女は言った。「あなたが望もうが望むまいが、兵士たちはやってきて、よそで手に入れたものを手に入れるだろう」。町の駐屯部隊と市民の大部分はジャンヌに同意していた。ジャンヌが自分のいらだちを注ぎこんだ軍隊は、彼らの支持を得て、オルレアンから「出撃した」。デュノワは、これが大惨事になるのは避けがたく、大きな犠牲が出るだろうと予想して、覚悟を決めた。ジャンヌの計画が経験不足で無謀だとしても、兵士たちは彼女の背後にいて、隊長たちの作戦会議も彼女の目標に合わせる以外に選択肢はなかった。『オルレアン籠城日記』の著者が報告するように、ラ・イールと「他の多くの騎士や従者と約四〇〇〇名の兵士」[50]がジャンヌとともに出撃したとき、ファストルフと元気のよい敵軍の脅威が差し迫っていることを合理的理由として、隊長たちは体裁を保った。

　「残りの兵を守るために前衛にいたラ・ピュセルとラ・イールはすばやく槍を構え、最初に敵に打ちかかった」[51]とジャン・ドロンは証言した。フランス軍は町の東側でロワール川を渡り、オギュスタン砦に沿って、西に向かって突撃。砦でイングランド軍と対決する。イングランド兵は「大挙してレ・トゥレルから出撃し、大声で叫びながらフランス軍に襲いかかった」[52]。どちらの側でも戦闘は「激しく苛酷」[53]だったが、『日記』はこう続ける。「ラ・ピュセルとラ・イール、彼らの全軍がひとつにまとまり、イングランド軍を大きな力と勇気をもって攻撃したので、到るところで敵を退却させた」。オギュスタン砦は落とされ、イングランド軍はレ・トゥレルに立てこもった。「敵兵の大部分は殺されたり、捕虜になったりした」[54]とジャンは証言した。「殿さまたちは、部下やラ・ピュセルとともに、その夜ひと晩中、砦のわきにとどまり」、ジャンヌは甲冑をつけたまま地面で眠ったが、足を引きずって歩くのをやめる口実があってうれしかった。歩兵のほとんどは彼女と同じ平民だったが、歓びに沸く歩兵たちとともに徒歩でオギュスタン砦にはいろうと馬をおりたとき、ジャンヌは鉄びしを踏んだ。鉄びしは足首をくじいたり、足を刺したりすることを意図して設計された小さな武器である。現在ではカルトラップ(ラテン語のcalcitrata：「足罠」より派生)と呼ばれる単純な武器で、四本のスパイクのうちの三本が三本足の基台を形成し、一本が上方に突きだすようにとりつけられて、人間や馬が踏むのを待ち構える。走りながら踏むと、足や蹄にいっそう深く刺さる。鉄びしは歩兵と騎馬隊両方の前進を遅らせることを意図して戦場に巻き散らされる。低級な武器とは考えられず、そのモチーフは抵抗のシンボルとして紋章に組み入れられている。

「明日は早く起きてください、きょうよりも早く」とジャンヌはパスクレルに言った。「ずっとわたしのそばにいなさい。なぜならば明日、わたしにはこれまでにないほど重要な成すべきことがたくさんあり、わたしの胸から血がほとばしり出るのだから」[55]。

イングランド軍はフランス軍がこのような自殺的な賭けに出るとは予想もしていなかった。結果として、これは奇襲攻撃となった。隊長たちは予期せぬ成功の根拠はそこにあると考えて、その日の終わりに、今回もジャンヌを除外して、自分たちの位置を再考した。フランス軍に対するイングランド軍の規模を考えれば、ただ一回のフランス軍の大勝利はほとんどありえないものだったから、同じことがもう一回あると期待するのは愚か者だけだ。作戦会議ではフランス軍は停止して休養し、密偵を放って、そのあと作戦計画を彼らが集めてきた機密情報とすり合わせて微調整することが決められた。これが自軍よりも規模が勝る軍事力と対決する唯一の方法だった。「町には食料がたっぷりあることを考えれば、われわれは国王からの援軍を待ちながら町を守ることができるだろう」と、彼らはジャンヌに告げた。「会議は明日、部隊が出撃するのが適切であるとは思わない」[56]。隊長たちは、この時間稼ぎ案に対する回答を予想してしかるべきだった。同じことを何度も聞いてきたのである。

「あなたたちはあなたたちの会議に出て、わたしはわたしの会議に出る。わが主の会議が完遂されて、継続するだろう。もうひとつの会議は消え失せる」[57]

「見よ、侮る者よ、驚け。滅び去れ」[58]と、福音書記者ルカは、紀元前七世紀の預言者ハバククの黙示録的メッセージ[59]を引用して書いた。ハバククのメッセージは新訳聖書全体に響き渡り、キリスト教世界の基盤を標榜する。「神に従う人は信仰によって生きる」[60]。信仰のない者は滅び去る。

兵士たちはラ・ピュセルを信じ、意見を異にする隊長たちにはまたしても、ラ・ピュセルに合流できなければ反乱を起こしかねない軍隊に従うしか選択の余地はなかった。イングランド兵はいずれはレ・トゥレルから出撃しなければならなくなるのだから、隊長たちはどのみち避けられない戦争を急がせることに意味を見出せなかった。女子どもも含め、熱狂したオルレアン市民はたたき割るための石や煮えたぎる油、あるいは石灰の鍋を手に城壁の上に群がり、時間を追うごとにその数は増加していった。フランス軍は際限のない野蛮な行為の魅力に取り憑かれ、それがイングランド軍の数的有利を無効にした。オルレアン市民とフランス軍のあいだに挟まれたイングランド軍は、行動を起こすのを飢えが彼らの運命を決するまで待つことができた。デュノワや他の隊長たちは合理的に考えた。攻撃をかけるまでに数日間待つことができれば援軍が到着する。それでも彼女が彼ら配下の全軍を味方につけ、公開の場で階級をかさに着て自分たちに命令を下すのを許すぐらいなら、ラ・ピュセルに加わって無謀に振る舞うほうがましだ。勝利をおさめようがおさめまいが、フランス軍はひとりの娘に遅れをとるという不名誉を――たとえ彼女が自分の乗る馬に魔法をかけていたとしても――避けるのと引き換えに、自分の命を手放すだろう。

五月七日土曜日、ジャンヌはほかの日と同じように日の出前に起きて、「アジャンクール以来、百年戦争でもっとも血にまみれた戦争[61]」となる戦闘の準備をした。パスクレルに告解をし、ミサにあずかり、聖体を拝領。フランス軍は着衣のまま装甲をつけて戦場で野営をしていたので、ジャンヌは夜明け前に軍隊を動員し、イングランド軍がレ・トゥレルを囲む堡塁を補修はもちろん点検する暇もないうちに攻撃を開始した。『オルレアン籠城日記』はこう報告する。「壮観な攻撃、そのあいだに彼らは多くの武勲を立てた……フランス軍はさまざまな場所で適切に梯子をかけ、頑強で丈夫な砦のもっとも高い地点を攻撃したので、不死のように見えた[62]」。どこにも逃げ場がなかったイングランド兵は、状況にふさわしく死にもの狂いで応戦し、フランス側もやはり深刻な損害を被った。

ジャンヌは審問官に語った。「わたし自身が先述の橋に最初に梯子を立てかけた」。矢や石、大砲の弾の雨が降り注ぐ。「わたしは梯子を立てているところだった。梯子を立てているとき、クロスボルトで首を負傷した」——クロスボルトはそれが発射する物が異なる点で、クロスボウと区別される。クロスボルトで使用するボルトは通常の矢よりもダーツに似た形状をしており、台座（弓床）にとりつけた弓から発射される。ボルトは矢よりも短くて重量があり、ジャンヌの上方から落ちてきて、鎧の胴プレートと肩プレートのあいだの鎖帷子を貫通。その衝撃は強烈で、ジャンヌは気絶して落馬した。『オルレアン攻囲史』によれば、ジャンヌを「小さな生意気な子ども」と呼んだのと同じガマシュ殿が「イングランド兵が壁をおりて、ジャンヌを取り囲もうとしているのを見て、馬で急ぎ駆けつけ、斧で守った。「わたしの馬を使え」と彼は言った。そして謝罪の言葉をたっぷりと付け加えた[63]」。『オルレアン攻囲史』

は一八三三年にJ・B・P・ジョロワによって書かれた。ガマシュの弁明は、歴史家による事実の発見というよりは、騎士道精神に由来する衝動を反映しているのだろう。ジャンヌの体現する奇妙な力に隊長が服従したか否かにかかわらず、彼が歴史に跡を残せたのは、ひとつの軍だけではなく、二つの軍を統制した少女のそばにいたという事実に基づくことを、彼が知ることは決してないだろう。

「わたしの胸からほとばしり出る」という預言に見合うほどに、ジャンヌの出血は激しかった。彼女が安全な場所に運ばれるあいだ、イングランド兵は有頂天になって、魔女を殺した！」と叫んでいた。ボルトを抜き取れるように甲冑を脱がされると、矢じりは「肩と首の間に二分の一ピエ［六インチ］」[64]の深さに刺さっているのがわかった。デュノワが記憶するように、幸運にも矢じりは肺に穴を開けたり、太い動脈を切断したりする手前で止まっていた。どの目撃証人もジャンヌがボルトを自分の胸から引き抜いたのを記憶はしていない。ジャンヌが穢れを知らぬ肉体を勇敢に守ったことは、彼女の処女性をさらに強調するのだから、『ラ・ピュセル年代記』にあるような、みずから矢を抜いたという報告は、おそらく外典的な作り話である。聴罪司祭パスクレルは涙をヒロイズムで置き換えはしなかったし、デュノワも傷の深さを伝えながら、彼女がボルトの軸をつかみ、自分で抜いたとは言っていない。おそらくは衛生兵に取りのぞいてもらったのだろう。衛生兵の医薬品は、浅い傷の場合、オリーブオイルと豚脂に限られた。パスクレルは証言する。「兵士のなかの数人が、彼女がこのように傷ついているのを見て、おまじないをしようとしたが、彼女は「わたしは自分が罪だと思うであろうこと、あるいは神の意志に背くことをするよりは死ぬほうがよい」と言って、拒絶した」[65]。

　このようにジャンヌが聖書の言いつけを几帳面に守っていたことを立証したあと、聴罪司祭は、彼女が「自分はいつかは死なければならないことは知っているが、いつなのか、どこでか、どのようにしてか、何時なのかはわからない」と言ったと付け加えた。ジャンヌは傷に包帯をあてることを許し、そのあとパスクレルに「涙を流し、嘆きながら」告解をした。というのも戦闘からもどるたびに、彼女の良心は新たな死傷者という重荷を背負ってきたからだ。包帯に縛られて出血がおさまりかけると、彼女は休養を拒否し、ふたたび甲冑を着せるよう命じた。他の人間なら、死に到りはしなくても、身体を動かせなくなるほどの傷を負いながら、前線に復帰してさらに六時間、戦闘を継続した。敵にはジャンヌが超自然的な手段で甦ったかのように見えた。そのあと、ジャンヌは部下の兵士たちに「風がジャンヌの旗印を砦の方向にはためかせるのが見えたら、あなたたちは砦を手にできる」[66]と告げた、と従卒ルイ・ド・クートは証言した。

「クラスダ〔グラスデール〕、クラスダ、降伏せよ、降伏せよ、天の王に」とジャンヌは八〇〇名ほどのイングランド兵を率いてレ・トゥレルを占拠している隊長に向かって叫んだ。「おまえはわたしを娼婦と呼んだ。わたしはおまえの魂とおまえの部下たちの魂を大いに憐れむ」[67]。足もとでは川が燃えていた。オルレアンの人びとが町の平底船の一艘を橋の下に曳いてきて火を点けたからだ。「すると」とパスクレルは続ける。「クラスダは頭から足の先まで武装をしていたが、ロワール川に落ちて溺れ死んだ。ジャンヌは憐れみに動かれさて、クラスダやそこで溺死した大勢の魂のために涙を流した」。『パリの一市民の日記』は陰惨なエピローグを提供する。「その後〔グラスデールは〕釣りあげられ、四つに分割されて茹でられて、防腐処置を施された」[68]。敗者はこのように小さくされ、分割された状態で、海峡を越えて故国の墓地に移送されるのを一週間、待つ。

戦闘に生き残ったわずかのイングランド兵は捕虜となり、フランス軍は煙をあげる橋を掌握しつづけていたが、デュノワが戦闘の停止を命じた。橋の向こう側で両軍は何時間も膠着状態に陥っていたからだ。夜の八時だった。デュノワは疲れ切った軍に、市内に退却して夜を過ごすよう命じた。兵士たちには町で食事をあたえられ、休息をとることが許される。

デュノワは証言する。「そのとき、ラ・ピュセルはわたしのところにきて、もう少し待ってくれと要求した。そして馬に乗って、兵士の群れからかなり離れた葡萄畑にはいった。この畑の中で彼女は四分の一時間の半分ほど祈っていた」。もどってくると、部下の兵士たちに約束した。「神の名において、今夜、必ず橋を渡って町にはいるだろう」[69]。

デュノワは語る。ジャンヌは「すぐに旗印をとり、それを濠の縁に立てた。彼女が姿を見せた瞬間、イングランド兵は震えあがって、恐怖に捕えられた。国王の兵士たちは勇気を取りもどし、砦をよじ登りはじめ、攻撃によって堡塁を解放したが、なんの抵抗にも合わなかった。この時点で堡塁は占領され、そこにいたイングランド兵は逃亡を余儀なくされ、全員が殺された」[70]。

ジャン・ドロンは戦闘における最後の攻撃をより詳細に記述している。退却のラッパが鳴らされ、退却しているとき、祈りからもどってきたジャンヌは自分の旗印が、自分が預けたのではない騎士の手にあるのを見た――従卒には旗が重荷となりはじめていたので、その騎士がかわりにもとうと申し出たからだ。騎士がすぐに旗印を手放そうとしなかったので、旗を取り返そうとして奪いあいになり、ジャンヌは「旗印を激しく振ったので、わたしが想像するに、他の人びとはジャンヌが合図をしていると思ったのだろう」[71]。ジャンによれば、ラ・ピュセルの兵士たちは、合図のないところに合図を見て、「集まり、すぐに再結集して激しい勢いで堡塁を攻撃したので、わずかの時間でこの堡塁と砦の両方を占領し」、敵は撤退した。

アラン・シャルティエは書いた「女性戦士は嵐のように、占領された砦を破壊した……イングランド兵は屠殺される仔羊のようにみな打ち負かされ、最終的には殺害された」[72]。帳簿の余白に剣で武装した長髪の少女を落書きした高等法院書記のクレマン・ド・フォカンベルグは、決定的な戦闘を「ラ・ピュセルただひとりが両軍のあいだで旗印を掲げていた」[73]とまとめている。

イングランド軍はファストルフと増援軍を期待して、オルレアンを一時的に手放すことに決めたのだろう。足もとで焼き落とされる心配のない石造の要塞で守られている町々に戦力を再集中させることにしたのだろう。フランス軍に勝てなかったのは疲労のせいだとし、軍が力を回復するのを待つしかないとそう結論したのだろう。しかし甥にあたる七歳のイングランド国王ヘンリー六世に宛てた摂政ベッドフォード公のメモランダムには、なにがイングランド軍の潰走を引き起こしたのかが明確に記されている。「そこに集結していたあなたの臣下たちの上に神の手によって、大きな打撃が加えられました」。その原因は「ラ・ピュセルと呼ばれる魔人の弟子ひとりと信者たちが引き起こした非合理な不安」だった。「ラ・ピュセルは偽りの魔法と魔術を使い、残っていた兵士たちの勇気を奇怪にも奪い去りました[74]」。アランソン公はジャンヌがオルレアンからジャルジョーに移動するまでは、ジャンヌが正式に指揮を執る軍はもちろん、彼女の影響下にある軍にさえも加わらなかったが、「そこにいた兵士たちや隊長たちから聞いた」ところでは、「ほとんど全員がオルレアンの出来事すべてを人間の業ではなく、天から下された神の奇蹟に帰していた[75]」。原因がなんであろうと、ある軍事評論家が要約しているように、「イングランド軍の不敗神話は打ち砕かれた[76]」。

真夜中だった。ジャンヌが約束したとおり、彼女と隊長たちが橋を渡って、オルレアンにはいったとき、街路には群衆が押しかけていた。橋は騎士の一行が町の正門をくぐれるように急遽修理されていた。攻囲以来、ひとりのフランス人市民もこの橋を通ったことはなかった。町の一四二九年の会計簿には、「レ・トゥレルをイングランド軍から獲得したとき、壊れた橋のアーチの一本に応急処置を施すために、ジャン・バゾンから購入した重い材木に対して四〇スーの支払い」が記録されている。ジャン・ポワトゥヴァンは漁民として「橋の下に平底船を座礁させたことで八スー」[77]を受けとった。懸命になって橋をできるかぎり修復した大工の一団は、「レ・トゥレルを獲得した日に酒代」一六スーの褒賞を得た。

ジャンヌが闇のなかから姿を現わしたとき、オルレアンのすべての鐘が鳴っていた。彼女とその白い旗印は松明の炎に輝いた。夜の闇が落ち、この光景に昼間の光のなかではあげられない劇的効果をあたえていた。またしても群衆は彼女を称揚し、白馬にまたがる処女戦士を照らす光に向かって押し寄せた。『オルレアン籠城日記』は後世のためにこう書き残している。民衆は「すばらしい称讃を……とくにジャンヌ・ラ・ピュセルにあたえた」[78]。あまりにもたくさんの鐘が、ジャンヌにとってさえ充分すぎるほどに鳴り響いていた。鐘の音が鎮まったとき、聖職者が人びとに『テ・デウム・ラウダムス』――四世紀の讃美歌――を歌うよう促した。「世界はあなたをあがめ尊ぶ……すべての天使が高らかに声をあげる。すべてのケルビムとセラピムも絶え間なく声をあげる。聖なるかな、聖なるかな、聖なるかな」。

⊕

「イエスの姿が彼らの目の前で変わり、顔は太陽のように輝き、服は光のように白くなった」[79]。「服は真っ白に輝き、この世のどんなさらし職人の腕も及ばぬほど白くなった」[80]。「彼らが顔を上げて見ると、イエスのほかにはだれもいなかった」[81]。

山上でのキリストの変容は福音書の奇蹟のなかでも特異なものである。他の奇蹟はすべて、イエスが他者――人びと、豚の群れ、呪われて「根元から枯れている」[82]いちじくの木、葡萄酒に変えられた水、血に変えられた葡萄酒――を変化させる。山上の変容の場合、傍観する人びとの前で――あるいは人びとによって――イエス自身が光によって聖別され、変化する。日が落ちて、イエスが祈りのために弟子たちを連れていった山上は暗かった。弟子たちは意欲的な精神をもってはいても、肉体は弱く、そのために眠りこんでしまったのだろう。彼らは突然、目を覚まし、「イエスの顔の様子が変わり、服は真っ白に輝いた」[83]のを見た。自然のものではない輝きは新約・旧約どちらの聖書でも神秘体験と結びつけられる。ダマスカスへいく道の上で、「突然、天からの光が彼の周りを照らし」、サウルの目から視力を奪い、パウロとして生まれ変わらせた。「サウロは地に倒れ、「サウル、サウル、なぜ、わたしを迫害するのか」と呼びかける声を聞いた。「主よ、あなたはどなたですか」と言うと、答えがあった。「わたしは、あなたが迫害しているイエスである」[84]」。モーセが十戒を受けとったときには、シナイ山から雲が降りてきて、雲のなかから神が話した。預言者モーセが、人びとのところにもどったとき、彼は「神と語っている間に、自分の顔の肌が光を放っているのを知らなかった」[85]。イエスが変容した山上で、「光り輝く雲が彼ら［弟子たち］を覆った。すると、「これはわたしの愛する子、わたしの心に適う者。これに聞け」という声が雲の中から聞こえた」[86]。神は洗礼者ヨハネのためにしたように、イエスがメシアであることを彼の信奉者たちに明かし、イエスにこの世のものではない輝きをまとわせ、心に留めるよう信者たちに命じた。イエスは聖なるメッセンジャーであり、光の輪のなかで輝くオルレアンのおとめもまた聖なるメッセンジャーだった。

「ああ、ただひとりの処女、すべての栄光と称讃にあたいし、神の名誉にあたいするあなた、王国の誇り」とアラン・シャルティエは書いた。「あなたは燈火《ともしび》、あなたは光、あなたはフランス人だけでなく、全キリスト教徒の誇り』[87]。

ジャンヌは自分の功績が神と天使たちにどう受けとられるかだけをじっと考えていたので、立ち止まって人間からの反応を考えはしなかった。いずれにしても彼女の召命は人間の反応を無意味にする。ポワティエにおけるジャンヌの審問官のひとり「ピエール・ド・ヴェルサイユ師は、あるときロシェの町でジャンヌとともにいた」。そこで彼は「人びとが彼女の馬の足もとに身を投げて、その手や足に口づけをするのを」見た。ピエールはジャンヌに「このようなことをさせておくのは間違いだと言った。それは彼女にはふさわしくなく、彼女はこのような習慣を警戒すべきだ。なぜならば彼女は人びとに偶像崇拝の罪を犯させているのだから」。

「実のところ」とジャンヌは答えた。「もし神がわたしをお守りくださらないのなら、わたしはこのような称讃から、どうやって自分の身を守ればよいのかわからないだろう」[88]。

イエスも同じ渇望をかきたてた。人びとは彼につきまとい、彼の服は渇望する無数の手によって引き裂かれた。「群衆は皆、何とかしてイエスに触れようとした」とルカは書いた。「イエスから力が出て、すべての人の病気をいやしていたからである」[89]。

マルグリット・ラ・トゥルルドは回想する。「何人もの女性が彼女に触れてもらおうと、ロザリオやメダイをもって」家にやってきた。ジャンヌは頼みを聞いて笑った。「あなたが触りなさい!」とジャンヌはマルグリットに言った。「わたしが触ってもあなたが触っても同じようによいだろう」[90]

イエスは人前で奇蹟を起こして信奉者の注目と熱烈な崇拝を引き寄せただけでなく、それらを育みもした。奇蹟のひとつひとつが噂の境界を超えて、事実として広められた——名声によって枠にはめられ、誇張された平凡な人間、預言の実現のために下層階級から召集された指導者、人間の基準を顧慮しない農民。強力なエリートのあいだを動きまわり、不屈で、聖別されたという意識をもつ者の傲慢をまとう。ジャンヌと同様に、イエスは彼を召集した預言と同じくらい政治的な救世主《メシア》であり、救済——敵からの解放——を約束し、愛と暴力を説いた。慎ましく驢馬に乗るひとりの王、軍馬にまたがり、軍隊を率いるひとりの少女。どちらも神以外の手からは授けられえない王権を所有していた。性的な穢れを免れた純潔の象徴。存在するはずのない人たち、自分自身の破滅を設計する異者。

オルレアンの人びとは彼女を手放せなかった。彼女に触れなければならなかった。お守りや数珠や指輪を彼女に押しつけ、もし彼女が許せば手や足に口づけをせずにはいられなかった。彼女が彼らのあいだからわが身を引きだすころには、泥と血で汚れた甲冑がまるで新品のようにふたたび輝いていた。無数の指に触れられて磨きあげられ、それは夜の闇が深ければ深いほどなおいっそう明るく輝いた。

第7章　跳ねる牡鹿

人びとの熱い礼讃の渦から抜け出すと、ジャンヌはブシェ邸にもどり、外科医から傷の手当てを受けた。デュノワの記憶によると、ジャンヌは「たっぷりの水で薄めたワインに浸した四、五切れのパンだけで夕食をとった。その日はほかの食べ物や飲み物はなにも口にしなかった」[1]。ルーアンの牢獄に捕らえられていたとき贈り物として差し入れられた毒入りの鯉を唯一の例外として、ジャンヌが食べたと報告されているのは聖餐によって記念された食物だけである。最後の晩餐で、イエスはパンを裂き、弟子たちに命じた。「取って食べなさい。これはわたしの体である」、「皆、この杯から飲みなさい」[2]。その葡萄酒はイエスの新しい「契約の血」だった。ジャンヌほどの体力とスタミナをもつ娘がデュノワやルイ・ド・クートが述べているような少々のパンとワインだけで何年も生きられたというのはありそうにない。ルイ・ド・クートはジャンヌの食習慣を「ごくわずかの食物で生き」と言い、「何度も一日にひと切れのパンしか食べないこともあった。彼女がそれほどわずかしか食べないのに人は驚いていた」[3]と回想している。ジャンヌがなにを、そしてどのくらいの量を食べたのかは重要である。ホイジンガは書く。「中世において、選択は原則として、神と世俗のどちらをとるか、美と地上の生活の魅力を構成しているものすべてに対する軽蔑と熱心な受容のどちらをとるかにあった。地上の美すべてが罪の穢れを帯びていた」[4]。イエスは弟子たちに、イエスか残りの生活すべてか、どちらかを選ぶよう求めた。デュノワとルイ・ド・クートの証言は、出来事から二五年以上も経ったあとにおこなわれている。それまでにどちらもが、好奇心に満ちた無数の聴衆にラ・ピュセルとの冒険譚を繰り返し語り聞かせてきた。ふたりのどちらもが、キリストの血によって贖われた罪を告白し、聖体を拝領するよう、毎日、彼らに求めた娘の神性を確信していた。ジャンヌの戦友たちのどのひとりにとっても記憶のなかで、彼女をわずかに供されたパンとワインにもっとも強力に、あるいはそれらにのみ結びつけるのはたやすかっただろう。

夜明け直後に目覚めたとき、ジャンヌは残留していたイングランド軍がすでに市壁の外で戦闘隊形についていることを知った。傷と厚く巻いた包帯のせいでプレートアーマーが着けられなかったため、ラ・イール、ジル・ド・レ、その他数名の隊長と市を出立したとき、ジャンヌはジャスランだけを着ていた。ジャスランは軽い鎖帷子で、小さな正方形の鋼鉄のプレートのみを魚の鱗状に重ねてつくられている。その日は日曜日だったので、軍隊は自衛はできたが、攻撃を仕かけることは許されなかった。ジャンヌはわざわざ兵士を位置につかせることさえせず、「調教師が、はやりたつ犬の群れを引きとめているように」[5]引きとめておいた。イングランド軍にはこれが策略のように見えた。そこで彼らはいかに対処すべきかわからず、その場を固守、前進はしてこなかった。彼らは直立不動の姿勢で立ち、ジャンヌが移動式祭壇をもってくるよう命じ、祭式を執りおこなう司祭たちの前で、フランス軍全員が頭を垂れるのを見ていた。司祭たちはフランス兵に悪魔のような無敵の力を授けた。ジャンヌ配下の兵のだれひとりとしてわざわざ警護に立つ者もなく、全員が聖歌をうたい、その声はあまりにも遠くて、イングランド軍にはその不吉な意味は聞きとれなかった。イングランド軍のあいだに、噂が流れた。ジャンヌの兵士たちが聖体を盗み、ジャンヌはそれをサタンが命じるように月経血で洗ったという。

『ラ・ピュセル年代記』はフランス軍兵士ジャン・シャンポーの証言を引用する。「振り返って、イングランド人が背中を向けているか、顔を向けているかを見なさい」とジャンヌは配下の兵士に言い、彼らが退却していると聞くと、軍に命じた。「彼らをいかせなさい。今日、わたしたちが彼らと戦うのを主はおよろこびにならない。あなたたちは別のときに彼らに手をかけるだろう」[6]。

シラーの『ジャンヌ・ダルク』では、ひとりのイングランド兵が叫ぶ。「ああ、神よ、わたしはなにを見ているのか？ 彼女はそこにいる。恐怖がやってくる！ 炎のなかから、暗く輝きながら立ちあがり、夜から立ちあがる霊のように、地獄の顎から出てくるかのように。どこに逃げればよい？ 彼女はすでにわたしを燃え立つその炎の目のなかにとどめている」[7]。

ジャン・ドロンは証言する。退却を遅らせる可能性のある火砲すべて――重い大砲ばかりでなく、クロスボウや矢も――をあとに残して、イングランド兵は「混乱のなか、敗走した」[8]。

サフォークは自軍をジャルジョーに移動させた。マン防衛のために、より大きな軍隊がトールボット卿とスケールズ卿の指揮下に残され、そこでジョン・ファストルフと合流することが期待されていた。ファストルフについて、直近の諜報活動は、彼が鯡の戦いのあとに赴いたパリをまだ離れていないことを示していた。ファストルフのパリ行きの目的は増援軍の募集だったが、その任務はますます困難になっていった。ファストルフはシェイクスピアが造形した虚栄と臆病の人物像に想をあたえた。シェイクスピアは、実在の人物の名前を「フォールスタッフ」に変えて、無能力を示唆する〔フォールスタッフ（Falstaff）はfallenとstaffの合成語と考えられ、でぶで好色な性格を表わす〕。しかし実際のファストルフの軍歴は並外れていた。最終的にはジャンヌとパテで激突することになるサー・ジョンが偉大な騎士、恐るべき司令官ではなかったことを示唆する証拠はない。彼がイングランド軍が占領するパリから増援隊を率いて南下してくるという噂を聞いたとき、オルレアン市民は——ジャンヌの到着前——市の放棄を考えた。それでも、ファストルフの名声にもかかわらず、サタンの侍女によってあらかじめ結果が決められている不公平な戦闘に参加したがる者はだれひとりいなかった。

ジャンヌはオルレアンに二日間とどまり、休養をとって傷を癒した。正面攻撃は成功したが、おびただしい血が流れ、死傷者数は勝者にも敗者にも高いものについた。フランス軍は概算で二〇〇〇名にまで減少し、現時点で敵に占領されているロワール川沿いの都市すべてをとりもどしながらオルレアンを守るには、とうてい数が足りなかった。直接攻撃の激しさもイングランド軍に恐怖を抱かせた理由のひとつだった。イングランド兵は船荷のワインを奪いとったり、戦利品を漁ったりしながら、身代金の交渉をするのに慣れていた。ジャンヌ本人が誓ったとおり、自分の手ではひとりの人間も殺さなかったとしても、彼女は全員一丸となっての蛮行を煽動し、イングランド兵のあいだでは、処刑裁判でジャンヌ自身と判事たちのどちらもが「大量虐殺」と呼んだものの指揮官として知られた。

『ラ・ピュセル年代記』はジャンヌが五月一三日にトゥールを出発したと記す。[9] トゥールでは王太子と会見し、軍隊に補給をするための資金と糧食をとりつけた。デュノワは自分のほか数名の隊長が、オルレアンの南西九〇マイルほどのロッシュまでジャンヌに同行し、自分たちが必要とする増援隊の資金を出すよう、袖につぎをあてた王太子を説得したと証言する。デュノワの報告がもっとも信憑性が高いが、それは宣誓下で成されたからというだけではない。デュノワにとって、ロッシュで起きたのは軍事的に意味のある出来事というよりも、ジャンヌが声たちに支配されるのを目撃する機会だった。声に支配されたジャンヌを見た人はほかにはほとんどいない。旅の一行が到着したとき、王太子は聴罪司祭と顧問団とともに閉じこもっていた。ジャンヌは謁見を待つのを拒否し、王太子の私室の扉をたたき、返答がある前になかにはいった。そしてシャルルの前にひざまずいて懇願した。「これ以上、そしてこんなに長く会議をするのはおやめください。立派な冠を手にするために、できるだけ早くランスにおいきなさい」。[10]

ジャンヌの懇願が常軌を逸しているのを見て、シャルルの聴罪司祭で、カストルの司教クリストフ・ダルクールはジャンヌに尋ねた。「あなたの助言者があなたに語るとき、どのように見えるのかを、ここ、国王の前で話さないか」。[11] ジャンヌは顔を赤らめながら「あなたがなにを知りたいのかはよくわかっている。よろこんで話そう」と答えた。

デュノワは彼女が多くの言葉を費やして、こう答えたと語る。「彼女が神の代理として言うことを信じてもらえないので不満なとき、彼女は人のいないところにいって神に祈り、自分が話しかけている人びとが自分を簡単には信じないことを神に訴える。神への祈りを終えるとすぐに、彼女に語りかける声が聞こえる。「神の娘よ、いけ、いけ、いけ。わたしがおまえの助けとなるだろう」。この声を聞くとき、彼女はぞくぞくし、この状態に永遠にとどまることを望む。そして」とデュノワは続けた。「もっと強烈だったのは、声たちの言葉を繰り返しながらジャンヌの身体がすばらしい歓喜に波打ち、彼女は眼差しを天にあげたことだ」。

ジャンヌによる神性の直接的体験がどのようなものでありえたのかを記述しているのはデュノワひとりである。彼女は、声たちは人間のものではない言葉を話し、彼女にだけ語りかけると言った。彼女以外のだれも声を聞かなかった。戦闘の真っ最中に急いで神に守護を訴えかけたり、赦免を求める瀕死の負傷者のために神の注意を引いたりしたことを別にすれば、ジャンヌはひとりだけで祈った。恩寵によって焼きつくされるのはどんな感じかを明かすように圧力をかけられたときには、答えることを拒否した。デュノワのほかただひとつ彼女の幻視を報告するのは『騎士殉教者列伝』だが、それもデュノワよりわずかしか記していない。一六四三年刊行の『騎士殉教者列伝』は、食糧輸送隊を護送してオルレアンにはいる前にジャンヌが宿泊したシェシの住民、ギ・ド・カイイが「ジャンヌ・ダルクの幻視を共有した」ことを認めている。ギはこの経験について詳細を残していないようだが、サックヴィル＝ウエストは、彼女に言わせれば「空想と紋章学を合体させたきわめて奇妙な言葉」で述べられた資料のなかで、シャルルがギを数か月後（一四二九年六月）に貴族に列していることに基づいて」この報告には「いくらかの真実らしさ」[12]があるとする。

オルレアン奪還を果たしたいま、この先どのように事を進めるかについては、予想されたとおり意見が分かれた。シャルルの顧問団が彼らのあいだで論じあっている一方で、ジョルジュ・ド・ラ・トレモイユは自分自身の行動計画《アジェンダ》を前進させる仕事にとりかかった。いまのところ、その仕事は、甲冑をまとうおとめから、輝きをちょっとばかり取り去ることだった。王太子はラ・トレモイユに指図されて、一四二九年五月一〇日付の通達（多数の町の文書庫に保管されていた）を発し、フランスの全市民にオルレアンの大勝利を神に感謝するよう求めた。この勝利は隊長たちによって達成されたのであり、彼らは「目ざましい偉業と武勇によって、そしてつねにわれらが主の恩寵を通して……この要塞［レ・トゥレル］を獲得した」[13]。シャルルは書翰の最後でジャンヌに対し、「ラ・ピュセルについて……われわれは有徳の偉業と驚異的諸事も讃えよう」と、おざなりの承認をあたえている。これはあとからの思いつきで付け足したのだという印象をあたえる。

ジャンヌの奇怪な主張が明らかな真実であることはすべての人に影響を及ぼした。イングランド人がおとめに対立するのを恐れたとすれば、フランス人は超自然の力による優位性をもつことに不安を覚えた。ジャンヌに対するラ・トレモイユの私的な感情がなんであれ、彼は公的な方針でもっとも賢明なのは、ラ・ピュセルが勝ちとった勝利における彼女の重要性を減じることだと確信していた。このころには、ジャンヌは貴族による受容をあてにしないだけの分別を身につけていた。全員が同じようにラ・ピュセルを崇拝していた平民たちには、自分たちの心酔の彼方を見渡せるような高台はなかった。平民とは異なり、貴族は眺望のきく位置に立ち、彼女の力が俗世の言葉で解き明かされるのを見ていることができた。貴族は騎士道の規範《コード》をしっかりと受け容れていたため、アジャンクールで失われたノルマンディを奪還するという考えはひじょうに魅力的ではあったが、名誉とは高くつくものだ。召命の最初のひとつを達成したあと、ジャンヌは早速二番目に注意を向けた。ランスへの道は清められなければならない。最初はオルレアンの東わずか一二マイル、ロワール河畔のジャルジョー。そのあとに二〇マイル下流のマン、二五マイル下流のボジャンシーが続く。ジャンヌはただの人間ではないとしても、いまだに平民だったので、塗油によって決定的に聖別されたフランス国王として王座を要求することが王太子にとっていかに重要かを、貴族以上によく理解していた。ただの人びとはこのような儀式を重んじるものである。

『ラ・ピュセル年代記』は今回は正確に、シャルルがトゥールあるいはロッシュから「彼の王国全土の貴族に「ロワール川から敵を一掃するために」召集された軍隊に人員と武器を提供するよう命じた[14]」と書いている。

オルレアン解放で得た優位性はフランス軍の新兵補充を加速させ、イングランド軍のそれを困難にした。どういうわけか、いまにもきそうなのに決して姿を現わさないファストルフは四〇〇〇の兵とともにいまだにパリを離れず、五月四日から六月八日までそこにぐずぐずと居残っていた。彼の増援軍はようやく出動すると、まだ目にもしていない敵によって「疲労させられ、士気をそがれ、頭を垂れて」きわめてゆっくりと前線に接近した。かつてのファストルフがそうであったように、噂されるジャンヌの力は戦闘の結果を大きく左右した。彼女は破竹の勢いで進軍するなか、戦闘より追撃の機会のほうが多いことを知るだろう。

五月二二日、ジャンヌはセル＝アン＝ベリー（現セル＝シュル＝シェール）で、目標に向けて一日分だけ距離を縮めていた。そこでジャンヌのヒーロー、ベルトラン・デュ・ゲクランの妻アンヌ・ド・ラヴァルの息子であるギとアンドレに会う。ギ・ド・ラヴァルは六月八日にセルから母親に手紙を書き、シャルルから名高いラ・ピュセルを紹介され、友人たちが彼の幸運をうらやましがったと告げている。「彼女の偉業のために、そして彼女を見て、話を聞いたことから」、ジャンヌは彼には「完璧に神々しく見えました」。手紙の最後で、彼はふたりが会う三日前にジャンヌがギの母親に送った指輪に触れている。この贈り物をジャンヌは「とても小さなこと」[15]と言い、「母上のお引き立てを考えれば、母上にはなにかもっとよいものをよろこんで送ったのだが」と言った。ギが言っているのは、アンヌ・ド・ラヴァルが彼らの従兄弟ラ・トレモイユに書いた手紙のことかもしれない。アンヌはジャンヌは性格がよいと書いていた。ジャンヌは五月二七日にセル＝アン＝ベリーを離れ、月末にはアランソン公とともにサン＝ロランの彼の自邸にいた。そこで彼女は、かわいい公爵の母親マリ・ド・ブルターニュと彼の妻ジャンヌと会う。ジャンヌの父親は囚われの身のオルレアン公である。アランソンの妻はジャンヌに、夫のことを「とても心配している」と語った。アランソンはヴェルヌイユの戦いで捕らえられ、[16]ラ・クロトワの塔に幽閉されて、二十三歳になるまでに五年をすでに虜囚の身で過ごしていた。ジャンヌ自身が翌年にはその塔に閉じこめられる。どんな高額の身代金でも彼女の自由を買うのには充分ではない。ジャンヌは六月六日までアランソン一家ととどまり、そのあとようやくジャルジョーに向けて腰をあげた。

　ジャルジョーの周囲はただ一か所をのぞいて、深い濠に囲まれた壁で要塞化されていた。町はオルレアンのミニチュア版だった。市壁内にはサフォーク公ウィリアム・ド・ラ・ポール、そして推定七〇〇の兵がいた。ロワール川対岸から町の五本の塔をながめながら、デュノワとラ・イールを含むフランス軍の隊長たちは攻撃すべきか否かを論じあった。六月一〇日のことである。信頼できる密偵がファストルフはせいぜい二日のところにいると報告した。五本の塔には火薬と重火器が詰めこまれていると言われていた。ジャンヌは要塞化された一本の橋を渡って、ただちに攻撃することを強く主張した。アランソンの証言によれば、ジャンヌは部下たちに「数を恐れたり、イングランド軍に対する攻撃に反対してはいけない。神がわたしたちの企てを導くのだから」[17]と告げた。

　経験豊かな隊長たちに対するジャンヌの高圧的な態度、その結果としてのデュノワとの対立を知って、シャルルは従兄弟のアランソンをジャルジョーにいる軍の司令官に任命した。アランソンがすべての軍事的決定をジャンヌに委ねたことで、さまざまなシェフ・ド・ゲール間のつまらない諍いは終わりになった。ジャンヌは敵の抵抗はあるとしても小規模だろうと予測して、中心から孤立して防御されていない周辺部を奪還すべく、橋を渡って猛烈な勢いで前進した。しかし、イングランド軍は迎撃し、要塞の背後から大挙して出撃してきたので、フランス軍は――ジャンヌを残して全軍が――退却。ジャンヌは旗印を掲げ、アランソンの証言では、「兵士たちに勇気を出すよう呼びかけながら攻撃に出た」[18]。そして兵士たちに強い意志と楽観主義を吹きこんだので、彼らはただちにイングランド軍を火薬の詰まった塔へと押し返し、周辺部に宿営を設置した。日の出とともにジャンヌはイングランド軍に伝令を送り、イングランド軍は「この場所を天の王と気高いシャルル王に明け渡したあと、立ち去ることができる。そうしなければあなたたちは皆殺しにされる」[19]と告げた。ジャンヌのメッセージはオルレアンのときほど嘲笑を巻き起こしはしなかった。フランス人が自軍を魔女に託したという話はもはや冗談ではなかったからだ。しかし、それはイングランド軍の退却につながりもしなかった。フランス軍は激しい砲撃を開始、川向こうと周辺部から大砲その他の火器を放ち、ついには一本の塔を完全に破壊し、市壁に大打撃をあたえたので、その日の終わりにサフォークはラ・イールに降伏の手順を整えるよう求めた。交渉では、ラ・イール以外の隊長全員が、ジャンヌとアランソンも含めて除外されていた。ジャンヌもアランソンも、フランス代表として交渉する責任を勝手に引き受けたことで、ラ・イールを激しく非難した。イングランド軍は、一五日間、邪魔をされずにジャルジョーにとどまるという条件を出した。その時点で居所不明のファストルフが救援にこなければ退却する。ジャンヌもアランソンもこれを拒否した。ジャンヌは、イングランド軍が馬に乗ってただちに立ち去らなければ、彼らを攻撃下におき続けるという条件を出した。イングランド軍はとどまった。ジャンヌは残る市壁に直接攻撃をかけ、自分たちには一方的な有利性があることを思いださせて、アランソンのためらいを吹きはらった。「気高い公爵よ。

怖いのか?」とジャンヌは叱った。「疑ってはいけない。神がおよろこびになるときが正しいときなのだ。神が望まれるときに働かなければならない。働きなさい。そうすれば神もお働きになる」[20]。

「恐ろしく、そして壮麗に」と、アンゲラン・ド・モントルレは、六月一二日土曜日の朝に開始された攻撃について語る。夜明けにフランス兵は「梯子その他、攻撃に必要な道具を手に濠に陣どり、内側にいる者たちにみごとな攻撃を仕かけた」と『オルレアン籠城日記』は記す。「内側にいる者たちは長時間、ひじょうに激しく身を守った」[21]。

ジャンヌは前回と同じように旗印を手に戦った。オルレアンでしたように、軍隊を率いて突撃し、梯子をよじ登り、地面に——今回は上から頭に一撃を食らって——打ち倒された。一四七〇年ごろに描かれたドヴェルニュの『シャルル七世王年代記』を構成する挿画のような十五世紀の絵画は、ジャンヌの兜をカプリーヌ型としている。カプリーヌには消防士のヘルメット同様にまびさしがなく、うしろのほうが縁が長くて、首を守る。兜にあたったとき、石は聖カトリーヌの車輪のように粉々に砕け散った——砕けたのは兜だという説もある。ジャンヌは濠から飛び出し、さらに血を流せと呼びかけた。「わが主はイングランド人に刑を宣告された。いまや彼らはわれらのものだ」[22]。司令官の不屈の精神の源を思い起こしたフランス軍の隊長たちは、サフォークからの二度目の降伏交渉の呼びかけを退けた。兵士たちは攻勢を強め、アランソンによれば、「ジャルジョーの町は一瞬にして陥落」した。

アランソンは初対面からジャンヌに魅了されていたが、ジャンヌが妻との約束を守ったとき、さらに畏怖の念を強めた。「ジョルジューの町の攻撃のあいだに、ある場所にいたわたしに、ジャンヌがそこを離れるように言った。「あの大きな兵器が——と、町のなかに設置された兵器を指さしながら——あなたを殺すだろう」。わたしは急いでそこを去り、その少しあと、わたしが離れた場所で、リュデという男が殺された。わたしはこのことに非常な恐れを感じ、このあとはジャンヌの言葉に震撼した」[23]。

フランス軍は「大規模な駐屯部隊を橋に配置して」[24]、残っている敵をもはや彼らのものではない町の内部に閉じこめておき、そうすることで四〇〇〇強のファストルフ軍がいつ到着しようとも、スケールズとトールボットがファストルフ軍に合流するのを阻止しておいて、ジャルジョーをあとにした、とジャン・シャルティエは説明する。シャルルから兵一二〇〇の補充を得て、ジャンヌとアランソンは約六〇〇〇から七〇〇〇の軍勢を率いていた。『オルレアン籠城日記』によれば、新兵募集はもはや問題ではなかった。「殿さま、騎士、準騎士、隊長、勇敢な武人たち」[25]――その多くが攻囲が解かれるまでは戦闘を避けていた――が、いまや十字軍に加わろうといきり立っていた。新隊長のなかにはフランス大元帥アルテュール・ド・リシュモンもいた。大元帥、つまり少なくとも名目上は彼ら全員の隊長である。リシュモンは、未亡人となった母親〔ジャンヌ・ド・ナヴァル〕がイングランド国王ヘンリー四世と再婚したので、十歳にもならないうちに実質的に孤児になり、主にブルゴーニュの公爵宮廷で育てられた。それでも、彼の忠誠はブルゴーニュ派にはなかった。少年時代の心の友はヴァロワ家の王太子、ギュイエンヌ公ルイだった。ルイは一四一五年に赤痢のため死亡、同じ年にリシュモンはアジャンクールで捕虜になり、五年におよぶイングランドでの虜囚の生活を開始した。母親がイングランド国王妃〔当時は義理の息子ヘンリー五世の王太后〕だったおかげで、リシュモンには人質としては例外的な特権があたえられた。そのひとつが親友ルイの未亡人でジャン無畏公の娘マルグリット・ド・ブルゴーニュとの結婚である。その忠誠心がこれほどまでに完全に分裂しているために、どちらの側でも戦争をする正当性をつねに保っていた貴族を見つけるのは困難だろう。リシュモンが忠誠を誓っていたのはただひとつ、実戦に対してだけだった。一四二四年にベッドフォード公がリシュモンに軍の指揮権をあたえるのを拒否したとき、ヨランドが海峡の対岸から彼を誘惑するのはたやすかった。イングランド王の義理の息子であり、ジャン無畏公の娘を嫁にしていることも、リシュモンにとってはフランス大元帥の称号を受けるのになんの倫理的・感情的障害にもならなかった。しかしフランス宮廷に到着したとき、彼は友人のひとりだと思っていたラ・トレモイユがいまや敵になっていることを知った。ヨランドがフランスの新しい大元帥を海の向こうからかっさらってきたのは和平を結ぶためではなかった。ヨランドは戦士を探していたが、ラ・トレモイユは戦士たちを一掃し、外交――ジャンヌに言わせれば降伏――の道を進みたいと望んでいた。外交であれば、彼はシャルルをたやすく偏執的《パラノイア》な状態に陥らせ、思いのままに操ることができるからだ。一四二七年、ラ・トレモイユは王太子を説得して、リシュモンの宮廷出仕を禁止させ、その延長として、この宮廷が維持している軍隊への参加も禁止させた。

アランソンは従兄弟にあたる王太子に必然的に忠実でなければならず、ジャンヌにリシュモンと同じ軍隊で戦うことを拒否する告げたと証言した。「イングランド軍が大挙してやってくると知った……するとジャンヌはわたしに――わたしは大元帥殿の到着のために立ち去りたかった――助け合うことが必要だ、と言った[26]」。

一四二九年六月一七日だった。恐るべきファストルフ麾下《きか》の兵士四〇〇〇がボース地方ボジャンシーのすぐ外側に到着した。戦略的に重要な橋をもつ町を奪還するために、ジャンヌにはリシュモンの軍隊が必要だった。彼女は、自分と同様に戦闘を精力的に好む司令官には生来、魅了されがちだった。アランソンが回想するように、ジャンヌは彼女としてはみごとな如才のなさを発揮して挨拶した。

「ああ、立派な大元帥殿、あなたはわたしに呼ばれてきたのではない。でもいらっしゃったのだから歓迎しよう[27]」。ふたりは馬をおり、ジャンヌはおなじみの騎士らしい派手な身振りで。甲冑をつけた膝をつき、隊長の膝を抱いた。

リシュモンの私的な年代記作者ギヨーム・グリュエルは、威勢のよさへの好みを明らかにしながら、その対話をみずからの雇い主の視点から記述した。「ジャンヌ、あなたはわたしとともに戦いたがっているそうだな。わたしはあなたが神から遣わされたのか否かは知らない。神から遣わされたのであれば、わたしはあなたを恐れない。なぜならば神はわたしの善き意志をご存じだからだ。悪魔から遣わされたのであれば、わたしはあなたをなおいっそう恐れない」[28]。

ジャンヌはいまのところはまだ知るよしもなかったのだが、自分が王太子にとってファウスト的取り引きの対象となることをすでに示しはじめていた。敵が逃げたのを残念に思うことはまずないが、イングランド軍は正当な手段で——人間の手で——打ち負かされた敵として降伏したのではなかった。彼らは、自分たちの運命の転換が魔術によって成しとげられたと考えており、そのことをフランス軍にはっきりと示した。フランスの立場は改善され、それは外交的予備交渉を促したかもしれないが、ラ・トレモイユが強調したように、魔術はいかなる予備交渉も無効にするだろう。シャルルの寵愛を失った強力な隊長と友好的な同盟を結ぶことは、賢明でもなければ避けられるものでもなかった。しかし、地上の王たちに従わないことの代償を知っていようといまいと、ジャンヌはより高位の君主に仕えていた。ジャンヌには、ヨランドが集め、給料を支払っている推定一〇〇〇から一二〇〇のリシュモン兵が必要だった。ラ・トレモイユは習慣的にシャルルに不合理な疑念を抱かせつづけ、シャルルはジャンヌが処刑された二年後の一四三三年までリシュモンを敵と見なしていた。ヨランド——彼女の孫である未来のルイ十一世から「女の肉体のなかに男の心をもつ」[29]と評された——は、ついに太った蜘蛛ラ・トレモイユを王座から遠ざけて城から追い出した。

ボジャンシーに到着したファストルフは、フランス軍がすでに戦闘隊形を整えているのを目にした——

ブルゴーニュ派の兵士ジャン・ド・ヴァヴランによれば「六〇〇〇名の兵士、その指揮官はジャンヌ・ラ・ピュセル、アランソン公、オルレアンの私生児、ラ・ファイエット元帥、ラ・イール、ポントン［・ド・サントライユ］、その他の隊長たち」[30]だった。

「国王軍の多くが」彼らを待ち受けている戦闘を「恐れ、馬を連れてくるのがよいと言っていた」とアランソンは証言する。しかし「わたしはイングランド人たちは大きな困難なしに打ち負かされ、殺害されたのを知っている」[31]。

「翌日」とアランソンは続ける。「わたしたちはボジャンシーの町に向かい、平原で国王のほかの部隊と出会って、ボジャンシーにいたイングランド軍を攻撃した。この攻撃にイングランド人は町を捨てて、籠城した。そこで、イングランド人が出てくるのを阻止するために、城の前に警備兵が配置された。このようにして城の前にいたとき、大元帥殿がいくつかの部隊とともにやってきたという報せがあった」。どこかの塔に閉じこめられ、最後には絶望のあまり外に出て、リシュモン軍に降伏することになるのを予測して、イングランド軍は降伏の取り決めを求めた。フランス軍は安全通行権と一〇日間は戦闘を開始しないという約束とひきかえに、イングランド軍に撤退を許可した。ファストルフがジャンヌ・ダルクの面前で退却したことは、その模範的な軍歴のなかでのただひとつの汚点だが、ここでは彼の名は、「タイミングが悪く……信じがたいほどに非効率で……へたに組織され、弓兵隊や火砲にまったく援護されない」[32]攻撃で記憶されるだろう。大砲は重くて輸送が困難だったが、イングランド軍が恐れからか混乱からか、あるいは上官に対する反乱からか弓を手にとらなかった時点で、すでに根本的な変化が起こっていた。アジャンクールの戦いで勝敗を決定したのはイングランド軍の迅速で正確なロングボウだった。イングランド軍がフランスの大地をフランスの血で染めてからまだ一五年も経っていなかった。

ジャンヌ以前の指揮官のもとにある軍隊ならば、イングランド軍がパリまで一気にもどるのを許しただろうが、ジャンヌはただひたすらランスを目ざし、彼女が大敗させた軍隊の士気をさらに挫こうとし、彼らを町から町へ次つぎと逃げ延びさせるつもりはなく、戦闘によってランスへの進軍をいっそう容易にしようとしていた。ジャンヌは躊躇する隊長たちにイングランド軍を追撃するよう熱心に説いた。「神の名において、彼らと戦わねばならない。彼らが裸で吊るされたら、わたしたちは彼らを手に入れるだろう。なぜならば神はわたしたちが彼らを罰するために、彼らをわたしたちのところに送ってくるのだから。気高い王は今日、これまでで最大の勝利を手にするだろう。わたしの助言者は彼ら全員がわれわれのものだと言っていた」[33]。

隊長たちは躊躇したかもしれない、しかしフランスの事実上の大元帥ジャンヌは彼らの忠誠と、そして彼女の能力に対する敬意をも次第に手にしていった。何人もが、ジャンヌが熟練の騎士の技を身につける速度は驚くべきこと、あるいは奇蹟的なことであり、感銘を受けたと語る。ジャンヌ指揮下でパテの戦いに参戦したティボー・ダルマニャックは「部隊の行動や配置、戦争のこと、戦闘の組織化、部隊への激励については、彼女はつねに戦争のなかで訓練されてきた世界有数の隊長のように振る舞った」[34]と証言する。初対面でジャンヌの才能を確信したアランソンも、ティボー・ダルマニャックと同じことを言っている。「槍を持つにしても、軍を結集させ、戦闘を命じ、大砲を準備するにしても、戦争についてはとても巧みだった。まるで二〇年か三〇年前から戦争をしてきた隊長であるかのように、戦争活動においてはとても巧みに用心深く行動した」[35]。

わたしたちはどうすべきだろうか？　とアランソンはジャンヌに尋ねた。

「諸君、よい拍車をつけておきなさい」
デュノワは証言する。「これを聞いたとき、そこにいた者たちは尋ねた。「あなたはなんと言ったのか。それでは彼らに背を向けるのか」。「いや、違う」とジャンヌは答えた。「防御できないのはイングランド人のほうだ。彼らは打ち負かされる。そうしたら彼らを追うためによい拍車が必要になる」」。
ジャンヌは戦列を個々の軍団の移動可能速度によって決定し、最速の騎馬軍団とともにラ・イールを前衛に配置した。デュノワ、アランソン、リシュモン、ジル・ド・レと轡を並べ、騎馬隊と歩兵——『オルレアン籠城日記』によれば、全員がジャンヌに従う総勢六〇〇〇[36]の主力部隊——とともに馬を走らせた。イングランド軍はほぼ四時間、決然として北に行軍を続け、パテの南数マイルで停止して休息をとったとき、フランスの騎馬軍団が彼らを追って急速に接近してくるのを後衛部隊が察知した。騎馬軍団の前をファストルフ宛の警告を手にしたジャンヌの使者が疾走していた。

　おそらくファストルフは、攻囲戦よりも野戦に優れた指揮官として、わずか四か月前にフランス軍を大敗させて屈辱をあたえた平坦な農地と変わらない地形での戦闘を予測し、かつての自信が甦ってくるのを感じたのだろう。副官トールボットとともに、兵五〇〇〇を指揮下におき、またフランス軍の弱点を知ってもいた。彼は軍事史におけるもっとも一方的な殺戮のひとつ[37]」と呼ばれたアジャンクールに参戦していた。アジャンクールは「イングランド軍の規律と技が見境のないフランス軍の勇気をだいなしにするという百年戦争におけるほぼすべての戦闘で繰り返されるパターンの典型」だった。アジャンクールでは、フランス軍二万四〇〇〇のうち一万が殺害された。一方、フランス軍の四分の一の規模だったイングランド軍はわずか数百を失っただけだった。

　ファストルフはジャンヌの使者に告げた。自分は逃げているのではない。イングランド軍がいまいるところ、パテの町本体から約四マイル南で、前進も後退もせずに陣を敷くと思ってもらってよい。

ファストルフは主力部隊と後衛部隊を温存し、戦場に隣接する森に「前衛、物資、火砲、非戦闘員を隠れさせた」[38]。ジャン・ド・ヴァヴランによれば、トールボットは「馬に乗った精鋭の弓兵五〇〇」[39]とともに送り出され、「彼がフランス軍が通ってくると考えた二つの茂った生垣のあいだに」身を隠した。トールボットには、ファストルフが攻撃計画を決定し、兵を配置するまで、フランス軍を食いとめておくようにとの命令が出されていた。一頭の牡鹿が興奮したフランス騎兵隊の下品な叫び声で森から追いたてられなければ、待ち伏せ作戦はより小規模の軍隊にさえ勝利をあたえたかもしれない。指揮を執るラ・イールはフランス軍に南に一五マイルのマンから強行軍をさせてきた。牡鹿は、自分が開けた場所に無防備でいるのに気づくとすぐに、隠れ家に駆けこんだ。運命のいたずらで、そこはイングランドの弓兵の隊列のなかだった。獣は赤鹿だったかもしれない。その生息域はヨーロッパ全土に広がる。鹿の仲間では最大級で、雄の体高はヘラジカに近く、平均体重は五〇〇ポンドにもなる。その突進の勢いは、枝角が甲冑を突き通すほどの力をもっていた。全速力で走る牡鹿は、自分が停止したくても停止できない。蹄をばたつかせてイングランド軍の隊列に突っこみながら「大声をあげた」[40]。栄えあるイングランド軍は魔女の接近に神経をとがらせていて、弓を取り落とし、悲鳴をあげながら森のなかに散らばって、隠れていた自軍の前衛と物資に鉢合わせした。続く混乱がファストルフを戦場から呼び出し、配下の軍が入り乱れてあとに続いた。アランソンの証言では、捕虜のなかにはトールボットもいた。トールボットはベッドフォードに従って一四二七年に来仏し、オルレアンでは、部隊どうしの衝突をやみくもに指揮したあと、サン＝ルイ堡塁を放棄せざるをえなかった。ジャンヌがその前で自分の寛大さを述べ立てて見せたあのサン＝ルイ堡塁である。

フランスとイングランド双方の目撃証言がなければ、牡鹿も、ジャンヌにまつわる羊や小鳥や蝶——蝶は文化を超えて、死すべき人間の王国と不死の王国のあいだを行き来する生き物の原型《アーキタイプ》とされる——と同様に見なされていたかもしれない。雲のあいだを通ってアルテミスの戦車を天まで牽いていき、空を天国に変えるのは牡鹿である。あるキリスト教の伝説[41]では、一頭の牡鹿がひとりの狩人を仲間から引き離して森の奥に誘う。狩人と向かい合った聖なる鹿の額の中央、二本の枝角のあいだに、まるでユニコーンのただ一本の角のように、一本の十字架が生えてくる。中世の挿絵入り寓話本は牡鹿を、悪魔を踏みつけ破壊する復讐のキリストの化身と見なし、旧約聖書の雅歌にまで遡る純潔と気高さの顕現[42]とする。匿名の著者による『ランス戴冠式のバラード』は、高貴な「空飛ぶ鹿」の預言を引いてくる点でクリスティーヌ・ド・ピザンの『ジャンヌ頌』に呼応する。「空飛ぶ牡鹿は……高貴な百合の花の美しい庭の穢れなき根元から立ちあがる」[43]とピザンは書き、エデンの土にフランス王家の花の種を蒔《ま》く。

パテの戦いの軍事史は、牡鹿を稲妻など人間の手ではどうしようもない事象とひとまとめにして、その役割を矮小化する。[44]「計画されていないこと、それが戦闘の流れを逆転させた」[45]。ある軍事史は話をつくって、牡鹿の突進に続く勝利を戦線離脱の結果とする。イングランド兵は神聖な責務から注意を逸らされ、即興の狩りに興じて牡鹿のあとを追いかけたというのである。[46]狩りというスポーツの魅力には抵抗できない。牡鹿が誘惑であれ競争相手であれ、その象徴性は戦争研究の枠外にあり、神秘の領域に属する。キリストを表象するために選ばれた獣の荒々しい突進は奇妙な出来事の連鎖を引き起こし、フランス側は最小限の損害で済み、戦闘は一時間以内に決着した。神に選ばれし者の敵について、アランソンは「四〇〇〇人が死亡し、捕虜になった」[47]と証言する。捕虜にはトールボット、スケールズ、その他のイングランド人隊長が含まれた。これは壊滅的敗北を意味する。中世の典型的なキリスト教徒は一般に迷信深く、牡鹿を神聖の――あるいは魔性の――顕現と見なさずにはいられなかった。

ロワール川のほぼ二〇マイル北で展開し、ジャンヌはこの勝利のあとも戦い続けたにもかかわらず、パテの戦いはロワール戦役を決定づける勝利、オルレアンの鬨の声が開始した戦いの頂点だった。その終結時、ジャンヴィルの市民は、ラ・ピュセルがジャルジョーでおこなったことがジャンヴィルでも繰り返されるのをおそれ、賢明にもラ・ピュセルに降伏し、敗れたイングランド軍が市壁内にもどることも許さなかった。なぜならばジャルジョーではある出来事が起きていたからだ。アランソンの「主馬守《しゅめのかみ》」[48]ペルスヴァル・ド・カニーによれば、ジャンヌはジャルジョーで、抵抗する者は「皆殺しにする」と断言したあと、例によってフランス王に降参すれば慈悲をあたえると申し出た。アランソンの証言では、配下の兵がたじろいだとき、ジャンヌは彼らに、神はイングランド人を罰せられるのだから、勇気を出せと言った。決定的な潰走の最後では、身代金のために捕らえられた兵よりも処刑された兵のほうが多かった。さらに異例だったのは、処刑が停戦後も続いたことである。不要な大虐殺をジャンヌが容認したとは思えないが、彼女がかき立てた血への渇望は簡単には鎮められなかった。ジャンヌは戦闘のあとには告解やミサ、声たちのお告げを聞くためにその場を離れるのが習慣だったから、部下たちが禁じられていない罪に手を染めて勝利を祝っているあいだ、天使たちとの交流に興じていたのかもしれない。ある中世史家はこうまとめる。「宗教的ファナティシズムと蛮行との関係がなんであろうと、それは戦争をスポーツに変える騎士の傾向を抑制はしない」[49]。

ジャンヌは自軍をパテからオルレアンに移動させ、そこでジャンに赴く許可を待った。シャルルが宮廷を唐突に移動させたジャンは、ごく最近まで敵の領土にあった地域で、その唯一の利点はロッシュよりもランスに直接いきやすい道を提供していたところにあった――ジャンヌはもちろん、この点が王太子の説明されざる移動の理由だと推測した。ジャンヌがほぼ一週間、いらだちを募らせているあいだ、シャルルは顧問団と密議を重ねた。六月二四日、ジャンヌはようやくジャンに到着。しかし期待していたように王太子と会見はしたものの、そこからともにランスまで移動を続けることはできず、いつものようにたちまち陰謀によって足止めされた。宮廷人のひとりひとりが自分自身の貪欲な目的《アジェンダ》に沿った計画を提案した。ラ・トレモイユはシャルルに、あまりにも多くの市や町がブルゴーニュ派の支配下にあるから、ランスへの移動は危険が大きすぎると警告した。だがランスへ急げというジャンヌの主張は実際的だった。彼女が言ったように、「一度国王が戴冠され、聖別されてしまえば、敵の力はつねに衰え続け、最後には敵は国王も王国も傷つけることはできなくなる」。[50] ジャンヌはラ・トレモイユの不吉な予測とは反対に、ジャンとランスのあいだにある町々は抵抗せずに降伏すると言った。聖ミカエルの無限の兵士を数に入れなくても、一万二〇〇〇の兵の護衛がついているとき、移動が危険になるはずがない。

シャルルはのらりくらりと決定を引き延ばした。ジャンヌはいらだちを紛らわせるため、自分の勝利を告げる告知文を考えて過ごした。告知文は、シャルルがオルレアン解放後に送った書翰のように、王国中の多くの町に配布された。[51] 王国の出来事を知らせる伝令ティエリー・ド・モプレが運んだ一枚がブリュッセルの東約二五マイルほど、現在はベルギー領のトゥルネ市に残っている。それは「書き写され、市の三六の「幟」、つまり地区に伝えられた」[52]〔十五世紀のフランスでは、市内の各地区が独自の幟をもつことがあった〕。ジャンヌは自分を三人称で呼び、市民一人一人に、ラ・ピュセルは八日間で「イングランド人を突撃その他の方法で、彼らがロワール川沿いに保持するすべての場所から追いはらった」[53]と宣言した。自軍が殺害したり捕虜にしたりした敵の隊長を並べ立て、戴冠式への招待の形をとった警告で手紙を終えた。彼女は受取人に、戴冠式列席を依頼するというよりは命じていた。「神があなたたちを見守り、フランス王国の正統なる大義を支えるために、あなたたちに慈悲をあたるように」。

ジャンヌの生意気さに魅せられて、デュノワは二週間前にジャルジョーで捕虜になったサフォーク伯にジャンからメモを送った。彼は証言する。「小さな紙切れ……弓兵の背に乗って樫の森からくるおとめに触れた四行」[54]。すべてのフランス人がこの預言を知っていた。そしていま、彼らはそれが成就されたことを知っていた。しかし、ひとりのイングランド人隊長に、おまえの運命は定められており、あがいても無駄だと思い出させてやるのも損にはならなかった。

ジャンヌ軍は一四二九年六月二七日、王太子とその随行団とともにランスに向けて出発した。クラヴァン、ボニ、ラヴォ、サン＝ファルジョー、クランジュ＝ラ＝ヴィヌーズ、オセール、サン＝フロランタン、ブリノン、サン＝ファル。ロワールのすべての町がまるで積年にわたる敵の占領が一瞬のうちに解かれたかのように、「兵士とラ・ピュセルを歓迎し、すべてが王太子に敬意を表した」[55]——こうした変化はわざわざ軍隊を移動させなくてもしばしば起こりうる。イングランド軍は征服した各都市に駐屯部隊を配置するには規模が小さすぎ、駐屯した町には最小限のマンパワーしか配置されなかった。『ラ・

ピュセル年代記』も含む資料は、イングランドに占領されていた町は、ジャンヌ軍が接近すると、流血はもちろん抵抗もなく降伏したことを示唆する。しかし、トロワはシャルルの母親が公的に彼を否認し、辱めた町であり、説得するのがより難しかった。町のアイデンティティはその名を冠した裏切り〔一四二〇年締結のトロワ条約のこと。シャルル六世の後継者をイングランド国王ヘンリー五世に定めた〕によって形成され、イングランド＝ブルゴーニュ統治下で、町は繁栄を見た。占領後に駐屯部隊がおかれた数少ない町のひとつで、イングランド軍による救出を待つだけの時間的余裕があり、その市民に市の鍵を差し出させるのには、王太子の大赦の約束だけでは不充分だった。

五〇〇から六〇〇名のトロワ駐屯部隊は、当初は町がジャンヌに抵抗できるだろうと自惚れていた。王国の他のすべての人と同じように、トロワ市民はジャンヌの勝利が不自然なやり方で達成されたことを知っていた。しかし数千強というジャンヌ軍の規模は知らなかった。出撃して、自分たちは敵兵の海に囲まれていると気づいたとき、彼らは踵を返し、背後で跳ね橋をあげた。「イングランド＝ブルゴーニュの指導者たちから絶えず彼女は神以外の力に導かれていると告げられて」[56]きたので、彼らはちょっと話し合ったあと、使者を送ってジャンヌを調べさせた。使者は托鉢修道士でシエナの聖ベルナルディノの弟子リシャール修道士、「改宗か火あぶりか」と迫る無数の説教師のひとりだった。彼らは、迫りくる滅亡を黙示録的な信仰が警告する社会から出現した。イエスも同じである。死にとり憑かれた文化は報酬と報復にこだわらずにはいられない。パリで人気の説教師は二万強の暴徒を集めることができた。[57]献身的信仰の熱狂は、同じくらいに激しい拒絶の前ぶれだ。四月、リシャール修道士はパリから追放され、パリとトロワのあいだのいくつかの町で立ち入りを拒否された。彼はトロワで避難所を得たあと、ちやほやされていた。トロワ市民もいずれ彼をさっさと追いはらうことになるのだが、いまのところは彼らの信頼をつなぎとめている。そしてジャンヌが証言するとおり、「トロワの人びとは彼をわたしのもとに送ってきた。彼らはわたしが神から遣わされたものではないことを恐れていると言った」。

「どんどん近づきなさい！」と、ジャンヌは彼が近づいてきたときに言った。「わたしは飛び去りはしない」。魔女が飛べるように、聖水は魔女の肉を焼くことができる。リシャール修道士はジャンヌに聖水をばしゃばしゃとかけた。ジャンヌは男装という恥ずべき姿で、彼と同じように両足をしっかりと大地につけて挑むように向かい合っていた。聖水はじゅうじゅうと音を立てることもなく、ジャンヌに降り注いだ。ジャンヌはリシャール修道士の聖性を信じていなかったし、彼女を判断するという彼の思いあがりにいらだってもいた。それでも、この男が役に立つかぎりは、彼を活用することを忘れなかった。「ランスへの行軍のあいだ、彼女がトロワの人びとに送った手紙の配達を託したのは彼だったからだ。手紙は彼らの降伏を勝ちとった」。[58]

ジャンヌ・ラ・ピュセルは彼女が日々、忠実に仕えている彼女の正当かつ至高の主、天の王の名において、あなたたち命じ、知らしめる。気高いフランス王に真の服従と承認を捧げよ……あなたたちがそうしなければ、わたしはあなたたちの命にかけて約束し、確認する。わたしたちは神の助けにより、聖なる王国に属すべきすべての町にはいり、だれがわたしたちに対抗しようとも、そこに確固たるよき平和を確立する。わたしはあなたたちを神の手に託す。神があなたたちを見守るように。早急に回答せよ。[59]

すべての危機や難局のときと同様、トロワの人びとの強情は王太子の顧問団を分裂させた。戴冠を司式することになる大司教ルニョー・ド・シャルトルは、王軍はトロワで充分に時間を使ったので、ジャンヌがさらに多くの狂信的な取り巻きを集めて、血まみれの巡業中にもう一度興行を打つ機会を得る前に、まっすぐランスに向かって前進すべきだと考えた。トレーヴの領主ロベール・ル・マソンは年相応の叡智をもって、この数か月間、ジャンヌの助けのおかげで勝利を得てきたのだから、ジャンヌを呼び出して彼女の忠告を求めるべきだと言った。

デュノワの回想によれば、ジャンヌはシャルルに言った。「神の名にかけて、わたしは三日以内にあなたを愛、力、あるいは勇気によって、トロワの町に入れるだろう。あの偽りに満ちたブルゴーニュ派は仰天するだろう」[60]。どれほどの武勇を積み重ねてもラ・トレモイユとその仲間の寄生虫どもを誘惑はできなかったが、シャルルは、トロワの抵抗に軍事行動で応じるというジャンヌの要請を認めた。ジャンヌ軍は準備を整えており、ジャンヌはたしかに敵を顔色なからしめた。敵はジャンヌ軍が異様な速さで動き、あっという間に「フランスの全火器を市壁に向けて構え、その使用を準備する」[61]のを見た。壁の外側では、数百人の兵士が棒を束ねて山のように積みあげ、市の濠に投げこみ、ジャンヌとその恐るべき軍隊が水の上を歩いて、攻撃位置につけるようにしていた。ジャンヌは彼女の悪名高い大量虐殺が近いことを公然と示していた。それに抵抗することの愚に気づいて、トロワ市民は開市を一日だけ先延ばしにしたあと。降伏交渉のために使者を送った。シャルルは旗印を掲げたジャンヌとともに――ジャンヌをあとに従えてではなく、彼女と並んで――市にはいった。ふたりは凱旋行進の先頭に立ち、行進のあと、「王太子は罰することなく、慈悲深くトロワの人びとと取り引きし、トロワの人びとは王太子の軍に迅速に補給をした」[62]。

アランソンの主馬守ペルスヴェル・ド・カニーによると、トロワとランスのあいだの町々は神意によるたやすさで陥落した。ジャンヌは自分に先駆けて旗印を送りだし、戦う前にフランス軍にとっての確実な勝利を告げ、そのあとに続けてシャルルの大赦の提案がなされた。自分の統治下に服する者は赦そう。町のひとつシャロン＝シュル＝マルヌは、ジャンヌがその探求の旅に出発して以来、もっともドンレミに近いところにあったので、かつての隣人や友が九〇マイルを旅して、彼らの名高い娘に会いにきた。そのなかには名づけ親のジャン・モローと、ジャンヌが別れの挨拶代わりに首を斬り落としますよと言い放ったエピナルのジェラルダンもいた。ジェラルダンは無効化裁判でわざわざ彼女のために証言をする労をとったドンレミの住民のひとりで、彼女が彼と彼の旅の仲間を温かく迎えたことを語り、あとから考えれば預言と思われることを思いだした。だが、彼女に従う義勇軍がどんなに大きくても、宮廷に敵がいることを、あるいはシャルルが彼に取り入ろうとする宮廷人たちと同じほどにずるいことを見てとるのに、ジャンヌには千里眼は必要なかった。ジャンヌはジェラルダンに言った。自分はひとつのことしか恐れていない。恐れていること、それは裏切りだ。

　シラーはジャンヌの予感を不吉な黒い騎士として造形した。黒い騎士は「わたしを戦場から誘っていた」とジャンヌは言う。

「向こうを見ろ！」と黒い騎士は顔をまびさしのうしろに隠して言う。「向こうにランスの塔が立ちあがっている。おまえがそのために戦い、おまえの旅が終わる目的地。巨大な大聖堂が光のなかに輝く。おまえはそのなかに勝ち誇ってはいり、おまえの王を戴冠させ、それによっておまえの誓いを果たす。そこにいくな！　もどれ！　わたしの警告を聞け！[63]」。

　シャトー＝シュル＝マルヌから、ジャンヌはシャルルとその随行団とともに、ランスの南西わずか一四マイルのセット＝ソー、大司教ルニョー・ド・シャルトルの城に向かった。ブルゴーニュ派によるランス占領の結果、大司教がランスを追われ、シャルルの宮廷に忠誠を誓い、そこにラ・トレモイユという味方を見出して以来、ルニョーはランスにもっとも近づいていた。七月一六日土曜日、ルニョーの信徒がシャルル、ジャンヌ、食物と宿を必要としている軍隊、そして大司教のためにランス市の門を開けたとき、信徒たちは大司教の顔を二〇年間、見ていなかった。[64] ジャンヌは物見高い群衆の熱狂的な歓迎を予期するようになっていたが、いったん市にはいってみると、ブルゴーニュ派が避けがたき事態を予測して、大聖堂から聖なる宝物を可能なかぎり剝ぎとっていったことを知った。戴冠式に使用されるのが伝統の貴重な聖遺物、『ロランの歌』が「十字架上のわれらが主を傷つけた槍」[65]と認めたシャルルマーニュの伝説の剣「ジョワイユー」はなくなっていた。祭服から杯、燭台に到るまで、釘でとめられていたり、重すぎて運べないもの以外、すべてが戦利品として持ち去られた。しかし神権の委譲に必要不可欠なただひとつの品「サント・アンプール〔聖油瓶〕」は「王太子に忠実な修道士たちによって隠されて」守られていた。[66]「サント・アンプール」は四九六年のクリスマスに一羽の鳩によって天から聖レミの手にもたらされた。聖レミはランスの司教であり、ジャンヌの教区教会ドンレミの守護聖人でもある。彼は「サント・アンプール」にはいっていた聖油で、フランク族初のキリスト教徒の統治者、クロヴィスに洗礼を授け、キリスト教信仰という罪を強制的な国家宗教として定義しなおした。「サント・アンプール」は奇蹟的に増殖したパンと魚――あるいはグリム兄弟の『魔法の鍋』[67]のように決して枯渇せず、アンプール内の聖油はこのときまでに約一千年分の戴冠式を清めてきた。

夏至の満月のおかげで、ランス市民は通常は計画に数か月を要するイベント準備に多くの時間を使えた。「市にはひと晩中、槌や小槌の音が響いた」[68]。豊かな華麗さはなくとも、そこにはジャンヌを満足させ、彼女の両親の目をくらませるのに充分なきらめきと数々の紋章があった。両親は、面汚しの家出娘から高貴な処女、そして全フランスのシェフ・ド・ゲールへの娘の変身に立ち会うためにやってきた。午前九時、兵士八〇〇人に護衛された王太子に続いて、歓びにあふれた祝賀者が大聖堂に流れこむ。

どの記録にもその日の天候は記されていないが、まず間違いなく明るく澄んだ晴天だったはずだ。なぜならば、風をはらんで低く垂れこめる雲のように明らかに天の不興を示すものがあれば、ジャンヌの中傷者ならだれでも飛びついたはずだからだ。だから大きな薔薇窓を通って、輝く陽光が静まり返った会衆の上に色のついた光のコインをまき散らし、会衆の儀式用の礼服はこの場にふさわしく「数百個の貴石」[69]その他で派手に飾られていた。ジャンヌとシャルルのすぐあとを四名の指名された聖油保管者――フランス提督、グランヴィル殿、ブサック元帥、ジル・ド・レ――が歩き、そのあとにデュノワとアランソンが王冠と王笏を掲げて続いた。ジャンヌはシャルルにアルテュール・ド・リシュモンの追放を撤回するよう懇願していた。リシュモンは大元帥として、ジョワイユーズの代用となる儀式用の剣を掲げるために参列すべきだった。しかし、シャルルは拒否。シャルルに対するラ・トレモイユの執拗な支配力が示唆される。

祭壇に到着すると、シャルルは床にひれ伏し、大司教も同様にしたあと、王太子のわきに立って、聖油を彼の頭、肩、胸、肘、手首――知性、情熱、統率力を象徴する身体の部位――に塗った。ルニョーは言った。「父と子と聖霊の御名により、あなたを王国のために聖別する」[70]。会衆は叫んだ。「国王万歳！国王に永遠の命を！」。大司教はシャルルが彼に託された力に見合うことを証明するように祈った。聖別された王は塗油のために着ていた簡素なドレスから、地上における神の法の代理人としての役割にふさわしいきらびやかな衣装に着替えた。「アンジューからきた貴紳三人……は王妃マリ・ダンジューと彼女の母親ヨランドに儀式を報告するよう命じられた」。シャルルがジャンから妻に宛てて、「自分が着手しようとしている計画は危険をともなうので、ブルジュに帰れ」と指示していたからだ。また「王の側近は国王の戴冠だけが重要なのだと判断した」[71]。マリはすべてのフランス王妃と同様に、のちにパリで戴冠されるが、その儀式にあたえられた重要性ははるかに小さかった。王冠が国王の頭に載せられると、「だれもが「ノエル！」と叫びました」と姓名不詳の三人は書いた。「そしてトランペットがまるで屋根のヴォールトがばらばらになるかと思えるほど高らかに鳴り響きました[72]」。

『オルレアン籠城日記』は記録する。「国王が聖別され、戴冠されたのを見たとき、ラ・ピュセルは自分と王とを囲むすべての殿さまの前で、国王の前にひざまずき、王の脚を抱いて、暖かい涙を流しながら言った。「気高い国王、神のおよろこびは実行された。わたしがオルレアンの攻囲を解くよう望まれ、聖なる聖別を受けるためにあなたをランスの町にお連れになったおかたは、あなたが真の王であり、王国はあなたに属すべきことをお示しになった」。これを見た全員が大きく心を動かされた[73]」。

『オルレアン籠城日記』は友好的な報告であり、記述されているのは共感によってかき立てられた人びとの表情だけである。「上席権と礼儀の問題」が「宗教的意味[74]」をもつ人びとの表情は無視している。

「あなたの旗印は、王がランスで戴冠されたとき、その頭上で振られたのではないか？」と審問官は尋ねた。

「そんなことはない」とジャンヌは言った。「わたしの知るかぎりでは」。

「それでは聖別式のとき、あなたの旗印はなぜランスの教会のなかに運ばれたのか？　他の隊長たちの旗印ではなく、なぜあなたの旗印が？」

「その旗印は危険に身をさらした」とジャンヌは言った。「これがそれが名誉をあたえられるのに充分な理由だ」。

男たちから平民と呼ばれたジャンヌは、神の紋章を担い、人間の名誉の最高位を凌駕するステータスを公然と示していた。彼女が要求した地位は、中世の心性にとって人間の存在が依存する重要な秩序、神によって定められた変更不能のヒエラルキーを混乱させた。前例はなかった。スカラ・ナトゥラエ——「存在の大連鎖」の新プラトン主義的概念——は、「無限の創造主からその最小の被造物に到るまで[75]」すべての被造物を階層づけている。天使と悪魔、世俗と教会両方の君侯、貴族、そして平民。平民の下に動物、植物、鉱物が、人間の需要と欲求に応えられる度合に応じて並べられる。塗油の儀式は、国王を人間のなかでもっとも高貴なものとして、大連鎖のなかでの彼の正当な場所に固定する聖なる契約を増幅し、明示するために演出された象徴である。ジャン＝ジャック・シェレルと同時代のアカデミー派の画家ジュール・ウジェーヌ・ルヌプヴーの『ランスにおけるシャルル七世戴冠式のジャンヌ・ダルク』（図22）は、ジャンヌが犯した違反がいかに過激だったかを図示する。画家はルニョー、シャルル、ジャンヌを下位の騎士や貴族の集団の上にもちあげ、三人ともを黄金のフルール＝ド＝リスで飾られた青い壇上におく。キャンバスの左側で大司教はシャルルの頭に王冠を載せている。彼の目はひざまずくシャルルを見おろし、王の目は自分のひざの前の床を見つめる。甲冑と赤と金の豪華なサーコート〔外衣〕を身につけたジャンヌは、キャンバス中心線のわずかに右寄りに立つ。ジャンヌが右手にもつ剣はおなじみの示唆的な角度で構えられ、柄が軸を十字架に変形させて、この武器を神聖化する。満員の大聖堂でジャンヌは孤立している。壇上の位置は彼女を大司教と国王からへだて、彼女を死すべきすべての人間のあいだからすくいあげて、頭上のステンドグラスに描かれた聖人たちの階級へと昇らせる。彼女の目はキャンバスの外にある光源から発する三本の光線、すなわち三位一体の象徴を見つめ、サーコートは脇が開いて、甲冑を見せている。甲冑は完璧に丸く、どうやら乳首が――アマゾネスが左側だけにもつ乳房のように――つけられているようだ。棹を握って掲げている旗印は即位式の世俗的宝器すべての上に立ちあがり、旗の白い布のひだはジャンヌの肩のうしろに落ち、旗の輪郭はひと組の大きな白い翼を思わせる。全ヨーロッパの眼前で、男装し、騎士として甲冑を身につけた処女が、自分の民族にとってもっとも神聖な儀式に足を踏み入れ、地上の王と天上の王、そして両者のあいだをとりもつ高位の司祭――家父長的な三人組――を分裂させる。このパフォーマンスは、民衆には創造主にのみ捧げられるべき畏怖を抱かせ、貴族のあいだで増殖するジャンヌの敵たちには激しい怒りをかきたてた。アンダーソンの『ロレーヌのジョウン』で、ラ・トレモイユはシャルルに警告する。「陛下、この娘は無節操です。フランスを統治するつもりです。陛下に代わって」。彼はシャルルに戦場における彼女の勝利は「戦術」とは無関係で、「彼女の個人的な特権とその支持者の狂信的な熱狂に完全に依存している」[76]と指摘する。

奇蹟とそれを起こす者は定義上、自然に反するのであり、ジャンヌは自分の奇蹟をひとりの神のものだとした。その神の寵愛は彼女が記章のように身につけていた処女性に依存していた。自分をラ・ピュセルと呼び、男装することで、ジャンヌは隠された生殖器へと注意を向けさせ、そこに引きつけておいた。中世末期のヨーロッパ男性のファッションは露出的でもあり、きわどくもあった。骨盤の上までの短いジャケット、ダブレットが流行し、上着で隠されない股間はコッドピース（中世英語の「コッド」は陰嚢を意味する）で守られた。コッドピースは男根の大きさを強調するだけでなく、ブリューゲルの風俗画と宮廷人の肖像画のどちらもが明確にするように勃起を示唆していた。十五世紀はこのアクセサリーの人気が最高に達し、その大きさと装飾も同様に頂点に達して、しばしばポルノグラフィーすれすれとなった。コッドピースは娘たちの視線の向くところどころにでもあり、派手な色彩のシルク・ベルベットをみごとに仕立てたジャンヌのショース、つまりタイツ風のズボンだけにこの追加の飾りが欠けているのがかえって目についた。ジャンヌに対して最初にもちだされた七十の告発箇条の第十四条に記されているように、彼女は「短く、ぴったりとして、放埓な男性の服」を着ており、それは彼女の特異なセクシュアリティを強調し、欲望を喚起しつつもそれを打ち砕く彼女の力を誇示していた。ジャンヌの異性装は、異性装をした典型的な殉教者、女と気づかれないままに男で通すことで純潔を守るために男装をした女たちのそれとは劇的に異なっていた。通常、殉教者が着用したのはカソックであり、これは宗教上の誓いから独身を守る者の全身を隠すことを意図していた。トマス・アクィナスは「敵から身を隠す手段として……自分自身を部分的ではなく全体的な性的仮面によって守る」[77]勇敢な女たちを赦免した。ジャンヌはそうではなかった。

ジャンヌは自分自身のためにみずからつくりあげた両性具有性のなかで完結し、飢えや肉欲、恐怖を超越して、死すべき人間が従う物理的法則の及ばないところにいた。ジャンヌが出現したのは、すべての異例な顕現が可能なかぎり聖書の文脈におかれて解釈され理解される時代であり、異常なものは恐怖の目で見られ神託として読まれる時代だった。たとえば黒死病と同時代の年代記は、その到来を神がみずから選んだ民族を奴隷にした罰として、エジプトにもたらした一〇の疫病[78]の文脈においた。アヴィニヨンの教皇宮廷からの書翰は「恐ろしい出来事と前代未聞の惨禍が最近、東インドの一地方全体にいかに影響をあたえているか」を説明する。「最初に蛙、蛇、蜥蜴、蠍、その他多くの有毒の動物が降ってきた、二番目に……信じられない大きさの雹《ひょう》が混ざった稲妻が雷鳴とともに」。三番目には、「悪臭を立てる煙が天から降りてきて、残っていた人間と動物すべてを焼きつくし、その地方のすべての都市と集落を焼いた」。

十四世紀末のアウグスティヌス会士、司教座聖堂参事会員ヘンリー・ナイトンは異性装を疫病の触媒に特定し、「馬上槍試合が開催されるときにはいつでもどこでも、淑女の大群がさまざまな並外れた男性の衣服でおめかしをして到着した……軍馬にまたがり……彼女たちはその身体を浮かれ騒ぎと下品な放蕩で酷使する。彼女たちは神を恐れもせず、人びとの非難に赤面もせず、だが……慎みの要請にも耳を貸さない」[79]と書いた。ジャンヌのように、彼女たちは女が隠すように命じられていたものをあからさまにした。売女だろうと処女だろうと、どちらもが男性の性的アイデンティティをパロディ化することで不安定化させるだけでなく、ある宗教の基盤を攻撃することで男性を辱めた。その宗教の信者は「父」としての神に祈るように教えられる――なぜならば神は女ではなく、男だからだ。

ショーの『聖女ジョウン』でルニョー大司教は警告する。「お前はひとりぼっちだ、まったくのひとりぼっちだ、頼りとするはただ、お前のその自負心、その無知、そのかたくなな思いあがり、神に頼るという衣のかげにいっさいの罪をかくすその不信仰だけだ」。素朴な人びとは、と彼はジャンヌに告げる。「お前の手足に接吻し、……そしてお前はのぼせあがり、破滅に導くうぬぼれで気が狂うことになるだろう。だがそれでもお前は、ひとりぼっちだ。あの連中にはお前を救うことができぬ。われわれが、われわれだけが、お前を火あぶりから救うことができるのだ」[80]。

デュノワは証言する。戴冠式が終わるとき、「ランス大司教とわたしのあいたで馬に乗っていたジャンヌは次のような言葉を口にした。「ここに善き人びとがいる。わたしはこれほどに高貴な王の到来に、これほど歓喜する人びとを見たことはない。わたしの人生が終わるとき、この地に埋葬されるほど幸運でありますように」[81]」。

大司教はジャンヌの言葉が間近の死をほのめかすと感じ、それに彼女の注意を向けさせながら尋ねた。「どこで死ぬことを望むのか？」と。

「どこであろうと神が望まれるところで」とジャンヌは言った。「わたしはあなた同様に、その時も場所も知らない」。

アランソンは証言する。「わたしはジャンヌがときどき国王に、自分自身にはあと一年と少ししかないと言うのを聞いた。「だからあなたはこの一年間のあいだに、よく働くことを考えなければいけない」[82]」。

悲運の前兆はたっぷりとあったが、ジャンヌは身を屈して、運命にへつらったりはしなかった。政治工作は屈辱の泥沼であり、それは人目につかないように時間稼ぎをしながら、妥協の灰色の王国に向きを変えつつあった。ジャンヌは相手の思惑どおり、その泥沼のなかに鎧をつけた足を踏み入れてやったりはしないだろう。裏切りや火刑の恐れからではない。ジャンヌと、彼女を破滅させる責任を引き受けることになる者たち双方にとって、戴冠が新たなアイデンティティを着せかけたのは、王太子ではなくラ・ピュセルであることはますます明らかになっていた。塗油は「フランス国内外にジャンヌ・ダルクの並外れたイメージをつくりだした」[83]からだ。この先に訪れる裏切りを語るのは天使たちの声だけではなかった。だが、シャルルのと同様に大司教のものでもある栄光の瞬間に、ジャンヌが彼をかすませたことに対して、聖職者中の王侯たる大司教が復讐を夢見る可能性をいまさら考えたところで手遅れだった。大司教とシャルルのそれぞれが顔色なからしめられ、国王は国民的トルバドゥールによってさらし者にされようとしていた。

「あなたシャルル、フランス王、その気高き名の七番目」とクリスティーヌ・ド・ピザンは書いた。「あなたにとってものごとがうまくいくようになる前に、これほどの大戦争に関わったあなた、いま、ありがたいことに、わずかの時間で敵を倒したラ・ピュセルによってあなたの名誉が讃えられたのをご覧なさい……なぜならばあなたが失おうとしていた国をあなたが取り返すのはまったく不可能と思われていたのだから……十六歳の少女が……過去のすべての勇敢な男たちに優先して……王冠をかぶるべき」[84]。クリスティーヌは『ジャンヌ頌』に一四二九年七月三一日の日付を入れている。それまで、詩人は「傑出した経歴」のあと、一一年間の隠遁生活を送っていたが、沈黙を破ったのは、ある歴史家が言うように、「女性嫌悪《ミソジニー》に対するクリスティーヌの首尾一貫した女性擁護にジャンヌが提供した証拠」[85]を言祝がずにはいられなかったからだ。

十五世紀フランスの文化全体がジャンヌにとり憑かれていた。宮廷で彼女の株が下がるのに反比例して、民衆のあいだでは株が上がっていった。ジャンヌはすでに追従が偶像崇拝的であり、自分の魂には危険だと認識していたが、それは世俗的関心にとらわれたすべての司教の手の届かないところに彼女を引きあげていた。「みんながわいわい言っていた例の聖なる油というやつがまた、臭いのなんの」[86]とシャルルはショーの『聖女ジョウン』で嘆く。それは使用するには古すぎて、時代遅れになった死んだ秩序の象徴であり、一方、ジャンヌ自身は崇拝の対象になった。パリで配られた小冊子からアヴィニョンの教会の扉に釘で打ちつけられた告知に到るまで、シャルル・ド・ヴァロワとその宮廷全体は、ジャンヌの輝きの熱で溶けて、大陸全域の叙事詩、説教、物語のなかから流れ去った。

儀式のあと、シャルルとその随行団、そして「他の高位貴族大勢」は大司教宮殿に移動した。ジャンヌの名前はレセプション出席者のリストにはない。招待客リストが記載されている唯一の資料は『アンゲラン・ド・モントルレの年代記』だが、筆者は親ブルゴーニュ派なので、ジャンヌが大司教の邸宅に招待されたおかげで後世にほんのわずかでも名を残すことを避けたいという誘惑に負けたのかもしれない。ジャンヌはそこにいたはずである。しかし彼女を除外するのもたやすかったはずだ。平民としてのステータスは、これほど威信ある集まりから彼女を排除する口実をルニョーにあたえた。どちらにしても、ジャンヌは宮廷の時代絵巻を充分に楽しんだ。両親とともにいる機会は二度とないことを知っていて、家族との団欒と交換で金糸織のサーコートを脱ぐ用意があり、父親とのあいだになにか確執が残っていたとすれば、それをとりのぞく機会を逃しはしなかっただろう。エモン・ラギエがシャルルの会計簿に記載しているように、父親は王の客として「縞の騾馬」亭に泊まっていた。イザベルがランスまできたのかについては資料は一致していない。いずれにしてもイザベルの従兄弟テュラン・ラクサールがジャックに同行していた。

ジャンヌは儀式後ただちにパリに行軍するつもりで、戴冠式の朝、ブルゴーニュ公（図19）に堂々たる書翰を送った。この時点でブルゴーニュ公が塗油に立ち会わないことは明らかになっていた。書翰のなかでジャンヌは礼儀正しさと傲慢のあいだを行ったり来たりし、自分の推測を空疎な形式に下手くそに包み込んで、公爵に戦闘への渇望を満足させるためには、外国に十字軍を送って気晴らしをしたらどうかと示唆した。「高貴で畏怖すべき君侯、ブルゴーニュ公よ、ジャンヌ・ラ・ピュセルは天の王の名においてあなたを召喚する……戦争をしたいのなら、サラセン人に対してせよ」[87]。

中世ヨーロッパの人びとはイスラム教徒をサラセン人と呼んだ。この言葉はもともとはシナイ半島起源の褐色の肌の人びと——アラブ人——として理解されていたが、十五世紀には「サラセン人」は外国人嫌悪的《ゼノフォビア》な言い回しとなり、非キリスト教徒、ムハンマドやテルマガント〔荒ぶる神〕を信仰する異教徒を指す言葉として使用された。テルマガントはイスラム教徒ではなくキリスト教徒が創造したジェンダーレスの神で、キリスト教徒はその出現を黙示録の先触れと信じた。大文字で始められるとき、この名前はなじみの聖書物語にもとづく大衆的な神秘劇の敵役に用いられた。十六世紀後半になり、シェイクスピアが大文字のTなしで使うころには、口やかましく威圧的な女を意味するようになる。これは、女性を悪魔的なものと結びつけようとする逃れがたき衝動を表わす、もうひとつの事例である。

正当なるジェノサイドを待つ異教徒集団への言及は、ジャンヌが捕縛の二週間前に「ボヘミアの異端者」に宛てたもう一通の手紙を予告していた。「ボヘミアの異端者」に対し、ジャンヌは背教の報いとしての絶滅を約束した──彼女にあたえられた使命の範囲を完全に逸脱した行動であり、このあとに続く数か月が示すように、彼女はその使命の枠を超えつつあった。

「わたしは命令するよりも祈り、懇願し、慎ましく求める。聖なるフランス王国でこれ以上、戦うな」。これはジャンヌには公爵に命令する権利があることを暗に意味しており、とくにジャンヌが続けてブルゴーニュ公の安寧は、彼女、自称神のメッセンジャーに従うことにかかっていると示唆しているので、慎ましい要求とは言いがたい。「わたしは天の王、わたしの正当なる至高の主によって、あなたの幸福、あなたの名誉、あなたの生命のために、あなたに知らしめる。あなたは忠実なフランス人に対するいかなる戦闘にも勝てず、聖なるフランス王国に戦争を仕かける者はすべて、王イエスに戦争を仕かけるのと同じことである、と」。彼女は公爵の戴冠式欠席を叱ることで暗黙の脅しを続ける。戴冠式出席は王国の世俗同輩衆六人のひとりとして、ブルゴーニュ公が果たさなければならない義務だった。「わたしはあなたに書き、ひとりの伝令によって手紙を送る。あなたは戴冠式に出席しなければならない。それは今日、この七月の一七日目の日曜日にランス市で執りおこなわれる」[88]。

もうひとり、目につく欠席者はボヴェ司教ピエール・コションである。コションは数週間前の五月二六日に聖体祝日の行列に参加するためにランスを訪れていた。ランス市を発って自分の司教区に帰ったとき、コションは短期間の留守中に、オルレアンからランスまでジャンヌのあとに続いた勝利の結果として、司教区がアルマニャック派の手に落ちたことを知った。ほかのイングランド＝ブルゴーニュ派や彼らの大義に忠実な者たち全員とともにボヴェから追放され、ルーアンに逃亡せざるをえなかった。ルーアンはイングランド占領下のフランスの首都であり、その町でコションはジャンヌに死刑を申し渡す裁判を主宰することになる。

コションは四十八歳。計算高く、利用できる者をいつも見きわめていた。パリ大学で法学を学ぶ学生として、華々しい経歴を歩み、出会うすべての権力者と交際を深めることで、戦闘の教会におけるヒエラルキーを効率的に駆けあがっていった。一四一二年にランスのヴィダム、すなわち「司教領守護職」に任じられ、この高い地位のおかげでブルゴーニュ公フィリップに接近。フィリップにとってまずは役に立つ者、次いで必要不可欠な者となり、フィリップの影響力を利用してボヴェの司教職を手に入れた。ジャンヌの不倶戴天の敵となる男は、ジャンヌが生まれた年に彼女を破壊するのに必要な力を獲得しはじめていた。ミシュレが「猛々しいカボシャンのなかでも最も猛々しい者のひとり」——カボシャン〔カボシュ党〕は一四一三年のアルマニャック派をねらったクーデタで、短期間パリを掌握した急進派〔シモン・カボシュを首領とする〕——と認めたコションは「金と権力のあるところ、イギリスに、ウィンチェスター枢機卿の傍に渡った。彼はイギリス人となり、英語を話した」[89]。ウィンチェスター司教ヘンリー・ボーフォートはヘンリー五世王の伯父にあたる。コションの野心と強欲をみずからのそれの鏡像と認識したボーフォートが、フランスの陰謀に届くだけの長い腕を必要としたとき、彼はその腕の持ち主をしっかりと自分の支配下においていた。

第8章　黒い騎士

シャルルがランス大聖堂の床にひれ伏しているあいだ、[1]パリではブルゴーニュ公とベッドフォード公が、フランス軍によるもっとも最近の離れ業に――とくにそれが魔術という危険な手段で達成されたとすれば――どう対応すべきかを協議していた。ランスはパリから一〇〇マイルも離れておらず、パリ市民は、処女の魔女と不吉な魔力が接近してくるにつれて、次第に落ち着きを失っていった。ジャンヌがパリの市壁に一マイル近づくごとに、この話題は哄笑《ヒラリティー》を呼ばなくなり、そのかわりに混乱《ヒステリア》を募らせた。ジャルジョーが「狂暴な血みどろの攻撃」[2]で陥落してから六週間が経過し、噂にはありがちなように、それは語られるたびにますます扇情的になり、なおいっそう恐ろしい残虐行為をまことしやかに申し立てた。

イングランド人はルーアンに官僚機構を設置していたので、フランスの元首都パリへの攻撃が占領者の行政力を危うくすることはなかったが、それでもヨーロッパに並ぶものなき宝石であるパリを失うのは士気を打ち砕く失態となる。それを魔女の手に明け渡すことは前例のない忌みごと、悪魔の力の顕現となるだろう。イングランド占領下のパリは、負ける贅沢の許されない戦闘に備えていた一方で、ただちに市を奪取するというジャンヌの計画は、まずは新たに戴冠された国王がおこなわなければならないひと続きの祭事によって、次に七月二一日木曜日に国王がコルブニに向かったことによって挫折させられた。ランスの北西一七マイルに位置するコルブニには瘰癧《るいれき》患者の守護聖人マルクフの修道院がある。国王とその随行団は七月二三日にそこで一日を過ごし、シャルルは「瘰癧患者に触れる」義務を果たした。瘰癧は中世には「王の病」と呼ばれたが、それは塗油されたばかりの新君主の手に授けられた力が、見苦しい頸部リンパ節の結核性感染症を治癒すると信じられていたからである。ほかにも大勢の病んだ巡礼が他の病気をもって同じようにやってくることは避けがたかった。全員がシャルルによる手当の記念に「お守りメダル」を受けとり、メダルがあてられた首のまわりにそれを下げておくように指導された。暗黙のうちに言われているのはメダルを外すのは命を持続させる神性との接触を断ち切るということだ。患者との接触はある程度距離をおいておこなうとしても、ペスト流行後の多くの国王は、不潔な民衆との交わりを避け、患者に触れるかわりに、配布するコインに触れるか、宝石で飾った手をコインのはいった袋の上で動かし、祈りの言葉をつぶやくほうを選んだ。お守りメダルは基本的には病気を撃退するお守りであり、一般的には竜の姿をしたサタンを退治する聖ミカエルの像が刻印された。その起源はジェームズ・フレイザーの言う「共感呪術」[3]——ひとつの迷信体系——にある。その体系内の「感染の法則」はそれを実践する者たちに、聖なる効能は接触によって移されることを保証している。この誤解——全人類共通の大脳辺縁系に起因する本能的な欲望——は、きわめて原始的なので論理的思考が発展する前から存在する。教会は次のような比較には抗議するだろうが、ポリネシアその他のアボリジニはキリスト教の儀式とは逆を実践する。ひとりの部族民が聖なる族長に偶発的に接触し、「聖性の感染を除去するために」決められた儀式をおこなうことができないと、彼は「膨れ上がって死ぬか、あるいは少なくとも腺病〔英訳では「瘰癧」〕その他の病に冒される」。[4]

王の接触療法《ロイヤル・タッチ》は長い一日を保証したが、シャルルには、ジャンヌに感じられたほど長く感じられたわけではなかった。彼は自分が注目を集めている場所にぐずぐずととどまる傾向があった。だが、公衆の目にさらされていようといなかろうと、休みを知らぬジャンヌにとっては長い一日だった。彼女は、このときまだ果たされていないと見なし、果たされていないものとして示していた召命の残りの仕事にとりかかりたいという気持ちをしだいに募らせ、アランソンに告げた。わたしには「四つの任務がある。すなわちイングランド人を追いはらうこと、ランスで国王に戴冠と聖別をさせること、オルレアン公をイングランド人の手から解放すること、イングランド人がオルレアンの町に敷いた攻囲を解くこと」。オルレアン公はイングランドにとどまり、イングランド軍はフランスにとどまっている。ジャンヌには一年間で達成すべきことがたくさんあったが、シャルルは彼女にその大切な一年間を無駄に費やさせていた。アランソンの証言は、ラ・ピュセルをひと目見て、その姿に圧倒された男によって、二七年の隔たりをおいてなされた。彼は国王の命で強制的に移動させられるまでジャンヌの指揮下にあり、何か月ものあいだジャンヌの言葉を数えきれないほど耳にしてきた。ジャンヌが口にした召命に関しては、彼の証言はスガン・スガンの証言ほど信頼はできない。スガン・スガンがジャンヌと接したのは彼女の公的な経歴の初期に限られるが、彼はポワティエの審問以降もつねに明晰な目撃者だった。スガンは、「彼女が天の王から派遣された理由」を二つしか認めていない。「ひとつはオルレアンの攻囲を解くこと、もうひとつは国王を塗油と戴冠のためにランスに連れていくこと」。ポワティエで審問を受けたとき――

わずか四カ月前――ジャンヌはまだオルレアンの攻囲を解いてもいなかったし、シャルルをランスまで送り届けてもいなかった。目の前にある人間には不可能な二つの挑戦の先までは見ていなかった。神が求めたものを達成したいま、彼女には自分の目標を定めるべき明確な探求《クエスト》の旅はなかった。具体的な目標がないのが不安だっただけではなく、みずからの名声の頂点で艫綱を解かれて漂ってもいた。ジャンヌの声たちは、農民の子女として簡素で無名の人生を生きていた娘を消え去らせた。その娘は、ジャンヌが神の呼び声に応えるために創りあげたアイデンティティによって、完全に、そして後もどりのできない形で覆い隠された。ラ・ピュセル、その物語《ナラティヴ》がフランスの敵に対する聖戦を戦い、天の軍隊を味方にしてそれに勝利することによって決められる処女のヒロイン。彼女にはまだ戦うべきフランスの敵がいた。だが、勝利への道は、もはや上空から見守る天使たちの視線によって照らされてはいなかった。聖カトリーヌや聖マルグリットが彼女のもとを訪れて、彼女の大義を助ける人びとの名前や聖なる剣が隠されている場所を告げることもなかった。国王の側近として、彼女はそのような助けを必要としなくなっていた。ジャンヌと声たちの対話は変化した。声たちの導きに応えることで始まったものは、声たちからの忠告や国王があたえない許可を求めるジャンヌからの呼びかけに変わった。

　アンダーソンの『ロレーヌのジョウン』のなかで、ジョウン＝ジャンヌは「もしわたしの声が答えないのなら、もしなんの命令もわたしにあたえられないのなら、そのときはここにはとどまっていられません。わたしはふたたび武器をとり、敵を見つけ、前と同じように戦わなければなりません」[5]と神に言う。「わたしには死ぬ勇気があります。けれどもこんなふうに、不愉快なやり方で、毎日、少しずつ死んでいく勇気ではありません」。ショーは、彼女を戦いのスリルを求める戦争依存症として描く。「おお、デュノア、こんどもオルレアンの橋のときのようであってほしい。あの橋で、私たち、生きたのですもの……もう危険がないとなると、すっかり退屈してしまう。ああ、退屈で、退屈で、退屈で！」[6]。

ラ・イールは同意する。「戦いが恋しくなるだろう。これは悪い習慣だが、偉大な習慣でもある。これをすてるのは非常に困難だろう」[7]

「中世西欧の理想的軍事指導者の概念は、戦闘を計画し戦う技術的な能力よりも使命感の道徳的特質により大きな価値をおいた」[8]ので、ジャンヌはその廉直さによって、フランスの隊長たち大部分の服従を勝ち得た。パリ侵攻については、パリ奪還がシャルルの統治を確固たるものにするための鍵だという彼女の信念を共有しない隊長はだれひとりいなかった。かつてフランスの正統な首都だったパリは再興されるだろう。イングランド人たちは英仏海峡を越えて退却せざるをえなくなるだろう。イングランド軍がさらに数千人のロングボウ兵をパリの市壁内に詰めこむ前に迅速に動員をかけ、攻撃することが鍵だった。パリの市壁はヨーロッパ全域で最大・最強と認められ——高さはほぼ三〇フィート、上に歩廊があり、四角い塔が規則的な間隔をおいて壁上高くそびえ立つ。二〇万の人口がパリを巨大な都市とし、六か所の門は「巨大な守衛詰所で守られ……そのなかには角の塔、矢を射かけるための隙間、銃眼、殺人孔、落とし格子、跳ね橋が建造され」[9]、数百名の兵士を収容するだけの部屋があった。フランスがつかみとるべき利点はひとつしかなかった——時間、である。

ショーのジャンヌは、劇作家が意志薄弱な享楽家として造形したシャルルに尋ねる。「あなたにどんなお告げが必要かしら、鍛冶屋だって教えてくれるわ、鉄は熱いうちに打て、ということくらい」[10]。

国王と宮廷人たちはラオンの修道院からソワソンへと移動し、七月二八日までそこにぐずぐずと居残っていた。ソワソンは二五マイルほどパリに近い。ジャンヌはシャルルが正当なる統治に到達したことを武力の誇示によって強調するのをもはや一日たりとて待てずに、二九日にランスからパリに到る街道半ばのシャトー＝ティエリに六〇〇〇ないし七〇〇〇[11]にのぼる兵士を配置する許可を国王から得た。そこで「ベッドフォード公が戦いにやってくる」[12]ことを期待して、兵士たちに戦闘隊形を敷かせ、一日中待機させた。ベッドフォードは現われなかった。プロヴァンに向かった王は、ベッドフォードが現われないであろうことを知っていたにちがいない。ラ・トレモイユは六月三〇日――戴冠式の二週間半前――から、無期限の和平とまでは言わないが、休戦を交渉していた。和平の場合はシャルルの降伏が必要となる。六月三〇日、ブルゴーニュ公に宛てたジャンヌの好戦的な書翰に先がけて、ラ・トレモイユはディジョンの公爵宮廷に到着し、交渉を開始。交渉の結果、公爵はマリとヨランドに宛てる意図で、「国王は条約を結ぶという楽観主義を表明する」[13]手紙をもたせ、使者を戴冠式に急送した。たとえ一日でも動かずにいることの代償を理解していたジャンヌは、トウェインいわく「八か月のあいだ、漂流の生活」、「国王とその顧問団、それに」シャルルの「放埒《ほうらつ》で、これ見よがしで、踊り、いちゃつき、タカ狩り、浮かれ騒ぎ、恋歌、放蕩《ほうとう》にあけくれる宮廷といっしょの漂流の生活だ。――市から市へ、城から城への漂流」[14]を予感していたとしても、ミシュレが描く妖精物語のような行列には、よりいっそういらだっただろう。「行軍はただ穏やかに領地を回復することであり、凱旋であり、ランスにおける祭典の連続であるにすぎないように思われた」。魔法のように簡単に、「諸街道は王のまえに平らにひらけ、町々はその城門を開いて跳ね橋を降ろした」[15]。そしてジャンヌは不満をもらした。

ラ・トレモイユが舞台裏で小細工をし、きたるべき条約締結に先駆けて協約を作成しているあいだ、国王はジャンヌとの諍いを回避するために、外交力を最大限に発揮し、ジャンヌの気を戦争挑発から逸らせるために懐柔策を使った。七月三一日、シャルルはドンレミとグルーの住民全員に未来永劫にわたって税金を免除した。住民たちはこの権利を、フランス革命がすべての特権を一掃するまで享受した。

八月初め、ジャンヌは、シャルルのあとを追って、パリを大きく迂回してプロヴァンに向かった。噂される休戦にシェフ・ド・ゲールであるジャンヌの意見は求められなかった。痛烈な休戦批判を続けるジャンヌにとっての大きな慰めは、ヨランドの息子ルネがようやくフランス軍に合流したことであった。ルネがもたらした宮廷内の変化がたとえ小さくとも、それはブルゴーニュ公からの歓迎されざる手紙に対し、シャルルの義母ヨランドがラ・ピュセルへの支持を取り下げはしなかったことを示していた。

ジャンヌは、ルネの到着を、神がいまだ彼女の軍のもとにとどまっているという前兆として受けとり、ランス市民に向けた公開書翰という形で鬨の声を挙げずにはいられなかった。「ジャンヌ・ラ・ピュセルはあなたたちに彼女の近況を知らせ、彼女が王家の血のためにおこなっている善き戦いについて、あなたたちがいかなる疑いも抱かぬようお願いする。そしてわたしはあなたたちに約束し、確認する。生きているかぎり、わたしは決してあなたたちを見捨てない。国王がブルゴーニュ公と休戦を結んだのは事実である」。しかし、「どれほどの数の休戦がこのように結ばれようとも、わたしはまったく満足はしていないし、自分がそれを守るかどうかはわからない。だが、わたしが休戦を守るとすれば、それは国王の名誉を守るためだけであり、休戦が王家の血を利用してはいないからである」[16]。講和に署名が成されようと成されまいと——そして政治についてはジャンヌに教えないでおくだけの充分な理由があった——彼女を実戦から離しておくというかぎりにおいては、非公式の休戦であれ、休戦としての効力をもった。彼女の第一の忠誠——宮廷の政治努力を無視することを彼女に許す条件つきの忠誠にもかかわらず——が向かうのは王家の血に対してなのだとランス市民にふたたび保証したあと、ジャンヌは、彼らにこう頼んで手紙を終えた。「あなたたちを苦しめようとする裏切り者がいないかをわたしに知らせなさい。わたしは彼らを可及的速やかに追いはらう……八月の第五日目の金曜日、プロヴァン近く、パリ街道沿いの平野の陣にて記す」。

八月七日、ベッドフォード公——フランス摂政ランカスターのジョン——は、自身とブルゴーニュ公の両方に宛てた戴冠の報せに対し、戦場でまみえようと応え、シャルルと彼の軍を挑発した。書翰は、単に形式的な戦争挑発ではなかった。その真意はプロパガンダにあった。そのためにベッドフォードは書翰を、一〇年前にブルゴーニュ公の父親〔無畏公〕が町の橋のたもとで暗殺されたモントローから送った。両公爵は告げた。「あなたは大義なくみずからを国王と称し、神の恩寵によってフランスおよびイングランド王国の自然かつ正当な真の国王であるわが君主、もっとも高位で優れた君侯ヘンリーの王冠と統治権に対し、誤った新たな攻撃をおこなった……そしてあなたは無知な民衆を誘惑し、欺き、そして迷信的で神に見放された者たちに助けられている。たとえば男装をし、乱れた生活を送るだらしのない悪評高き女。そして背教者で煽動的な托鉢修道士……どちらも……神には唾棄すべきものである」[17]。シャルルはイングランド軍と「ブリーの国の野で」あるいはイル＝ド＝フランスのどこでなりと、「前述の醜女と背教者、そしてあなたが召集することを望み、召集できる偽りの宣誓者その他の軍隊とともに、直接」交戦することになるだろう。両公はシャルルに告げた。いままでわれわれは詐称者に並外れた寛容を示してきた。詐称者の「過失と黙認」は「もっとも恐ろしく、忌まわしく、そして残酷な殺人……すべての法と騎士道の名誉に反して、われわれのいまは亡きもっとも大切かつ最愛の父」無畏公ジャン「に対して冒された」殺人のために非難されるべきである。

休戦交渉中に、両公が挑戦状を突きつけたことは、ジャンヌが予測したとおりに事態が展開しつつあることを示唆する。イングランド人は平和を求めてはいなかった。彼らは迷い、矛盾し、言い争い、休戦延長を主張し、攻撃への応戦準備がパリにできるまで可能なかぎりの時間を稼いでいた。ジャンヌがシャルルに告げたように、「平和は槍の穂先にしか見つからない」のだった。

ジャンヌとその軍はシャルルに対するそれぞれの町の忠誠を、武力に頼ることなく確認しながら、クロミエ、ラ・フェルテ゠ミロン、クレピ゠アン゠ヴァロワ、ラニー、ダンマルタンを通過し、八月一四日にモンテピロワに到着した。しかしながら『オルレアン籠城日記』の著者が報告しているように、ダンマルタンでは、ジャンヌにはイングランド軍が「よい陣形を築き、有利な位置にいる」[18]のを観察する機会があった。翌八月一五日にも彼らの姿を見ることができた。八月一五日、目を覚ましたとき、フランス軍はベッドフォード公が暗闇のなかで軍を動かしたのを知った。ベッドフォードは、パリの市壁から約三〇マイル北でフランス軍が野営をしていたモンテピロワとサンリスのあいだの平坦で乾いた平野における戦闘を予測していた。また、「王家の血筋の君侯が、フランスの首都に政治的権威を行使していると言われるように」[19]、ブルゴーニュ公フィリップをパリの総督にした。イングランド人は鰊の戦いと同じ陣形を敷いていたが、その日はあまりにも暑く、大地はあまりにも渇いていたので、空中を漂う砂塵のために両軍とも相手が見えなかった。ベッドフォード軍が八〇〇〇から九〇〇〇だったのに対して、ジャンヌには六〇〇〇から七〇〇〇の兵しかいなかった。しかし彼女の軍の桁外れの自信が数の差を補い、周辺部でのいくつかの小競り合いは、対決している両軍ともに手詰まりであるという事実を隠せなかった。イングランド人は防御のうしろにうずくまり、ジャンヌが忍耐を失って攻撃を命じ、騎馬隊をパイクで造られた移動可能のイングランド堡塁に突進させるのを待ちかまえていた。

シャルルとラ・トレモイユは「ブルボン公……をともなって騎馬で姿を見せた」[20]。ジャンヌは忍耐を失い、みずからを敵を誘い出す餌とした。彼女はイングランド軍が自分の捕縛をいかに重要視しているかを知っており、自軍前衛の最前列に立って、ベリーの伝令ジル・ル・ブヴィエの証言によれば、部下たちを「カルヴァリン砲の届くほど近く」[21]まで導いた。処刑裁判の記録と無効化裁判の証人のどちらもが証言するように、ジャンヌはイングランド軍の手に落ちるよりは死を選ぶとしつこく繰り返していたし、そして彼女が一度イングランド人の手に落ちたあとに起きたことを考えあわせれば、自分を不必要に危険な状況に立たせるジャンヌの決意は、おそらくは戦略的というよりは衝動的だったのであり、彼女がいかに絶望的になっていたのかを暴き出す。ショーは、戦争に対するジャンヌの渇望を「悪い習慣」と呼ぶ。しかし実際はそれよりもなお悪かった。彼女は、ただ戦闘に中毒していたのではない。戦闘していないと、艫綱を解かれて漂流してしまうのだった。

しかしイングランド軍は彼女を煩わせずにおいた。ジャンヌは、イングランド軍に戦線を敷く特権を許し、彼らが準備が整ったと言うまで、自分と自軍を引きとめておくと告げた。それでもイングランド軍は防衛線のうしろからあえて出ようとはしなかった。その日、唯一満足できた出来事は、ラ・トレモイユが落馬し、あまりにも太っていたために、彼の重みであえぐ気の毒な馬の鞍になんとかもどすのに側近全員が総がかりになったことである[22]。ジャンヌ処刑の二年後、宮廷におけるラ・トレモイユの敵たちは、「攻撃者のナイフが脂肪しか切断しなかった」[23]ために、その暗殺に失敗した。

ジャンヌは暗くなるまで待って、部下を野営地にもどし、夜を過ごさせた。翌日にもたらされる裏切りには気づいていなかった。八月一六日、ランス大司教はラウル・ド・ゴクールその他の高官たちを引き連れてパリにはいり、フィリップ本人に直接挨拶をし、シャルルが無畏公ジャン殺害の責任をよろこんで受け容れて償いをすると知らせた。ブルゴーニュ公の中立と引き換えに、シャルルは彼に忠誠を誓ったばかりの四都市、コンピエーニュ、サンリス、クレイユ、ポン＝サント＝マクサンスを引き渡すことに同意した。[24]シャルルが到着するころには、イングランド軍で残るのは、パイクが抜き取られたあとに円形に並ぶ穴と、ベッドフォードが軍を連れていったルーアンへと急ぐ蹄と車輪の跡だけだった。ジャンヌは、モンテピロワの結果を敵の潰走として祝い、潰走によって、シャルルのパリ接近はランスへのそれと同じようになり、敵は正当なる国王に属する都市を次つぎと放棄していくだろうという自分の約束が部分的に成就されたことにした。自分に対する国王の裏切りを理解していたとしても、そのことをどの証人にも明かさなかった。だが、とくにランスへの勝利の行軍の加速されたペースと較べれば、アルマニャック派のパリ接近がいかに慎重かを認識しないわけにはいかなかった。八月一七日はさらなる欲求不満を予告した。シャルルはコンピエーニュの王室専用アパルトマンがいかに贅沢かを発見する。コンピエーニュ市民は、シャルルが交渉でたったいま彼らを敵の手に返したことに気づかないままに、彼を歓迎した。腰を落ち着けたばかりのシャルルは、あえて出発しようとはしなかった。アランソンの主馬守ペルスヴァル・ド・カニーは報告している。「ラ・ピュセルは王がそこに滞在したがっていることが大いに不満だった[25]」。

『ロレーヌのジョウン』のなかでジョウン＝ジャンヌは祈る。「わたしたちはコンピエーニュ、サンリス、ポヴェで祝宴を開きました。もし計画が維持されれば、わたしたちはもっと祝宴を開かなければなりません。けれども、ああ、天の王よ、食べ物は苦い。それは国王が地方や都市から受けとったお金で買われているのです……そしてわたしの声たちはなにも言いませんでした……彼らは話しませんでした。黙っているのです[26]」

シャルルが自分の新たなステータスにともなう特権を満喫しているあいだ、イングランド軍は、ブルターニュの中立を「ピトゥ伯爵領という前例のないオファー」で買い、軍の大元帥の肩書きをリシュモンに、この名誉ある地位がもつ権力とともに差し出した。彼が受諾していれば、この誘いには百年戦争でもっとも高給が支払われた傭兵という名誉も含まれることになっただろう。彼はイングランド人の申し出を拒否したが、「新国王から距離をとり、ジャンヌにとっては不幸なことに、彼女からさえも距離をとった」[27]。ジャンヌは、シャルルが戦闘開始要請をはぐらかしたとき、アランソンに訴えた。「わたしの美しい公爵」、と彼女は言った。「あなたの部下と他の隊長たちの部下に用意をさせなさい。わたしの旗印にかけて、これまで見たこともないほど近くからパリを見にいきたい」[28]。八月二八日、シャルルはブルゴーニュ公フィリップと四か月間の休戦に署名し、ジャンヌは、自分とアランソンに同行する三〇〇〇から四〇〇〇の兵と、パリの北わずか七マイルのサン=ドニに二日間、滞在した。ジャンヌが国王の命令を待つのを拒否したことは、実質的にフランス軍を分裂させた。隊長たちは、もしラ・トレモイユに宮廷を追放されることになるのなら、彼女のあとに続きたくはなかった。リシュモンの例が参考になった。シャルルの戴冠から六週間が経過し、神の意志の道具であるジャンヌは、少なくとも部下の二分の一を失った。残っているもっとも忠実な者たちのほとんどは兵士だった。破産した国王は、兵士たちが国王軍に参加しても、彼らに一度たりとも賃金を支払わなかった。兵士たちがジャンヌの配下で戦っていたのは、彼らの勇気と奉仕に神が報いてくれることを期待したからだ。

ジャンヌが標的の町に近づくころには、シャルル戴冠から七週間が経過しており、「パリの防衛は強化されていた……堡塁が門の前に建造され、市壁に近い家屋は引き倒され、火器は組み立てられ、石が集められた……一一七六発の大砲の砲弾……がパリの市門に配られ……市壁の近くに備えられた」[29]。サンリスに駐屯するジャンヌ軍と市壁のあいだには濠があり、濠は塹壕で囲まれていた。八〇〇〇ないし九〇〇〇強のイングランド軍が塹壕とイングランド軍十八番の鋭い杭の柵のあいだに立つ。鋭い杭は前進する騎兵を狙い、ばらばらとまかれたまきびしが歩兵を待ち構える。

ジャンヌは、パリの市壁のまわりで小規模な戦闘をしてほぼ二週間を過ごした。パリの要塞は、ある軍事史家が指摘するように、「いかなる猛攻撃からも守り……同時にどんな敵も怯えさせて攻撃をさせない」[30]ように建造されていた。シャルルの出動許可がなければ、ジャンヌにできるのは小規模な戦闘だけであり、いずれにしてもその目的は偵察の口実をつくることだった。九月八日、シャルルがようやくおっかなびっくりのゴーサインを出したとき、ジャンヌはもっとも脆弱と判断した地点、セーヌ右岸のサン゠トノレ門攻撃の準備をしていた。考古学的証拠によれば、門は幅六〇フィート、高さ三〇フィート。アランソンの主馬守、ペルスヴァル・ド・カニーは書いている。「彼ら〔ジャンヌ軍〕は初めに市壁に火器で砲撃を仕かけ、棒の大きな束、木材、荷車、樽を濠に投げこんだ」[31]。その上をまずジャンヌが歩き、「豚市場の近く」にはいった。「攻撃は激しく長く、内側いる者たちが外側いる者たちに撃ちかける大砲と、カルヴァリン砲の音を聞くのは、途方もないことだった」[32]。アルマニャック派のペルスヴァルは「殺された者や、助けなしで自分の陣地に、そして自分の陣幕にもどれない負傷者はいなかった」と主張するが、これはほぼ確実に事実ではない。クレマン・ド・フォカンベルグは火器による多数の負傷者と死者を報告している。『パリの一市民の日記』は「アルマニャック派の負傷者を一五〇〇と推定し、満足」している。アルマニャック側の男たちは「女の形をした……生き物――これがだれかは神のみぞ知る――の忠告に対する、あまりにも大きな間違いと愚かな信頼に満ち、攻撃によって必ずやパリを勝ちとり、全員が市の財産で金持ちになる」[33]と信じていた。彼らはパリの一市民描くところの「とても野蛮な攻撃」のあいだに、「パリ人にとても下品な侮辱の言葉を吐きまくった」[34]。ジャンヌは言った。「イエスにかけて、あなたたちはただちにわれわれに降参しなければならない。夜になる前に降参しなければ、われわれは軍事力によってあなたたちを侵略するからだ。望むと望まざると、あなたたちは無慈悲に死へと追いやられる」。

「「こっちを見ろ、おまえ、娼婦、ふしだらな女」と一人の男が言った。そして男はクロスボウを彼女に向かってまっすぐに放ち、ボルトは彼女の脚に突き刺さり、彼女は逃げた。もう一本はジャンヌの旗印を掲げていた男の足に刺さり、負傷したと感じた男がまびさしをあげて、ボルトを足から抜こうとしたとき、別の男が彼を射た。ボルトが目と目のあいだに命中し、致命傷をあたえた」[35]。ジャンヌは逃げたものの、遠くまで逃げたわけではなかった。ブルゴーニュ派の年代記作者モントルレは、彼女は重傷を負ったので、「小山のうしろの溝に一日中、とどまっていた」[36]と報告する。ジャンヌも、彼女がその下で戦ってきた旗印も、ともに打ち倒された。「突撃はひじょうに激しく、午後の四時まで続いた」。そのころには「パリ人は自信をつけ」、「彼らの大砲やその他の火器を何度も放ったので、彼らに対して攻撃を仕かけていた軍隊は敗走した」。ジャンヌはいやだと言ったにもかかわらず、落ちた溝から引き揚げられ、陣地まで運ばれた。アランソンはこの機会をつかんで「撃ち方やめ」を命じ、「攻撃を停止して立ち去った」。撤退するフランス軍の背中に向かって、「パリ人は激しく撃ちかけた。こうして戦いは終わった」[37]。

しかし九月九日、全員が「彼らの元の同盟者に対してジャンヌとフランス軍とともに戦うことを望み、市から離脱してきたモンモランシー伯爵と五〇から六〇名」の騎士「の到着に勇気づけられて」[38]、ジャンヌは、アランソンを呼びにやり、かなりの傷にもかかわらず戦闘の準備をした。ジャンヌ本人は、傷が治癒するのに五日を要したと証言するが、それは出血が止まるまでに五日かかったことを意味する。数週間後になっても、傷の後遺症に苦しめられた。しかし、ジャンヌとアランソンには戦闘のために結集する機会がないまま、シャルルの使者ルネ・ダンジューとクレルモン伯爵が到着。シャルルはジャンヌとアランソンにサン゠ドニにきて、自分に報告をするよう命じていた。サン゠ドニで「ジャンヌ、アランソン、その他の激しい反対に対して」[39]、シャルルはこれ以上攻撃はしないと告げた。

なぜならば「パリ市があまりにも強力に要塞化されているのを見たからだ」。「こうして」、とペルスヴァル・ド・カニーは書いた。「ラ・ピュセルと国王軍の意志は砕かれた」[40]。

⊕

もし負傷しなければ、わたしは立ち去りはしなかっただろう。わたしはサン＝ドニを出たあと、パリの前の塹壕で負傷した」

「それは聖母マリアの生誕の祝日ではなかったのか？」と審問官はジャンヌが攻撃を開始した日について尋ねた。

「たしかにそうだったと思う」

「聖母生誕の祝日にパリの町に攻撃を仕かけるのは善き行為か？」

「聖母マリアの祝日を守るのは善きことだ」

「義務を守るべき聖なる日に戦争をするのが善いことだと思うのか？」

「次の質問を」とジャンヌは言った。

「わたしの父は今もなお働いておられる。だから、わたしも働くのだ」とイエスは安息日に病気を癒したことを非難したユダヤ人に言った。

「そのために、ユダヤ人たちはイエスを迫害し始めた」と、福音書記者ヨハネは説明する。「このために、ユダヤ人たちは、ますますイエスを殺そうとねらうようになった。イエスが安息日を破るだけでなく、神を御自分の父と呼んで、御自身を神と等しい者とされたからである」[41]。

というのもイエスは、「更に言われた」からだ。「安息日は、人のために定められた。人が安息日のためにあるのではない。だから、人の子は安息日の主でもある[42]」と。

サン＝ドニの聖堂はほぼすべてのフランス国王の墓所を守り、大量の聖遺物、この世の支配者たちの遺骨を保存してきた。人びとは、彼らが生きていたときと同様に死んだあとも、彼らに政治的な引き立てをお願いした。大修道院教会堂は王妃の戴冠式の場所——ランスではなく——であり、フランス人にとって、したがってジャンヌにとって大きな意味をもっていた。青地にフルール＝ド＝リスをまき散らした聖ドニの紋章が、ジャンヌが騎士に列せられたときにあたえられた紋章の背景を提供したと考えられる。ジャンヌの紋章には剣と王冠が配置されている（図25）。驚くまでもないが、ジャンヌは聖堂の聖域に引きこもり、平均的な嘆願者よりも長く、居合わせた人びとの注意を引くほどとどまった。彼女はそれによって検事たちに、敵が広めた噂を利用する新たな機会を差し出した。

「聖ドニにどんな武器を奉納したのか？」

「兵士のための黒い甲冑†一式と剣だ。わたしはその甲冑をパリで身に着けていた」

「なんの目的で武器を奉納したのか？」

「献身の行為からだ。兵士たちが負傷したときにおこなうのが習慣になっていることと同じだ。わたしはパリの前で負傷した。だからそれらを聖ドニに奉納した」

「武器が崇められるためか？」

「ちがう。それはフランスの鬨の声だったからだ——」

「フランスのサン＝ドニであなたはパリ攻撃で負傷したとき身につけていた甲冑を奉納し、人びとが聖遺物として崇めるように、教会の高いところにおいた」

「そのことは以前に一度否定した」とジャンヌは言った。

「さらに同じ町で、蠟燭に火を灯させ、溶けた蠟を幼い子供たちの頭に垂らし、こういった魔術によって子どもたちの未来の運命を予見した」

「そんなことはしていない」とジャンヌは言った。彼女は、必要とする助言を受けるのに必要なだけ祭壇に長くとどまり、最終的にはそれを受けとった。「わたしの声たちはフランスのサン＝ドニにとどまるよう告げた。だからわたしはとどまりたいと思った」

「しかし、とどまらなかった」

「そうだ。わたしの意志に反して、殿さまたちはわたしを連れ去った」

† 白い甲冑と同様に、黒い甲冑は位階を示す。プレートを構成する金属の精錬度が低ければ低いほど、プレートは黒いはずだと考えられていた。ジャンヌ自身の甲冑が白かったのは、装飾がつけられていなかったためばかりでなく、光沢を保つのに充分なほど純粋な金属で造られていたからだ。そのために購入にも維持にも金がかかった〔処刑裁判三月一七日の記録には「白い甲冑」とあるが、これは大紋章がついていないこと、つまり騎士ではなく近習の甲冑であることを意味する〕。

パリ奪取失敗、太ももの負傷、この二つの出来事がジャンヌが義務を守らなかった聖なる日におきたという不幸なタイミング、すべてがジャンヌと神との断絶を示唆し、そこから疑念が生まれた。ある軍事史家はジャンヌの苦境を「ジャンヌが勝っているあいだは、ラ・トレモイユに代わって他の者たちがシャルルの寵愛を受けることができた。しかし、彼女が負け……負ける過程で重傷を負ったあとは、国王の元寵臣はさらに大きな権力と影響力をもって第一の廷臣の地位に返り咲いた」[43]と要約する。ラ・トレモイユはジャンヌを戦いの舞台から遠ざけ、トゥェインいわく「ジャンヌの裏をかき、妨害できるような所」[44]に引きとめておいた。その残念な結果として、一四二九年秋から翌年春、捕縛されてふたたび人口に膾炙するようになるまでのあいだ、ジャンヌは人びとの面前から姿を消した。ジャンヌの動きを追う資料は数も減り、記述もそれほど詳細ではなくなった。

一四二九年一〇月、ジャンヌはベリーの首都ブルジュで、国王財務官ルネ・ド・ブリニとその妻マルグリット・ラ・トゥルルドの客となり、太ももの傷から回復しつつあった。そこでライヴァルの幻視者カトリーヌ・ド・ラ・ロシェルと会っている。中世史家レジーヌ・ペルヌーは、カトリーヌを「頭のおかしい流浪者の非主流派の一員」[45]と片づけている。カトリーヌは、夜に彼女を訪れる「金をまとった白い貴婦人」との親密さを述べ立てた。注意を集中させておく軍事作戦がなかったので、ジャンヌはカトリーヌにいらだち、白い貴婦人を出現させてみるよう促し、二晩を犠牲にして、カトリーヌがヴィタ・サックヴィル＝ウエストが断じたような「まったくつまらない詐欺師」であることを証明した。「最初の夜、ジャンヌは真夜中まで起きていて、明らかに退屈し、眠りについた。朝、「白い貴婦人」は現われたかと尋ねると、カトリーヌは貴婦人が実際に現われ」、イングランド人を駆逐する部隊に支払うための隠された宝が発見されると予告したと請け合ったが、「自分、カトリーヌはジャンヌを起こすことができなかった。そして「白い貴婦人」は次の晩、必ずふたたび現われると付け加えた」[46]。

このことについて、ジャンヌは審問官に、「翌晩はずっと起きていられるように、昼間、眠って準備したと告げた。「そして、その晩、カトリーヌとともに寝て、ひと晩中見張り、カトリーヌに貴婦人はきたのかとしばしば尋ね、カトリーヌは「まもなく現われるだろう」と答えたにもかかわらず、ジャンヌにはなにも見えなかった」。白い貴婦人が現われなかったとき、ジャンヌはカトリーヌに「夫のもとにもどり、家事をし、子どもたちを育てる」よう助言した。基本的には、ジャンヌは自分の代役カトリーヌを、神よりもむしろ男たちの要求に応えて生活を形作る「大勢の女たち」の地位に追いやった。「このカトリーヌの事件は狂気以外のなにものでもなかった」[47]と、ジャンヌはシャルルに報告した――しかしながらこの狂気を暴いた代償は高かった。「カトリーヌはのちにパリ聖職者法廷で、「しっかりと見張っておかなければ、ジャンヌは悪魔の助けを借りて牢獄から抜け出すだろう」と証言することで応酬した」[48]からだ。

ブルジュから、シャルルは、ジャンヌをなんの役にも立たないサン＝ピエール＝ル＝ムティエの攻囲に派遣した。サン＝ピエール＝ル＝ムティエは町というよりは村だが、巧妙に要塞化されており、シャルルはこの町が弱体化したジャンヌの突撃力に屈することは期待していなかった。「彼女が副次的な司令官にすぎなかった軍は悲惨なまでに兵站不足」[49]で、彼女の任務は屈辱的だった。この地域を支配していたのはペリネ・グルサールだったので、[50]ラ・トレモイユがロワール川上流作戦の最初の攻撃と認めた作戦は、ラ・トレモイユの個人的な恨みを解消しただけでなく、ジャンヌを完全に傭兵である敵――このときグルサールは報酬を支払ってくれるブルゴーニュ派のために働いていた――と戦わせた。グルサールがラ・トレモイユに自分の存在を知らしめたのは、ある交渉に赴く途中のラ・トレモイユを安全に通行させるという約束を反古にして捕らえ、その解放に一万四〇〇〇エキュ[51]というとんでもない身代金を要求したときである。サン＝ピエール＝ル＝ムティエの攻囲は、炎をあげずに燻《くすぶ》ったまま燃えつきた一連の戦闘の最初のひとつであり、それらは決定的な結果を巧みに遠ざけておいた。ロワール川上流作戦はジャンヌの忍耐とジャンヌ軍の士気を消耗させることを意図していた。一一月八日、ジャン・ドロンは、ジャンヌが彼に「五万人の仲間が自分についていていて、この町を占領するまではここから動かない」と告げたとき、「フランス兵は退却せざるをえなかった」[52]と証言する。

ジャンは続ける。「彼女がなんと言おうと、彼女には四、五名の部下しかいなかった。やはり彼女と会ったほかの人たちと同じように、わたしはそれを確信していた」。これはジャンヌをつねに畏敬する従者の口から出ているにもかかわらず、ジャンヌの側の勘違い、そして彼の側の誇張のように聞こえるが、それはそれとして、ジャンヌは片手ほどの兵とともにたしかに町を攻め落とした。彼女は五人の世俗の軍と、その数はだれにもわからない天の軍勢がサン＝ピエールの壁をよじ登れるように、「薪の束や柵」をもってきて濠に橋をかけなさい」と命じた。

「それらはすぐに運びこまれ、位置につけられた」とジャンは証言する。「すべてがわたしを完全に驚かせた。というのも、町は攻撃によってただちに降伏させられたからだ。大きな抵抗はなかった」。さらに続けて、「ラ・ピュセルの偉業はすべてわたしには〔人間のというよりは〕むしろ神による奇蹟に思えた」と自分の信念をはっきりと述べている。

ジャンヌは勝利を祝うにあたり、アンコールを準備した。近くのリオムの町に宛てた手紙で、自分が次に攻囲しようとしていた町、ラ・シャリテに物資を送って国王への忠誠を示すようその市民に求めた。彼女は「火薬、硝石、硫黄、矢、弩、その他の軍需物資」を送るよう求め、手紙の受取人に「あなたたちが怠慢で嫌々ながら〔送っている〕とだれも言えないように」速やかに行動するよう忠告し、脅しのあとに祝福の言葉を続けた。「われらが主なる神があなたたちをお守りくださるように」[53]。その下には、現存する彼女の署名三例のうちの最初のひとつがある。三例のなかで、これがもっとも文字が震えている。

ラ・シャリテの攻囲は一か月続き、クリスマス・イブに放棄された。大規模な守備隊と重火器および砲弾が備蓄され、厳重に要塞化された町に対し、フランス軍は効果的な攻撃を仕かけられなかった。[54]ブルジュ市民から国王軍に贈られた一三〇〇エキュでは、ひとつの戦いに勝つのに充分な兵を雇い、糧食を供給することはできなかった。ジャンヌが審問官に明らかにしたように、その戦いは声たちのお告げによるのではなく、「軍人たち」の要請によるものだった。彼らは、彼女自身がパリだけを目指していたときに、「最初にラ・シャリテの町にいったほうがよい」と彼女に告げた。ラ・トレモイユがジャンヌのために構想した進路変更は大きな損出を出し、彼の思う壺になった。ベリーの伝令は「なかにいる者たちに助けもこないのに[55]」負けたのだから、この敗北は恥ずべきものだとしている。「フランス軍は臼砲や大砲も失った」。クリスマス当日、ジャルジョーに退却するとき、ジャンヌは、シャルルから彼女と彼女の家族を、「ラ・ピュセルを介してわれわれにあたえられた数多くの輝かしい神の偉大さの恩恵への感謝」、そして「上記ジャンヌ・ラ・ピュセルによってあらゆる方法ですでに成された称讃すべき、無償の有益な奉仕[56]」に鑑みて、貴族に列するとする書面を受けとった。ジャンヌはすでに紋章に等しいものを所有していた。それはシャルルよりもはるかに貴い統治者からあたえられたのである。シャルルは騎士の位を授与することで、レジーヌ・ペルヌーが言うとおり、「自分が解雇したばかりの役人に勲章を授与する大臣[57]」のように振る舞った。

　おとめが貴族に出世したことを、武勲詩に想をあたえた幻想《ファンタジー》と同列にあつかうことはできない。『騎士の叙階式』に記述されているように、叙階式は儀式的な清めで始まる公開の秘蹟である。「［騎士の身分の］候補者は最初に湯あみをする。湯あみは彼の罪を洗い流すことを意味する。それから神の掟を守る決意を象徴する白いローブと、肉の罪を遠ざけることを彼に思い出させる細い帯を身に着ける。教会のなかで、彼には装具が授けられる。神に仕える勇気をあたえるための金色の拍車、敵と戦い、「貧者を富者から守る」ための剣。最後に、彼は「汝を叙階する神」を記念して、肩か頭を手で打たれる[58]」。紙の上のナイト爵授与が、クリスマスと、のちにジャンヌの誕生日とされた十二日節のあいだの宴会と飲酒と踊りの霞のなかに消え去るように、タイミングを計ったのかとさえ思える。

凍てつく寒さ、ジャンヌにとっては失望の雲で覆われた荒涼たる冬が腰を落ち着け、ジャンヌはその大部分を、オルレアンから三〇マイルほど上流のシュリ＝シュル＝ロワールのラ・トレモイユ家の城に閉じこもって過ごした。ジャンヌは一月一九日にオルレアンに移動、市の参事会が開催する宴会に出席。シュリとオルレアンのあいだの三〇マイルの旅では、中間地点のジャルジョーで一時停止し、ジャンヌは「「パルチザン」の動きがあちこちで見られる」[59]ことに気づく機会を得た。目覚めつつある草の根ナショナリズムの高まりが、彼らの独立を擁護するおとめへの忠誠心を呼び起こした。シャルルはイングランド＝ブルゴーニュ軍と休戦を結ぶにあたり、あまりにもその実現を急いだので、「国王軍の士気をくじき、軍は不満のしるしを見せはじめた」。

ジャンヌが天の助言者の助けなしで予見したように、ブルゴーニュ公は休戦の表向きの目標である和平会議を回避し続け、ジャンヌは二月のほとんどと三月ほぼすべてを軍事行動を期待して過ごした。軍事行動開始の許可はあたえられず、ジャンヌはきたるべき戦闘を夢に見ながら、長方形に切りとられた灰色の空の下、シュリの中庭をゆっくりと歩き、長時間、礼拝堂にこもった。アンジェラスの鐘の音がジャンヌをひざまずかせた。慰めはまず教会の鐘の音にのって訪れるのかもしれなかった。ジャンヌは、シュリから、三月一六日付で二通目の手紙をランスの市民に送る。「ジャンヌ・ラ・ピュセルはあなたたちが攻囲を恐れていると書かれた手紙を受けとった」[60]と告げ、市に向かって行軍するすべての軍隊を迎撃するとふたたび約束した。

「あなたたちのところに向かう彼らとわたしが出会わなかった場合は、門を閉じよ。なぜならば、わたしはただちにあなたたちのもとに駆けつけるからだ。もし彼らがそこにいたら、わたしは彼らに、あまりにも急ぐのでどこにつけたらよいかわからないほどに大急ぎで拍車をつけさせてやる」。

一週間後の三月二三日、ジャン・パスクレルがジャンヌの代理でボヘミアのフス派に書翰を送った。

フス派とは、司祭でプラハ大学教授ヤン・フスの信奉者のことで、ほとんどがチェコ人だった。フスの神学はイングランド人異端者ジョン・ウィクリフの神学を踏襲していた。フスは教会が彼に授与した説教壇から、彼いわく腐敗した聖職者を声高に攻撃した。教会分裂については、どちらの教皇も同じように堕落しているのだから、どちらの側にもつかないと明言。教育も含めて司祭の役割を果たすことを女性に許すだけでなく、免罪符の販売を告発もするような社会意識のために有罪を宣告された。免罪符によって聖なる力を購入できるのは金のある者だけだ。これは、イエスが寺院で犠牲の鳩を売った者たちを罵倒したのとなんら変わるところがない。結果は致命的だった。フスは一四一五年に火刑に処されたが、教会と国家の分離運動を引き継ぐよう追随者たちを駆り立てた。ローマ教会はその対策として、教会の中傷者を捕らえたり殺したりすることを厭わない賞金稼ぎの十字軍を仕立てあげた。のちにフス戦争と呼ばれる戦争は一四一九年から三四年まで続き、ジャンヌの戦歴を括弧でくくり、その残忍さのなかで、フスの教えがローマ教会にとっていかに深刻な脅威だったのかを暴き出している。シャルル戴冠のわずか二週間後に発表されたクリスティーヌ・ド・ピザンの『ジャンヌ頌』に類する頌徳文は、ジャンヌが本来の召命を達成したことを祝うだけではなく、このあとに達成することも示唆していた。クリスティーヌの声は大きく、また尊重もされていたから、頌歌が読者対象とする騎士や宮廷人のあいだを行き交うジャンヌのような人びとにとっては、それを避けて通ることはできなかった。「あのかたはキリスト教世界に調和を回復するでしょう……聖地征服によってサラセン人を亡ぼすでしょう」[61]。おそらく戦闘に積極的に参加したいというジャンヌのいらだちが、巡礼以外のなにものでもない旅に出発するという空想を彼女に抱かせたのかもしれない。その巡礼の目的は、遠く離れたところにいるジャンヌには完全に神聖に見えた。それは人間の政治の手の届かないところにあって、間違いなくローマ教会の指示に従っていた。

「しばらく前から」、とジャンヌはパスクレルに書きとらせた。「噂と公的な世評がわたし、ジャンヌ・

ラ・ピュセルに、あなたたちが真のキリスト教徒から異端者になった、と知らせている。サラセン人たちのように、あなたたちは真の宗教と礼拝を破壊し、不名誉で犯罪的な迷心を受け容れた……どのような怒り、あるいは狂気があなたたちを夢中にさせているのか?」と、彼女はフス派に尋ねた。「そのことで罰せられぬままでいられると信じているのか? ……率直に言おう。もしイングランドとの戦争で忙しくなかったなら、わたしははるか以前にあなたたちに会いにいっていただろう」[62]。フス派が改心しなければ、彼女は「他の方法でだめならば、剣によってあなたたちの狂った淫らな迷信を排除し、あなたたちの異端か、あなたたちの命のどちらかを取り去ることができるように、あなたたちに向かって出発する」。この手紙一通だけがラテン語で記され、その文体はジャンヌの他の手紙とは異なるので、手紙の筆者については疑問が呈されてきた。しかし聖職者が、とくに書翰の受け取り人であるチェコ人がフランス語を読めないという前提の場合、教会の書翰をローマ教会の言葉であるラテン語で書くのは自然である。また、ジャンヌの威勢のよい俗語をラテン語の形式上の制約のなかで翻訳すれば、その特徴ある韻律は必然的に犠牲にされる。

ショーは、『聖女ジョウン』で、実際にはヤン・フスとジョン・ウィクリフによる教会の権威に対する挑戦をジャンヌ・ダルクの功績に帰し、登場人物のひとりを使って、ジョウン＝ジャンヌの反抗を「個人の精神の反抗」と同一視する。「牧師や貴族がふつうの人間と神の間に介在することに対する、個人の精神の反抗なのだ。それに名前を与えるとすれば、私はプロテスタンティズムと呼びたい」[63]。しかしショーがジャンヌを教会改革者として特徴づけたことは、想像上の飛躍である。なぜならば、ジャンヌはウィクリフ、フス、そして彼らの知的後継者であるマルティン・ルターが嫌悪したものすべてを熱く擁護したからだ。聖人や聖画の崇拝、聖職者への告解と聖職者による罪の赦し、死者のための祈り、病人への塗油、免罪符の販売、そして終油の秘蹟。ウィクリフらはこれらのいずれも聖書に根拠はないと論じた。

フス派は安全保障面でのリスクと国際的事件とを意味した。七月、ベッドフォード公のおじにあたるウィンチェスター司教ボーフォートは、ほとんど資金面の問題なく、三五〇名の騎上弓兵を遠隔地の異端者に向けて送りだした。ボヘミアを救うことなど考えもせずに、彼らをカレーの波止場からパリまでまっすぐに行軍させるのはいっそう簡単だった――おじも甥も同じような精神構造をもち、良心のとがめなど感じもしなかった。[64]

ジャンヌを社会改革者に想像したり、彼女が自分にはなじみがないと思ったはずの考え方をあとづけで彼女に帰さしめたのは、ショーひとりではない。ブレヒトは「アルクの」ではなく「屠殺場の」ヨハンナ＝ジャンヌに社会主義的な目標《アジェンダ》をあたえ、ヨハンナがイエスから借りたポピュリズムを拡大し、ついにはそれが歴史上のジャンヌの理想像《ヴィジョン》の大部分を覆い隠すに到った。「スラム街には　不道徳が巣くい　革命の温床となっています」[65]と彼女は、肉の価格をつりあげている家畜業者たちに説教をし、大げさに同情しながら無邪気な言葉で彼らの私利に訴えかける。彼女が理解するまでにはさらに三場を要する。「あの人たちは癌のできもののような／お金に耳をうばわれ／人間らしい顔も冒されているのでしょう」[66]。この判決はベルベットのチュニックと金糸の布に心を奪われた娘からではなく、むしろフス派から発せられたもののように思える。

ジャンヌが手紙のなかで痛烈に批判した主題がなんであろうと、彼女の焦点がパリ奪還から逸れることはなかった。パリでは三月にカルメル会修道士の指揮のもと、「聖職者、職人、商人」[67]も含めた市内の町人が組織化され、反乱を企てていた。しかし、そのうちのひとりが逮捕され、拷問で仲間の名を明かしてしまったとき、ジャンヌは注意をコンピエーニュに向けた。彼女は、コンピエーニュの人びとのために、「自分の助言者とともにつねに祈っている」と言った。その市民はこの一五年間で八回の攻囲を経験していた。コンピエーニュはアルマニャック派、ブルゴーニュ派、イングランド軍のあいだで争奪戦になり、その市民はこの一五年間で八回の攻囲を経験していた。彼らが唯一従ったのがジャンヌの命令だった。ラ・ピュセルのためにシャルルに忠誠を誓い、戴冠前に市の鍵を送っていた。そしてラ・ピュセルのために、その後シャルルが出したブルゴーニュ公に降伏せよとの命令には従うのを拒否した。彼らは「ブルゴーニュ公の意のままになるくらいなら、彼ら、彼らの妻たち、彼らの子どもたちも死ぬと決意していた[68]」。コンピエーニュ市民は、ジャンヌ自身の揺るぎない勇気を映し返し、敵に勝つか、戦い抜いて命を落とすかだというジャンヌの決意にふたたび火を点けた。

戦闘のなかで息絶えるのは永遠の栄光に足を踏み入れることであり、ジャンヌはランスの人びとに最後に一通の手紙を送ったあと、自軍を配置した。これがジャンヌ最後の手紙となる。そのなかで、彼女はランスの人びとに市壁内で結成された裏切りの同盟の目的は、「市を裏切って、ブルゴーニュ派を市内に入れること[69]」だと警告を発している。ジャンヌは市が攻囲された場合は、シャルルが助けると約束し、ペルスヴァル・ド・カニーが書いているように、「国王の知らぬ間に、そして国王に別れを告げずに」シュリを出発した。「彼女はラニー＝シュル＝マルヌの町にいった。なぜならばこの町の人びとは、パリその他でイングランド軍に善戦していたからだ[70]」。ジャンヌの到着前すでに、戦闘には半ば勝負がついていた。彼女の動きは隠されていなかった。ジャンヌとその熱狂的支持者たちの小さな軍隊がラニーに到着したとき、彼女はシャルルに手紙を送り、援軍を求めた。その前の七月にランスまで歓喜のうちにジャンヌに同行した一万二〇〇〇の兵士たちの波のうち、残ったのはわずか五〇〇名ほど。残りの波は引いていき、消え去り、自軍がここまで縮小されてしまっては、ジャンヌには軍隊内の基本的な側近集団さえ維持できなかった。従卒も連絡を確保する伝令もいなかった。それでも小さな軍隊で小規模な戦闘を受けて立つほうが、戦わずにいるよりははるかにましだった。

　ジャンヌは三週間をラニーで過ごし、そこからフランケ・ダラス指揮下のイングランド＝ブルゴーニュ軍に戦いを仕かけ、悪名高き傭兵を簡単に追いはらった。かなりの規模の軍があろうとなかろうと、あるいはしかるべき側近団がいようといまいと、彼女は戦闘の優劣を逆転させる魔女という評判を保った。ラニーはパリの外わずか一二マイルに位置し、中世のメディアの中心地だった。魔女が近づいてくる。その魔女は以前にサン＝トノレ門でなにかを失ったかもしれないが、いまやそれを取りもどしている。イングランド軍にとって新兵募集は難題で、脱走は当たり前だったので、ベッドフォード公は一四三〇年五月三日に、フランスに向けて出発するのを拒否する隊長や兵士に少年王ヘンリー六世の名で布告を出さざるをえなかった。「市内にいる隊長も兵士もすべて、位階や状況がなんであれ」、フランスへの「移動を留保する者、ロンドンにとどまっているのを発見された者はただちに捕らえられて逮捕され、馬と甲冑は保証として押収され、彼らは投獄される」[71]。あと少しで死刑かという罰である。

　このころまでには、シャルルはベッドフォードに騙されたことを認めないわけにはいかなかった。ジャンヌは捕虜にしたフランケを人質として、最近パリで陰謀が暴かれて[72]捕らえられたジャケ・ギヨームと交換しようとした。ジャンヌは、市内で兵を集める手段としてギヨームを利用することを期待していた。ギヨームが裏切りで逮捕された者たち全員とともに処刑されたと知ると、ジャンヌはもはや価値のなくなったフランケをサンリスの代官裁判権に引き渡した。「わたしが欲した男は死んだので、この者を司法が求めるとおりに処してください」と彼女は代官に言った。このような交換と交渉はルーティンであり、この場合、悪名高い強姦者に対する正当な処刑と見なされたものに世間は満足した。この強姦者はまた、「自分は殺人者、泥棒、裏切者であると告白した」とジャンヌは言った。それでもジャンヌの審問官は、フランケの処刑を戦闘の枠外における血に飢えた復讐の証拠として提示し、彼女を贈賄で告発した。

「上述のフランケを捕らえた者に金を送った、あるいは送らせたのではなかったか?」

「わたしは何者なのか、大金を払うべき貨幣鋳造所の所長かフランスの財務官なのか?」。もし金があったら、ジャンヌはそれを軍隊に糧食を供給するために使っただろう。

ラニーの勝利とともに惑星ジャンヌの軌道は輝きをとりもどし、彼女は熱狂する群衆に迎えられた。彼女は群衆を期待するようになっていたし、おそらくは必要とさえしていたのかもしれない。彼らは彼女の武勲に対する信頼を示していたからである。その信頼を、公式筋はいまでは抑えこんでいた。ラニーの人びとは、ラ・ピュセルに救われるほどに幸運なフランスの市民のあいだに加わったことで高揚し、ジャンヌの栄誉を公共の場で祝うためにできるものすべてを集め、彼女を見たい、彼女に触れたいと望む者すべてがその機会をもてるようにした。町に滞在した三週間のあいだに、家族を亡くした一家が、煉獄で苦しむ運命にある子どものためのとりなしを求めて、彼女に近づいてきた。子どもは出産時に死亡したために洗礼を受けていなかったからだ。

「幼子はいくつだった?」と審問官は尋ねた。

「生後三日だった。子どものなかに命のしるしがないままに三日が過ぎた、と彼らはわたしに言った。子どもはわたしの鎖帷子のように真っ黒だった」

ジャンヌは、教会で聖母の絵姿の前にひざまずいていた。そこへ子どもの遺骸を抱いた母親と姉たちがやってきた。彼女はともに祈り、そして彼女の証言によれば、「ようやく命が子どものなかに現われた。子どもは三回あくびをし、洗礼を受け、そのあとすぐに死んで、聖別された地面に埋葬された。でも、あくびをしたときには、顔色がもどり始めた」。

「町では、復活はあなたの祈りのおかげだと言われなかったか?」

ジャンヌは事件が「奇蹟として高らかに告げられた」[73]のを、だれよりもよく知っていたが、「それについては尋ねなかった」と言った。

　赤ん坊が束の間、息を吹き返すのに立ち会った者は、ジャンヌが子どもを死から甦らせたと信じた。仮りに本人もそう信じたにせよ、ジャンヌはそれを認めるのがよくないことを知っていた。彼女は「生命が子どものなかに現われたとき」、赤ん坊の家族と祈っていた。それがすべてだった。彼女の裁判官たちはそれを自分の好きに解釈できた。

　つねにぼんやりとそこに浮かんでいる死の苦しみの影に取り憑かれて、中世の想像力はベタニアのラザロの物語の虜になっていた。この話を語る福音書記者はヨハネひとりである。これから甦らせようとしている人間を描くのに、イエスがただ一度「死んだ」という言葉を使っているところに、この物語の特徴がある。彼はこの奇蹟を自分の神性を示すために演出した。† イエスは見世物の計画についてこう言う。「(わたしが父の業を)行っているのであれば、わたしを信じなくても、その業を信じなさい。そうすれば、父がわたしの内におられ、わたしが父の内にいることを、あなたたちは知り、また悟るだろう」[74]。

† この点がヤイロの娘の物語とは異なる。ヤイロの娘の話はマタイ、マルコ、ルカにあり、ヨハネにはない。イエスはヤイロに尋ねる。「なぜ、泣き騒ぐのか。子供は死んだのではない。眠っているのだ」。死にかけている、だが死んではいない。イエスは嘲笑う聴衆を追いはらったあと、両親を娘の枕元に連れていく。「子供の手を取って、「タリタ、クム」と言われた。これは「少女よ、わたしはあなたに言う。起きなさい」という意味である。少女はすぐに起き上がって、歩きだした。もう十二歳になっていたからである。それを見るや、人々は驚きのあまり我を忘れた。イエスはこのことをだれにも知らせないようにと厳しく命じ」［マルコ五章40‐43］、そしてこれを復活と（誤）解しないように命じた。

ラザロの姉妹マルタは言った。「しかし、あなたが神にお願いになることは何でも神はかなえてくださると、わたしは今でも承知しています」[75]。ラザロが埋葬されてから四日が経っていた。嘆き悲しむ人や野次馬の群れの前で、イエスは神に助けを求めた。

「わたしがこう言うのは、周りにいる群衆のためです」と彼は大声で言う。「「あなたがわたしをお遣わしになったことを、彼らに信じさせるためです。」こう言ってから、「ラザロ、出て来なさい」と大声で叫ばれた。すると、死んでいた人が、手と足を布で巻かれたまま出て来た。顔は覆いで包まれていた。イエスは人々に、「ほどいてやって、行かせなさい」と言われた」[76]。

奇蹟はイエスの復活を予示し、民衆のあいだに不穏な空気をかきたてたので、ヨハネによれば「祭司長たちとファリサイ派の人々は最高法院を召集して言った。「この男は多くのしるしを行なっているが、どうすればよいか。このままにしておけば、皆が彼を信じるようになる。そして、ローマ人が来て、我々の神殿も国民も滅ぼしてしまうだろう」[77]」そして「この日から、彼らはイエスを殺そうとたくらんだ」[78]。

ペギーのジャンヌはイエスについて言う。「ひとりの男がひとりの男のなかにこれほどの憎しみをかきたてたことはありません」[79]。

歴史家は通常、ラニーでジャンヌが新生児を甦らせたことを「死にかけている新生児」[80]の復活として巧みに避けるか、「増大するジャンヌ崇拝を示す」、「奇妙な事件」[81]と片づけるかである。ジャンヌはあいまいな言葉を使わない。彼女が見た赤ん坊は鎖帷子のように真っ黒だった——彼女の「白い甲冑」ではなく、だが暗い、青みをおびた鋳造の鎖——家族は子どもには三日間、命がなかったと言っている。

「それらの指輪で人びとを治癒したのか?」[82]と、ロベール・ブレッソン監督の『ジャンヌ・ダルク裁判』で審問官は尋ねる。映画の脚本はフランスの裁判記録と無効化裁判の証言に基づく。[83]審問官はとくに、ジャンヌが父母からもらった指輪、異端が疑われるイエスとマリアの名前を組み合わせた指輪のことを指している。

「いいえ」とジャンヌは言う。間をおき、視線を落とし、質問について考え、それから目の前に並ぶ裁判官たちを見上げる。「指輪によってではありません」。

ラニーの事件はそれまでのジャンヌの奇蹟とは異なっていた。風が変わり、水かさが増し、男たちは神に肘で押されなくても死のなかに落ちていった。ラニーまで、ジャンヌはなかなか起こりそうにもないが、ありえないわけではない事件と関連づけられていた。子どもを死から甦らせるのは理性の域を超えており、神のもつ最大の力の一部を使うことだった。イエスと同様に、死に打ち勝ったと認められた瞬間、その敵たちの目には、ジャンヌの影響力を排除するために、もはや一刻の猶予もないことが明らかになった。

「あなたはすでに神の目に見える存在にそれほど疲れているのか」とシラーのジャンヌはシャルルに尋ねる。「それを入れている壺を割り、神があなたに送ったおとめをほこりのなかに引きずりおろそうとするほどに」[84]。

ラニーをあとにした一週間後、「復活祭の週」とジャンヌは審問官に告げる。「わたしがムランの塹壕にいたとき、わたしは声たち、聖カトリーヌと聖マルグリットから、わたしは聖ヨハネの日の前に捕らえられるだろうと告げられた」。聖ヨハネの祝日は夏至の直後である。ジャンヌの声たちは警告を「何度も、ほとんど毎日」繰り返し、彼女にこの受難は避けられないのだと告げた。「こうならなければならないのだ」と彼らはわたしに言った。動揺してはならない、それを忍従して受け入れよ、と。彼らは神がわたしをお助けになるだろうと言った」。

五月一四日、ジャンヌはコンピエーニュで彼女の栄誉を讃える歓待の場にいた。このころまでにブルゴーニュ公は「大規模な軍隊と火砲部隊を集め、本気でコンピエーニュに移動を始めた」。それは、戦闘中の軍隊のあいだに存在した「最大の火薬兵器の武器庫」であり、「そのほとんどすべてが完全にジャンヌとコンピエーニュに向けられていた」[85]。

オルレアン同様に、コンピエーニュは川の岸にあり、正門にはオワーズ川にかかる橋からはいる。川は方向を変えられて、市壁を囲む濠を満たす。市壁には異常な数の塔が得意げにそびえ立っていた。川に沿う側だけでも、その数四四。ジャン・シャルティエは記録している。ジャンヌは「毎日」町を攻囲している「イングランド人とブルゴーニュ人に対し、激しい小競り合いを繰り広げた」[86]。ジャンヌは守備的な戦士ではなく、攻撃を好み、市壁のなかに閉じこめられているのはいやだったので、コンピエーニュから半径二〇マイル内のすべての町に出撃し、エーヌ川の岸に位置するために戦略的に重要な拠点となっているショワジ＝オ＝バックにすばやく進軍。ショワジを保持すれば、ブルゴーニュ派が町の橋を支配するのを阻止できる。ブルゴーニュ軍は、一度橋を越えれば、南西三マイル強のコンピエーニュを包囲できる。戦闘は激しく、おびただしい血が流れ、ジャンヌの軍隊は急ごしらえの仮設の堡塁に守られているだけだった。ブルゴーニュ公が保有する火器に抵抗する力はなかった。五月一六日までに、彼女は自分の小さな軍隊をコンピエーニュの市壁内に撤退させざるをえず、そこからヴァンドーム伯とランス大司教ルニョーとともにソワソンの町に向かった。彼女は町の駐屯兵の支援を得て、エーヌ川を渡るために町の橋を使うことを期待していた。

ヴァンドーム伯は友だちだった。ルニョーは敵であり、ソワソンの隊長と共謀し、ヴィタ・サックヴィル＝ウエストいわく「そこで彼女を待つ新たな挫折を見る楽しみ」[87]のために、ジャンヌに同行していた。その挫折は「裏切りによってより苦く」なる。ソワソンはシャルルに忠誠を誓っていたが、市の隊長ギシャール〔ギスカール〕・ブルネルは、「ジャンヌとその仲間が町にはいるのを拒否し、市民たちにジャンヌたちはそこに駐屯兵としてとどまるという密かな意図をもって到着したと思いこませた」[88]。ジャンヌらしくもなく、そして彼女とその軍隊は市壁外の野原で野営せざるをえないという事実にもかかわらず、ジャンヌは力づくでも、また説得によっても、橋を渡ろうとはしなかった。そのかわりにクレピ＝アン＝ヴァロワにいき、「コンピエーニュの自由のために戦いにきた三〇〇から四〇〇の追加の兵を集めた」[89]。

「ソワソンとギシャール・ブルネルについて」と審問官は尋ねた、「あなたは神を冒瀆し、もし彼に手をかけることができたら、刑場に曳《ひ》いていって四つ裂きにするだろうと言わなかったか？」。この質問は異端に基づいていた。これは、血と暴力に対する異常な渇望として提示するものを判事たちが例証しようとした多くの試みのひとつである。

「言ってはいない」とジャンヌは言った。「わたしがそうしたと言った者たちは間違っている」。

⊕

五月二二日、密偵たちがフィリップの軍隊がコンピエーニュに集結していることを報告し、[90]ジャンヌは日暮れに急いで出発した。新月はまだ月齢一日で、雲が星々を隠していた。

デミルが構想した遠征では、ジャンヌは軍の先頭に立って馬に乗り、自分の前を馬に乗って進む闇の天使に気づいていない。天使は幽霊のように透き通っている。その黒い翼は暗い道に枝を伸ばす森の葉のあいだで揺らめく。有翼の天使の足どりは決然として威厳があり――葬送歌と歩調を合わせたかのように、葬列の足どりのようでもある。コンピエーニュのすぐ外で、闇の天使は黒い馬を止め、ジャンヌのほうに振り向き、片手をあげて、彼女の運命に続く道を指し示す。幽霊に驚いてジャンヌは甲冑を着た胸に片手をあて、馬を止め、馬上でできるかぎり身体を回転させる。

「黒い騎士†を見なかったのか？」[91]と字幕では叫ばれる。しかしジャンヌの仲間たちはあっけにとられ、彼女を待つ運命を見ることができない。

「わたしはもう長くない……わたしはもう長くない」[92]と次の中間字幕《タイトルカード》は嘆く。

† 伝統的に、黒い騎士は戦争に続く飢饉と解釈される。黙示録第六章5。

図 21『シャルル 7 世王戴冠式のジャンヌ・ダルク』 ジャン・アングル、1851 年。プレートアーマーはジャンヌの女性的な体系を曖昧にするというよりは示唆し、彼女の女性性を保持している。肩当ては腰を覆う幅の広い鋼鉄のペプラムの上で胸に収斂する。赤いスカートは開いて、甲冑をつけた片脚だけを見せている。

図 22『ランスにおけるシャルル 7 世戴冠式のジャンヌ・ダルク』 ジュール・ウージェーヌ・ルヌプヴー、1889 年。乳首のついた胸に似たプレートがジャンヌの黄金の外衣からのぞき、この戦士のジェンダーを強調する。

図 23 現在のランス大聖堂　フランス国王は、496 年のクロヴィスの洗礼の機会に聖霊によってもたらされた聖油を塗油されたとき、統治のための神権を受けとる。聖油を入れたサント・アンプールは大聖堂内に保管されていた。

図 24 ジョージ・バーナード・ショー『聖女ジョウン』　オットー・プレミンガー監督。一度、王座を手にすると、シャルルは戦争にふたたび参加しようとするジョウン＝ジャンヌの試みを妨害し、彼女の服従心を試す。「そのあとなにも危険がないときは、なんて退屈なのだろう」とジョウン（ジーン・セバーグ）はデュノワ（リチャード・トッド）にこぼす。

図 25 ジャンヌの紋章　中世には、農民がフランス貴族に加わるよう招かれるのはきわめてめずらしかった。王家専用の象徴フルール＝ド＝リスの使用を許されるのはさらにめずらしかった。

図 26『シャルル7世王年代記』 マルシアル・ドヴェルニュ、1493 年。「パリの門の外のジャンヌ」。男性の胴体が女性の隠された腰と脚に継ぎ足され、とりすましたアンドロジナス的なジャンヌは、彼女が見つめている活動にはふさわしくない服装をしている。

図 27『ジャンヌ・ダルク』 ヴィクター・フレミング監督、1948 年。マクスウェル・アンダーソンのロマン主義的脚本はコンピエーニュにおけるジョウン（イングリッド・バーグマン）の捕縛を無視する。ジョウンが司祭のような衣装を着て、自由の身のままで捧げる祈りは、彼女をイングランド軍による虜囚と彼女を待つ殉教に直接、引き渡す。

図 28『ザ・メッセンジャー』
リュック・ベッソン監督、1999年。打ち負かされて、ジャンヌ（ミラ・ジョヴォヴィッチ）が落ちこむのは敵の手のなかではなく、彼女だけに見えるイエスとの神秘的な床入りのなかである。

図 29 現在のルーアンの塔
ジャンヌが光のない独房で、足に鎖をつけられたまま、生涯最後の5か月を過ごした牢獄は19世紀に修復された。

図 30『ジャンヌ・ダルクの受難』 カール・ドライヤー監督、1928 年。監督は異端審問官コション（ウージェヌ・シルヴァン）の精神、あるいはその欠如をとらえる。

図 31『ジャンヌ・ダルクの受難』カール・ドライヤー監督、1928 年。ジャンヌ（マリア・ファルコネッティ）はイエスのように、冒瀆の罪で処刑される前に、からかわれ、冠をかぶせられる。

図 32『ジャンヌ・ダルクの受難』カール・ドライヤー監督、1928 年。マタイが記述するように、「ゴルゴタという所に着くと、苦いものを混ぜたぶどう酒を〔イエスに〕飲ませようとした」――この鎮静剤をイエスは拒否する。ここでは、ジャンヌが火刑台に連れていかれるとき、ひとりの老婆が死刑囚のための水をもって前に進み出る。

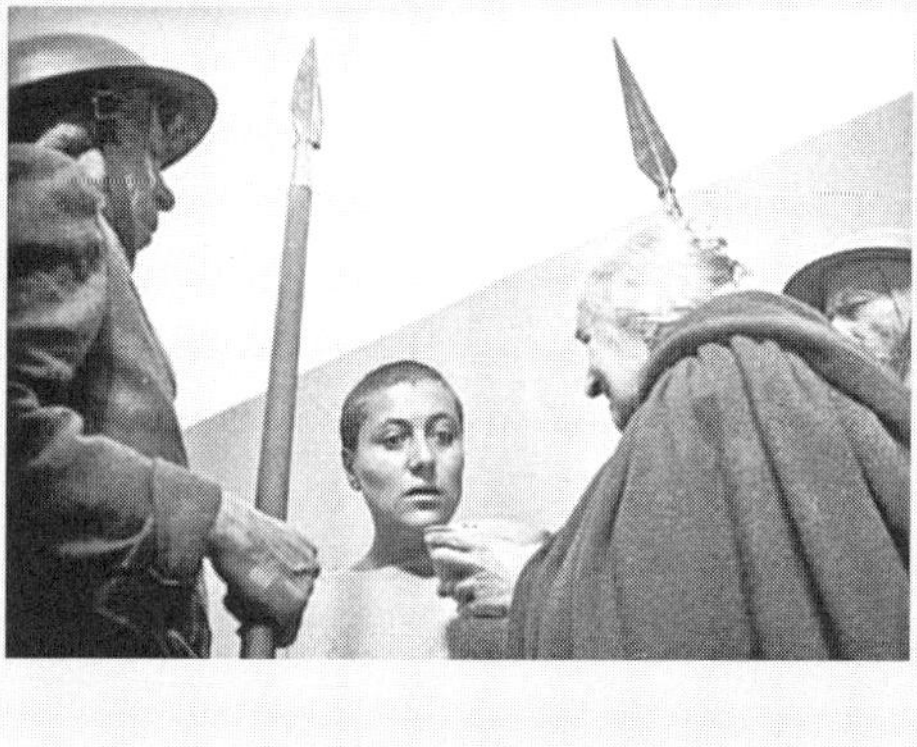

図 33［上］『**ジャンヌ・ダルク裁判**』ロベール・ブレッソン監督、1962 年。ジャンヌ（フロランス・ドレ）の処刑人は、彼女の火刑台があまりにも高いところに立てられたので、その首のまわりに綱を巻いて窒息させることができないと苦情を言う。これは火刑に処される者に通常あたえられる慈悲だった。

図 34［中］『**その女ジョウン**』 セシル・B・デミル監督、1916 年。監督は、ジャンヌのナショナリズムをその信仰と結びつけるために、手ごろな表現手段を使い、彼女を大きなフルール゠ド゠リスに光で打ちつける。

図 35［下］『**ジャンヌ・ダルク**』ジョルジュ・メリエス監督、1900 年。遊び心に満ちたメリエスの表現においてさえも、ジャンヌ（ジャンヌ・ダルシ）は彼女のメシア的運命を免れることができない。

図 36 第一次世界大戦のポスター　ハスケル・コフィン、1918 年。剣を掲げ、召命の光に浸かり、恍惚としたジャンヌは視線を天に投げかける。隠された彼女の胸の位置で 2 つの円形の光が鎧を貫いて輝くかのように、戦争用の衣装が隠すことのできない女の胸を示唆する。

図 37 **漫画雑誌「クラシックス・コミックス」の表紙**　1950 年。輝く鎧と白馬、旗印と剣、そして赤で包まれた男根的な脚。中世の手稿からコミック・ブックまで、ジャンヌの図像は一貫性を失わない。

第9章　金色のマント

辛い騎行の一夜のあと、いまや四〇〇強にすぎないジャンヌ軍は、「朝の人目につかない時間」[1]にコンピエーニュに到着し、「なんの抵抗に出会うこともなく町にはいり」[2]、「彼女自身、あるいはその部下が混乱や騒動を引き起こすこともなかった」[3]。容易な作戦遂行は、同じように妨害されなかった攻囲下のオルレアン入市を思い出させた。もしかしたら彼女はこれを吉兆ととったかもしれない。彼女は、「解放された橋と、友好的な町の後押しを得て……ジャンヌ到来を予測していなかった小規模の要塞守備隊」に対する効率のよい勝利を予期していたからだ。勝利は「オルレアンとパテの勝者にとっては子どもの遊び」[4]だったとサックウィル＝ウエストは断じる。この日は昇天祭の前夜にあたり、ジャンヌはいつものように夜明けにミサにあずかり、そのあとようやくコンピエーニュ要塞守備隊隊長ギヨーム・

ド・フラヴィに接触、現況についてできるかぎりのことを聞き出した。ジャンヌと部下たちは甲冑を身に着けたまま馬上で一夜を過ごしたが、コンピエーニュは敵の手中に落ちる懸念があり、ジャンヌには無駄にしている時間はなかった。「若くて荒々しく恐るべきフラヴィは彼女に……マルニーの橋はイングランド＝ブルゴーニュ連合軍の前衛に占領されていると告げた」[5]。マルニーはオワーズ川をはさんでコンピエーニュの真正面に位置する。ブルゴーニュ公は自軍の大部分とともに北五マイルで待機していた。ギヨーム・ド・フラヴィがジャンヌに告げなかったのは、彼女が黒い騎士のあとについて暗闇をこっそりと移動しているあいだに、ブルゴーニュ公の家臣ジャン・ド・リュクサンブール＝リニーが弱体化しつつある市の攻囲をさらに強化するために、自軍を率いてクレロワから下流のマルニーに向かい、ブルゴーニュ公と「そのほか八人から一〇人の貴顕」と合流したことだ。

「シャルル、心配してはいけません」と、リュック・ベッソン監督の『ザ・メッセンジャー』でヨランドが言う。「神がいまだに彼女とともにあるならば、彼女は勝利するでしょう」。

「だがいま、彼女の軍隊はあまりにも小さくなった」とシャルルは良心の呵責に苦しみながら言う。

「そのときは、彼女の信仰心がより大きくならなければ」とヨランドは答える。

ジャンヌを裏切った者たちは自分自身をたやすく慰めることができた。娘には天が味方についているのだから、娘の救出に心を悩ませる必要はだれにもなかった。ジャンヌが負けるとすれば、それは彼女がかつて一身に集めていた恩寵から転落したからだ。

彼は「神に頼っているが」と祭司長や長老はイエスについて言う。「神の御心ならば今すぐ救ってもらえ。「わたしは神の子だ」と言っていたのだから」[6]。

イングランド＝ブルゴーニュ連合軍は、フランス軍の攻撃を予想しておらず、武器をおいて、堡塁その他の防御設備の補修にあたっていた。ジョルジュ・シャトランの記述によれば、朝の九時にジャンヌは「男のように武装して馬にまたがり」、コンピエーニュの正門から出撃した。「甲冑の上に豪華な金色の布地のダブレットをはおり、灰色の軍馬にまたがって、とても美しくまた誇り高く、甲冑を身に着けたみずからの姿と、大軍を率いる隊長のような態度とを見せつけていた。この状態で風にたなびく旗印を高く掲げ、多くの貴族を従えて、正午前の四時間ほど市の外で敵に襲いかかり」[7]、「町の外の牧場で戦われていた小規模の激戦」に加わった。「彼女はみずから武器をとり、部下たちにも武器をとらせた」[8]。騎士のあいだでは戦闘中に贅沢なコートを着るのはもはや流行してはいなかったが、ジャンヌは感謝する市民たちからあまりにも多くのベルベットや絹の反物を贈られていた。神のシェフ・ド・ゲールはその役にふさわしく見えなければならない。

ジャンヌとその小さな軍隊は、「馬に乗り、乱闘に加わりにいき」、イングランド＝ブルゴーニュ連合軍がふたたび武器をとる前に、すでにマルニーに渡る橋を通過していた。

「声たちがコンピエーニュから出撃するようあなたに命じたのか？」と審問官はジャンヌに尋ねた。

「出撃の命令は受けていなかった。戦友とともにコンピエーニュの橋を渡り、堡塁を通過した。ジャン・ド・リュクサンブール殿の軍を攻撃し、二回ほどブルゴーニュ軍の陣地まで、三回目には陣地までの道半ばに押しもどした」

ジャンヌの背後にはギヨーム・ド・フラヴィがいた。また「コンピエーニュの門には弓兵とクロスボウとカルヴァリン砲をもった兵士、川面に揺れる小舟にはさらに弓兵とクロスボウ兵」[9]がいた。ジャンヌがお得意の「神の名において前進」戦法からはずれることはないとわかっていたので、ブルゴーニュ公はジャンヌがくるのを待ち、三回目に「ブルゴーニュ軍奥深くに突撃」[10]したとき、ジャンヌは敵の罠に落ちた。

「そこ［陣地までの道半ば］にいたイングランド兵は、わたしと仲間の道を断った」とジャンヌは証言した。「わたしは戦場から堡塁近くのピカルディ側まで撤退した。そこには川と濠を備えた堡塁しかなかった」。アナトール・フランスは説明する。敵は「あまりの大群でラ・ピュセルに向かってきたので、戦友たちには彼女を救う望みはなかった」。そして彼女の安全を危惧して、急ぎコンピエーニュの市壁内にもどるよう懇願した。「しかし、彼女の目は天使と大天使たちの輝きによってくらまされていた」[11]。

彼女は部下たちに猛然と言い放った、とペルスヴァル・ド・カニーは報告する。「「諸君、黙れ！」と彼女は彼らに言った。「敵の敗北は諸君の手にかかっている。敵を攻撃することだけを考えよ」彼女はこう言いはしたが、部下たちは信じようとせず、力づくで彼女をまっすぐ橋まで撤退させた」[12]。ジャンヌは急いで安全地帯にもどろうとせずにそこにとどまっていた。彼女は敵の目標となり、すべての兵士がこの的《まと》に向かって突進したために、「武器がすさまじい音を立ててぶつかりあった」。サックヴィル＝ウエストによれば、「この状況ではまことに救済は不可能だった」。敗走するジャンヌの部下は「橋を渡って町になだれこみ」、そのあいだジャンヌは「逃亡者《ギャラントリー》たちのあとを追い、しんがりを守ろうと必死に戦った……彼女が最後に武装していた瞬間は、彼女の武勇にふさわしかった」[13]。ブルゴーニュ兵とイングランド兵が川を渡ってフランス兵に殺到するのを見て、ギヨーム・ド・フラヴィは橋をあげて門を閉じるよう命じ、ジャンヌと部下数名を市壁外に締め出した。ジャンヌたちは数で圧倒され、すぐに包囲された。安全地帯まで馬でひと走りの戦場で、シャトランの記述では「ひとりの弓兵、乱暴で気難しい男が、これまでさんざんその話を耳にしてきた女が勇敢な男多数に打ち勝つかもしれないのをいまいましく思い、金色のダブレットの裾をつかんで、彼女を馬から引きずりおろして地面に這いつくばらせた。彼女は避難所を見つけることもできず、部下の兵士たちも彼女がふたたび馬に乗るのに手を貸そうとしたものの、彼らからの助けを得ることもできなかった」[14]。時刻は夕方の六時半。日没は九時なのでまだ明るかった。ジャンヌとともに弟のピエールとジャン・ドロン、ジャンの兄弟ひとりが捕らえられた。

　年代記作者のなかには、ギヨーム・ド・フラヴィは門を閉じることで、ジャンヌを敵の手に渡す意図で出された命令を実行したのだとほのめかす者もいた。ペルスヴァル・ド・カニーはそのひとりではなかった。しかしコンピエーニュの正門はずっと閉鎖されていたのであり、わきの小門を閉じてジャンヌを締め出さねばならないほどの危険に市がさらされていると、隊長がいまさら考える理由はなにもなかった。ジャンヌの目的は彼の市と要塞守備隊の救出だった。ケリー・デヴリーズいわく「ギシャール・ブルネルとソワソンの件が完璧な例証となっているように」、ブルゴーニュ公が「一四三〇年にさまざまな町を降伏させるのに賄賂」[15]を使ったことを資料は証明しており、コンピエーニュがその町のなかに含まれる可能性は高い。ジャンヌ捕縛の唯一の目撃証言を提供するのは結局ジャンヌひとりなのだが、コンピエーニュの門についてはまったく触れていない。

「声たちがコンピエーニュを出て、この攻撃を仕かけるよう命じ、さらにあなたが捕虜になると教えていたら、出撃したか？」

「自分がいつ捕らえられるのかを知っていたら、よろこんで出撃はしなかっただろう。それでも、最後には声たちの命令に従っただろう。たとえ、それがわたしにどんなに高いものにつくとしても」。ジャンヌがみずからに守らせた信仰の基準はイエスのそれである。イエスはゲッセマネの園で弟子たちが眠りこみ、イエスをひとりみずからの運命について考えるに任せたあと、「うつ伏せになり、祈って言われた。「父よ、できることなら、この杯をわたしから過ぎ去らせてください。しかし、わたしの願いどおりではなく、御心のままに[16]」。

「コンピエーニュからこの攻撃を仕かけたとき、出陣して攻撃せよという声を聞いたか、あるいは啓示を受けたかしたのか?」

「その日、捕らえられることは知らなかった。出撃せよとの命令も受けなかった。だが、自分が捕虜にならなければならないことはいつも告げられていた」

「捕縛された日、なぜ特別な用心をしなかったのか?」と、イングランド国王の代理人はルーアンで尋ねた。「そうなることをうすうす感じていたのだから」。

ジャンヌは、ランスの大司教にいつ死ぬと思っているのかと尋ねられたときに答えたのと同じように言った。「どの日かも、どの時間かも知らなかった[17]」。ここでもまた、間近の死と救済についてのイエスのたとえ話を借りてきている。福音は死と救済をキリスト、聖なる「花婿」と信者たちの床入りとして描く。信者たちは花婿が訪れ、「彼らを婚礼の祝宴に連れていく」のを期待している〔マタイ二五章1-13。「花婿を迎える一〇人の娘のたとえ」〕。

「その日、その時は、だれも知らない。天使たちも子も知らない。ただ、父だけがご存じである[18]」とイエスは言った。ジャンヌは死すべきみずからの運命よりも、みずからの奉仕の褒賞として期待する永遠の救済に焦点を合わせ、ひとりの司祭とともに旅をすることで、救済を担保した。告白すべき罪を犯したと感じたときはいつも、その司祭のほうを向いた。罪を犯すのは、掟が歪められがちな戦時下ではよくあることだった。

リュック・ベッソンは、ジャンヌの捕縛を神秘主義的に解釈する。ジャンヌが十字架の形をした剣を掲げながら、馬の背から引きずりおろされるとき、騒々しく耳障りな戦闘の喧騒は消え失せる。

彼女が落ちる地面は血が流れる汚泥ではなく、ジャンヌが召命の剣を初めて受けとったこの世のものならぬ牧場である。イエスの使徒たちは聖霊の降臨を「突然、激しい風」[19]が吹いたと描写したが、いま神の息吹がその「激しい風」のようにジャンヌの頭上を猛烈な勢いで通り過ぎ、彼女を恍惚とさせる。「わが主よ」[20]とジャンヌは白衣をまとったイエスの幻影にささやく。「わが主よ」（図28）。

ヴィクター・フレミングも同様の衝動に導かれて、やはり彼も恩寵からの転落というよりは召命の成就として示すものを神聖化する。しかし、彼の場合、召命の成就とは純潔である。司祭のような黒服に白襟までつけたジャンヌは、聖ドニの祭壇に甲冑を奉納した（図27）直後、次のシーンで捕縛される。コンピエーニュの戦いはフレミングの場合と同様に、アンダーソンの脚本からもショーの脚本からも削除された。

ジャンヌの生涯の物語はすべて、この自由と虜囚の境目で必然的に小休止をとる。この時点で、十字軍の騎士としての彼女の道程はキリストの受難の道程へとシフトする。「わしらは、ここで幕を下ろすことにしよう」とトウェインは書いた。「この上なく不思議な、そして悲壮な、そして素晴らしい、この戦争劇の幕をな。これほどのものは、この世のステージで、いまだかつて演じられたことはなかった。ジャンヌ・ダルクは、もはや行進することはないのだ」[21]。

「恐ろしき聖母マリアよ、あなたの手はあまりにも厳しい」。シラーのジャンヌは捕らえられるときに叫ぶ。「わたしはあなたの慈悲から永遠に追放されてしまったのか？　天使も姿を見せない。奇蹟は終わった。天国の門は閉じられた。神はその顔を背けられた」[22]。一世紀後、彼女の嘆きは、ペギーの声を借りて、冷たく虚無的な形をとる。彼女は言う。「あなたのお祈りが役に立たないことがわかった」とき、そして「キリストの国全体が、だんだんと……一歩一歩、たしかに、滅びのなかに沈んでゆくのがわかっている」[23]とき、なにが起こるのか？

ジャンヌが敵の手に落ちたあとに続く日々のなか、彼女の贅沢なマント——資料によってはダブレット——が捕縛に果たした役割を噂が大げさにしていった。歩兵五、六人がジャンヌを馬から引きずりおろした場面を「ある者たちが手を彼女にかけ、別の者たちが馬にかけた」[24]と記述するとき、ペルスヴァル・ド・カニーはこの細部には触れていない。ジョルジュ・シャトランは目撃しなかった光景を華やかに飾るために、話をでっちあげたくなったのかもしれない。ジャンヌが男性貴族の服装をするようになった瞬間から、彼女のレースや縫い目《シーム》すべてが詮索と噂の的になった。その派手好みは知られており、マントは捨て去るにはあまりにも惜しい象徴だった。

ランスの大司教は信徒に告げた。ジャンヌが打ち負かされたのは、「いかなる忠告にも耳を貸そうとせず、自分の好きなようにしたからだ……身に着けるようになった贅沢な衣服のせいで自惚れるようになった」[25]。大司教には自分がこう指摘したのだと認める度胸はなく[26]、かわりにこの言葉をル・ベルジェに帰し、神秘に通じた人の発言であることを示唆した。ル・ベルジェとはこのあと袋詰めにされて川に投げこまれ、溺死させられる羊飼いである。ルニョー大司教の取巻きがジャンヌ裁判の準備として書いた告発諸箇条第十三条には、「彼女はしばしば贅沢で豪華な衣裳、高価な生地や金襴、毛皮を身にまとった」とある。「捕縛時にゆったりとした金色のマントを羽織っていたことは公然の事実である」。

羊飼いの杖と同様に、金色のマントを記述から取り去ることはできなかった。「見えをはった罰を受けているのでは?」とショーのジャンヌは査問官〔異端審問官〕に尋ねる。「戦場でばかみたいに金色の陣羽織など身につけなければ、バーガンディ〔ブルゴーニュ〕の兵士に馬から引きずりおろされたりはしなかったでしょう。そうすれば、ここに引き出されたりもしないですんだはずだわ」[27]。

ジャンヌの捕縛は「すさまじい興奮を一瞬にして引き起こし」[28]、忘れていたかもしれない者たちに、ジャンヌが全ヨーロッパの想像力にどれほど深くとり憑いているのかを思い出させた。イングランド人は欣喜雀躍した。フランス人はこれほど明確な敗北が、神の召命というジャンヌの主張に疑いを投げかけることを恐れた。残りの世界は次になにが起きるのかを固唾を呑んで見守っていた。

ジャンヌを馬から引きずりおろした弓兵はバタール・ド・ヴァンドンヌ〔ヴァンドンヌの私生児〕の配下であり、ヴァンドンヌはジャン・ド・リュクサンブールの封臣だった。ジャン・ド・リュクサンブール自身はブルゴーニュ公の家臣である。ヴァンドンヌは「国王を手中に治めたよりもよろこんで」[29]、ジャンヌをただちにオワーズ川対岸のマルニーまで護送した。バタール・ド・ヴァンドンヌに降伏するのを拒否していたジャンヌは、マルニーの町をコンピエーニュとつなぐ橋のたもとで、貴族の作法に従い――そうすることで自分が貴族の身分であることを告げながら――ジャン・ド・リュクサンブールに正式に降伏した。リュクサンブールはブルゴーニュ公の封臣であるだけでなく、イングランドの王室会計簿[30]が示すようにヘンリー六世にも仕えており、フランス人に対して何度も「シュヴォシエ」〔騎行〕――ジャンヌの子ども時代を荒廃させたような略奪――をおこなっていた。ジャンヌほどに重要な賞品を手に入れるとすぐに、貧乏伯爵はこれまでに経験したことのない栄光のなかに引きこまれた。ジャンヌ捕縛後数時間も経たないうちに、ブルゴーニュ公がモントルレを同道して訪れる。偉大なブルゴーニュ人年代記作者モントルレは、いかなる基準から言っても「歴史的」な会合に立ち会っていたにもかかわらず、「ブルゴーニュ派とイングランド人とは、五〇〇人の戦闘員を捕らえたよりもよろこんでいた。なぜならばこの日まで、どんな隊長やシェフ・ド・ゲールよりもこのピュセルを恐れ、危惧していたからだ」[31]としか報告せず、ラ・ピュセルとフィリップ善良公が交わした言葉——「自分がよく覚えていない数語」を都合よく忘れている。ここから透けて見えるのは、ふたりの対話が明らかに、ジャンヌをあまりにも輝かしく見せるか、公爵をあまりにも情けなく見せるかのどちらかだったことだ。いずれにしても、公爵は意気揚々と立ち去り、ただちに宿営にもどって大得意の回状をしたためた。回状はサン＝カンタンの町の記録庫に保管されていた。

「ラ・ピュセルと呼ばれる女が捕縛された」と彼は歓声を挙げた。「この捕縛により、この女の行為に賛成し、好意を抱いた者すべての誤謬と狂った信念とが知られるであろう」[32]。

ジャン・ド・リュクサンブールはジャンヌ、弟ピエール、従者ジャン・ドロンとその兄弟を厳しい監視のもと、マルニーの上流二マイルのクレロワ要塞まで護送していった。クレロワには五月二八日までとどまる。ブルゴーニュ公は、ブルゴーニュ派でフランスの副異端審問官ジャン・グラヴランからすでに書状を受けとっていた。グラヴランはパリ大学を代表して、「彼女は異端の恐れがあるさまざまな犯罪を疑われているので……安全かつ適切なかぎりにおいて、可及的速やかに」[33]自分の裁判管轄権のもとに引き渡されることを要求した。書状の日付は五月二六日である。パリの触れ役がジャンヌ捕縛の報せを広めたのは、ようやく前日の夜になってからなので、グラヴランのすばやい反応は彼がいつでも襲いかかれるように準備を——自分自身のためではなく、自分の代理として行動するであろう男ピエール・コションのために——整えていたことを示唆する。グラヴランは別の異端審問を率いている最中で、裁判第二段階の非公開審問に立ち会うのにようやく間に合って、ルーアンに到着する。コションは確実な成功を予想していたが、グラヴランにはそれほどの自信はなく、遅れて到着することで裁判への自分の関与を最小限に抑えた。

捕虜たちはクレロワからボリュー＝レ＝フォンテーヌに移送された。ボリューはコンピエーニュから さらに二〇マイル北西に位置する。ジャン・ド・リュクサンブールは一四三〇年初めにボリューを占領して以来、この地を宿営としていた。ジャンヌは金銭的価値があり、リュクサンブールは高額の身代金を予測したので、彼女が逃亡したり、魔法にかけられた狂信者たちに救出される危険を冒すつもりはない。ボリューの要塞は難攻不落だった。ジャンヌの独房は狭く、壁も床も石で、正方形の窓がひとつあるだけ。イングランドとフランスのあいだの交渉がふたたび決裂したために、リュクサンブールはジャンヌをさらに六週間、ここに閉じこめておいた。ジャンヌは解放が待ちきれず、また身代金のことも予測していたが、シャルルにはトールボットや、そのほかにも交換条件として提供できるイングランド人がいるし、金貨を集めて取り引き条件をより魅力的にできることも知っていた。ジャンヌは無邪気にも、国王が解放交渉をまだ開始していないなどとは思ってもいなかった。また、フランス宮廷内で彼女の野心を頓挫させようと画策する敵たちのほうに気をとられ、自分の捕縛がイングランド人たちにとってどれほどの価値があるのかを考えてこなかった。彼女が魔女だと証明できる者はだれであれ、ヴァロワ家だけでなく、フランスの王制を破壊できるという考えも浮かばなかった。フランス王家は一滴の聖油に依存している。その聖油をいまや悪魔が汚い手で拭いとった。ジャンヌは何度も魔女と呼ばれてきた。だが、このあだ名もほかのあだ名と同じように、まったく信じなかった——結局のところ、娼婦と呼ばれても、彼女の処女性は穢されなかったではないか。ジャンヌは幻視者だった。彼女には友人たちがいた。しかし、彼女は自分の探求《クエスト》を、人格をもち、結果を複雑にする個々の人間の点からではなく、個々の役割の点から理解していた。ジャンヌはシャルルについて、たとえばジョルジュ・シャトランと同じような見方はしなかった。シャトランはシャルルについて次のように言う。「彼の周囲では絶えずさまざまな変化が起きていた。なぜならばそれが彼の習慣だったからだ……彼の仲間のひとりが高い地位、有力者の最高峰にさえもちあげられる。すると彼はその男にうんざりしはじめ、なんらかの正当化を提供できる最初の機会に、その人物をわざと高いところから低いところに落とす」。それは心を硬化させたというよりは、自分のサディズムのなかに生き生きとした歓びを見出したからである。シャルルはこのような残酷趣味から「しゃぶりつくすことのできたすべての果実を味わった」[34]。彼は恐れに満ちた人物であり、自分がもつ権力を誇示する誘惑に抵抗するだけの道徳的強靭さを備えていなかった。塗油されたキリスト教徒の国王についてジャンヌが抱いた幻影はあまりにも説得力があり、それが実際の男の影を薄くした。その男を、ジャンヌはみずからの処刑前夜に、「この世にあるキリスト教徒のなかで、王ほど善きカトリック教徒はいない」[35]と擁護したのである。

ただひとり、ジャンヌと同じほど熱心に彼女の苦境を解決しようと望んだ人物がいた。ジャンヌ捕縛の報せが届いたとき、その男、ピエール・コションはベッドフォード公と同様に、たまたまカレーにいた。コションは古き友に、自分はジャンヌが魔女だと証明できると告げ、ジャンヌは、自分コションが正統な権利を有する司教区で捕虜になったのであり、自分はフランス人に追われてやむなくルーアンに避難場所を求めるまではその司教区で忠実に責任を果たしていたとも主張した。ミシュレは指摘する。ラ・ピュセルが「捕えられたのは本当は司教区のなかではなかったのだけれど、司教区内で捕えられたかのように思わせようと［彼は］考えた」[36]。思わせられたにせよなんにせよ、だれもコションの主張に異は唱えなかった。六月二二日、パリ大学が裁判にかけるためジャンヌを引き渡すよう再度ベットフォード公に求めたとき、書状に署名したのはグラヴランではなくコションだった。

しかしながらジャンヌは、少なくともいまのところはまだベッドフォード公の所有物ではなかった。対立する勢力のはざまで引き裂かれていたジャン・ド・リュクサンブールが時間を稼いでいたからだ。ブルゴーニュ公との二回目の会見のために、ジャンヌは塔の部屋から大聖堂に隣接する司教宮殿に移された。[37] ブルゴーニュ公は今回は妻のイザベル・ド・ポルテュガルを同伴し、会見にはジャン・ド・リュクサンブールとその妻ジャンヌ・ド・ベテューヌが同席。このときもまた、五人で交わされた会話の記録はとられていない。しかし、会見の結果、夫たちがラ・ピュセルの運命をめぐって画策しようとしたのに対し、妻たちはジャンヌの熱意に打たれ、その潔白を信じた。ジャンヌは七月一〇日まで、ボリューにとどまる。ジャン・ドロンの世話を受けつづけることが許された。ジャンヌには弟が、ジャン・ドロンには彼の兄弟がついていた。彼女はもう少しでその全員を自由の身にするところだった。

「ボリューからどうやって逃げるつもりだったのか?」

「二枚の板のあいだに隠れた。門番がいなかったら、看守を塔の上に閉じこめておいただろう。門番がわたしを見て、邪魔をした。このとき、わたしを逃亡させることを神はおよろこびにならなかった」

ジャンヌは逃亡はあらゆる捕虜の特権であると主張し、再度、別の塔から逃亡を試みることになる。七月一一日、軍隊が攻囲の再開に先駆けて南のコンピエーニュに向かったとき、ジャンヌはジャン・ド・リュクサンブールがより広い館をもつボルヴォワールに移送された。ジャンの妻ジャンヌ・ド・ベテューヌが「兵隊たちの行き来が女にはとくに危険なただの要塞よりも……女性の捕虜にとってより適切な住まいの選択[38]」に影響をあたえた可能性はある。

ジャンヌには三人の女性――ジャンのおばにあたるリュクサンブール嬢、ジャンの妻ジャンヌ・ド・ベテューヌ、そしてジャンの義理の娘で、やはりジャンヌのいう名の女性――がお目付け役につけられ、ジャンヌはこの三人に「献身的な情愛を抱いた」[39]。ジャンヌに人びとの同情を引くための第一歩は、男装を放棄させることだったので、年上のふたりは「ジャンヌが男性の服を脱ぐのを頑固に拒否するのを大いに悲しみ、あらゆる手段を使ってより女性的な心の枠組みをもつよう説得を試みた」[40]。自分たちが提供した服をジャンヌが拒絶したとき、女たちはジャンヌの虚栄に訴えかけ、彼女が自分の好みのままに仕立てられた女性の服を受け容れる気になることを期待して、美しい布地を見せた。

「ボルヴォワールで衣服を着変えるように言われたのではないか？」と審問官は言った。

「その通りだ」

「だが、拒否した」

「もしそうしなければならないのなら、わが王妃をのぞいて、フランスのどの貴婦人でもなく、このふたりの貴婦人の求めによってそうしただろう。だがわたしには神の許しがなかった」

「いつ髪を切る？」。ジャック・リヴェット監督の『ジャンヌ・ラ・ピュセル』〔邦題『ジャンヌ・ダルク』〕でジャンの義理の娘は、髪をはさみで切るジャンヌを眺めながら尋ねる。

ジャンヌは間をおいて答える。「あまりにも女の子っぽく見えるとき。わたしの髪はわたしの服とつりあってる。わたしはあまりにも長いあいだ、この服装をしてきた。この服装であまりにも多くを成し、あまりにも多くを見てきた。それをやめることはできなかった」。ジャンヌの「丸くカットされた黒髪」[41]には、髪以外の外見と同じ細やかな気配りがなされていたに違いない。しかし気配りをされた証拠もないので、脚本家たちはジャンヌが自分で髪を切り落とすほうを好む。ナイフ、粗末なはさみ、なんでもけっこう。とにかく手近にあるもので、変身していく自分の姿を間に合わせの鏡に映しながら、髪を短く刈っていく。ジャンヌが初めて髪を切るときの鏡に、ジャック・リヴェットは磨かれた甲冑のブレストプレートを選んでいる（図９）。

「ジャン・ド・リニー〔ジャン・ド・リュクサンブール〕の妻は空しく夫の足許に身を投げ出して、夫に向って名誉を失わないようにと空しく嘆願した」[42]。老リュクサンブール嬢はドレス戦術から脅迫戦略に移り、ジャンヌをイングランドに売ったら、おまえの相続権をとりあげてやると甥を脅した。アナトール・フランスは説明する。「けれどもイングランド国王のノルマンの黄金に対して、そして聖なる教会による破門に対してこの善良なる夫人にどんな力があったでしょうか？　なぜならばもしわが主人ジャンが宗教に対する罪を問われているこのお嬢さんを引き渡すのを拒否したら」、彼自身が「重い法的な刑罰にさらされるでしょうから」[43]。ジャン・ド・リュクサンブールは破産した貴族階級に属し、「年下の息子のさらに年下の息子であり、おばの財産を引き継ぐことをあてにはできなかった。おばの財産を兄と争うことを覚悟していた」[44]。いくらでもいい、とにかくおとめの身代金として得られる金が必要だ。さらにブルゴーニュ公は彼の主人だ。ジャンヌを引き渡さなければ、必ず報いを受ける。おばが生きているかぎりはその支配下にとどまる。だが、事実が残った。ジャン・ド・リュクサンブールはジャンヌをみずからの拘束下におき、ブルゴーニュ公に引き渡すことを余儀なくされるだろう。ブルゴーニュ公はイングランド王に仕え、イングランド王は「フランス人捕虜に対して……したがってジャンヌに対して、先取特権を所有していた」[45]。

ピエール・コションは一四三〇年の夏のあいだじゅう世俗と教会の両方の宮廷をめぐり歩き、生涯最大のパフォーマンスを企画するプロデューサーとして、疲れを知らずにロビー活動を続けた。司教には、会場と配役と脚本家とプロンプターと舞台裏のスタッフが必要だった。そのすごいところは、もっとも難しい部分、つまり広告宣伝が放っておいてもなんとかなったことだ。コションが約束する「立派な裁判」を待ち構えていないヨーロッパ人などいるだろうか？　あらかじめ見通しのついている判決はどうかと言えば、これまで知られたなかでもっとも悪名高く、また危険な魔女を火あぶりにした者ならだれであろうと、みずからを一躍名声と権力の座に押しあげ、教皇職への道に導くことになるだろう。コションが自分のために見つけた最初の報酬は、最近空席になったルーアンの大司教職だった。不運な魔女が犯した致命的な誤りのひとつには、コションを彼の司教区から追い立てたこともあった。恨みを買ったからだけではない。イングランド人がコションを「イングランド、パリ、その他における特別ミッションの担当とした」[46]理由のなかには、コションが司教区とその利益を失ったのを考慮したこともはいるからだ。そして、特別なミッションのひとつがジャンヌ・ダルクの裁判だった。ノルマンディの首席主計官ピエール・シュローは、コションの疲れを知らぬ外交努力の報酬として、七六五リーヴル・トゥルノワがあたえられたと記録している。シュローの饒舌な会計簿によれば、ピエール・コションは「一五三日のあいだ、われらが国王陛下の用件に時間を割き、ラ・ピュセルと呼ばれるジャンヌの件で、カレー市はもとより、ブルゴーニュ公殿下、あるいはフランドルのジャン・ド・リュクサンブール殿、コンピエーニュの攻囲軍、ボルヴォワールまで何度も旅をした」[47]。

ジャンヌもまたしだいに値段があがっていった。ジャン・ド・リュクサンブールには、ジャンヌをイングランド人に売却するのではなく、身代金と引き換えにフランスに返却する権利もあった。しかし、イングランドだけがジャンヌを買い取るための資金を集めた。長期にわたって大勢の司法官を巻きこむことになるであろう裁判の費用を賄う目的で、「一二万リーヴルを集めるために、一四三〇年八月、ノルマンディの州三部会によって特別税が徴収され」、「そのなかから一万リーヴルが」ジャン・ド・リュクサンブールから「ジャンヌを購入するために別にされた」[48]。ジャンの兄弟でテルアンヌ司教、イングランドのヘンリー国王の顧問官ルイ・ド・リュクサンブールが価格交渉にあたった。ルイ――ジャンが自分有利の遺言に異議をとなえるだろうと予測している裕福な兄弟――は、ベッドフォードとコションのどちらとも親しかった。彼は一四一四年から一四三〇年までボヴェの教会の教会参事会首席として、ボヴェとルーアンの大司教宮殿をいったりきたりしていた。ジャンヌ処刑の一年後、ヘンリーはノルマンディの首席財務官に、「われらへの大いなる奉仕のために、過去においてもまた現在も支払わざるをえない大きな支出」[49]を考慮して、一〇〇〇リーヴルをルイに支払うよう命じている。

一四三〇年九月一八日、リュクサンブール嬢は息を引き取り、彼女とともに甥の良心も息絶えた。ジャンヌはコンピエーニュの町の運命に異常なまでに執心し、小規模な戦闘のひとつひとつを追うことで、この重大な危機を直視しないようにしていた。一〇月二四日、ついに町が陥落したとき、「彼女は一種の熱狂にとり憑かれたように見えた」[50]とサックヴィル=ウエストは書いた。ジャンヌと声たちは初めて意見が分かれた。「言い争いはしばらく続き」、捕縛者からの逃亡を試みることを許可してくれと「ジャンヌは懇願し、声たちは許可をあたえるのを拒否した」[51]。ジャンヌが、ドン・キホーテ風の終幕で、コンピエーニュ救出に急ぎ駆けつけるのを許してくれと、どんなに必死になって頼んでも、聖カトリーヌと聖マルグリットは塔から飛び降りてはいけないと言った。

だが、戦争という気晴らしなしで、月日は静かに過ぎてゆき、空虚は緩慢な毎日をつくりだした。ジャンヌは自分にはあと一年しかないことを知っていた。ジャンヌには、贖罪への到達を期待することのほかにどんな慰めがあっただろう？　「わたしは天国の空気を呼吸することを切望する」と、ジャンヌと同じほどに清らかな「おとめの騎士」ガラハッドは、テニソン卿アルフレッドの『サー・ガラハッド』のなかで祈る。

わたしは終わりなき歓びをながめる
燃え立つ光線をまとう穢れなき空間
永久《とこしえ》の平和の穢れなき百合の花
その香りがわたしの夢にとり憑く
そして天使の手に打たれ、
わたしがまとうこの死すべき人間の鎧
この重さと大きさ、この心臓と両の目は
触れられて、いとも清らかな大気に変えられる

ガラハッドのように、ロランのように、ジャンヌは、天使の翼によって戦場から運びあげられるべきだった。ロランは「右手の手袋を神に捧げ、聖ガブリエルがそれを受けとった……神はロランのもとにケルビム天使を遣わした……聖ミカエル……聖ガブリエル……天使たちはロランの魂を天の楽園に運んでいった」[52]。ジャンヌは知っていた。神のヒーローたちは、戦闘からのけ者にされ、暗い独房のなかで死ぬのではなく、栄光のなかで、恍惚のなかで死んでいく。生来、衝動的なジャンヌは、監獄の閉塞感のために「運命の跳躍を禁じる声たちに耳を傾けるのをやめるほど」[53]、とり乱し、無謀になった。ボルヴォワールの塔は典型的な中世の塔で、窓というよりは矢を射かけるための銃眼しかなかった。そのために、屋上から逃亡を試みる者はいないだろうという合理的な仮定のもとで、看守は一階にしか配置されていなかった。ジャンヌは、最上階の狭間胸壁よりも低いところから飛び降りることはできなかった。胸壁の高さは七〇フィートと推定される。この高さは聖人伝的な誇張ではなく、考古学的事実に基づく。落下を途中で止めるもの、あるいはほかに逃亡を促すようなもの——樹木の太い枝、草の小山や下草の

クッション――はなかった。ジャンヌは城の干上がった濠に落下した。[54]

「なぜ飛び降りたのか？」と審問官は尋ねた。

「コンピエーニュの人びと、七歳の子どもまで全員が炎と剣とにかけられると聞いた。あのように善良な人びとが殺されたあとで生きているよりは、死んだほうがよかった」。ミシュレが考えているように、話は単純だった。「彼女の躰はボールヴォワールにあり、彼女の魂はコンピエーニュにあった[55]」。

「理由はそれだけか？」

「もうひとつは自分がイングランド人に売り渡されると知ったことだ。イングランド人の手に落ちるよりは死んだほうがましだ」

「みずから命を絶つことを期待して飛びおりたのか？」

「ちがう。飛び降りることで、わたしは自分を神と聖母の手に委ねたからだ」

「声たちは飛び降りることを禁じたのではないか？」

「あとから赦しを乞うた。飛び降りたのは間違いだったと認め、天使たちはわたしを赦した。天使たちはわたしがそうしなければならなかったこと、自分を押しとどめておけなかったことを理解した。だからわたしの命を助け、命を落とすのを防いだ」

尋問の方針は二つの大罪に狙いを定めていた。自殺を試みたのであれば、ジャンヌはユダのようにみずからに有罪の判決を下すことになる。ユダは、信仰の否定を除いてすべてを赦す神の果てしのない恩寵に背を向けた。天使が着地の衝撃をやわらげることを期待していたのであれば、ジャンヌはこれとは対照的ではあるが同じように恐ろしい罪、つまり神が彼女の行動の結果としての死から彼女を守るだろうと仮定する罪を犯したことになる。ジャンヌが、自分だけに見える超自然的な存在からではなく、この世の聖職者に罪の赦しを求め、また彼らから赦免を得ようとは決して考えなかったことは、定義上、異端とされた。

「なにか大きな罰を受けたのか?」

「罰の大半は、落ちたときに自分を傷つけたことだ」。ジャンヌがみずからに負わせた傷は、意識を取りもどしたとき、自分がどこにいるのかわからないほどの重傷だった。ブルゴーニュ派の捕縛者は、彼女にどこにいるのかを告げなければならなかった。「二日間、彼女は食べず、飲まず、動かなかった」。治療にあたった医者は、背骨の損傷を恐れた。

◈

「悪魔はイエスを聖なる都に連れて行き、神殿の屋根の端に立たせて、言った」と福音書記者マタイは書いた。「神の子なら、飛び降りたらどうだ。「神があなたのために天使たちに命じると、/あなたの足が石に当たることのないように、/天使たちは手であなたを支える」と書いてある」[56]。

悪魔は、話す機会をあたえられさえすれば、自分もまた聖書をよく——イエスと同じほどに——覚えていることを示し、ここでは詩編九一から引用している。

イエスは悪魔に答えた。「「あなたの神である主を試してはならない」とも書いてある」[57]。

◈

「あなたは神の恩寵を仮定した」と審問官は言った。だが、ジャンヌは不服従だけを認め——天使たちが翼を貸してくれると仮定したことは認めなかった。天使たちが翼を貸してくれたら、負傷などしなかったのは明らかに思えた。そのような冒瀆の罪を犯したら、天使が助けに訪れて、苦痛をやわらげてくれるはずなどないではないか？

「聖カトリーヌは、わたしに、コンピエーニュの人びとは冬の聖マルティヌスの祝日の前に間違いなく救われると教えてくれた。そしてわたしに告解をして、神の赦しを求めるよう告げた」

「こうしてわたしは慰められ、食事もとり始めて、そのあとすぐに回復した」。ボルヴォワールで飛び降りたことについてジャンヌが語ったのは一四三一年三月一四日、事件から四か月半後――自分の行動を数えきれないほど何度も思い返すのに充分なほど長い時間だ。ジャンヌは独房の暗闇と眠れぬ夜を過去の偉業の思い出で満たしながら、投身についても振り返ったに違いない。今回の偉業のあとには無意識と方向感覚の喪失、そして死にも似た呆然自失の日々が続いた。人間の記憶のもろさと贖罪に対するジャンヌの執着を考慮すると、彼女が自殺を試みたものの、のちにそれを否定した可能性はある。ジャンヌの活力と、負傷や痛みに対する肉体的な耐久力は、彼女に超人的な強さへの自信を抱かせるほど桁外れに大きかった。しかし、不死身の感覚が、七〇フィートの高さから飛び降りても生き延びられると信じるほど強かったということがありえるだろうか？　七〇フィートと言えば、現在の六階、あるいは七階建てのビルディングの平均的な高さである。

人びとの集団的想像力に対する教会の締めつけが緩むにつれて、捕縛と虜囚によって活動が停止させられてしまったあとのジャンヌは、疑念の虜になる若い女として考えられるようになっていく。リュック・ベッソン監督の『ザ・メッセンジャー』は、神を名乗る頭巾姿の人物――あるいはなりすますのがお得意の悪魔？――によって声たちを置き換える。ベッソンが示唆するのは、ジャンヌひとりが目にし、耳にする幻影は、それが神にせよ悪魔にせよ、自分に責任がある大量殺戮への罪悪感に打ちひしがれたジャンヌの補償作用の証ということだ。一九九九年製作の映画は問いかける。ジャンヌは精神分析医が言う誇大妄想を患っていたのではないか？　神は、威嚇的で、気まぐれに優しくもなる家父長を内在化した幻想なのではないか？　この映画は中世ヨーロッパ人が決して持つことができなかった有利な視点から疑問を投げかけ、ジャンヌが声たちから受けた慰めを退ける。どの方向に向かうべきか尋ねたとき、声たちには答えられなかった瞬間があったことを、ジャンヌは認めた。ときには声たちと言い争った。その命が尽きる前、彼女は声たちに従わず、短期間、裏切りさえすることになる。しかし、アンダーソンの『ロレーヌのジョウン』のように、声たちに見捨てられたと言うのを聞かれたことは一度たりとなかった。アンダーソンのジョウン＝ジャンヌは問いかける。「わたしは赦されない罪を犯したのだろうか」と。声たちは「わたしをただひとり、暗闇と沈黙のなかで待たせた[58]」まま、わたしのもとを去っていったと、ジャンヌが言ったことは一度もなかったのである。

ジャンヌは、打擲されたり、着衣を剝ぎとられたり、鞭打たれることはなかった。自分が架けられる十字架の重みでくずおれることもなかった。しかし、ジャンヌには彼女なりのヴィア・ドロローサ〔イエスがゴルゴタの丘まで十字架を担って歩いた道〕があった。ジャンヌはイングランド人に売却され、シャルル戴冠後にクリスティーヌ・ド・ピザンが描いた勝利の行軍とは正反対の状況を、懲罰として体験した。ピザンの頌歌では、ジャンヌは勝利に勝利を重ね、春の田園を勝ち誇って進んでいく。「シャルルが自分の国を通過して帰還するとき、市も城も小さな町も彼らに対抗して最後まで持ちこたえることはできなかった。彼が愛されていようと憎まれていようと、住民たちは落胆するか安心するかにかかわらず降伏した[59]」。クリスティーヌは、ジャンヌが異端者や異教徒から全キリスト教世界を救い、彼女の歩む道が止めようのない栄光の軌跡となるだろう予言した。ジャンヌはこの予言を実現しなかった。反対に、「ブルゴーニュ派、そのあとはイングランド人に占領されたフランスの多くの領土を引きまわされた」[60]。ジャンヌはボルヴォワールからルーアンまでの巡回ショーのただひとつの呼び物、人を惹きつけてやまない展示品であり、巡回ショーは暗い一一月から一二月へ、そしてさらに暗いクリスマスへとゆっくりと進んでいった。六週間の巡礼にはこの季節にお決まりの雨と霙《みぞれ》が、とにかく二週間分は約束されていた。ジャンヌは護送兵と野次馬の随行団を引き連れて、フランスの占領地をやむなく迂回しながら、ここかしこで沼地に沈みこむほど平坦な低地を移動していった。

この種の行列の先頭には戦利品が掲げられるのが伝統である。ジャンヌは厳重な警護のもと、甲冑を身につけるのではなく、手かせをはめ、おそらくは馬の背で、あるいは馬車の上で檻に閉じこめられさえして、行列を先導していったのだろう。とうとう人間の大きさにまで縮められ、本来の身分、つまり戦利品にもどったひとりのおとめ。この旅について、彼女は一度も語らなかった。幸福を祈ってくれる大勢の崇拝者たちに囲まれて一年間を過ごしたあと、ジャンヌは、公衆の憎悪、嘲笑、非難の的となり、フランスの勝利ではなくその敗北の象徴となるとはどういうことかを学んでいた。人びとは彼女に唾を吐きかけた。なぜならば彼女がフランス人だからだ。彼女に物を投げつけた。なぜならば彼女は魔女だからだ。彼女を穢れた女性器《カント》[61]と呼んだ。なぜならば教会が、女の邪悪さは性的な穢れをともなうと人びとに教え、彼らには教会の教え以外のことを考える想像力も独立した精神もなかったからだ。弟とジャン・ドロンと引き離されてから長い時間が経ち、今度はジャン・ド・リュクサンブール周辺の親切な女たちからも引き離され、いまやジャンヌを慰めてくれるのは声たちだけだった。「捕らえられたときには、牢獄で長く苦しむことなく、すぐに死ねるように頼んだ。声たちはすべてに従え、こうならなければならないのだと言った」。彼らが何度もそう言ったため、ジャンヌはみずからの苦しみがあらかじめ定められており、「偉大なる勝利」が自分を待っていることを悟った。「すべてを穏やかに受け容れなさい」と声たちは彼女に言った。「おまえの殉教のことは心配するな。おまえは最後には天の王国にやってくるのだから」。ロランやガラハッドの勝利とは異なる勝利。だが、それでも解放と天国に変わりはない。

一行はバポームから北へ移動し、ソンム渓谷をぬけてフランドル平野にはいり、アラスに向かった。アラスはスカルプ川のほとりに位置していたため、戦略拠点となり、数世紀にわたる争いの原因となっていた。遠く離れたスペイン・ハプスブルク宮廷が市の権利を主張し、市は名高いトルバドゥール文化の中心地、国際色豊かな詩人集団が集い、武勲詩の朗読会を数えきれないほど主催した。武勲詩の無知蒙昧な聴衆は竜などの悪魔の業の明白な具現化を熱心に見たがったのと同じように、ぜひとも魔女を見たいと切望していた。ジャンヌを見るのが恐ろしかったとしても、彼女を見れば同じくらい安心もできた。イングランド人とブルゴーニュ人にとって、彼女は人間の形をした器であり、彼らはその器のなかに悪魔への恐れを注ぎこみ、閉じこめておくことができた。ちょうど、彼女がフランス人に信仰を安全にしまっておくための器を提供したのと同じことである。あらゆるメシア的指導者と同様に、ジャンヌは敵と信奉者の双方の根本的な心理的欲求を満たし、その結果、民衆の心にとり憑いた。彼らはみな、彼女の法を外れた事例から目を離せなかった。

「アラスにいたとき、ジャン・ド・プレシ殿その他の人びとがあなたに女の服をあたえなかったか?」

「たしかに。ジャン殿やほかに多くの人がそのような衣服を着るようわたしに求めた」

「あなたのための男の服とそれに合う武器を作らせたのはロベール・ド・ボドリクール隊長か?」と審問官は言い、隊長は「いやいやながら、大いなる嫌悪感をもってそうした」と付け加えた。

「わたしに服をくれたのはロベール殿ではなく、ヴォクルールの人びとだ。武器はわが国王の命令によってあたえられた」

アラス滞在中、ジャンヌはブルゴーニュ公が所有する多数の城のひとつに監禁された。同情した看守が彼女にやすりをこっそり差し入れた。あるいは自称救済者が看守を通してそれを差し入れた。しかし使用する機会が訪れる前に、やすりは見つかり、没収された。勝利の行進がアヴェーヌ＝ル＝コントに出発するころには、一行がアラスに到着したときと較べると日はすっかり短くなり、独房で二週間を過ごした者ならだれであっても、驚き、不安になったことだろう。ジャンヌが人間の手による救済の可能性がある場所からさらに遠く引き離されていくにつれて、太陽は一日ごとに少しずつ早く、少しずつ足を速めながら沈んでいった。森や居住地以外の場所を畑や牧草地が侵食し、ジャンヌとアランソンが宮廷の政治工作の埒外にある軍隊の共同司令官としてかつて救済を夢に見た土地を彼女が通過していくとき、ノルマンディの林檎園には冬の影が落ちていた〔アランソン家はノルマンディに領地を所有していた〕。葉や果実のない枝は、青白く冷たい空に走り書きされた文字にすぎず、なんと弱弱しく見えたことか。行列は一〇の町をめぐり、ジャンヌはひと晩か二晩を町の牢獄で、おそらくは彼女のもっとも重大な罪をテーマにした公開説教を聞きながら過ごした。堕落した処女が訪れたのをこれ幸いと、信者の群れを道徳話で教化する機会を有効活用しない説教師などいるだろうか？　いまでは、ジャンヌはレイプで脅されるのと同じくらい何度も魔女、娼婦と呼ばれてきたので、その言葉にはもはや涙を呼び覚ます力はなく、彼女が自分の追随者のなかに見出した崇拝から彼女を守ってきた天使たちが、あまねく誹謗中傷に突然さらされた衝撃を緩和した。彼女を待ち構える苦悩はその誕生の六世紀後になってもなおお人びとを魅了するほど比類なきものだったが、彼女が道中をともにした仲間はさらに比類がなかった。ジャンヌの運命はすでに定められていた。その運命に立ち向かったとき、彼女の顔は最後まで彼女自身のものであった。それでも、じっと見つめる農民たちの終わりのない挑発を通りぬけるよりも、戦いの喧騒のほうがまだ好ましく、方向感覚を失わせることもなかっただろう。彼女の存在が引き起こす恐怖が、通常であれば彼女ほどの立派な戦利品に向けられるはずの嘲りの声を抑えこんでいた。恐怖心を克服できるほど物見高い者たちだけが近づいてきた。残りの人びとは後方にとどまっていた。彼らはフランス軍を率いた魔女を見たくはなかった。だが魔女を見たと孫たちに話すために、見たくもあった。

アランソンが身代金を待ちながら、五年間をその牢獄で過ごしたル・クロトワは、アヴェーヌ＝ル＝コント、リュシュー、ドリュジを通過して西に一二日間いった位置にあり、人びとの視線から守られた三週間の休息をノルマンディ沿岸で提供した。人びとのなかには、ジャンヌが宿泊する城の周りに集まる騒がしい群れに加わるために、かなりの距離を移動してきた者もいた。すべての巡礼者が敵対的だったわけではない。「彼女はアブヴィルの貴婦人たちを迎えた。貴婦人たちはソンム川を船で下り、同性のなかの驚異的な存在としての彼女に会いにきた」[62]。ジャンヌには同囚の司祭ニコラ・ド・クーヴィルが司式するミサへの列席が許された――ミサにあずかるのはこれが最後となる――クーヴィルはジャンヌの告解も聴いた[63]。この休止期間を、彼女は自由ではないにしても、慰めとして思いだすだろう。

またこういうこともあった。ジャンヌはそれまで一度も海岸を見たことがなかった。海を見たことがなかった。左岸から右岸が見える川以上に大きな水塊を見たことがなかった。ル・クロトワでなじみがあったのは、足が踏む沼地の草だけ。足跡をすぐに水が満たしていく。しかし西のかなた、太陽が沈むほうを見ると、草も台地も消え去る。ソンム湾は平らに浅く広がり、砂洲はほとんど気づかぬうちに海に滑りこむ。一二月には荒涼たる風景。どんな種類の港でも、港がつくれるほど深い海はなかったからだ。ジャンヌがその美しさを愛でたとすれば、その脅威も同時に見てとったにちがいない。彼女が立っている陸地は終わる。そこから先にはもうない。

彼らはル・クルトワを一二月二〇日に出発、隊列を組んで、ノルマンディの海岸線を三日間進んだ。ジャンヌは檻のなかから格子越しに、ときには空と海のあいだの線が消え去り、水がもはやジャンヌが名前を知るどんな色もしていないのを見た。運がよければ、夕陽が海に炎の道を描くのを見た。まっすぐな道がひと筋、さらに一日の終わりに向かう導火線のように燃えていた。ジャンヌはひと晩をサン＝ヴァレリ＝シュル＝ソンムで過ごした。一二月二一日のことである。ジャンヌが眠った、あるいは投げこまれた独房は、古い市壁の廃墟のすぐ内側に現在も残る。ユーにも監獄があった。かつてウィリアム征服王の家だったアルギュにもあった。アルギュで一行は海岸線を離れ、南に方向を変えてルーアンに向かう。ジャンヌは一四三一年一二月二三日、ルーアンに到着した。

第10章　塔の監獄

金で買える最高の甲冑をかってあつらえてもらった娘の寸法に合わせて、檻がつくられた。法廷執行官ジャン・マシューは証言する。「わたしは鍛冶屋のエティエンヌ・カスティーユが次のように言うのを聞いた。自分はジャンヌのために鉄の檻をつくった。そのなかで彼女は首と手と足をつながれて、立ったまま拘束され、ルーアンに連れてこられたときから裁判が始まるまで、この状態でいた」[1]。檻の目的は身体の拘束にある。しかし、ジャンヌが檻に入れられているのを目撃したと主張する証人はいないので、この場合は実際の身体拘束具というよりも、脅しの手段として使用されたのかもしれない。ジャンヌをルーアンに連れてくるのには数週間を要したので、あまりにも危険な魔女の監禁を準備するための時間的余裕はあった。立証されていないパワーをもつ女魔術師。人間なら死んでしまうほど高い塔から飛び降りて、生きながらえた人。つまり空を飛ぶ能力をもつ魔女。檻のなかのジャンヌを見た者はいない。だが、石工のピエール・キュスケルは、つくられた直後に檻を見ている。キュスケルは地元で大型の計量秤を所有する数少ない職人のひとりであり、「自分の家で鉄の檻の重さを量った」[2]と証言した――おそらくは価格を決めるためだろう。

ジャンヌが到着するまで、一部のルーアン市民は一日中、市の門で待ち構えていた。肘でつついたり、前に押したりして場所をとり合い、数に任せて大胆になり、より小規模の群衆であればただぽかんと口を開けて指さすだけのところ、好き放題に野次ったり、下品な言葉を吐いたりした。ルーアンは町ではなく、フランス第二の人口を擁する都会であり、その通りや広場を満たすだけの群衆がいた。市は情け容赦のない六か月間の攻囲戦のあと、一四一九年一月にイングランドに降伏。ジャンヌ到着時には占領期間は一〇年を超えていた。ヘンリー五世は一四一八年七月に市に進軍し、市の要塞がアジャンクール以後の三年間で補強されていることを発見した。ルーアンはフランス最大の守備隊のひとつをもち、七万の市民もひっくるめて、ヘンリーが残りのノルマンディとともに獲得に乗り出した賞品だった。控え壁で新しく補強された市壁に攻撃を仕かけるのに充分な数の軍隊がなかったため、ヘンリーはクロスボウを備えて林立する六〇の塔と市壁を包囲することでよしとした。市内に糧食を搬入するための手段すべてを遮断し、市民を飢えさせて服従に追いこもうとする。冬になるころには、ルーアン市民は飼っていた犬や猫、鼠まで食べ、やむをえず馬を殺しはじめた。一二月、市の指導者たちはすべての老人、病人、孤児――人口のほぼ五分の一にあたる一万二〇〇〇人――を市壁の外に押し出すことに決めた。ヘンリーはここに見てとった邪悪で恥ずべき好機に飛びつき、難民となりかねない者たちが攻囲線を越えるのを許さなかった。したがって、彼らは市壁と敵軍のあいだの凍った溝にはまりこみ、身を寄せ合ってそこにとどまっていた。クリスマス当日、ヘンリーは生存者にパンを配ることを教会に許したが、贈り物は飢えをかきたて、避けがたい結末を先延ばしにしただけだった。人びとの喧騒はひとつの声が消えるたびに静まっていった。ひとりとして生き残った者はいなかった。ルーアンの物語は、ラ・ピュセルのいないオルレアンの物語だった。

あるルーアン市民は回想する。「ジャンヌはイングランド人によってルーアンに連れてこられ、城の牢獄に投獄された。それは階段の下にあり、開けた野原を見下ろす部屋だった」[3]――独房は城の北側塔内にあり、ヘンリーがルーアンに勝利したときに建設された城はそれが建つ丘にちなんでブヴルイユ城と名づけられた。ブヴルイユの丘は市内を見下ろし、市の石造りの深い側溝には染料で染まった水が流れ、セーヌ川をある週は青く、次の週はオレンジに染めた。少年王ヘンリー六世は一四二九年六月以降、一一月六日の戴冠式のためにイングランドに赴いた以外、ブヴルイユ城で暮らしていた。彼はジャンヌ処刑の六か月半後、一四三一年一二月一六日にパリで再度、戴冠される。

ジャンヌが生涯最後の五か月間、監禁されていた部屋は、城の楕円形の中庭から八段あがったところにあった。中庭には「壁に寄りかかって建てられた建物[4]――政府の執務が執りおこなわれる大広間、厨房と使用人専用の区画、そして……中庭の中央に……礼拝堂」――が並んでいた。地下ではなかったが、鉄格子のはまった窓ひとつのほかに光源はなく、独房は「かなり暗く」[5]、コションが中核となる審問官を引き連れてジャンヌを訪れたときには、半ダースほどもの人がはいれるほどの広さはあったものの、殺風景だった。法廷執行官ジャン・マシューはジャンヌに同行して独房と裁判が開廷される部屋を行き来したが、「部屋には一台の寝台があり、彼女は」[6]つねに足枷をはめられて、「そこで寝た」と証言している。「夜は二組の足枷につながれ、別の鎖を彼女の寝台の脚のあいだに通して固定させた」[7]。この鎖は「さらに五、六ピエの長さの材木に鍵でつながれた」。昼夜を分かたず、ジャンヌは「最低の種類のイングランド人……フランス語で言うhoussepailliers《ウスパイエ》」の手に委ねられていた。中世フランス語では、この言葉は「ごろつき」の同義語で、しだいに「虐待者」の意味で使用されるようになる。マシューは法廷執行官――あるいはコションの言葉を借りれば、「わが権限に由来する命令および召喚の執行者」――として、看守たちがあらゆる機会をとらえてジャンヌを無慈悲に嘲るのを耳にしていた。彼らは裁判について重要な情報を小耳にはさんだふりをして、ある日は釈放の期待をわざとかきたて、次の日にはおまえは確実に火あぶりだと告げた。「ごろつき」のうち三人は鍵のかかった独房内にとどまり、常時ジャンヌとともにいた。彼らはあたりを自由に動きまわった。一方、ジャンヌは鎖のために「動くことができなかった」。このような監獄には必ず便所が備えられていたが、便所を使う必要があるときには、ひとりの看守が鍵を開け、クローゼットの広さの部屋まで連れていった。部屋の床に穴があり、排泄物はそこから直接、汚物溜めか、あるいは濠に落とされた。冬には凍ることもあっただろう。一般的に、このようなトイレットを満たす空気にはアンモニア・ガスが充満していた。鼻を刺すにおいがダニを殺すと信じられていたので、お客がそこにコートをかけてもらったことからgarderobe《ガルドローブ》〔衣装戸棚〕と呼ばれるようになる。

便所は独房とは直接、つながっていなかったが、他の二つの付属設備は隣接していた。ひとつは階段の踊り場で、二番目の付属設備につながる隠し扉があった。この隠し部屋は一度に複数を収容できるほど広く、密偵が使用して独房内のジャンヌをこっそりのぞいたり、ジャンヌから有益な告白を引き出すために送りこまれた者たち――例えば偽の聴罪司祭――との会話を盗み聞きできた。イングランド人は「彼女が逃亡することを極端に恐れていた」ので、ひとつの部屋に三本の鍵があった。一本は、レジーヌ・ペルヌーが「裁判の真の管理者」と認めるウィンチェスター司教のボーフォート枢機卿――フス派を蹂躙するために割り当てられた資金を対フランス弓兵部隊編成のために横領したのと同じ司教――が所有。二本目は、ボーフォート枢機卿をよろこばせようと決意していた男、コション司教に託された。

三本目は、司教のご機嫌とり、裁判の検察官である首席検事のジャン・デスティヴェの手に渡された。

　ジャンヌの番人は三人とも聖職者だったので、彼らは教会による監禁という名目を維持できたが、実際にはジャンヌは敵が管理する軍の獄舎につながれていたのであり、ジャンヌ側に立った数少ない陪席判事のひとりジャン・ファブリが報告するように、そのことに「陪席判事の一部は不満を抱いた」。なぜならば「……彼女は教会の手に委ねられたので……それはよいやり方ではなかったからだ。だが、「だれもあえてそのことを話そうとはしなかった」[8]。一か月のあいだ、ジャンヌは当然の権利として教会の監獄に移され、女性看守の監視下におかれることを求めつづけた。ボルヴォワールで起きた最悪の出来事は、騎士エモン・ド・マシが訪れて、本人が無効化裁判で証言したように、「ふざけて何度か彼女の胸に手をやって乳房に触れようとした」ことだった。しかし「ジャンヌはそうさせようとはせず、全力でわたしを押し返した」[9]。穢されていないジャンヌの肉体という要塞に攻撃を仕かけて失敗した事例は、ルーアンでも、ジャンヌがドレスよりも炎を選択する前に一度、身に着ける衣服の寸法を測るために送り込まれた仕立屋によって繰り返された。彼女はやはり力いっぱい平手打ちを食わせた。最初は、執拗に暴行で脅されて、ジャンヌは「ボヴェ司教や副異端審問官、そしてニコラ・ロワズルール師に、看守のひとりが強姦しようとしたと訴えた」[10]と、ギヨーム・マンションは証言する。他の証人たちも別の機会に同じ訴えを耳にしていた。ジャンヌの訴えにようやく応えたのはひとりの女性、ヨランダや老リュクサンブール女伯爵のように、ジャンヌのために介入できる地位にある女性たちの最後のひとりだった。

　「これは不可解だ」と、ブレッソン監督の『ジャンヌ・ダルク裁判』のなかで、ベッドフォードはコションに囁く。ふたりは独房で尋問を受けるジャンヌを壁の穴から盗み聞きしている。「あの女は兵隊たちと暮らし、彼らといっしょに藁の上に寝て、いまだに処女なのか?」。

壁の反対側で、ジャン・デスティヴェがジャンヌに言う。「おまえは処女ではない」。「間違いなくわたしは処女だ。あなたがわたしを信じないのであれば、それは残念だ」「おまえは神ではなく、悪魔に属する」

「わたしはわが主イエス・キリストに属する」と、ジャンヌはものともせずに落ち着きはらって、傲慢に言い放つ。[11]

ルーアンでは、処女であることを証明するために、ヴァギナを検査するよう訴えるのはジャンヌである。検査はベッドフォード公の妻、アンヌ・ド・ブルゴーニュ――ブルゴーニュ公フィリップの妹――の監督のもとでおこなわれた。公爵夫妻は一四三一年一月一三日にルーアンを出発したことがわかっているので、検査は必然的にジャンヌ到着後数週間以内には終了していたことになる。裁判の書記が伝える報告には裏づけがないが、それによると、ベッドフォードは密偵が使用する隠し部屋に身を潜め、壁の穴から、ジャンヌが既婚の女たちに調べられるのをのぞいていたという。女たちはそのあと、ラ・ピュセルはほんとうに穢れなきおとめであると証言した。彼女の処女膜は、奇蹟でないとすれば幸運のおかげで、「馬の背にまたがることによる負傷」[12]の形跡にもかかわらず無傷にとどまっていた。この結論がジャンヌを無罪放免とすることはなく、むしろコションに方針転換をさせ、コションはひとつの迷信を別の迷信で置き換えた。ジャンヌが主張するように、彼女の力がその処女性のなかに存するのなら、論理的には、「彼女から処女性を奪うことが、彼女を武装解除し、その魔法の力を打ち砕き、彼女を他の女たちと同じ水準にまで下らせる」[13]ことになる。

「女たちはジャンヌはたしかに処女だと言っている」と、ブレッソンのベッドフォードはコションに言う。

「そうだ」とコションは言う。「あの女の強さはそこにある」。

「処女であることが強さをあたえているのなら、処女を失わせてやろうではないか」とベッドフォードは、まるで箱のふたをこじ開ける話をしているかのように、あっさりと言い放つ。
ジャンヌは襲われた場合に備えてできる限りの方策を講じた。服飾史家は裁判記録から拾い集めた記述を当時の挿画で補うことができた。

ダブレットにしっかりと結ばれた二枚重ねのショース、下にはいたショースはウエストまでの長さのウールで、少なくとも一二本の紐がつき、紐の一本それぞれを三個の鳩目《ハトメ》（二個はショースに、一個はダブレットにある）を通してダブレットと結ぶ。このショースには合計四〇個の結び目があった。上にはいたショースはざらざらした革製でさらに一組の紐によって結ばれていたようだ。この二枚重ねのショースそれぞれがダブレットに数ダースの紐で結ばれてしまうと、脱がせようとする者にはかなりの労力となるだろう。……二〇本という紐の数は、このようなタイプの衣服としては極端に多いし、また極端に不便な数でもある。通常はせいぜいこの半数であり、このことはジャンヌが自分自身の利便性を犠牲にしても、防護の効率化を図るために、考慮のうえで対策をとっていたことを示す。[14]

ひとたび処女であることが確認されると――つまり守るべき価値のあるものが存在することが明らかになると――ジャンヌは、すべての紐を充分にしっかりと結べないので、容赦なく襲いかかってくる看守たちから自分を守ることができないと訴えた。[15] アンヌ・ド・ブルゴーニュは、ブヴルイユ城の隊長ウォリック伯を訪れた。イングランド人はあれほど必死になってフランス人の名誉を奪おうとしてきたというのに、捕虜の強姦ほど不名誉な犯罪を――このような卑しむべき犯罪が自分の体面を傷つけると知りながら――許すイングランド貴族が、どこにいますか？　この件がボーフォート枢機卿の身にどう跳ね返ってくるでしょうか？
ウォリックは「ベッドフォード公に仕える紳士[16]」護衛隊長ジョン・グレイに、ジャンヌの看守をそこまで野蛮でないと思われる人員と交代させるよう命じた。

魔女に怯える軍隊を集結し、進軍させるには脅しや賄賂では充分でないと悟ったイングランド人は、時間を無駄にせずに裁判を始めさせた。判事が集まる大聖堂にしばしば出入りしていたひとりの合唱隊員は、ジャンヌのルーアン到着直後、五人ほどの判事が話しあっているのをたまたま耳にした。ひとりの判事が言った。「迅速に彼女の裁判を開き」、裁判が実行可能になったらすぐに「彼女を死なせるための……口実を見つけなければならない[17]」。ドミニコ会修道士ジャン・トゥムイエは「彼女が生きているかぎり、彼らは戦場における栄光も成功も手にできないと考えた[18]」と証言する。
イングランド軍はルーアンの南一五マイルのルヴィエを奪還して、命運がどんどんと尽きていくのを食い止めようと必死になってはいたが、「おとめが審問にかけられ」――そして処刑されるまで、「町を攻囲しない」ことを決めた。一月九日、裁判の予備審理が開始された。予備審理は一か月間続き、コション直属の下役の指名と、六〇名ほどの陪席判事の選出にあてられた。また、ジャンヌについてできるかぎりの醜聞を集めるために密偵が送り出された。コションはルーアンの異端審問官代理ジャン・ル・メートルを共同裁判長に任命した。ル・メートルは乗り気ではなかった。助手のイザンバール・ド・ラ・ピエールは、ル・メートルはほかの多くと同様に、「恐怖心に動かされていた[19]」と証言する。ル・

メートルは数回の審理に出席しただけで「尋問には加わらなかった[20]」。

「恐れていない者はなかった[21]」とギヨーム・マンションは無効化裁判で証言した。マンションは裁判の公認書記三人のうちのひとりとして、「言われ、おこなわれたことすべてに立ち会って」いた。裁判の過程で展開したすべての出来事を目撃し、彼の記憶は議事を記録・編纂することで補強された。「この裁判を続けたのはイングランド人で、裁判は彼らの費用でおこなわれた。しかしながらボヴェ司教も検察官ジャン・デスティヴェも、ジャンヌに対してこの裁判をおこなうよう強制されたのではない。ふたりとも進んで裁判をおこなった。陪席判事や他の顧問たちは出席をあえて拒否はしなかった[22]」。

ジャンヌが尋問を受けるときに、どのように答えればよいか助言をあたえたイザンバールは、そのことを発見されたとき、口を閉じているか、溺死させられるかのどちらかだと、忠告された。「わたしたちが意見を述べたのは恐怖心や脅迫、怯えのためで、裁判では逃げる計画を立てた[23]」と陪席判事の一人、リシャール・ド・グルシェは証言した。

六〇名ほどの陪席判事はパリ大学から招聘され、ほとんどがドミニコ会士だった（異端審問は判事をほぼフランシスコ会とドミニコ会からのみ採用、養成した）。少なくともそのうちの四〇名ほどが裁判の公開審理に毎日出席した。一部の陪席判事は「自分の自由意志で、一部はイングランド人の好意を買うため、一部はあえて断ることができなかったためにやってきた[24]」。そして一部は復讐を求めてやってきた。ジャンヌの勝利によって自分の司教区から追い出され、力と収入の源泉から引き離されたのはコションひとりではなかった。召集された全員が判断を求められた。だれも自分の意見を差し控えることはできなかった。一例を挙げれば、ジャンヌを拷問台にかけるか否かは多数決で決められた。脅された協力者の数が舌なめずりして待ち構える検事より多くても、数は強みにはならなかった。反対意見を述べる度胸のある者は少数で、たちまち教訓話の主人公にされた。パリ大学の神学学士ニコラ・ド・ウプヴィルは裁判二日目に追い出された。ひとりの書記がコションに、ウプヴィルがこの裁判には深刻な危険がいくつもあると言うのを聞いたと告げたからだ。ウプヴィルは、ジャンヌがルーアンに到着したとき、司教が見苦しいほどウォリックにへつらい、自分が計画している「立派な裁判」について「欣喜雀躍して話す」[25]のに気づいた。裁判のいきつく先は恥辱だろうという自分の疑いが正しかったことを確認するには一日分の審理だけで充分だった。ニコラは指摘した。司教は敵側のひとりだ。裁判は敵側の資金で賄われた。囚人は敵側の軍隊によって投獄されている。ジャンヌはすでにポワティエで教会によって――コションの上司にあたるランス大司教によって――厳しく、そして公式に審問を受けている。コションには、ジャンヌの判事を務める教会法上の権限はない。コションは激怒し、ニコラ・ド・ウプヴィルに出頭を命じた。ニコラは出頭したが、コションは自分の上司ではないので、ジャンヌに対して管轄権がないのと同様に、自分に対しても管轄権はないと主張した。厳密に言えばウプヴィルは正しい。しかしそれはコションがニコラを投獄させる妨げにはならなかった。ジャンヌに対してなんらかの同情を示したり、わずかの慰めをあたえたりすること――告発され、弁護人のいない孤立無援の娘に忠告をあたえるのを見つかった場合はもちろんのこと――は、司教に対する挑戦であり、多数の陪席判事が明確にしているように、わが身を「死の危険」にさらすことだった。

ジャン・デスティヴェには、彼が以前、ボヴェでコションのために果たしていた職務、告発官もしくは主席判事の職務が認められた。デスティヴェの行動を目撃した者は、その悪意ある言葉に驚きを隠せなかったが、コションは以前、彼と密接に仕事をしたことがあり、自分が選んだ人間を正確に知っていた。デスティヴェは怒りの発作に襲われやすく、女による穢れという主題に執着する復讐心あふれるサディストであり、あらゆる機会を利用してジャンヌを誹謗中傷し、懲らしめようとし、彼女を「娼婦、女盗人」[26]と呼び、彼女の純潔が立証されたあとでさえ、「盗人、売女」[27]と罵った。

ジャンヌが檻のなかに立っていたとき、あるいは木材の上に横たわっていたとき、あるいは鎖につながれた犬がよろよろ歩くように、足を引きずってぐるぐると円を描くにすぎなかったとしても足枷が許す範囲で歩いていたとき、密偵がドンレミ、グルー、ヌフシャトー、ヴォクルール、サント=カトリーヌ=ド=フィエルボワ、シノン、ポワティエ、トゥール、オルレアン、シャルジョー、トロワ、パテ、ランス、サンリス、サン=ドニ、ラニー、コンピエーニュ、その他ジャンヌがわずかひと晩でも滞在したとわかっている場所に送り出された。「ロレーヌの有力者がルーアンにきた」[28]と商人ジャン・モロー（ジャンヌの名づけ親とは別人）は証言した。この有力者は「ジャンヌの出身地で情報を集め、その評判がどのようなものであるかを知るために、特別に委任された」。しかしコションに持ち帰った情報――「自分の妹に見たくないものはなにも見つけなかった」――によって、この男が得たのは非難の言葉だけだった。司教は彼を「裏切り者の悪党」と呼び、「成すべきこと、命じられたことをおこなっていないと言った」。そして、六教区を訪ねた経費と彼の働きに対して、同意済みの謝礼の支払いを拒否した。もうひとりの元密偵、「代書人」（公証人に等しい）のニコラ・バイイは、代官ジェラール・プティとともにジャンヌについての情報を集めた。報告が正確であることを証明するためにわざわざ一二名ほどの証人本人を呼んだにもかかわらず、そのあと同じように罵倒された。バイイもプティもアルマニャック派だと非難され、どちらにも支払いは成されなかった。ジャンヌにはなんのやましいところも見つけられなかった。しかし、噂と憶測が織り交ぜられ、その布から異端裁判が必要とするただひとつの前提条件、ディファマチオ――悪い評判[29]――男たちが自分たちだけのものだと思っている力を主張するあつかましい女を破滅させるために、彼らがでっちあげるたぐいの悪評――をつくりださなければならなかった。

一字一句まで法に従うものとして提示された裁判が腐敗していたことを、三人の書記、ギヨーム・マンション、ギヨーム・コル、ニコラ・タケル全員が証言した。ふたりの陪席判事と氏名不詳の書記が、尋問がおこなわれた部屋のカーテン裏の小部屋に隠れ、ひとりの高位聖職者が指示するとおりに記述し、削除した。マンションとコル、タケルによる公式のフランス語の記述は、トマ・ド・クルセルがラテン語に翻訳、ときには翻訳というより削除、編集した。「熱狂的な大学人で法学部長」[30]のクルセルは、最終的にはみずからの裁判関与を恥じるあまり、「フランス語の議事録に自分の名前が出てくるたびにそれを削除した」。無効化裁判では、ジャンヌとともに自分も擁護する意図をもって証言した。編集されたメモを七十条の告発諸箇条にまとめたのは、ベッドフォードの親友でルーアンの司教座聖堂参事会員、猛烈なパリ大学擁護者ニコラ・ミディである。この七十条はその後、重複とあまりにもばからしい偽の告発いくつかを省いて（しかし、すべてが除かれたわけではない）、十二箇条にまとめられた。ばからしい告発の一例を挙げれば、金を呼び出すと言い伝えられるマンドラゴラを、商売道具として懐中に隠していたと言われたとき、ジャンヌはミディに、村の近くにひとつあると聞いたことはあるが、見たことは一度もないと告げた。彼女はマンドラゴラがなんだろうと、「危険で、もっているのがよくないもの」とされているのを知っていた。

妖精の木の小枝、一度も交わされなかった結婚契約の違反、口にされなかった神を冒瀆する言葉、一度も目撃されなかった悪魔との儀式、火刑台に火をつけるにはこれで充分だった。彼女自身の父親が、兵隊を相手にした娘の恥ずべき行為を何度も夢に見て目覚めたときに、夢が現実になったら娘を溺死させろと息子たちに指示したのではなかったか？　公開火刑はジャンヌ・ダルク裁判の一世紀前からおこなわれていた。それでも多くの歴史家がジャンヌの火刑を、その結果として全ヨーロッパに魔女裁判を巻きおこした触媒となる最初の大規模な魔女裁判だと考えている。ジャンヌ裁判のように注目を浴びた政治的な異端審問は、社会の枠外で生きてきた無名の、そして多くが貧窮した無数の女たちの裁判を引きおこす契機となった。女たちのある者は産婆、ある者は娼婦、ある者は精神を病むか、不幸にもレイプされ、表の社会から追い出された。全員が間違った敵をつくった。父親、おじ、兄弟、あるいは息子に保護される者はひとりもいなかった。ジャンヌのように、女たちは中傷によって裁かれ、娼婦、売春婦、悪魔の侍女と呼ばれた。人類の倫理的進化を示唆する民主主義ではないとしても、社会は一種の民主主義に到達した。魔女が焼かれるのを実際にわが目で見るのは、すべての市民の権利だった。残虐行為のライブパフォーマンスと生贄《いけにえ》――自分たちの苦しみを押しつけられるスケープゴート――への要求が広範囲に広まっていたために、いたるところで魔女たちが発見されることになった。

一四二九年五月から一四三〇年五月の一年間、ジャンヌは五回ほどの戦闘を率い、結果として全体で一万人弱の男性の損失をもたらした。ジャンヌの裁判、その判決、ジャンヌの事例の公開がひとつに結びついて触媒となり、三世紀にわたる熱狂的な、しばしば狂乱的《ヒステリカル》な魔女狩りを引きおこし、一〇万人もの女の残酷な処刑劇――ある歴史家の言葉を借りれば「巨大なホロコースト[31]」〔「ホロコースト」は古代ユダヤ教で生贄の動物を祭壇上で焼き、神に捧げる儀式のこと〕に帰結した。

⌖

家族、友人、戦友たちが尋問を受けているあいだ、ジャンヌは、「監獄内の情報提供者を使うという異端審問側の戦術の対象[32]」となっていた。情報提供者のうち二人の名がわかっている。ルーアンの司教座聖堂参事会員ニコラ・ロワズルール──コションが入念に選んだ取り巻きのひとりで、「ベッドフォードの政府からきわめて高く評価され」[33]、「ラ・ピュセルと同じくロレーヌ地方の出身だと見せかけ、最近の故郷の話をすることによって、(牢獄のなかで) 彼女から多くを得ることに成功した」[34]と書記マンションは証言する。ロワズルールはジャンヌの信頼を得たあと、司祭の身分を明かし、彼女の聴罪司祭を買って出た。ジャンヌは同意した。マンションによると、ロワズルールが面会にくるときはいつも、隣接する小部屋に密偵が隠れ、独房ののぞき穴から耳をそばだてて、ふたりの話をすべて記録し、ジャン・デスティヴェがそれを熟読して、有罪の証拠を得られるようにした。証拠はひとつも存在しなかったから、それを引き出すことはできなかった。ジャン・デスティヴェ自身も変装をし、囚人のふりをしてジャンヌを訪れたが、成果はなかった。

ロワズルールはおとり捜査官の役割を務め、ジャンヌを「彼女の発言を修正させようとする試みに抵抗する」ように励まし、彼女を破滅させようとしている「判事たちを信じてはいけない［と言った］」[35]。ジャンヌはせかされなくても、みずからの心をしばしば不用心に口にした。そして、自分を彼女の上位者だと考えている者たちに敬意を払うことはめったになかった。その一方で、ジャンヌが──彼女は少なくとも告解とは神聖なものだから、その裏に背信を隠しているはずはないと考えていたために──反射的に自分の味方だと見なしたひとりの男は、ジャンヌにその鋭い舌鋒をおさえるよう警告はしなかった。それどころか、ロワズルールは彼女に遠慮せずに物を申すよう促した。その結果、ジャンヌは彼女の発言を聞いた者たちの敵意をさらにかき立てることになる。

ジャンヌの第一回公開審問は一四三一年二月二一日に開廷された。ジャン・マシューがジャンヌを独房から連れ出したとき、太陽はまだ昇っていなかった。城の礼拝堂まで距離は短かったが、長くもあった。ジャンヌは中庭を胸を張って歩くのはもちろん、ただ普通に歩くことさえできなかった。

両足首に巻かれた足枷はわずか数インチの鎖でたがいにつながれており、一歩ごとにわずか数インチしか進めなかった。苦しいほどに遅い足どりで前進はできたが、すたすたとは歩けなかった。マシューとジャンヌは武器をもった看守の監視下で前進し、マシューの仕事はジャンヌがつまずいて転ばないように注意することだった。九か月前の五月に捕縛されて以来、ジャンヌは捕縛者から渡された女の服を拒否していた。アラスを出発するころ、あるいはそれ以前から、あえて男の服を提供する危険を冒そうとする者はいなかった。旅行鞄をもたずに捕縛されたのだから、何か月ものあいだ、毎日着ていた服で判事たちの前に出頭した。判事たちのなかには豪華なローブをまとった者もいた。体を清潔にすることを許されるかどうか、あるいは服を洗濯する手段をもてるかどうかは、捕縛者たちの権限に属し、彼らはイングランドの法廷の要求に応じた。完全に屋内で過ごす生活から予想できるように、顔色は蒼ざめていた。痩せ細っていたことに疑いの余地はない。

もしかしたら、シノンの門に近づいたときと同様に、ジャンヌの横には天使——アヌイが描いた聖ミカエルのように「空から地面まで届く大きな二枚の白い翼」[36]をもつ——がいたのかもしれない。もしかしたら彼女が歩くとき、「声たちの名でやってくる光」が唾を吐きかけてくるすべての顔を焼きつくしてしまうほど明るく彼女のまわりに降り注いだかもしれない。天使たちの言葉が彼女の耳をふさいでいたとすれば、「魔女に死を！」という叫びすべては聞こえなかったかもしれない。

「我々に答えよ。お前は神の子なのか」と大祭司カイアファは尋ねた。
「それは、あなたが言ったことです」とイエスは言った。

カイアファは自分の服を引き裂いた。「諸君は今、冒瀆の言葉を聞いた[37]」と、カイアファは暗い夜明け前の尋問に集まった律法学者や長老たちの群れに告げた。最高法院が公式に活動できるのは昼の光のもとだけだったために、これは非公式の尋問だった。どちらにしても、判決が裁判に先駆けていた。

「どう思うか」。

「死刑にすべきだ」と群衆は言った。「そして、イエスの顔に唾を吐きかけ、こぶしで殴り、ある者は平手で打」った[38]。

権力に飢え、「〔イエスを〕死刑にしようとしてイエスにとって不利な偽証を求めた[39]」大祭司カイアファは、イエスのまわりに集まる烏合の衆を厄介払いするために、イエスは自分自身をメシア、神に塗油された地上の王と宣言することでローマの権威に挑戦していることを、ローマ人に納得させなければならなかった。ジャンヌが魔女だと証明すれば、コションは自分の野心を満たすことができる。彼がその機会に飛びついたのと同様に、カイアファも、イエスを処刑する評決をローマの占領者に提供する責任を引き受けた。人間の経験を文脈にあてはめ、説明するのに使用される聖書は、法律の物差しでもあり、イエスとジャンヌの両方の裁判では神聖なる語彙の源泉だった。「あなたたちはやがて、／人の子が全能の神の右に座り、／天の雲に乗って来るのを見る[40]」とイエスは、紀元前二世紀の預言者ダニエルを引いて言う。ダニエルは「「人の子」のような者が……来て……王権……を受けた[41]」と書いた。

最高法院に対するイエスの個々の回答は、旧約聖書の黙示録的預言から引かれている。イエスはそれをみずからの王権を有効化するものとして主張した。そして、それらは冒瀆の大罪の証拠として使用された。ジャンヌの回答と、彼女を冒瀆の罪で有罪とするために集められた聖書の言葉は、イエスの生涯と死についての新約聖書の記述から引かれ、ジャンヌによっても、またジャンヌに対しても同様に使用された。

コションは審理を、ジャンヌが異端審問の前にいるのは彼女にディファマチオ〔悪しき評判〕があるからだと説明することから始めた。「広く伝えられる噂ならびにすでに触れた諸々の情報を考慮し、神と市民の法を知る賢者と熟議のうえで、わたしはあなたが信仰その他に関する問題についての尋問に、法と理性に従って真実を回答するために召喚されることを告げる」。

ジャンヌは言った。わたしはよろこんであなたの前に出頭する。そしてコションに、「この一団に、イングランド派の聖職者と同数のフランスの聖職者を召集する」よう求めた。この要求に対する回答は記録されていない。そして、ジャンヌの政治的立場を代表する聖職者は出現しなかった。

紙の上では、裁判は整然とおこなわれたように見える。さしあたってのところ、裁判は統制されていなかったというよりは、意図的に方向を定めず、礼儀を無視していた。ひとりの陪席判事が別の陪席判事の言葉を遮り、ジャンヌに次つぎと質問を浴びせかけたので、「ひとりが尋問をして彼女がその質問に答えているときに、ほかのひとりが彼女の回答を中断させた。そのため彼女は、何度も尋問者たちに言った。「立派な殿さまたち、順番に質問しなさい」[42]」。マシューは、「彼女に出された微妙で油断のならない質問に彼女が答えられることに驚嘆した」大勢のなかのひとりにすぎない。裁判がより礼節をもっておこなわれたとしても、「教育ある男でもきちんと答えるのには苦労しただろう[43]」。陪審判事がたがいに遮りあっただけでなく、「彼らはしばしばジャンヌにいくつかに分けて質問をし、彼らの何人もが難しい質問を同時にした……尋問はふつう八時間から十一時間、続いた[44]」。尋問があまりにも長時間におよんだので、陪席判事の一部は、「「大いなる喧騒」の雰囲気で進行する」審理に出席したあとの疲労感を訴えた。

数十名におよぶ敵対者の連合軍に抵抗しているときに、ジャンヌの精神も鋭敏な頭脳も疲れを知らなかったことは、彼女の並外れた不屈の精神を、戦場における彼女の離れ業以上に強力に証明する。ジャンヌの敵対者のほとんどは受動的役割を果たして、ただ法廷にすわっているにすぎず、その負担が大きすぎると抗議した。

コションとジャンヌはすぐにひとつの点をめぐって衝突し、ふたりは続く日々の尋問でも論争を続けた。「手を聖なる福音書において、あなたに課されるすべての質問の回答として真実を述べると約束するか？」。

「あなたがわたしになにを尋ねたいのか、わたしは知らない」と、ジャンヌは言った。「あなたはわたしが答えないであろうことを尋ねるかもしれない」。

「信仰について、そしてあなたが知っていることについての質問に真実を述べると誓うか？」

「父と母について、そしてフランスへの道をとって以来、わたしが成したことについては、よろこんで誓おう。神がわたしにあたえた啓示については、たとえ断頭にされても、なにも言わないだろう」

「われわれの信仰に関する事柄について、真実を述べると誓うのか、誓わないのか？」

コションは「ふたたび何度も」、ジャンヌに真実のすべてを、そして真実のみを語ると誓うよう諭し、ジャンヌは何度も何度も拒否した。最終的には、ふたりは暗黙の妥協に達し、「ジャンヌは両手を書物、つまり祈禱書の上におき、ひざまずいて」、条件つきの宣誓をした。ジャンヌは真実を語るだろう。だがその一部だけを。

尋問は基本的な年代順に進められたが、ジャンヌを混乱させることを意図して、しばしば以前の審問で隠されていた題目にもどったり、関係のない話に突然飛んだりした。第一日目の質問は単調に始まった。ジャンヌは「ひとりで椅子にすわり」[45]、コションが長を務める四二人の聖職者に向きあった。

自分では歴史的なものになると意識していたこの開幕イベントでは、コション本人が司会を務め、ジャンヌに尋問をした。しかし、その後の審問の大半では、コションがみずから質問をすることはないだろう。

「どこで洗礼を受けたのか？」

「ドンレミの教会で」

「名づけ親は？」

「ひとりはアニエスという名、もうひとりはジャンヌ、もうひとりはシビル。代父はジャン・ランゲ、もうひとりはジャン・バレ。ほかにもいるのは知っている。母がほかにもいると言っていたから」

「洗礼を授けた司祭は？」

「わたしの知るかぎりではジャン・ミネ師だ」

「ミネ師は存命か？」

「そうだと思う」

「あなたはいくつか？」

「十九歳、だと思う」

「われわれの前で主の祈りを唱えてみよ」

「よろこんでそうしよう。告解を聴いてくれるのなら」

「フランス語を話す二名の聖職者があなたの主の祈りを聞くだろう」

「告解のときに唱えよう。それ以外では唱えない」

「わたしたちが、あなたが祈りの言葉を知っていると信じるためには、あなたが祈りを唱える必要がある」

「すでに言ったとおりだ。告解でなら唱える」。この点についてはジャンヌは妥協しなかった。法廷では祈りを唱えるつもりはない。記録にはこうある。「彼女はわたしは神から遣わされたとも言った。自分にはここですることはなにもない。だからわたしを自分がやってきたところ、神のもとに送り返してくれと頼んだ」。
コションは一日目の成果を次のようにまとめている。

このあと、わたし、前述の司教は、ジャンヌに対し、ルーアン城内で彼女に割り当てられた監獄を許可なく離れることを禁じ、禁を破った場合は異端の罪で有罪とすると告げた。彼女はこの禁止は承諾しないと答え、たとえ逃亡しても、だれもわたしが自分の誓いに違反したとか、それを破ったとか非難はできないと言った。なぜならば誰に対しても誓っていないからだ。それから自分は獄中で鉄の鎖と枷をつけられていると訴えた。わたしは彼女は別の場所で何度も獄からの逃亡を試みているので、より安全確実に監視する必要があり、鉄鎖で拘束するよう命令が出されたと告げた。これに対して彼女は答えた。「わたしが別の場所で逃亡を望み、いまでも望んでいるのは事実だ。あらゆる留置人や捕虜にとって、逃亡は当然の権利なのだから」。

裁判記録によると、二日目の公開審問では、四八名の聖職者がコションに加わり、尋問は聖職者七〇名に加えて傍聴人を収容するのに充分な広さのある城の大広間に移された。もちろんジャンヌは秘蹟と祭壇のそばを離れるのを残念に思った。続く二週間のあいだ、マシューは「何度も牢獄から法廷へ連れていき……城の礼拝堂を指し示した。ジャンヌが通りがかりに礼拝堂の前に連れていって祈らせてくれと頼んだので、わたしはよろこんでそうした」。ジャン・デスティヴェはその場を押さえたとき、法廷執行官を「破門されたこの娼婦を許しもなく近くまでこさせた」[46]という理由で投獄すると脅した。

「破門」という宣告は事実を先読みしすぎていたかもしれない。ジャンヌは——まだいまのところは——破門されてはいなかった。彼女を処罰するための事由を集めるのにはさらに三か月かかる。審問二日目だったので、ジャンヌには誓いをしない追加の理由があった。彼女は前日すでに誓っていた。

「ジャンヌ、信仰に関して要求されたときには、王侯であっても宣誓を拒否はできない」

「わたしは昨日、誓った。それで充分なはずだ。あなたはわたしにあまりにも大きな負担をかけている」

前日と同様に、ジャンヌが条件つき宣誓をすることで行き詰まりは打開された。ジャンヌは誓った。「信仰に関することについては真実を語る」——「一般的な信仰」であり、「彼女の信仰」についてではない。

判事たちがたがいに遮りあい、全員が一度に話したために、だれがなにを言ったのかはもちろん、言われたことすべてを正確に記録するのは困難だった。毎日の審理は出席判事の名前の読み上げから始まっているが、裁判記録はコションとその代理人である「著名な神学博士ジャン・ボペール師」以外の検事をめったに特定していない。ルーアンの司教座聖堂参事会員ボペールは、ジャンヌの声たちには「女の性質に内在する悪意」[47]から生じる「自然の原因」があると決めてかかっていたが、その日の審問を「彼女が宣誓したとおり、師が審問することについて真実を答えるよう勧告を」することから始めた。

ジャンヌは言った。「わたしが真実を答えられるようなことを尋ねるのがよいだろう。そのほかの質問にはわたしは答えない……わたしについてしっかりと調べたならば、あなたはわたしがあなたの手を離れることを望むだろう。わたしは啓示によること以外はなにもしていない」。

ボペールは声たちとそれにともなう光の到来から、聖カトリーヌと聖マルグリットがあたえた助言、そして聖女たちがロベール・ド・ボドリクールに到る道筋をどうつけたのかまで、その日の尋問の焦点を啓示においた。

「男装するよう忠告したのはボドリクール隊長か?」

記録によれば、この質問に対し「彼女は何度も答えるのを拒否した。最後に、彼女は自分はこの点についてだれも告発しないと言った。そして証言を何度も変えた」。実際に、この質問はさまざまな形で、何日にもわたって何度も繰り返され、異性装の題目はときおりの脱線というよりも、袋小路でお決まりの交通渋滞にはまるようなものだった。しかし、ジャンヌの回答は一貫していた。男装をしたのは召命を果たすためだ。それはほかのだれでもない神その人から命じられた選択だった。たとえ特別待遇を得て、ミサに参列するためでも、わたしは女の服を着ることに同意はしないだろう。

裁判の三日目、六二名の判事がジャンヌと司教が前日の手詰まり状態を繰り返すのを見ていた。記録によると、コションが「三度にわたり、宣誓をするよう諭したのに対し、上記ジャンヌは「わたしに話す許可を」と答えた」。そして、大広間が静まって自分の声が聞こえるようになると言った。「たしかに、あなたはわたしがあなたに言わないであろうことを尋ねることもできるだろう。おそらくあなたがわたしに尋ねる多くのことのなかで、啓示に関することについては、わたしはあなたに真実を語らないだろう。なぜならば、たまたまあなたが、わたしが絶対に言わないと誓ったことを無理やりわたしに話させようとするかもしれないから。そうすればわたしは誓いを破ることになる。そしてあなたはそれを望まないだろう。あなたに言っておこう。自分の言うことによく注意しなさい。あなたはわたしの判事で、大きな責任を背負っているのだから。そしてあなたはわたしに大きな負担を負わせている。二回、宣誓をすれば充分なはずだ」。

「最後に食べ物と飲み物をとったのはいつか?」とボペールはジャンヌに尋ねた。

「昨日の昼以来、どちらも口にしていない」

「声は訪れてきたのか?」

「昨日と今日、声を聞いた」

「昨日の何時?」

「三度。一度は朝、一度は夕暮れ、一度はアヴェ・マリアの鐘が鳴ったとき」

「昨日の朝、声が訪れたとき、なにをしていたのか?」

「眠っていた。声がわたしを起こした」

「どうやって起こしたのか? 腕に触れたのか?」

「声はわたしに触れずにわたしを起こした」

「声はあなたとともに部屋のなかにいたのか?」

「わからない。だが城のなかにはいた」

「声に感謝し、ひざまずいたのではないか?」

「寝台に腰かけ、両手を合わせた。助けを請い、声は、あなたに勇敢に答えるようにと告げた」

ジャンヌは椅子の上で向きを変え、もう一度、面と向かってコションを非難した。「あなたは自分はわたしの判事だと言う」と彼女は繰り返した。「自分のすることによく注意するがよい。なぜならわたしはほんとうに神から遣わされたのであり、あなたは自分を大きな危険にさらしているからだ」。陪席判事たちにはなにげない顔を保つだけの分別があったが、広間にぎゅう詰めになった傍聴者たちにはそうする必要はなく、前回、ジャンヌが司教に警告したときと同じように、その言葉にだれもが息を呑み、ざわざわと不安と驚嘆の入り交じった言葉を囁きあった。生意気であるのと、司教には手に入れることはできないみずからの神との近さを主張して司教を激しく非難するのとは、別のことだ。
「あなたは神の恩寵に浴していると思うか?」とボペールは、ジャンヌを罠にかけようとして尋ねた。神の寛大さをあらかじめ予測するのは大罪である。ボペールはジャンヌにそれを認めさせて、傍聴者を黙らせようとした。この質問に対するジャンヌの回答はもっともよく引用され、また大きな称讃を受けている。ジャンヌは質問をうまく受け流した。

「わたしが恩寵に浴していないのなら、神がわたしにそれをおあたえくださるように。そして恩寵に浴しているのなら、神がわたしをその状態のままにしておいてくださるように」とジャンヌは言った。ここでは、ジャンヌの天才はその言葉のなかにあるのではなく――これらの言葉は彼女自身のものではなかった――だが、神の恩寵というあまりにも危険な主題について、独自の意見表明を回避できる回答に電光石火でたどりついたことにあった。自分の意見を述べるかわりに、彼女は何年にもわたって教会が認めてきた祈りの言葉を使った。[48] 彼女の記憶力は容量が大きかっただけでなく、しっかりと組織化されていた。その働きは睡眠不足や飢え、捕縛者たちからの容赦のない虐待によっても妨げられなかった。

「神の恩寵に浴していないと知っていたら、わたしはこの世でもっとも悲しい人間だろう」とジャンヌはボペールに向かって続けた。「わたしが罪の状態にあるのならば、声たちがわたしを訪れることはなかったと思う」。

審問はジャンヌの子ども時代のドンレミのあちらこちらに立ち寄り、野原のわきを通って、悪名高い妖精の木にたどりついた。ジャンヌは野原に「羊やそのほかの動物を連れてはいかなかった」と強調した。ジャンヌはちょっと間をおき、マクセで一日を戦争ごっこで過ごして「傷だらけで、血まみれになって」、足を引きずりながら帰ってきた子どもの一団に思いをはせた。教会はその教義と世俗文化のあいだの緩衝地帯を維持しようと努力したが、空想から信仰を漉《す》きとって引き離すことは決してできずにいる。

それができた教会はこれまでひとつもない。ジャンヌの告発者たちは志は高かったかもしれない。しかし、ジャンヌが「そんなことは少しも信じなかった」と簡単に片づけたことに信憑性をあたえるという点で、志が高いのと同じほどに正統性を外れていた。

「わたしが木のところでお告げを受けたと噂されていることを、兄弟から聞いた。だがそうではない。わたしは兄弟に言った。聞いてはいない、まったくその反対だ。病人たちは起きあがれるときには木までいき、そのまわりを歩いた」。そして「健康を回復するために」、そのかたわらの泉の水を飲んだ。「自分でも見たことがある。だが、治ったかどうかは知らない」。

「あなたの故郷には樫の森はないか?」と審問官は尋ねた。

「ある」

「妖精たちはそこに現われたのではないか?」

「知らない。妖精が現われたと聞いたことはない」

「この森から奇蹟をおこなう処女がやってくるという預言については?」

「そんなことは少しも信じなかった」。ジャンヌがよく知っていた預言は、フランスはロレーヌの沼地からやってくる処女によって救われるだろうと告げていた。父親の家の裏の樫の森から現われる処女ではなかった。

⊕

十九世紀末のイリュージョニストで映画監督のジョルジュ・メリエスは、よく知られた民話や妖精物語をサイレントの短編映画の主題に選んだが、通常はそのプロットから離れることはなかった。

しかし、一九〇〇年公開の『ジャンヌ・ダルク』では、ジャンヌの実際の生涯について知られている事項をごちゃまぜにした。映画は、天使というよりは名づけ親の妖精といった風情の三人の人物が登場するところから始まる。三人はパステルカラーに着色されて空中に浮かび、そのわきには一本の大木が鬱蒼とした森の入口に歩哨のように立つ。ジャンヌの羊たちが散り散りになる。ジャンヌは聖ミカエルの前にひざまずき、まるでわたしを召命から解放してくださいというかのように、彼に向かって手を合わせる。背景には、影の落ちる森がぼんやりと映る。ジャンヌはよろめきながら立ちあがり、目の前にある任務の恐ろしさに怯えたように、手を頭にやる。天使たちは一〇分間の映画の最初の一七秒で消え去り、開始八分に一度だけ再登場する。この場面はあいまいで、一二秒間の天使の訪れは思い出とも夢とも解釈できる。

メリエスの作品群を特徴づける感性――罪、贖罪、再生――と、彼が妖術やいたずらに見出す明らかな楽しみは、きわめて中世的であり、十九世紀末の「死の舞踏」的だ。呼び売り本のように、中間字幕《インターカード》は挿入されず、メリエスの映画は無音で展開し、中世の平均的な男や女と同様に、文字が読めず、超自然的に出現するもののあいだに区別をつけない人びとのための媒体である。小鬼、幽霊、天使、人魚、しゃべる月、宿屋の主人として登場する悪魔。幻想は、メリエスがフランスの国民的ヒロインの肩に恭しくのせるよりも軽い世界を映像化する。無菌化された慎重な『ジャンヌ・ダルク』の台本《スクリプト》は、そのヒロインの死すべき生涯から超自然的要素を排除するだけではない。台本は、ジャンヌが戦闘のための甲冑をつけていないときには、彼女にふたたび女性のドレスを着せかけ、父権主義的な規範に挑むジャンヌの姿に対する無意識の反発が、いかに普遍的で、長く継続しているかを示す。

メリエスは、ジャンヌの筋立てから宗教を青髭のプロットに流しこんだかのように、ジル・ド・レの残虐行為から想を得た十七世紀のおとぎ話をキリスト教的象徴で満たし、原罪のおとぎ話をひとつの贖罪の寓話に作りなおす。『青髭』は、花嫁の不服従とその結果に関するキリスト教的解釈を投影するための画面をメリエスに提供する。[49] 開かずの間の男根を思わせる巨大な鍵をいちばん新しい妻に渡したあと、青髭は妻をひとりで残して出かける。彼女の弱い性格から彼女を守るはずのお目つけ役の女性はいない。花嫁のまわりをおどけた悪魔が駆けまわるが、彼女に悪魔は見えない。花嫁はすぐに悪魔がかけた呪いに屈服する。禁じられた鍵穴に鍵を差しこんだとき、新妻は、殺害されて鉤に吊るされた前妻たちを発見する。彼女はぞっとして、凌辱された死骸から経血のように滴り落ちる血だまりのなかに鍵を落とす。自分が命令に違反した証拠を消し去ろうと、男根のような鍵を必死に洗っても、冒瀆の洗礼の染みはぬぐいとれない。好奇心が命とりになりかねないこのイヴが、みずからの卑しい本性から救い出されることができるようになるには、まず聖処女マリアが彼女の魂のために悪魔と闘わなければならない。徳が勝利する。死んだ妻たちは甦らせられる。最後のコマでは、救われた者たちが大きな白い鳩の下に集合する。

しかしながら、『ジャンヌ・ダルク』における穢れなき処女は、聖処女マリアの助けなしでみずからの報いへと昇っていく。処女のように——永遠に性的な罪のかなたにある——穢れなき白の輝くドレスを身にまとい、ジャンヌは火刑台の炎から不死鳥のように上昇し、天国に到達する。三位一体の象徴として簡略化された三角形から、神意の目（ドル紙幣の緑色のピラミッドの頂点にあるものと同じ目）が天国の上に光を放っている。ジャンヌが両腕をあげて十字架を形作るとき、聴衆は理解する。おとめの白いガウンは花嫁のものではなく、メシアのものだ。ジャンヌはキリストだ。父なる神と子なる神は、メリエスの天国には場違いだ。そこには女性しかいない。そして、限りなく広々とした台座に据えられて崇められることこそ、まさに天国的なのかもしれない（図35）。

「教師の名声と神学と哲学研究の高い格式において他を凌駕していた」[50]パリ大学は、中世におけるすべての高等教育機関と同様に、スコラ学として知られるようになる批判的思考方式を採用した。その複雑に入り組んだ弁証法とキリスト教の正統的信仰への執着が、「針の先で天使は何人踊れるか」という論題の原点である。トマス・アクィナスが構想したように、スコラ学は論理学を適用することで信仰の問題に合理的に答えようとした。たとえそこに論理があるとしても、ドン・キホーテ的な営みではある。それは神、あるいは神の宇宙を正当化できないことを理性が示したあとも、スコラ学者は明らかに見かけ倒しの努力にすぎない研究を放棄することなく、ペトラルカがうんざりして言ったように、「白髪頭の子どもたちによって実践された論理の固い外皮のみ」[51]に、よりしっかりとしがみついた。

ジャンヌ公開審問の四日目には五四名、五日目には五六名の聖職者と、両日ともにコションが呼び集めた多くの賓客が立ち会った。宣誓をめぐるお決まりのやりとりが今回はジャンヌがコションに対して「あなたは満足すべきだ。わたしは充分に誓ったのだから」と告げて終わったあと、この二日間の主任検事と認められたボペールがジャンヌに前回三日前の審理以降の体調を尋ねた。

「わたしの体調はご覧のとおりだ。わたしに可能なかぎりのよい体調だ」

声を聞いたのか？　ボペールはそれを知りたがった。

「聞いた。ほんとうに、何度も」

続く尋問は、ジャンヌの天使たち、司教座聖堂参事会員ボペールが一貫性をもたせることができなかった題目に集中し、重箱の隅をつつくような質問が重ねられた。

新旧両方の聖書を通して、天使は肉体をもつ存在である。天使は道に立ちふさがり、人間や獣が通るのを邪魔する。[52] テレビンの木の下に座り、[53] 格闘し、[54] 階段を上がったり下りたりし、[55] 抜身の剣を手にする。[56] 天使はまたろばの口を借りて話し、[57] 祭壇の炎とともに上って、[58] 有徳の人を天国に連れていき、邪な者を天国から打つ。天使という語は「メッセンジャー」を意味するギリシア語のangelos《アンゲロス》から派生し、しばしば神の意志を表現する声としてのみ現われる。彼らが訪れる者の耳にしか聞こえず、人間の言語とは異なる言葉を話す。スコラ学は天の存在を細かくカテゴリー化しているが、それについてなにも知らないジャンヌにとって、この題目には悪魔学の伝統が魔術の証拠として非難しうることを偶然、口にしてしまう危険があった。現実の模造品[59]は神の業ではなく悪魔の業とされ、容赦のない質問攻めの圧力のもと、ジャンヌによる天使の描写は、大きな光に伴われた声たちから、ジャンヌが見て聞いただけでなく、手に触れ、接吻をした肉体のある存在に発展していった。

　彼らの髪は長かったのか、それは垂れていたのか、頭と冠のあいだにあったのは髪だけか？　男装をしろと告げたのは聖ミカエルか？　聖マルグリットは英語を話したか？　彼女は腕と脚をもっていたのか、あるいは「他の肢体」を？　聖ミカエルは正確にどのような姿をしていたのか？　天秤ばかりをもっていたか？（裁きの日の大天使の役割は魂の重さを量ることだ）。

　ジャンヌは罠と理解した質問に答えるのを回避するだけの頭のよさをもっていたが、いらだちを隠すには誇り高すぎた。

「聖ミカエルは裸だったか？」

「神には聖ミカエルに衣服を着せる手立てがないとお思いか？」と彼女は言い返した。

「髪の毛はあったか？」

「どうして切らなければならない？」

コションは公開の場での栄えある勝利を予測し、「詐称者か、あるいは悪魔憑きか、あるいはその両方かの無学な十九歳の農民の娘を相手にした簡単な訴訟になるだろうと思った裁判で、自分が訴追するところを見せるために、大勢の重要人物を招いていた」[60]。審判第六回は、ジャンヌの周囲で発展していった個人崇拝を彼女自身が推進したという申し立てに焦点をあてていたが、それが終了するころには、控えめに言っても、コションが期待を裏切られたことが明らかになっていた。コションの取り巻きにとっては生意気な受け答えは愉快ではなかったし、いやいやながら共犯者にさせられた者たちはにやりとするにはあまりにも怯えていた。しかし、司教がみずからの無上の栄光を見せるために集めてきた大物傍聴人たち——すべての席が埋まり、立錐の余地もなかった——は、そこまでコションの顔を立てる必要を感じなかった。ジャンヌには観客がいた。そしてジャンヌは観客に向かって演じずにはいられなかった。ドミニコ会士ジャン・ル・ソヴァージュは裁判について「大いにためらいながら」語ったが、「この年齢の女が尋問者たちをこれほど苦労させるのは一度も見たことがない」[61]と語った。

「あなた自身の党派の人びとはあなたが神から遣わされたと信じているのか?」

「信じているかどうかは知らない。あの人たち自身に尋ねなさい。しかし彼らが信じていなくても、それでもわたしは神から遣わされたのだ」

「彼らがあなたが神から遣わされたと見なすのは正しいことか?」

「わたしが神から遣わされたと信じているとしても、彼らは欺かれたことにはならない」

⊕

「お前がユダヤ人の王なのか」とポンティオ・ピラトは尋ねた。

「それは、あなたが言っていることです」とイエスは言った。

夜明け前に召集された最高法院が正式なものではなかったので、十字架刑が法の文言通りに成されるためには、ローマ総督の前で被告に認否を問う必要があった。「あのようにお前に不利な証言をしているのに、聞こえないのか」とピラトはイエスに尋ねた。「それでも、どんな訴えにもお答えにならなかったので、総督は非常に不思議に思った[62]」。

「あの正しい人に関係しないでください[63]」とピラトの妻は夫に警告したが、コションに対するニコラ・ド・ウプヴィルと同様に成功はしなかった。

三月四日から三月九日まで、ジャンヌには休息の期間があった。反対にコションはとても忙しかった。自分のイエスマンたちを毎日自宅に呼び、裁判記録を見なおし、それを教会法の大家ジャン・ロイエに提出して見なおさせた。称讃を期待していたが、反対に激しく非難される。ロイエは指摘した。尋問は聖職者法廷ではなく、城の鍵のかけられた大広間内でおこなわれた。だれも被告に、彼女に対するいわゆる証拠を通告していない。被告は軍隊の牢獄につながれて、敵の看守のなすがままだ。彼女を助ける弁護人はいない。正式な教育を受けていない十九歳が、一度に最高六〇名の判事の質問に答える。彼女と面会し、忠告をあたえようとする者はだれであろうと「追い返されたり、脅されたりした[64]」。ジャン・ロイエの意見では、以上のような規則違反のいずれから言っても、裁判は無効だった。

コションは激怒して、ロイエに残りの審問に立ち会うよう命じた。しかし、ルーアン訪問中の専門家ロイエは、裁判が「ただ憎悪だけに」動機づけられていることを理解し、それに「これ以上関与[65]」することは望まず、ローマに向かい、二度ともどらなかった。ロイエがルーアンで進行中のことを教皇に知らせたとしても、なにか行動がとられたことはもちろん、考慮されたことを示す資料すらない。コションはパリ大学の同僚五名ほどと熟議のあと、ひとつの例外——今後、審問はジャンヌの独房でおこなわれる——をのぞいて、「われわれの裁判をわれわれが始めたように継続する」と決めた。司教は、陪席判事たちは「さまざまな用事」のために、一度にそのなかの数名しか出席できない、と説明した。ここで言われなかったことはあまりにも明白だから、わざわざ指摘する必要さえなかった。コションは、ジャンヌの苦難に同情しているのではないかと疑っている陪席判事の関与を終わらせ、裁判を公共の目から遠ざけたかった。

三月一〇日土曜日から三月一七日土曜日までのあいだにジャンヌは独房で九回尋問された。彼女にとって損失となったひとつは、監獄と城の大広間を足を引きずりながら往復できなくなったために、数分間の屋外での息抜きを期待できなくなったことだった。空気のなかに春が広がり始めていた。独房以外の部屋にいるという気晴らしもなくなった。見ることができた空は、鉄格子のはまったただひとつの窓越しに見る正方形の空だけだった。ジャンヌはまた敵のなすがままでもあった。敵は突然、ずっとそばまで近づいてきて、自分たちの好きなように出たりはいったりし、ジャンヌが眠り、食事をし、手を組んで寝台の横にひざまずく部屋に大挙して詰めかけてきた。審問のたびに、コションの腹心たち、ジャン・ド・ラ・フォンテーヌ、ニコラ・ミディ、ジェラール・フイエ、少なくとも一名の書記、太鼓持ちの下っ端陪席判事一名かそれ以上が、司教に同行した。最後の審問には、トマ・ド・クルセルとジャン・ボペールも加わった。非公開審問で提出された論点には、旗印のデザイン、ボルヴォワールの塔からの投身事件、自分の殉教を予知したこと、男装で聖体を拝領したという冒瀆行為が含まれ、さらにサンリスの司教から馬を盗んだとも申し立てられた。

「馬は二〇〇サリュで購入した。司教が代金を受領したかどうか、わたしは知らない。だが、取り決めがあり、司教には支払いがなされた。わたしは司教に、あなたが望むのなら、あなたは馬を取りもどせると伝えた。わたしはその馬が欲しくなかった。戦うのに適していなかったからだ」。しかし、ほかではなんの役にも立たないハクニー種の馬も、ジャンヌの「豪華で目立つ衣装」や彼女の天使たちに話を引きもどすには充分だった。ロイエがマンションに警告したように、判事たちは「彼女自身の言葉で彼女を捕えようと固く決意していた。つまり、幻視に関して「わたしはそれを確信している」というときのことだ。彼女が「わたしは確信している」ではなく、「そう思える」と言えば、わたしの意見では、だれも彼女が有罪だとは言えない」。[66]

しかし、ジャンヌは確信していた。そして繰り返し口にしていたように、人間の司教の不興を買うことよりも、声たちの不興を買うことのほうを恐れていた。戦闘の教会と勝利の教会のあいだの決定的な違いについて、どんなに説明を重ねても、「わたしには神と教会はひとつだと思われる。これについては困難をつくりだすべきではない。なぜあなたはこれについて困難をつくりだすのか?」と言う者を救うことはできなかった。

デュノワの署名がある一四三一年三月一四日付の書類で、ノルマンディにおける軍事作戦の資金として、デュノワがシャルルから三〇〇〇リーヴル・トゥルノワを受領したことが確認できる。フランスは身代金を払ってジャンヌを解放するための試みを公式にはなにもしなかったので、この書類はデュノワが彼女の救出を試みるように、ようやくシャルルを説得したことをほのめかすだけで、証明はできない。翌月、なにかは明確にされていないが、シャルルいわく「余を感動させた大儀」[67]の達成における「好ましい奉仕」に対して、ラ・イールは六〇〇リーヴル・トゥルノワを受領した。ジャンヌ救出の試みが成されたとしても、それは年代記作者の注目を逃れた。ジャンヌの救済者候補たちは、ルーアンに密偵を送りこまずとも、ジャンヌを取り巻く監視の目をかいくぐるのは、神はともかく人間には不可能であることを知っていた。距離をおいたところから見れば、イングランド人が高度に要塞化された市を完全に掌握しているのは明らかだった。ジャンヌ救出を試みるのは、まさに自殺行為だっただろう。

三月一八日日曜日と三月二二日木曜日、コションは「今後の処置を論じるために陪席判事の一団を自宅に呼び出した」[68]。告訴状の執筆は検察官としてのジャン・デスティヴェにまかされた。告訴箇条の多くが重複し、一部はばからしいものだった。土曜日、コションと陪席判事数名が独房にジャンヌを訪れ、判事たちの質問とジャンヌの回答が読みあげられた――これはジャンヌの能力を見せつける好機となった。その能力を判事の一部は人間の天才というよりは、神的か悪魔的かどちらかの霊感に帰さしめた。細部についての記憶はまったく誤りがなく、しかもそれは直前のことについてだけではなかった。無効化裁判で証言した陪席判事ピエール・ダロンによれば、「八日も前にすでに扱われた点を尋ねられて、彼女はこう答えた。「わたしはこれこれの日に質問されている」、あるいは「それについては八日前に尋問され、こう答えた」……その日の答弁を読み、ジャンヌが正しいことがわかった」[69]。

翌三月二五日の枝の日曜日にミサに列席させてほしいというジャンヌの要求に応えて、コションは女の服を着れば列席できると言ったが、ジャンヌはそれを拒否した。

それはジャンヌが独房で過ごす初めての聖週間であり、聖週間が終わるまで、ジャンヌは一度たりともミサにあずからなかった。なぜならば男性の服と復活祭の聖体を交換するのを拒否したからである。しかし鉄格子も、ルーアンの教会の鐘がメシアの復活と、信仰深き者たちにとっての永遠の命を告げるのを妨げることはできなかった。五〇〇と推定[70]される鐘が一度に鳴り響き、壁に手をつけるか、床に手のひらをおきさえすれば、ジャンヌはその振動を感じることができただろう。

月曜日、陪席判事の一団が会議を開き、告訴箇条を見なおした。火曜日、ジャンヌは城の大広間わきの部屋に集まった四〇名ほどの判事の前に引き出された。ここで初めて、ジャンヌには「助言があたえられ、彼女は文字も神学も学んでいないので、答え方について彼女に助言をする者をここにいるなかからひとり選ぶがよいと説明された[71]」。ジャンヌにはこのような提案を信頼する理由はほぼなかったから、「神の助言から離れるつもりはない」と言った。そこで告訴箇条の朗読が開始された。それぞれの条項はひとつの告発箇条、それぞれが基礎をおく証拠、証拠があたえられた日付から始まった。ジャンヌは一箇条ずつ耳を傾け、たいていの場合は以前の自分の証言をもちだし、ときにはもともと否定したことを敷衍《ふえん》して答えた。ある種の題目については、回答するまでに数日の、あるいは一週間の猶予を求めた。ジャンヌは声たちに相談したかった。

ジャン・ル・メートルの助手イザンバール・ド・ラ・ピエールは非公開審問のすべてに立ち会っていたが、「審問の流れにあまりにも困惑[72]」したので、ジャンヌのそばになんとか場所を確保し、彼女に合図をしたり、あるいはそっと肘でつついたりもした。彼の努力は役に立たず、犠牲も大きかった。ウォリックは最初の機会に、イザンバールを「悪口雑言と軽蔑的な暴言とともに、口惜しまぎれに、そして腹を立てて」攻撃した。

「なぜあの悪女に触れていたのか？　なぜ合図をしたのか？　この悪党、またあの女に罪を免れさせたり、警告を発して助けたりするところを見つけたら、セーヌ川に投げこませてやる」[73]

回答を先送りした点について、ジャンヌには三月三一日土曜日までの猶予があたえられた。「善悪にかかわらずあなたのすべての言動について、とくにあなたが告発されている大儀、犯罪と過ちについて、そして裁判に関するすべてについて、地上にある教会の判決に服従するか？」。

「これらすべてについて、戦闘の教会がわたしに不可能なことを命じるのでなければ、わたしはそれに服従する……幻視と啓示」について、「この世のなににかけても否定はしない」。自分が神の命令と理解しているのと逆のことを教会が命じても、「絶対におこなわないだろう」。

この最後の尋問のあと、「このあとの議論をよりよく、また迅速に進めるために、判事たち、とくにパリからきた人たちによって、慣例に従ってすべての箇条と答弁をいくつかの短い条項にし、基本的な点に集約するのがよいと決められた」[74]とマンションは説明する。四月三日から五日にかけて、七十箇条は十二箇条にまで削減され、そのあとコションは陪席判事のそれぞれに、ジャンヌの信仰と行動が「正統な信仰に反する、あるいは聖なる福音に対して疑わしく、神聖なるローマ教会の決定と教会法に対立し、破廉恥で軽率、公共の福利に有害で、人を傷つけ、良俗に対する罪に包まれ、すべての点において攻撃的か」を決定するために、彼の前で簡略化した証拠を検討するように「要請し、求めた」。各陪席判事の結論はコションに書面で、個人の捺印を押して提出された。だれも辞退はできなかった。

告発箇条の大部分はジャンヌの声たち、聖人たち――「その姿を見て、声を聞き、抱擁し、接吻し、触れ、感じ……その身体の部分を見たが、それについては語らないことを選んだ」――にあてられていた。これらの悪魔を彼女は天使と誤解し、その指図で男装をし、女性の同行者や付き添いなしで、男たちに囲まれて眠った。処女と証明された人物を性的放縦で告発するのは明らかに非論理的だが、だからといってそれが他の捏造された告訴箇条に含められる妨げにはならなかった。ジャンヌの直接的な天使体験に向けられていない告発には、天使たちが彼女にあたえた力、彼らが吹きこんだ傲岸不遜、彼らが促した自由な振る舞い――ボルヴォワールの塔からの投身事件、勝利の教会のあいだに包含されていると主張しながら、戦闘の教会への服従を拒否したことも含む――そして男装への執着に関してだった。男装は、他のどれよりも彼らの気に障った。なぜならば、それは彼女の服従拒否を象徴し、それをはっきりと表に出していたからだ。

「服従」という言葉は裁判記録に九四回、出現する。その言葉が出るたびに、ジャンヌに目を向ければ、否応なく彼女が語った反乱について考えざるをえない。この不服従の人は、「聖カトリーヌは、彼女は助けを得るだろうと告げ、それが監獄からの解放なのか、彼女が裁かれているあいだに、なにかの騒動が起こり、そのあいだに彼女が解放されるのかはわからない。そのどちらかだと考えている。そしてそれから先は、声たちは彼女が大いなる勝利によって解放されるだろうと告げた」と言うほど傲岸不遜だった。

「すべてを穏やかに受け容れなさい」とジャンヌの声たちは告げた。「殉教のことは心配するな。おまえは最後には天国にやってくるのだから」。

記録にはこう書かれている。「牢獄で苦しんだ痛みと困窮を、彼女はわたしの殉教と呼んだ。そして、それがどのように終わるのかを知らなかった」。

第11章　燃えない心臓

四月一五日、コション司教は異例の行動をとり、ジャンヌの夕食に鯉を送った。鯉はその夜にジャンヌが予想していたであろう監獄食からのちょっとした息抜きだった。金曜日だったので、禽獣の肉は禁止され、魚だけが許されていた。農民は食べられないほど塩辛い塩漬けの魚を食べるのがせいぜいだった一方で、貴族は生の鯉か、ときには鮭を食べた。司教の贈り物が真の慈善心を示していたかどうかは別として、それはジャンヌに対する懲罰の様相を呈する結果となった。床に就いてから数時間後、ジャンヌは高熱を発して目を覚まし、嘔吐を始めた。看守が交替し、彼女の状態がジョン・グレイ、次いでウォリックに報告されるまでに数時間が過ぎた。ウォリックは心配のあまり、ひとりならず二人の医者、ギヨーム・ド・ラ・シャンブルとジャン・ティフェーヌを急送して対応した。医者たちにはジャンヌを必ず回復させるようにとの指示があたえられた。

二人の医者はジャンヌの独房までジャン・デスティヴェに案内された。ジャンヌはいつものようにベッドの端の材木につながれていた。看病をしている者はいなかった。独房内の看守によると、彼女は「大量に嘔吐した」[1]。あまりにも具合が悪かったので、告解を聴いて終油の秘蹟を授けてもらうために司祭を呼んでくれと医者に頼んだ。今日ではヒステリックと見なされるかもしれないが、当時はそうではなかった。ジャンヌはわずかの原始的な治療法しかない時代を生きていた。急性胃腸炎は、医学が脱水症状の人工的な緩和手段を提供できるようになってからのように治療可能な病気ではなかった。ストレス、肉体的な虐待、監獄の不健康な衛生状態は、囚人がお決まりのように病気になって死ぬことを意味した。深刻な、あるいは長く継続する嘔吐をともなう発熱は、食中毒だけでなく、チフス、コレラ、ことによればペストの初期症状でもあった。ギヨームは「彼女の右の脇腹を触診し、熱があるのがわかった。そこでわれわれは瀉血が必用だと結論した。このことをウォリック伯に報告した。彼は「瀉血するのには注意しろ。あの女はずるがしこくて、自分を死なせることができるかもしれないから」と言った」と証言している。「イングランド国王はジャンヌに固執している。高い金を払って買ったのだ。裁かれて焼かれることなく死んでほしくはなかった……それでも彼女は瀉血をされ、すぐに回復した」[2]。

治療にあたったもう一方のティフェーヌは、「どうしたのか、どこが痛いのか尋ねた。彼女はわたしに、ボヴェ司教が送ってくれた鯉を食べたが、それが病気の原因だと思う、と答えた。するとデスティヴェは彼女に応酬して、おまえは嘘をついていると言った」[3]と証言した。

実のところジャン・デスティヴェは、ジャンヌを娼婦、好色女と呼び、彼女には嘔吐剤の薬草を手に入れる手段も、薬草の効果によって得る利益もないという事実を無視して、おまえは薬草を使ったと非難した。「好色な女、おまえがアロエやほかのおまえにはよくないものを食べたのだ」。[4]
「彼女がそんなことはないと答えたために、ジャンヌとデスティヴェは大いに罵りあった」とティフェーヌは証言した。ティフェーヌとは別に回想しているギヨーム・ド・ラ・シャンブルが確認するように、口論の結果として、ジャンヌの状態はたちまちのうちに悪化した。「こうして回復したあと、ジャン・デスティヴェ師とかいう人物が現われて、ジャンヌを罵り……ジャンヌは大いにいらだったので、また熱が出て、病が再発した」。

犠牲者に計画的に毒を盛ったと言って、コションを告発したくなる。デミルは、この誘惑に抗えない。彼の演出では、王座に似た椅子を飾る彫り物から司教が小さなガラス瓶を取り出し、それを杯に注ぐ。コションは杯をジャンヌではなくシャルルに、戴冠の乾杯として差し出す。映画のなかでも、歴史においてそうであったように、司教はアルマニャック派による王座要求の無効化を試みる。国王はその試みの究極のターゲットである。ジャンヌは司教の手に敬意の接吻をしようと身をかがめるが、ワインではなく司教の肉が穢されているかのように後ずさる。彼女にだけ見える光の剣の輝く剣先が毒入りの杯を指し、ジャンヌはシャルルが口をつける前にそれをもぎとる。

ジャンヌの病因としては——コションの一大スペクタクルのキープレイヤーを毒殺しようという意図よりも——冷蔵技術がないために不適切に扱われたか、不潔な食器で汚染された魚を通じて感染した食品由来の病原体である可能性のほうが高い。しかし、ジャン・デスティヴェの攻撃に対するジャンヌの過剰な反応からは第三の可能性が提起される。デスティヴェがそこにいること、そして彼の言葉による侮辱が、病状がぶり返し、体温が上昇するほどまでにジャンヌを動揺させたとすれば、病気の経過は心因性の原因によるのかもしれない。召命の熱情は痛みに対する並外れた耐性と、人類最強の戦士をも打ち倒すような負傷と疲労を超越する力をジャンヌに付与していた。このことからは、精神と肉体のあいだの交感が示唆される。それは彼女の肉体を彼女の意志に対して無防備にしたように、感情的な動揺と嫌悪感に対しても無抵抗にさせたのかもしれない。ジャンヌは、コションが彼女の死を求めていることを知っていた。それが彼から提供された食品に対する激しい拒否を引き起こし、彼女の胃腸は文字通りそれに耐えられなかった。ジャンヌの病の器質性の原因がなんであろうと、ジャンヌはそれを残忍な敵の贈り物のせいにした。

パテの戦いを制した牡鹿のように、毒入りの魚は、腐ったマトンや雉では物語《ナラティヴ》にもちこめないひとつの意味——さらにもうひとつ、ジャンヌをイエスと結びつける細部——をもって、ジャンヌの生涯にはいりこんできた。クロヴィスの回心は大罪だったキリスト教を国家の要件に変えたが、そのクロヴィスの統治以前、初期キリスト教徒は主に地下のカタコンベ[†]で隠れておこなわれた礼拝の場所を示すのに秘密の記号を頼った。もっともよく使用された記号は魚である。ギリシア語では edhthys《エーデテュス》は、鳩や牡鹿と同様に、メシアを表象する生物であり、メシアは弟子のペテロとアンデレを「人間をとる漁師[5]」にした。またギリシア語の魚という単語は Iēsous《イエースース》 Christos《クリストス》, Theou《セウー》 Yios《ヒオス》, Sōtēr《ソーテール》——「イエス・キリスト、神の子、救世主」——の頭文字で構成されているという利点があった。人びとは自分がキリスト教徒であることを示すために、いまでも魚の記号を使用する。ジャンヌの病と彼女がその原因と非難した魚には資料的裏づけがあり、それを想像の産物と解釈はできない。同じように、魚が無意識のうちに象徴性を帯びるのも阻止はできない。みずからを地上におけるキリストの代理人と称する邪悪な男がジャンヌに魚を食べさせたのは、信徒五〇〇〇人に糧をあたえるために魚を増殖させたイエスの行為を裏返しにして引き写していた。

† 「墓のあいだに」を意味するラテン語 cata tombos から派生した単語「カタコンベ」の使用が最初に記録されたのは十五世紀である。伝説では、使徒たち（そのなかには聖ペテロもはいる。サン＝ピエトロ大聖堂は

聖ペテロの遺骸の上に建立された）は、網状につながった地下トンネルに埋葬され、それがのちにミサに使用されたとする。

二日後の四月一八日、コションは、陪席判事ギヨーム・ル・ブシェ、ジャック・ド・トゥレーヌ、モリス・ド・ケネ、ニコラ・ミディ、ギヨーム・アデリ、ジェラール・フイエを連れてジャンヌの独房を訪れた。ジャンヌはとても衰弱し、告解と赦免なしで死ぬかもしれないことを気に病んでいた。司教は病床を訪れた理由を彼女の永遠の魂を案じたからだと告げた。その魂に対して、自分は「救済の道を探す用意がある」。彼は「彼女に次のことを思い出させた。彼女が異なる多くの日々に、多くの有識者の前で、信仰に関する重大かつ難解な問題について取り調べられ、それに対して彼女がさまざまな相異《あいこと》なる回答をし……〔彼らは〕その多くが信仰の視点からは危険な言葉と告白を含むことを発見した」。司教はジャンヌに指摘した。ジャンヌは「文字が読めず、無知である」。「賢く知識があり、正直で親切、彼女をしかるべく指導できる男たちを提供する」ことを彼自身が寛大にも提案する。もし彼女が彼が連れてきた六人の判事から忠告者を選ぶよりも、「彼女自身の心と経験のない頭脳とを信頼する」ことに固執すれば、彼女は裁判に負け、教会が「彼女を見捨てざるをえなくなる」ことを自分は恐れている。

ジャンヌは罠と疑った申し出を無視してコションに言った。「病気がひどく重いことを考えると、わたしは死の危険に瀕していると思う。もし神がわたしの死をお望みになるのならば、わたしは告解を聴いてもらい、わたしの救世主〔聖体〕を受けとり、神聖なる地に埋葬されることを求める」。

「秘蹟を受けたいのなら、ジャンヌ、あなたは善良なるカトリック教徒の義務に従わねばならない。そうしないのであれば」とコションは寝台上の頑固な姿を見下ろしながら言った。「あなたが受けとるであろう唯一の秘蹟は悔い改めの秘蹟だ。それについては、わたしたちにはいつでも授ける用意がある」。

「これ以上はなにも言えない」とジャンヌは言った。

「病気のために自分の生命を危ぶめば危ぶむほど、あなたはその生を正さなければならない。教会に服従しないのであれば、教会の権利を享受できない」

「わたしの肉体が監獄で死んだ場合、わたしはあなたがそれを聖なる地に埋葬することを期待する。あなたがそうしないなら、わたしはわれらが主を期待しよう」

コションが立ち去る前に、ジャンヌはもう一度、「聖職者や著名な博士たちの善き忠告に従い、それを彼女の魂の救済として信頼するように勧められ、熱心に説かれ、要請された」と記録には記されている。

⊕

ギヨーム・ド・ラ・フォンテーヌは、無理やりコションの副官の立場に立たされたのであり、ジャンヌの敵ではなかった。コションを批判してみずからの自由を危険に晒したニコラ・ド・ウプヴィルの親しい友人でもあった。ギヨームはジャンヌに対する司教の「慈悲深き訓戒」の内容があまりにも気に障ったので、五月一日、翌日の公開説諭に先駆けて、マルタン・ラドヴニュとイザンバール・ド・ラ・ピエールをともない、ジャンヌの独房を訪れた。ラドヴニュはジャンヌの人生最後の数か月、その聴罪司祭の役を果たした。イザンバール・ド・ラ・ピエールはジャンヌが陪席判事の尋問に答えるのを助けようとしたために、ウォリックに溺死させてやると脅された人物である。彼は、最近召集されたバーゼル公会議と新たに選出されたエウゲニウス四世が、戦闘の教会の重要な一部であることがジャンヌには説明されていないという印象を抱いていた。彼女を裁く権限をもつのはルーアンに集まった判事たちだけに限られているわけではない。三人の聖職者はジャンヌの悲惨な状況を認識し、教皇に直接訴えかけるよう助言した。この助言は不幸な結果をもたらす。翌日、ジャンヌはそれまでは自分の権利と理解していなかったことを求めた。コションはジャンヌが理解していなかったことを知っていたので、そんな考えを植えつけた張本人を見つけようと、ただちに看守のもとに急いだ。マンションは、助言者を知ったとき、コションは「ひじょうに腹を立て、悲惨な目に遭わせてやると脅した」[6]と証言した。ル・メートルはイザンバールとマルタンのために釈明をし、「彼らのために赦しを請い、彼らを悲惨な目に遭わせたら、自分は二度と裁判にはもどらないと言った」。ギヨームはこのような限定的な保証だけでは充分に守られないと感じ、自分の命を危惧して町をあとにした。ウォリック伯はジャンヌに、あらかじめコションが認めたのではない面会をすべて禁じた。ジャンヌからの嘆願をあえて教皇エウゲニウスに伝える者はいなかったので、彼女の要求は法に反して、事実上拒否された。

　たとえ嘆願が教皇のもとに届いたとしても、たいしたことはできなかっただろう。教会大分裂は一四一七年、前回のコンスタンス公会議におけるマルティヌス五世の選出によって終了していた。コンスタンス公会議はピサとローマ、そしてアヴィニョンの対立する三つの教皇庁に受け容れられる候補者を選んだ。マルティヌス五世は妥協の才能がある政治家だった。妥協の才能をもつのは必然でもあっただろう。一四三一年二月二〇日のマルティヌス逝去後、後継者エウゲニウス四世はコンスタンス公会議の結果として拡大した改革運動との紛争で在位期間を過ごした。改革の目的は、教皇に高位聖職者会議、つまり無期限の公会議に対する説明責任を負わせて、教皇庁の至高権力を制限することだった。エウゲニウスがジャンヌの苦境を知らずにいたはずはない。だが、彼女を無罪とするか有罪とするか、エウゲニウスがどのような司法判断を望んでいたとしても、その在位期間は新しいバーゼル公会議に対して、かつては争う余地のない教皇の権利だったものを守ることに費やされた。マルティヌス五世がフス派に対して戦争を仕かけた結果、教会の異端審問部はさらに大きな影響力を行使し、あらかじめ決まっていた判決が国際政治上の重要問題であった魔女裁判に、教皇が関与する気になったとは思われない。またジャンヌは、捕縛される以前でさえすでに、教会大分裂が終了した二五年後も残り続けていた論争のなかにうっかりはいりこんでしまっていた。大分裂は公式には終わっていたかもしれないが、人びとの心のなかでは終わっていなかった。派閥は残り、混乱も残った。二五年前、ピエール・コションはアヴィニョンの教皇ベネディクトゥス十三世の教皇権放棄運動を認められて、トゥルーズの聖エティエンヌ大聖堂の礼拝堂付司祭に任命されていた。[7]

裁判記録は記す。「アルマニャック伯から、この三人の至高の教皇のいずれに従うべきかと尋ねる書翰を受けとらなかったかと尋ねられて」、ジャンヌはそのときはとても急いでいたので、適切な回答ができず、伯爵に返事は待ってくれと頼んだと答えた。

「伯爵の伝令はわたしがパリに出発するため、馬に乗ろうとしているときに到着した」

「王のなかの王の助言によって、この件について伯爵がどう行動すべきかを知っていると告げたのではないか?」

「それについてはなにも知らない。伯爵は、神がどの教皇に従うのを望むのかと尋ねてきた。わたしは伯爵にどう指示すべきか知らなかった」

「真の教皇はだれだと思うのか?」

「教皇は二人いるのか?」

「伯爵がだれに従うべきかについて、あなたはなにか疑いを抱いているのではないか?」

「わたしたちはローマにいるわれらが聖なる父に従うべきだ、とわたしは信じる」

「あなたはローマにいる教皇を信じている。それならなぜ、あらためて答える、と手紙に書いたのか？」

「わたしは別件について言っていたのだ。伯爵の伝令にはほかのことを告げた。それは手紙には書かれていない」。いつものように自分がどこに向っているのかを知ろうといらだちながら、ジャンヌは、質問をしかるべく考察せずに、答えをはぐらかした。「伝令がすぐに立ち去らなければ、彼は川に放りこまれていただろう」と彼女は言った。「けれども、それはわたしが命じたことではない」。


五月二日、ジャンヌは独房から城の大広間に隣接する部屋に連れ出され、病気回復中にコションが独房であたえた訓戒の拡大版を聞かされた。この公開説諭のために集まった六三名の陪席判事の前で、コションは「学識と経験のある神学博士、これらの諸問題にとくに理解のある」エヴルーの副司教ジャン・ド・シャティヨンが、「この女が誤っているいくつかの点を彼女に指摘し」、「その過誤と罪悪を捨て去るよう説得し、彼女に真理の道を示す役割」を務めると発表した。彼は「彼女の真理への帰還をたやすくする、あるいは彼女の肉体と霊魂の救済の助けとなるよう彼女を指導するために有益なことを発言したり、おこなったりできると考える」判事がいれば、だれでも「わたしにそれを打ち明け、全会で審議にかけるよう」促した。提案を手に進み出る者はいなかった。

ジャン・ド・シャティヨンは、信仰箇条――基本的にはジャンヌが母親から教えられたと言った信徒信条――の見直しから始めた。副司教は言った。「彼女が善良なる信心深きキリスト教徒がすべきように改心を望むのなら、聖職者にはあらゆる慈悲と寛容をもって、彼女に働きかけ、彼女の救済を有効にする用意がつねにある。しかしながら傲慢と横柄な誇りから、自分自身の見解に固執することを望み、自分は信仰問題を博士や碩学よりもよく理解していると考えるのなら、彼女は自分自身を深刻な危険にさらすことになる」。ジャンヌの罪状が再度、数えあげられた。「彼女は戦闘の教会や生きているいかなる人間〔homme：男〕にも服従せず、自分の言動に関しては自分自身を神おひとりに託そうとしている」。「男の服を着ることに執着し」、慎みのない服への異様な執着から、「男の服を脱ぐよりも」枝の日曜日と復活祭に「聖体の秘蹟を受けないことを優先させたとき」、彼女は誤っていた。彼女は「みずからの罪の責任を神と神の聖人たちに負わせ」、みずからの血への渇きを神に命じられたものとして正当化する。彼女は「われわれの理解を超えるものごとを好奇心で探求し、教会とその高位聖職者に意見を求めることなく、新奇のことを信じる」。未来を予言し、隠された品のありかを突きとめることで「神の役目を不当に奪った」。驚くことはないが、サント＝カトリーヌ＝ド＝フィエルボワの祭壇背後に隠されていた剣をジャンヌが予知したということが、熱狂的な語り手たちによって誇張され、彼女が「内縁の妻をもつ司祭〔の居場所〕と失われた杯」のありかを言い当てたという話になった。ボルヴォワールでは、自殺を試みたか、あるいは神の恩寵が落下を食い止めると推定したかのどちらかだった。どちらにしても冒瀆の罪である。

「あなたの肉体と霊魂は大きな危険に瀕している」と副司教は警告した。「あなたの霊魂は永遠の炎で、そして肉体は判事たちの判決による地上の炎で焼かれる危険に瀕している」。

ジャンヌは彼に言った。「あなたがわたしに対していま言ったようなことをすれば、必ずや災いがあなたの肉体と霊魂の上に降りかかるだろう」。

ジャンヌはこれ以上、なにも答えなかったので、聖職者会議は延期された。

コションはジャンヌの制御不能の不遜な態度はもちろん、公開訓戒に対するひるまぬ応対にがっかりし、その一週間後に「ジャンヌを拷問にかけるのは適切か」を決定するために会議を召集した。記録に回答が残る一三名のうち、九名は不適切と答え、ひとりは「世論に委ね」、三名が高邁な理由をあげてその有効性を支持した。オベール・モレル師は拷問を「彼女の虚言の真実を発見する」手段として評価した。ロワズルールは「彼女の魂の健康に役立つと考えた」。トマ・ド・クルセルはそれを「賢い」と称讃した。最終的にルーアン教会参事会財務官ラウル・ルセルの現実的な意見が勝った。「これほど立派に運ばれた裁判が中傷にさらされるおそれがあるので、拷問は不適切である」。

それでも彼女を脅すことにはなんの害もないので、五月九日、ジャンヌは城の牢獄の地下牢に連れ出され、そこで「拷問の道具を見せられた」[8]。教会は拷問の知識をギリシア人から受け継いだ。ギリシア人は奴隷の管理に拷問は計りしれない価値があると考えていた。囚人が痛みの強制なしに自発的に明かすことよりも、拷問によって得た情報のほうが信頼に足ると信じていたからだ。真実は肉体のなかに隠されており[9]、肉体を強いれば無理やりそれを手放させることができる。異端審問は語られない秘密を引き出すのに拷問台を偏愛し、拷問係はジャンヌの骨を関節からはずす準備をして控えていた。腕の見せどころは効果を最大にするために、歯車のひとつを正確にいつ動かすかを知ること、どこまで、どのくらい動かすかを感覚で知ることにあった。ほとんどの人には痛みよりも関節がはずれるときの驚くほど大きな音のほうが耐えがたかった。手足の爪を引き抜くように特別に設計されたやっとこは、頑固な場合にとっておかれた。熱した石炭を身体にあてるのも同様に説得力があった。しかし拷問台の光景もジャンヌには、前の週の破門の脅しと同じく効果がなかった。

ジャンヌは巻き上げ機でばらばらにされるという予測についてこう指摘した。「わたしはあとになってから言うだろう。わたしが言ったことはすべて、あなたに強制されて言わされた、と」。拷問係のひとりモジエ・ルパルマンティエは、ジャンヌが地下牢で尋問されたとき、「ひじょうに賢い回答をしたので、陪席判事たちは感心していた。結局、わたしと同僚は彼女に手をかけずに退出した」[10]と証言した。コションがジャンヌの自己抑制に感嘆した者のひとりではなかったとしても、彼は彼女が動じないことにしだいにいらだちを強めた。それは彼女を不死身に見せた。

五月三日の聖十字架の祝日、ジャンヌは前日の公開説諭のあと、受胎告知の天使〔聖ガブリエル〕が訪れてきたと得意そうに語った。「その声から、それがわたしを慰めにきた聖ガブリエルだとわかった」と彼女はコションに言った。「そしてわたしは声たちに助言を求めた。彼らは言った。もしわれらが主の助けを望むのならば、おまえはすべてのおこないにおいて、神を信頼しなければならない、と」。「わたしは焼かれるのかと尋ねた。声たちは答えた。おまえは神を信頼しなければならない。神はおまえを助けるだろう」

ミシュレは、ジャンヌが公開説諭のときまでに病気から完全に回復していなかったと指摘し、彼女の病状は深い内的変化によって引き起こされた内的動揺が身体に表われたものではないかと考えている。「戦いの天使であるミカエル天使がもはや彼女を支えなくなり、恩寵と神の愛の天使であるガブリエルにその座をゆずる」[11]。ガブリエルはマリアの前に現われたように、殉教を通して得る栄光の告知を携えてジャンヌの前に現われた。ジャンヌと同様、マリアは神性を帯びた人間であり、神ではないが、人間としては神にもっとも近いその親戚だった。トマス・アクィナスはイエスが人間とその創造主のあいだの唯一の完璧な仲介者であると宣言したが、この十三世紀の神学者の教えは、キリスト教徒が救済の真の姿としてますます強く信じるようになった概念――すなわち母親の慈悲と思いやり、そしていつも息子の意見を尊重するひとりの母親――に対しては、ほとんど影響力をもたなかった。マリアは教会の初期に仲介者の称号を獲得し、聖処女崇拝は五世紀から十五世紀のあいだに爆発的に増大した。教会が成長するにつれて、イエスよりも手が届きやすい贖罪の象徴が必要とされていることが、ますます明らかになっていった。神の母、天の女王、教会の母、われらが貴婦人。ヤロスラフ・ペリカンが書くように、「罪人に〔罪の〕浄めと癒しをもたらすことのできる者として呼びかけられ」、マリアはまた、信者たちにイヴが失ったものを回復する可能性――犠牲によってのみ贖われうる贖いを提供し、「悪魔の誘惑に対する戦いに援助をあたえるであろう者」[12]だった。マリアのように、ジャンヌは仲介者だった。彼女に触れようと群がり集まった人びとは、彼女が神性との物理的・肉体的な橋だと信じた。

「当時の神とは、キリストであるよりもむしろ〈処女マリア〉だった」[13]とミシュレは書いた。続けて、マリアとジャンヌを明確に同等としている。「地上に降りたった〈処女マリア〉が、人に愛され、若くて美しく、優しく雄々しいひとりの処女が必用だった」。西暦一四五年に編纂された『ヤコブ原福音書』は、マリアを、母アンナが自発的に神に捧げた犠牲としている。アンナはガブリエルがマリアに告げたのとよく似た告知を受けとる。「主の天使が現われ、アンナに言った。「アンナ、主はおまえの願いに耳を傾けられた。おまえは受胎し、はらみ、そしておまえの種は世界中で語られるだろう」。アンナは言った。「わが神である主が生きているように、わたしが男児か女児のどちらかを産むならば、わたしはそれをわが神である主に贈り物とし、子どもはその生のすべての日々に神に仕えるでしょう」[14]。時がきたとき、マリアの父ヨアキムは言った。「この子を主の寺院に連れていこう。わたしたちは約束したものを払わなければならない」[15]。

マリアは炎のなかで死ぬことはない。直接、天国に受け容れられる。だがひとりの母親にとっては、息子が十字架に架けられるのを目にする苦しみよりも、殉教のほうが好ましかったかもしれない。

五月一三日日曜日、ウォリックは大規模な公式正餐会を主催した。一一〇名の来賓のなかには、いまだにアルマニャック派の人質となったままのトールボットに嫁いだウォリックの娘のほか、ジャンヌの物語でなんらかの役割を演じた人びとも含まれていた。それは並外れて豪華な祝宴で、宴会のための購入品リストは伯爵家の家計簿の二ページ分を占めている。この規模の祝宴には通常は一ページあれば充分だった。[16] 祝宴の寝酒として、ウォリックは選ばれた客の一団をジャンヌの独房に案内した。牢獄は彼の家から歩いてすぐにあった。アヌイのウォリックは言う。「垢まみれの魔女を、ルーアンの牢獄ふかく、寝藁の上に拘留している」。[17]

コションはこのような訪問は「不適切」だと考えたものの、ジャンヌの歓迎されざる客のなかに混ざっていた。かつてのジャンヌの監禁者ジャン・ド・リュクサンブールもいた。ジャンは言った。「わたしがここにきたのは、あなたがわたしたちに対して二度と武器はとらないと約束するという条件で、あなたの身代金を払うためだ」。[18] 彼は一杯機嫌で、この嘲笑の言葉をとてもおもしろいと思ったので、それを何度も繰り返した。

「神の名にかけて」とジャンヌは言った。「あなたはわたしをからかっている。あなたにはそんな意志も力もないことはよくわかっている……イングランド人たちが、わたしの死後、フランス王国を手に入れられると信じて、最後にはわたしを殺させることはよくわかっている。けれどもたとえイングランド人†が一〇万も増えても、フランス王国を手にはできないだろう」[19]。

† フランス語は Goddams。イングランド人は間投詞的 Goddamn〔ちくしょう〕（フランス人には Goddam と聞こえた）をあまりにもたびたび繰り返したので、この言葉は「イングランド人」を意味する俗語となった。

ジャンヌの胸を触ろうとして失敗した騎士エモン・ド・マシは、やはり同席していたスタフォード伯が「この言葉に腹を立て、彼女を打とうと半ば短剣を抜いたが、ウォリック伯がやめさせた」[20]と証言した。

最後の日々は独房のなかでさえ、あまりにも速く過ぎ去っていった。五月一四日、パリ大学の神学部は、会合を開き、ジャン・ボペール、ニコラ・ミディ、そして三人目の聖職者ジャック・ド・トゥレーヌが再検討のためパリに持参した十二の告発箇条に対する回答を書いた。使者たちは期待通りの承認を得て、五月一九日朝には帰還し、司教は陪席判事全員を礼拝堂に召集して神学部の全員一致による審議結果を読みあげた。ジャンヌが吹きこんだ「邪悪で言語道断の人びとの道徳的腐敗」は終了させなければならない。彼女の声たちについては、「ジャンヌの人格、場所、その他の状況[21]」を考慮すれば、「これらは捏造された、人を堕落させる有害な虚言であるか……あるいは、天使の出現と啓示は、ベリアル、サタン、ベヘモットのような悪辣かつ悪魔的聖霊に由来する迷信であるかのどちらかである」。ベリアル、サタン、ベヘモットは、ジャンヌの三人の天使を代表するために選ばれた三人の悪魔である。ベリアルは旧約聖書と、教会が外典に分類する第二神殿時代のユダヤ教文書の両方に登場する。[22]死海文書はベリアルを闇の息子たちを率いる者とする。敵対者サタンは天から堕ちた高慢な天使で、イエスを誘惑し、ボルヴォワールの屋根から身を投げるようジャンヌを導く。ベヘモットは原始的で強欲な怪物、地上に縛りつけられたリヴァイアサンであり、ヨブ記のなかを跋扈し、[23]善と同様に悪に対する神の力を示すために、神によって呼び出される。

パリの神学部は、ジャンヌを「軽率に信じ、また軽率に肯定する……彼女の信仰は邪悪であり、彼女は信仰から迷い出た」者であると裁いた。[24]彼女の奇蹟と予知は魔術によって達成された。彼女は「両親に敬意を払わなかった」。男装をすることによって、冒瀆の罪を犯し、「神の法を無視した」。彼女は「神を裏切る者、欺瞞的、残酷、人の血に渇き、煽動的で、暴政の煽動者」だった。自分は天国にいくと断言したことは「不遜で軽率な断言であり、悪質な虚言」である。彼女の服装と、聖体拝領のときに何度もそれを身に着けたという冒瀆の行為は、彼女が「神聖なる教義と教会法」に挑戦する人間であることを明らかにする。彼女は「教会の統一と権威を批判的に見る背教者」――分派的〔schismatique〕である

〔処刑裁判記録を翻訳・編纂したピエール・シャンピオンの注記によれば、「教会より悪と断定された教理の信奉者を異端とよぶのに対し、分派とは教会の正当な司牧および肢体より分離するものを云う」（『ジャンヌ・ダルク処刑裁判』髙山一彦編・訳、現代思潮社、一九七一年、三五一ページ）〕。

五月二三日、パリ神学部の指示でジャンヌはもう一度「慈悲深く勧告された」。「ジャンヌはルーアン城の独房近くの部屋、法廷に集まった判事たちの前に引き出された」。判事のなかにはジャン・ド・シャティヨン、ボペール、ミディ、ソルボンヌ大学教授ギヨーム・エラール、ピエール・モリスがいた。ルーアンの司教座聖堂参事会員モリスは若い神学者で、「ジャンヌ教化の試みに大いなる熱意を示し」、「ジャンヌの間違いを詳細に説いて聞かせ……これらの欠点と間違いを捨て、彼女自身を矯正、改心し、われらが聖なる母である教会の罰と決定に服するように、警告が彼女に成されるようにした」。[25]

「友、親愛なるジャンヌ」とモリスは言った。

あなたの裁判の終わりが近づいたいま、語られたことすべてについて熟考すべき時がきた……あなたが改心しなければ、あなたの肉体と霊魂が瀕するであろう損害を示されてきたにもかかわらず、あなたはこれまで聴こうとはしなかった……あなたを神の栄光の分担者として創造されたわれらが主イエス・キリストから引き離されることを許してはならない。日々、人間を惑わそうと努め、しばしばキリスト、彼の天使たち、彼の聖人たちの似姿を装う神の敵とともにたどる永劫の責め苦の道を選んではならない。
もしあなたがこの過ちのなかにとどまるのならば、あなたの霊魂は永劫の罰と絶えざる拷問にかけられ、肉体については、わたしはそれが滅びるのを疑わない。わたしが言ったように振る舞うことであなたが手にした大いなる名誉を失うという理由で、人間の高慢と無駄な恥辱がこれ以上、あなたを引き留めることがないように。

ジャンヌはこれまでの裁判で言わなかったことはなにも言わなかった。「有罪を宣告され、炎と火を点けられた小枝の束と点火の用意ができた死刑執行人たちを見ても、わたし自身がこの炎に包まれても、わたしはほかにはなにも言わない。わたしは死の時まで裁判で言ったことを維持する」。

翌五月二四日木曜日は聖霊降誕日、使徒の上に聖霊が降誕したのを祝う祝日だった。イエスが十字架にかけられ、復活したあと、使徒たちに授けられた炎の洗礼。「突然、激しい風が吹いて来るような音が天から聞こえ、彼らが座っていた家中に響いた」とき、一二〇人にのぼる大群衆が驚愕した。「そして、炎のような舌が分かれ分かれに現れ、一人一人の上にとどまった。すると、一同は聖霊に満たされ、〝霊〟が語らせるままに、ほかの国々の言葉で話しだした」[26]。聖霊降誕日の機会を利用して、コションは「囚人に強い印象をあたえるために、劇を上演した」[27]。そこには炎の脅しが立ちこめていた。

ルーアン大聖堂から石を投げれば届く距離のサン＝トゥアン修道院付属墓地に、壇が設営された。ひとつは判事、名士、書記、高位聖職者、官僚のため、もうひとつはジャンヌのため。その朝早く、司教座聖堂参事会員ジャン・ボペールがジャンヌのもとを訪れ、彼女は公開処刑台に連れていかれ、そこで彼女に対して説諭がおこなわれる、と説明した。独房から墓地までのどこかで、ロワズルールが彼女を「小さな戸口に引きずりこんだ」。「わたしを信じなさい」と彼は言った。「そうすればあなたは助かるだろう。あなたの［女の］服を受け容れなさい。そして彼らがあなたに命じることをすべてするのです。そうしなければあなたは死の危険に瀕する。わたしが言うとおりにすれば……あなたは教会に引き渡されるだろう」[28]。

厳重な警備のもと、ジャンヌはマシューによって死刑台まで連れていかれた。ジャンヌを見るように一般大衆が招かれたのはこれが初めてで、ジャンヌは彼らのあんぐりと開けた口とじっと見つめる目の上高くにもちあげられた。彼女は白髪のエラール老教授に向かいあい、教授のおこなう毒々しい説教は、彼がジャンヌに直接話しかけるときはいつもそうなるように、メロドラマ的な三文芝居に変化した。「おお、フランス王家よ！　おまえは現在まで怪物を免れてきた」と彼はわめいた。「だが、いま、おまえは魔術師で、異端者、迷信家のこの女にくみすることで名誉を失った」[29]。

「わたしの王のことは話すな」とジャンヌは言った。「あの方は善きキリスト教徒だ」。

「わたしはあなたに話しているのだ、ジャンヌ。そしてあなたの王は異端者で分派的であると告げる」

「殿よ、わたしの信仰にかけて、国王はもっとも高貴なキリスト教度であり、信仰と教会をだれよりも愛している。あなたの言うような方ではない」

「この女を黙らせろ」とエラールはマシューに言った。

説諭と称して吐き出した罵倒と中傷をエラールがようやく終えると、ジャンヌ・マシューはジャンヌに「異端放棄の誓いの羊皮紙片」――のちに彼が長さ八行にすぎないと証言した書類――を読んで聞かせた。八行ということは、公式裁判記録に含められた「異端放棄の誓い」とは異なる書面ということになる。裁判記録に収められたのは、法律の準博士号所有者でイングランド派のニコラ・ド・ヴァンドレスが書いた長い異端放棄の誓いであり、ジャンヌが犯したとされる信仰におけるすべての誤謬を数えあげている。ジャンヌはその過ちをいま放棄しようとしている。自分が読みあげ、ジャンヌが署名した書面について、マシューは、彼女が二度と男装せず、髪も短くせず、武器ももたないと明記されていたことだけを覚えていた。裁判のフランス側覚書のオルレアン手稿とともに発見されたこの八行の「羊皮紙片」を、一部の歴史家はジャンヌが署名したオリジナルの写しと考えている。

「ラ・ピュセルと呼ばれるわたくし、哀れな罪びとは……神、神の天使たち、聖カトリーヌ、聖マルグリットから啓示を受けたと嘘をついて、重い罪を犯したことを告白いたします、云々」

このように重要な書類がここまで極端に短縮されるのはあまりにも異例であり、疑念を抱かざるをえない。「法律の書類に添付するように意図された羊皮紙片」[30]は、急いで準備されたように見えた。このことがジャンヌが署名を求められた異端放棄の書の奇妙な形式を説明するかもしれない。マシューは、「ジャンヌはこの覚書も彼女を脅かしている危険も理解していない」[31]と確信した。それに署名をするよう急き立てられて、ジャンヌはまず聖職者たちがそれを見なおすよう要求した。

「わたしがその手に託されるべき学者や教会にこの書状を調べさせなさい」と彼女は言った。「彼らがわたしは署名すべきで、命じられたことをせよと忠告するなら、よろこんで署名しよう」。

「ただちに署名しなさい」とエラールは言った。「さもなければあなたは今日、火あぶりにされて死ぬことになる」。

ジャンヌを火刑柱まで運ぶために死刑囚護送用の馬車が待機していた。火刑柱は、薪束と火口とともにすでに準備されて、このときのために設営された壇の上に高くそびえていた。ある報告によると壇は石でつくられていた。「漆喰を塗られた」とするものもある——おそらくは木製で火がつきやすい死刑台を燃えにくくする工夫だろう。改悛をしなければなにが待つのか、それがジャンヌの目に必ずはいるように、コションはヴュー・マルシェ〔旧市場〕を通過してジャンヌを墓地まで連れてくるよう指示していた。「原則として火刑は異端再犯者にしか適用できなかった」[32]。異端放棄に立ち会った聖職者のひとりは、コションが「そのあとジャンヌを異端再犯者にする目的のためだけに罠にかけた」と推論している。ウォリックはイングランド側の期待を明確にしていた。ジャンヌが処刑されるだけでは充分ではない。彼らはジャンヌが魔女として火刑に処されることを望んでいた。

「火あぶりにされるよりは署名をしよう」と、ジャンヌはエラールに答えた。彼女が服従するのを聞いて、群衆は大騒ぎを始めた。「魔女に死を」と叫びながら、石を投げる者もいた。イングランド兵が暴徒を力づくで抑えた。ミシュレは書いた。「ユダヤ人もイギリス人〔イングランド人〕が〈乙女〉を敵視したほどイエスス〔イエス〕を敵視して興奮したわけでは決してなかった」。なぜならば、「イギリス人が自分自身に対して抱いている素朴で根深い尊敬について、彼女は、その最も感じやすい所で、彼らを残酷に傷つけた」[33]からだ。

福音書記者マタイは記録する。「祭司長や長老たちは、バラバを釈放して、イエスを死刑に処してもらうようにと群衆を説得した。そこで、総督が、「二人のうち、どちらを釈放してほしいのか」と言うと、人々は」評判の囚人を選んで「「バラバを」と言った」。

「では、メシアといわれているイエスの方《ほう》は、どうしたらよいか」

皆が言った。「十字架につけろ」。

「いったいどんな悪事を働いたというのか」と総督は尋ねた。だが彼らはいっそう激しく叫んだ。

「十字架につけろ」[34]

コションは、ジャンヌが服従したことにどう対応すべきかウィンチェスター司教ボーフォートに尋ねた。

「彼女を改悛者として受け容れなければならないだろう」とボーフォートは言った。

このやりとりがお膳立てされていたとしても——枢機卿は横領を働いたことですでにその詐欺師的性格を明らかにしているのだから、おそらくお膳立てされていたのだろう——「主だったイングランド人は」、このような不正取引には気づかず、「ボヴェ司教や博士たち、裁判の陪席判事たちにひどく腹を立てていた」と、立ち会っていた聖職者は証言した。「彼女を有罪として刑を宣告し、火刑台に引き渡せなかったからだ」[35]。


この聖職者は、司教がウォリックに言うのを聞いていた。「殿さま、ご心配にはおよびません。あの女をもう一度、捕まえてやります」[36]。

異端放棄の誓いに関しては、二つの点が解明されていない。この二点については多くが語られてきたが、おそらくはおたがいに関係しているのだろう。一点目は、名前が書けたジャンヌが、誓いの書の署名欄に、「ばかにしたように丸のようなものを描いた」[37]こと。二点目は、この丸になにか加えるよう強いられて十字をつけ足し、声たちを否認する書状に「署名」をしたとき、彼女が笑った、あるいは微笑を浮かべたのが見られたことである。以前、軍事上の書翰について尋ねられたとき、ジャンヌは敵にわざと誤解をさせるために、敵の手に落ちるよう意図された手紙には、十字を記したと言った。味方にこの情報が偽りだとわかるようにするためである。いまジャンヌが人生でもっとも重要な手紙にまさしく十字を書き入れたことは、自分の生命を奪おうとする判事たちに対する嘲笑のみならず、自分が信じていない書類に自分の名前を記すことによって、それを尊重するのを拒否したことを示唆する。

ジャンヌが墓地から連れもどされる前にロワズルールはジャンヌを褒めた。「あなたはよい仕事を成し、あなたの霊魂を救った」[38]。

「あなたたち、教会の方がた、わたしがもはやイングランド人の手のなかにおかれずにすむよう、わたしをあなたたちの牢獄に連れていってください」

「この女をもときたところに連れもどせ」とコションは言った。彼女が牢獄にもどされると、イングランド兵は大声を挙げて、いつもの侮辱の言葉を彼女に投げつけた。

独房に入れられたあと、「女の衣類が彼女に提供され、彼女はこれを身に着け、すぐに男の服を脱いだ」と裁判記録にはある。「それまで耳を囲むように短く切っていた髪を刈りとることを望み、許した」。

異端放棄と、異端の証明となる不正行為にジャンヌが「ふたたび落ちこんだ」ことをコションが発見するまでの三日間の出来事については、さまざまな説明がある。ジャンヌはドレスを着替えて、一二本の二倍の数の紐を結ぶショースを履いた。レジーヌ・ペルヌーが断じるように、軍の監獄では「なんらかの方法で、ジャンヌにふたたびこのような服装を無理やりさせるのは滑稽なほど簡単」[39]で、彼女が署名した異端放棄の誓いに規定されているとおり、大罪を犯すことになるのをコションはたしかに認識していた。ジャンヌの聴聞司祭マルタン・ラドヴニュは、無効化裁判で「ジャンヌから、あるイングランドの大貴族が牢獄に入ってきて、力づくでものにしようとしたと聞いた。彼女は、これがふたたび男の服を着た理由だと言った」[40]と証言している。ラドヴニュとただふたり、ジャンヌの生涯の最後の瞬間まで、彼女に忠実にとどまり、彼女に対して良心に従って行動した司祭イザンバール・ド・ラ・ピエールは、「彼女が啜り泣き、頬を涙が流れ、怒りのあまり形相が変わっていたので、憐れみと同情を感じた」。

マシューの証言では、ジャンヌは彼に、異端放棄の二日後、看守が「寝台の上で彼女を覆っていた女の服をとりあげ、男の服装が入った袋の中身をぶちまけた」[41]と告げた。ほかの服がなかったので、これ以上、便所を我慢できなくなったとき、ジャンヌはその服を身に着けざるをえなかった。看守は彼女の「異端再犯」を報告し、司教が駆けつけてきた。

「あなたは約束し、誓った」とコションは言った。「二度とふたたび男の服は着ない、と」。

「わたしに対して成された約束は果たされなかった。わたしはミサに列席でき、鎖は解かれると告げられた。[女性が看守の]慈悲深き牢に入れられれば、わたしは言われたとおりにし、教会に従うだろう」

「聖カトリーヌと聖マルグリットの声」とコションは言った。「あなたはそれを木曜日以降に聞いたか?」。

「ええ、聞いた。神は聖カトリーヌと聖マルグリットを通して、わたしが自分の命を守るために犯した……この裏切りに対する大いなるお憐れみを遣わされた。聖女たちはわたしに告げた。おまえは自分の命を救うために、みずからを地獄に堕とした、と。なぜならばわたしは神から遣わされたからだ。自分のおこないは間違いだと言ったのは大変に悪しきことだったと、わたしの声たちは言った。わたしがそう言ったのはただ火刑を恐れたからだ。聖女たちはわたしは肉体を救って、魂を地獄に堕とすのだと言った」。彼女はそれをおこない、さらに悪いことをおこなった。彼女は過去から意味を取り去り、みずからの召命をでっちあげと呼び、つねに彼女に忠実にとどまっていた唯一の同行者たちを否定した。自分が救った命は、自分には必要ないと納得するのには三日間で充分だった。

「これ以上、この牢獄の苦しみに耐えるよりも、これを最後に一度の贖罪として死んだほうがよい」ジャンヌの独房から自分のアパルトマンにもどるとき、コションの笑い声が聞かれた。「イングランド人の名士と兵隊の群れが」中庭で待っていた。「ごきげんよう！　心安らかに！」[42]。コションはウォリックを訪れた。「やりました。あの女を捕まえました」。

⊕

「総督の兵士たちは、イエスを総督官邸に連れて行き、部隊の全員をイエスの周りに集めた。そして、イエスの着ている物をはぎ取り、赤い外套を着せ、茨で冠を編んで頭に載せ、また、右手に葦の棒を持たせて、その前にひざまずき、「ユダヤ人の王、万歳」と言って、侮辱した。また、唾を吐きかけ、葦の棒を取り上げて頭をたたき続けた。このようにイエスを侮辱したあげく、外套を脱がせて元の服を着せ、十字架につけるために引いて行った」[43]。

カール・テオドア・ドライヤー監督の映画『ジャンヌ・ダルクの受難』〔邦題『裁かるゝジャンヌ』〕は、ジャンヌとイエスを明確に等号で結ぶ。裁判のあいだ、ジャンヌは藁を編んだ冠をかぶせられている（図31）。デミルの『その女ジョウン』では、オープニングタイトルに続いて、ひとつの呪文が視覚的に表現される。[44] 大いなる光に糸紡ぎを中断させられて、おとめは上を見あげ、天に向かって両腕を掲げる。光が光輪に収斂すると、彼女は恍惚から恐怖へと表情を変え、腕をゆっくりとおろすが、両脇にだらりと下げるのではなく、大きく広げたところで止める。光が彼女を十字架にかけ、そのあと彼女を十字架ではなく、大きなフルール＝ド＝リスに打ちつける。殉教者で愛国者、彼女は視線を天にあげ、そのあと頭を胸に沈みこませる。その生命が去ってしまってもなお、彼女の光輪はまだ燃えている（図34）。

五月三〇日水曜日、マルタン・ラドヴニュはドミニコ会士ジャン・トゥムイエとともに、ジャンヌに、「その日、判事たちの命令と判決によって、どのような形で死ぬことになるのか」を告げに送り出された。「これほど彼女の近くにある厳しく残酷な死を聞くと、彼女はとても悲しげな叫びを挙げ、髪をかきむしった」。ついに彼女の冷静沈着は破られた。

「ああ」、と彼女はひざまずいた。「わたしは残酷で恐ろしい扱いを受け、純粋で穢されていないわたしの身体は焼きつくされて灰になる！」[45]。ジャンヌの身体が穢されなかったというのは道徳的な意味においてのみである。その肉体にはほかの十九歳の娘にはないであろう傷痕が残っていた。多くの小さな切り傷や擦り傷から、報告するのに足るほどの重い傷、胸に受けたクロスボルト、太ももの負傷、シャストラップによる足の傷まですべてが、いまでは蒼白くなった皮膚にまだ青黒く浮き出ているほど新しい傷だった。

炎への恐れを認めはしたものの、自分の肉体を失うという考えに彼女が激しく反応したのは、教会の教義《カテキズム》の影響を受けていたためだ。カテキズムは霊魂と肉体両方の復活を約束する。だが、もし炎がすべてを焼きつくし、神が修繕して甦らせるものがなにも残らないのであれば、復活はない――これがカトリック教会が火葬を禁じる理由である。男に無理やり奪われるのを、あれほど激しく、そして長いあいだ守ってきた肉体に対するジャンヌの崇拝は、それがなければ完璧な彼女の禁欲主義に対するただひとつの違反を、期せずして明らかにする。ジャンヌは自分の肉体は聖なるオブジェであると理解し、それに聖なるオブジェとしての衣裳を着せかけることに決して抵抗できなかった。いかなる男にも穢されず、触れられないオブジェ。神の恩寵を容れるのに充分なほどに穢れなき器。

トゥムイエはジャンヌがひざまずいたと言う。「ああ。こんなふうに焼かれるより、七度首をはねられたほうがましだ。わたしが服従している教会の牢獄にいれば、そして兵隊やわたしの敵ではなく、教会の人たちに監視されていたら、こんなことには絶対にならなかった[46]」。

「至高の判事である神に、わたしに成された大きな不正と苦しみを訴える」。ジャンヌはラドヴニュとトゥムイエに言った。トゥムイエは「〔彼女が〕看守や看守たちが引き入れた者たちによってこの牢獄のなかで彼女に成された責め苦や暴力を激しく嘆き訴えた[47]」と証言した。

「こういった嘆きのあと、前述の司教がはいってくると、彼女はすぐに司教に言った。「司教、わたしの死はあなたの仕業だ」

「ジャンヌ、耐えよ」とコションは言った。「あなたはわれわれに約束したことを守らずに、以前の罪にもどった。だから死ぬのだ」。

「もしあなたがわたしを教会の牢に入れ、しかるべきように教会の看守の手にあずけたならば、このようなことは決して起きなかった。だからわたしはあなたを神に訴える」

「十字架にかけられていた犯罪人の一人が、イエスをののしった。「お前はメシアではないか。自分自身と我々を救ってみろ」。すると、もう一人の方がたしなめた。「お前は神をも恐れないのか、同じ刑罰を受けているのに。我々は、自分のやったことの報いを受けているのだから、当然だ。しかし、この方は何も悪いことをしていない」。そして、「イエスよ、あなたの御国においでになるときには、わたしを思い出してください」と言った。[48] するとイエスは、「はっきり言っておくが、あなたは今日わたしと一緒に楽園にいる」と言われた[48]」。

「わたしは今夜、どこにいるのだろう」ジャンヌはピエール・モリスに尋ねた。モリスは、ヴュー・マルシェで待つ火刑台にジャンヌが連れていかれる前に、その独房を訪れていた。

「あなたは神を信頼しないのか?」とモリスは言った。

「信頼する」とジャンヌは告げた。「神の助けを得て、わたしは天国にいるだろう[49]」。

教会法は異端再犯者には秘蹟を拒否していたが、コションはラドヴニュにジャンヌの告解を聴き、さらに聖体を授けることも許した。実際に、ギヨーム・デュヴァル修道士がパンだけをもって独房にきたとき、ラドヴニュは修道士に自分の法衣と盆、蠟燭といっしょワインも取ってこさせている。「彼女はご聖体を慎ましく敬虔に、わたしが語れないほどたくさんの涙を流しながら拝領した」。[50]

リュック・ベッソン監督の『ザ・メッセンジャー』では、まさしくひとつの幻影が、ジャンヌの嘆願に応える。

「告解を望むのか?」。通常は死神と結びつけられる黒頭巾の下から神が尋ねる。「聴こう」。

「わが主よ、わたしは罪を犯しました。あまりにも多くの罪を」とジャンヌは手を握りしめ、自分のひざに視線をやる。「わたしは……あまりにも多くのしるしを見ました」。

「多くのしるし」と神は同意する。

「わたしが見たかった、しるしの数々。わたしが戦ったのは復讐と絶望からでした。あるひとつの……ひとつの……大義のために戦うとき、わたしは人びとが自分たちにはそうすることが許されると信じたことのすべてでした」

「ひとつの大義のために」と神は繰り返す。

「わたしは傲慢で頑固でした」

「自分本位で」と神は付け加える。「残忍だった」。

「はい、そうです」とジャンヌは言う。

「いま準備はできていると思うか?」

「はい」。最後の瞬間におこなわれたジャンヌの良心の審問は、贖罪を約束しないひとりの神の怪しげな慰めを彼女のもとに残していく。

教会法は公式にはジャンヌに秘蹟を拒否したように、聖職者としてのコションに、世俗の処刑に立ち会うことを禁じていた。しかし、司教はみずからの栄光の日となることを期待したこの日、多くの慣習の枠外に足を踏み出した。ジャンヌを特別扱いして聖体拝領を許した。しかし独房内で激しく取り乱すジャンヌを目にするという満足は得られなかった。ジャンヌは厚かましくも神の前で彼を告発した。彼は、彼女が公開の場で乞い、啜り泣き、声たちを否定するという考えに深くとり憑かれていたあまり、展開すると期待していたこと——自分の髪でつくりあげた厚かましさの冠を頭から剝ぎとられ、粗末なドレス姿で慈悲を乞うジャンヌを見るチャンスを諦められなかった。

世俗の腕のなかに捨てられたジャンヌは、いったんその手に引き渡されると、審問も有罪判決もなしで、ただちに死刑執行人の手に委ねられた。八〇人から八〇〇人のあいだのどこかの数（数字はさまざまである）[51]の兵隊が、剣と棍棒、小斧を手にして、ジャンヌを独房からヴュー・マルシェへと運ぶ死刑囚護送馬車につき従った。肉体でつくられた動く防壁は、どんな救出の試みをも防ぐのに充分なほど幅が広かった。マンションは、兵隊たちについて「七〇〇から八〇〇の兵隊がいて、ラドヴニュ修道士とジャン・マシュー師以外に、彼女に話しかけるほど大胆な者はいなかった」[52]と語った。ニコラ・タケルは、かつてのいつわりの聴罪司祭ロワズルールが、最後の瞬間にありそうもない良心の呵責に捕らわれ、「啜り泣きながら……ジャンヌに赦しを乞おうと護送馬車によじのぼろうとした」が、「イングランド人兵士が彼を乱暴に引き離し、ウォリック伯がいなければ殺すところだった。ウォリックはロワズルールにすぐにルーアンを去るよう警告した」[53]と証言した。

兵士たちは群衆をかき分け、いままさに始まろうとしているドラマの舞台にジャンヌを送り届けた。護送馬車は野次馬でごった返すなかをゆっくりと進み、不吉なカーニヴァルを包む空気は期待でぴりぴりと張り詰めていた。ルーアン市民のほとんどがジャンヌの不倶戴天の敵であるブルゴーニュ公を支持していたので、神の燃える手が大いなる邪悪を焼きつくすのを見ようと、一万もの人びとが集まってきていた。「群衆は巨大で、興奮で沸き立つ。もしものごとが彼らの望むとおりに進行しなければ、イングランド人からの混乱が予想されるのは明らかだった」[54]。四つの舞台が設営されていた。ひとつは教会の判事と名士のため。もうひとつは世俗の判事と代官のため。第三の舞台上ではニコラ・ミディがジャンヌに最後の説諭をおこなう。そして最後にすべてのなかでもっとも高く、目につく舞台の上に火刑柱が立てられた。軍隊は、火刑台にできるだけ近づこうとして、おたがいを踏みつけあう人びとの醜い押しあいへしあいを抑えこむのに忙しかった。ミシュレは書いた。「しかもこのような血への渇きを見せたのは、ただ単に兵士のなかの貧民、イギリスの《下層民《モッブ》》ばかりではなかった。紳士、高位の者、貴族たちもそれに劣らず熱狂していたのである」[55]。

ジャンヌは灰色か黒の粗末なテュニックを着せられ、「頭に載せた僧帽には次の言葉が書かれていた」とクレマン・ド・フォカンベルグは記録する。「異端者、異端再犯者、背教者、偶像崇拝者」[56]。薪の山の前におかれた掲示板には次のような説明文が書かれていた。「自称ラ・ピュセルことジャンヌ、嘘つき、邪悪な人物、人びとの虐待者、預言者、迷信の女、神の冒瀆者、生意気、イエス・キリストの信仰を信じない者、自慢屋、偶像崇拝者、残酷、放埒、悪魔を呼び出す者、背教者、分派的、異端者」。

「おまえはふたたび落ちこんだ——ああ、悲しいかな——犬が自分の吐いたものに戻るように[†]、誤謬と犯罪へと」と、コションはニコラ・ミディの「長く、冗長な」説教が終了したあと、言った。「おまえは異端再犯者だ」と彼は非難した。「そしてわたしが書面で渡し、この法廷から読みあげるこの判決によって、わたしはおまえがキリストの他の肢を汚染することがないように、おまえが腐敗した肢として教会の統一から追放され、彼女〔教会〕の身体から切り離されて、世俗の権力に引き渡されることを宣言する。わたしはおまえを追放し、切り離し、捨て去る」。

† 「犬が自分の吐いたものに戻るように／愚か者は自分の愚かさを繰り返す」箴言第二六章11。

教会、そして教会の女の身体。ジャンヌは、この女の身体を穢さないように切り離される腐敗した肢。教会による女の美徳の定義は、教会が果てしなく説いているような性的純潔ではなく、服従する意志に基づいている。それに気づいた者がいたとしても、あえて口にする者はいなかった。

断首ではなく、焼かれる。なぜならば炎だけがこの世と来世との橋を提供できるからだ。焼かれる奉納物のためにトーラ〔ユダヤ教の律法。狭義では旧約聖書のモーセ五書〕が選んだ言葉はオラー（ヘブライ文字עולה）〔焼きつくす捧げ物〕――「煙のなかで上昇していくもの」。ジャンヌの頭は転げ落ちることはできない。彼女の肉体は四つ裂きにされて、朽ちるにまかせることはできない。だが、「主を満足させる香り」[57]に圧縮されて、天へと運びあげられねばならない。

「ああ、ルーアンよ、おまえがわたしの死で苦しまねばならないことをわたしはひどく恐れている」[58]と、火刑台に連れていかれるときジャンヌが言うのを人は聞いた。イエスのように、彼女は自分を告発した者のために神の赦しを求め、「すべての身分や階級のあらゆる人びとに慎ましく……自分のために祈るよう願い、同時に、彼らが彼女にあたえた危害を赦した」とマシューは証言する。「彼女が教会から引き渡されたとき、わたしは彼女のもとにとどまり、彼女は大きな熱をこめて、十字架をくれと頼んだ。その場にいたひとりのイングランド人が、棒で小さな十字架をつくった。彼女はそれに口づけをした[59]」。十字架を衣服の胸のなかに入れ、マシューに教会から十字架をもってきて、見えるところに掲げてくれと頼んだ。

「永劫の「不在」から／「不在」に狂う地獄の魂を救うため／私の魂を　永劫の「不在」に投棄てねばならないのでしたら／私の魂を　永劫の「不在」へ赴かせ給え」と、ペギーのジャンヌは彼女の生命――彼女の召命――にいつまでも別れを告げながら言う。「決して消え去ることのない　その不在へ／私の魂を」[60]。

⊕

「神父さん、おれたちを夕飯の時間までここにひきとめておくのか？」[61]とひとりのイングランド人隊長が向かいの演壇からマシューをやじった。死刑執行人ジョフロワ・テラージュは、火刑柱が立てられた演壇が高すぎるため、ジャンヌの首に縄を巻き窒息させることができないと訴えた。それは処刑される者たちが、自分が焼かれる匂いを嗅がずにすむようにと施される慈悲の行為だった。というのも、風向きがよかろうと悪かろうと、熱でショックを受けても煙を吸いこんでも、彼らはその匂いを避けることができないからだ。コションが望んだのは、「ゆっくりと……時間をかけて焼かれ」ることだった、とミシュレは書いた。彼はそれが、拷問台が彼女に拒否したものを完遂し、「ついには彼女も何か弱みを不意に捕らえられることになるだろうし、否認ととられうるような何かが彼女の口から洩れるかもしれない」、あるいは「少なくとも否認と解釈することの可能なわけのわからない言葉が……その口から飛び出す」[62]ことを期待した。

「父と子と聖霊の御名によって、わたしはおまえを赦す」[63]と、リュック・ベッソンの死神はジャンヌに言う。ジャンヌはマシューが彼女の眼前に掲げている十字架を見ることはできない――すでに彼女の眼には炎が映り込んでいる。ローブの裾に火がつき、一瞬にして粗末なドレスは燃えつきる。炎が旗のように舞い上がり空に昇っていく。声たちの合唱がひとつになり——炎が彼女のつま先を舐めるとき、女の頭上に流れる恍惚の讃歌は高まる。信じがたいほど美しい光輪。彼女の輝く顔と同じほどに、フレミングのイングリッド・バーグマンも美しい。花嫁の白いローブをまとい、彼女を火刑台に縛りつける鎖がウエストに巻きつき、胸の上で十字に交差して、花嫁衣裳をギリシア風のガウンに変える。炎はこれほど孤独で冷たい花嫁[64]のただひとりの求婚者。レナード・コーエンは『ジョーン・オブ・アーク』のなかで歌う。激しい炎はジャンヌ・ダルクの灰を天に向かって巻きあげ、「婚礼の客の頭上高く／彼〔炎〕は彼女の灰のウエディングドレスを漂わせる」。

「昼の十二時になると、全地は暗くなり、それが三時まで続いた[65]」。「太陽は光を失っていた[66]」。「三時にイエスは大声で叫ばれた。「エロイ、エロイ、レマ、サバクタニ」。これは、「わが神、わが神、なぜわたしをお見捨てになったのですか」という意味である[67]」

「イエスは大声を出して息を引き取られた。すると、神殿の垂れ幕が上から下まで真っ二つに裂けた[68]」

「地震が起こり、岩が裂け、墓が開いて、眠りについていた多くの聖なる者たちの体が生き返った。そして、イエスの復活の後、墓から出て来て、聖なる都に入り、多くの人々に現れた[69]」

「イエス」、とジャンヌは死ぬときに叫んだ。「イエス！」、彼女の本質は触れられぬほど熱い光によって変化させられた——それはモーセの燃える柴、サウルの目をくらませ、サウルをパウロに変えた光の継承者。

正真正銘の目撃者、パリの一市民――ルーアンの人口はあらゆる階級の野次馬で膨れあがっていた――は、ジャンヌが息絶え、その服が燃えつきたあと、「炎が消され」、市場に集まった人びとの視線の上にもちあげられた「その裸の身体」が「人びとからあらゆる疑いをとり去るために、女に属しうる、あるいは属すべきすべての秘密もろとも、すべての人の目にさらされた」と報告している。「彼らが火刑柱に縛りつけられた肢体を充分に長くながめたあと、死刑執行人は彼女の哀れな遺骸のまわりにふたたび大きな炎をかき立てはじめた……そして肉と骨は灰になった[70]」。

ガスティーヌ監督のサイレント映画『ジャンヌ・ダルクの素晴らしき人生』で、炎がジャンヌを焼きつくすのを見ながら、死刑執行人は恐怖にゆがんだ顔を背ける。彼は悲鳴をあげる。「わたしたちはたったいま聖女を焼き殺してしまった！」。驚愕した見物人たちは身を翻し、パニックになって走り去る。

「アッバ！」とイエスは解放を乞うて叫んだ。「父よ！」。

「イエス！」。炎が彼女を呑みこんだとき、ジャンヌは叫んだ。シラーの戯曲では、彼女の声が最後に聞こえる。「ほら！　空の虹が見える？　天国が黄金の門を開いて……雲がわたしをもちあげる――わたしの重い甲冑は変化し――わたしは翼に乗って――昇る――上へ――上へ――大地はあまりにも速く遠ざかっていく[71]」。

しるしはたっぷりとあった。ジャンヌが群衆の頭上高くで絶命するのを目撃した多くが、彼女が焼かれている炎のなかに「イエス」の文字が書かれているのを見たと話した。ジャンヌに対する憎しみをとくに声高に言い立てていたひとりのイングランド兵は、ジャンヌが焼かれながらイエスに呼びかけるのを聞いたとき、あまりにも強烈な「恍惚」に圧倒され、人事不省となる。「強い酒の助けを借りて」息を吹き返したとき、彼は「彼女が息絶えた瞬間、一羽の白い鳩がフランスの方向に飛び去るのを」見たと語った。鳥類はジャンヌが誕生したとき、羽ばたきで救世主の到来を高らかに宣言し、歓喜した。いま沈黙した鳥たちは、ジャンヌをさっと天国に引きあげ、彼女の願いをついにかなえた。「わたしがきたところ、神のもとに送り返される」。

ブレッソンのカメラは、白い煙の雲に包まれたジャンヌの頭から、澄みきってはいないが、光の射す空へと振れる。鳩たちの影が休みなく動き続け、大地と大地のかなたの光のあいだにあるあの天井を通過して、彼女が昇天するのを待つ。ドライヤーの鳩の群れはジャンヌの頭上を旋回し、光で濡れたように見える彼女の視線は、両目が閉じられるまでそれを追う。ひとりの女が腕に白い仔羊を抱いて通り過ぎる。「わたしたちはひばりを大きな鳥にしてしまった」とアヌイのウォリックは嘆く。「あの鳥は、わたしたちの名が忘れ去られるか、ごちゃごちゃにされるか、あるいは呪われたあとも長く、世界の空を旅し続けるだろう[72]」。

死刑執行人テラージュは、ジャンヌの肉片すべてとともに、その服、靴、皿、スプーン——なんであろうと囚人が所有するものすべて——を焼却し、すべての灰をセーヌ川に捨てるように命じられていた。テラージュは、ラドヴニュとイザンバール・ド・ラ・ピエールに近づき、「薪の束や炭をジャンヌの内臓や心臓の上に何度も積み重ねたにもかかわらず、心臓を焼きつくして灰にはできなかった。と主張した。彼はこれを明らかな奇蹟と考え、驚嘆していた[73]」。

昼前、テラージュはひとりの司祭の前にひざまずき、失われた自分の魂のために啜り泣き、赦免を求めた。だが、赦免を信じることはできなかった。彼の犯罪はそれほどに重大だった。†

† フランスの国立図書館の記録によれば、テラージュは充分に回復し、仕事を続けて、一四三二年三月二五日に、「二〇四件の処刑に対して一一一リーヴル一三スー」を受けとっている。

「自分の身になにが起きても、こんなに泣くことはなかったし、そのあと一か月間は動揺を抑えることができなかった」[74]と、ギヨーム・マンションは証言した。

第12章　永遠の命

ジャンヌが最終的に声たちを否定しなかったことに落胆し、気分を害したピエール・コションは、ジャンヌ火刑の一週間後、一四三一年六月七日に五名ほどの陪席判事をルーアンの司教宮殿に呼び集め、非公開会議を開催した。そのなかにはジャンヌ生涯最後の朝、彼女に付き添っていた三名の聖職者、ピエール・モリス、マルタン・ラドヴニュ、ジャン・トゥムイエが含まれた。万が一ジャンヌが最後の瞬間に声たちを否認したとすれば、この三人はそれを聞いたかもしれない。三名全員が偽証をするほど従順であったことが明らかになった。彼らは、他の数名とともに、「故ジャンヌがいまだ獄中にあり、裁きの場に連れ出される前に、信頼にあたいする人びとの前で語ったいくつかの言葉についての自発的な報告」をでっちあげた。この欺瞞的な宣誓供述書は、トマ・ド・クルセルがこのあと半年をかけてまとめるラテン語による正式な裁判記録に、追記として添付するためにひねりだされた。この非公開会議に出席していたクルセルは、フランス語の裁判記録に自分の名前が出てくるたびにそれを削除したが、ここでも自分の名前を削除し、ジャンヌが声たちを「悪しき聖霊であり、わたしに解放を約束したが、わたしは騙された」と認めた、と断言した。彼は言った。ジャンヌは最後には、声たちが自分を救わなかったのは、彼らの悪意を示す証拠であるということに同意した。公式記録に含まれた網羅的な異端放棄の誓い――ジャンヌに読みあげられた短縮版ではなく――を書いたニコラ・ド・ヴァンドレスは、ジャンヌが彼女の天使たちを「悪しき聖霊」として放棄したことを認めた。ニコラ・ロワズルールも同様である。どうやらロワズルールの良心の呵責は、彼をコションに逆らわせるほど強くはなかったのか、あるいはそこまで長続きはしなかったようである。ロワズルールは、ジャンヌが処刑の日の朝、「裁判で問題になった王冠について国王に告げたのは自分、ジャンヌであり、自分は天使で、他に天使はいなかったと言っているのを聞いた」と主張した。それだけではない。彼はまた、火刑台に曳《ひ》かれていくとき、ジャンヌが神に自分の迫害者を赦すよう求めるのではなく、「大いなる心の悔恨とともに、イングランド人とブルゴーニュ人に赦しを乞うのを聞いた。なぜならば本人が告白したように、彼女は彼らが殺戮され、逃亡をやむなくさせられ、ひどく痛めつけられる原因をつくったからだ」と証言した。派手な言葉遣いは、コションがロワズルールに処刑当日、ジャンヌの前で演じた愁嘆場について、みんなの前で罪滅ぼしをするよう命じたことを示唆する。

「自発的な報告」は宣誓供述書というよりは弁明書に近く、ジャンヌが真実だと言い続けたことをすべて逆転させ、結果として彼女の迫害者たちを無条件で赦免した。なぜなら、ジャンヌが最後には、シノンでシャルルに示された忌まわしい天のしるしは王冠ではなく、「純粋なつくりごと」だったと告白した証拠を提供したからだ。三名の公証人のいずれの署名もないこの書類は、裁判記録にさらに加えられた異例の追記に必要不可欠な前文として作成された。一四三一年六月二八日付の書翰が、ヘンリー六世の名を借りたピエール・コションから「全キリスト教世界の皇帝、国王、伯爵その他の君侯」宛に送り出された。九歳のイングランド国王にはすぐ使えるような声明をでっちあげる能力はないので、コションはイングランド王のために、そしてイングランド王として、「庶民がラ・ピュセルと呼ぶ某女」が死んだことを「知らしめるのが賢明であると考えた」と書き、ジャンヌを非難した。彼女は神の御業によって若き国王の手に引き渡されるまで、「驚くべき僭越さをもち、自然の良識に反して、男性の服を身に着け、軍人の鎧をまとい、厚かましくも血みどろの戦闘で男たちの大虐殺に加担し、さまざまな戦闘に姿を現わした」。ヘンリーは、「教会の息子としての愛情をもって教会の権威を敬うキリスト者の国王にふさわしく」、「この女をわれらが聖なる母である教会の裁きの手に引き渡した」。しかし、どんなに大きな努力をもってしても、これほど悪辣な女を救うことはできず、ジャンヌが世俗の手に渡されたあと、

このときは抑えこまれたように見えたこの女の傲慢の炎が、悪魔の吐息によってふたたびかき立てられ、突然、毒を含んだ炎となって燃えあがった。この邪悪な女は少し前に吐き出したみずからの誤謬、偽りの破廉恥行為に立ちもどった。最終的に、教会の制裁勅令が命じるように、キリストの他の肢に腐敗が広がらぬように、彼女は世俗の裁きの手に引き渡され、世俗の権力は彼女の肉体が焼かれることを決定した。みずからの最期が近いのを見て、この邪悪の女は、自分の眼前に出現したと主張した聖霊は、嘘つきの悪しき霊にすぎず、これらの霊によって監獄からの解放が偽って約束されたことを完全に認め、すべてを告白した。彼女はこれらの聖霊が彼女をばかにして欺いたと告白した。

コションは、人びとを「とくにわれらがたったいま通過してきたような時代には、誤った迷信や戯言を軽々しく信じないよう指導する」必要を強調して、自画自賛の発表を終えた。ジャンヌは、戦争に疲弊し絶望した祈りへの回答ではなかった。彼女は神の遣いではなく、悪魔の遣いであり、「人間の血を流し、民衆の煽動と騒動を巻き起こし、人びとを偽証と破壊的な反乱、偽りの迷信的信仰へと煽動し、真の平和を妨害し、死の戦争を再開し、多くの人から聖女として崇拝され、崇められることをみずからに許した」悪魔の遣いだった。

コションの勝利は紙の上の勝利だった。しかし彼はその紙の上の勝利をヨーロッパ全域の説教壇から説教壇へと広めさせることに成功した。ジャンヌの衣服は、彼女自身とともに煙となって空に昇ったあと、裁判中よりもさらに大きな意味をもつようになった。八月九日、ジャン・グラヴラン――『パリの一市民の日記』は彼を「ドミニコ会の修道士」[1]とひとことで片づけている――は、大規模な公開説教をおこなった。この説教は完全なフィクションとヒステリーに向かう傾向があり、グラヴランはこう主張した。ジャンヌは「十四歳ぐらいのときに男装にこだわるようになり、そのときから彼女の父母は、みずからの良心を穢さずにそれができるのであれば、よろこんで彼女に死をもたらしたであろう。だから彼女は悪魔を道連れにして父母のもとを去り、それ以来、火と血とに満ちてキリスト教徒を殺してきた」。ジャンヌは「自説を取り消し、罰をあたえられ……罰については一日たりとも果たすことなく、牢獄で貴婦人のようにかしずかれて」、聖人に変装したサタンの使者の訪問を受けた。「サタンの使者は彼女に言った。「死を恐れて衣服を取り換えた惨めな生き物よ！　恐れるな。われわれがおまえをやつら全員からしっかりと守ってやる」。そこで彼女はすぐに服を脱ぎ、馬に乗っていたときに着ていた古い服をすべて身に着けた。彼女はその服を寝台の藁のなかに押しこんでおいた。そして彼女はこの悪魔を非常に信頼していたため、一度でも服を放棄するのに同意したことを後悔しているとまで言った」。

ジャンヌ処刑の六か月後、一四三一年一一月末までに、正式の裁判記録は完成し、筆写されて綴じられ、配布された。写本は三点が現存し、それぞれコションの印璽によって認証されている。「かつてラ・ピュセルと呼ばれた故ジャンヌの異端裁判のために……リジュー司教、元ボヴェ司教ピエール」[2]への支払いを許可する受領書と書状が現存しているおかげで、研究者たちはジャンヌの裁判と処刑にかかった総費用が合計一万八六六五リーヴル・トゥルノワにのぼると計算することができた。ノルマンディの納税者から絞りとった七七〇リーヴルを除き、全額がイングランド国王の国庫から六回に分割されて支払われた。司教は六回のうちの五回を一四三一年に受けとったが、最後の一回の支払いは戦時のイングランドの財政難のために一四三七年まで先延ばしにされた。

当時の一流法律家は年に三〇〇リーヴル程度を稼いだ。ドンレミのような村の司祭はわずか五リーヴルにすぎない。一家が住む家をジャック・ダルクが賃借していたとすれば、彼は大家に年に二から三リーヴルを支払っただろう。ジャンヌを説得して結婚させていたら、婚礼の祝宴と持参金合計で、家賃よりももう少しかかったはずだ。娘のもので埋葬すべきものが残っていたら、費用のかからない葬儀でも、最低の数の鐘つきと聖職者、軽食に一〇リーヴルは支出しただろう。

こうしてかなりの富と肩書きで膨れあがったピエール・コションは、一二月一六日、パリにおけるヘンリー六世の戴冠式に列席した。アンゲラン・ド・モントルレの報告[3]によると、ベッドフォード公、ウォリック伯、サフォーク伯、ソールズベリー伯、ルイ・ド・リュクサンブールと、ウィンチェスター司教がコションに合流した。塗油に続く公式の祝宴で、司教は塗油されたばかりの国王の近くにすわった。立派だろうとなかろうと、ジャンヌ・ダルクの裁判と処刑は、すでにコションに本人が予想していたとおりの高い地位をあたえていた。数年間で彼の外交官としての地位は人間に可能なかぎりの高みにまで昇りつめた。一四三五年にはバーゼル公会議、次いでアラス会議に出席。ヘンリー六世の外交使節総代であり、イングランド王妃の大法官でもあった。一四三九年と一四四〇年には、職務のために和平のあとを追って英仏海峡を往復した。しかし生きて和平を目にすることはなかった。一四四二年一二月一八日、ルーアンの自宅で髭をあたってもらっている最中に頓死した。

わずか一〇年後、コションの相続人たちは「検事ジャン・ド・グヴィを通して、無効化裁判の判事宛」に、大おじピエールの不名誉な犯罪について「一切の責任を拒否する」と書いた。「新［フランス］政府の好意を失わないように圧力をかけられて……彼らは彼［コション］を完全に見捨てた」[4]。

ニコラ・ミディは、何年もかけて徐々に死んでいった。その緩慢な死の苦悶からは、より大きな因果応報を見出すことができる。レプラという聖書的天罰が尊敬すべき神学者に下ったのは、ジャンヌが絶命した日の朝、ミディが彼女に対し、「有益な説諭と人びとの教化」のために構想した「荘重な説教」をおこなってから三年後のことだった。

ミディは、説教は割愛して火刑柱に急ぎたい野蛮な群衆に呼びかけた。「この有害なレプラがキリストの神秘の身体の他の部分に不潔な感染を広めるのを阻止するためには、最大限の厳格な注意をはらわなければならない」。そして彼が誤った判決を下した肢を切り落とし、それを焼くように命じた。

ミディはジャンヌの審問を、彼女の「教条」を要約する十二箇条にまで煮詰めた張本人だったので、彼の運命はほとんどすぐに神罰として理解された。彼の死は陰惨だっただけではない。それはあまりにも緩慢に訪れたので、一度は敬われた教会博士は、かつて友だと思っていた人びとが、拷問のような自分の苦しみを楽しんでいるのを目の当たりにしなければならなかった。自分の命を奪うことになる病レプラを、ジャンヌの異端のメタファーのひとつに選んだことが、おそらくは不幸な結果を招いたのかもしれない。

ジャンヌの捕縛から処刑までのあいだ、戦争は勢いを失い、停滞していた。フランス軍は破産の縁でよろめき続けていた。ひとりの魔女に支配されている軍隊が侮りがたいことを知ったイングランドは、減少しつつある資力を魔女ジャンヌの裁判に集中させた。その魔女はたとえ捕縛され、鎖につながれていても、あまりにも大きな威力を有していた。しかし、平和は槍の穂先にしか見つからないと強調した少女を処刑することによって、彼らはまた、シャルルがブルゴーニュ公フィリップとの和解を試みるうえでの最大の障害をも取り去った。そしてフランスにおけるイングランドの継続的な存在はブルゴーニュ公との同盟に依存していた。イングランドの尊敬おくあたわざる使節代表ピエール・コションが一四三五年のアラス会議で奮闘したにもかかわらず、その同盟は決裂した。シャルルは無畏公ジャンの死に対する賠償に同意し、ブルゴーニュは自由国家にとどまりはするものの、シャルルをフランス国王として承認し、フランス王位に対するヘンリー六世の権利主張の土台を大きく揺るがした。全ヨーロッパの宝石であるパリはふたたびフランスの首都となった。

シャルルはみずからの運命の風向きが変わったことに気を大きくして、母親の裏切りのせいで気力を失う前の十代の王太子を特徴づけていた攻撃的素質を、一四四一年までにはとりもどしていた。フランス国王は三十八歳にして、ふたたび軍馬にまたがって軍隊の先頭に立ち、そして自国の独立を支えていた軍隊がいかに弱体化していたかに気づいた。一四四四年から一四四九年までの休戦のおかげで、集められるかぎりの税収を、戦争の遂行にではなく、傭兵と封建的な徴兵、そして志願兵で構成されたぼろぼろの軍隊を「ローマ帝国以来、ヨーロッパが初めて目にする恒久的な職業的国民常備軍」[5]に再編するために使うことができた。いまでは「制度化された中隊」があり、上級士官は国王に指名されて、国王から直接、配布される資金で配下の兵士に給与を支払った。地元で徴集された一〇〇名から四〇〇名の騎士の部隊が、武装は貧弱で、給与もろくに支払われず、腹を空かせて意気消沈した兵士の部隊と置き換えられた。騎士のほとんどは騎兵であり、弓兵はいまではロングボウを装備していた。ジャンとガスパールのビュロー兄弟による火薬の改良はフランスの火砲をヨーロッパの最先端とし、そのおかげで、フランスの「大砲はイングランドが支配する要塞を瞬く間に次から次へと粉砕していった」[6]。一四四九年、六〇の塔を擁し、かつては蟻一匹はいりこむすきのなかったルーアンの市壁が落ち、一四五三年、百年戦争は終結した。ジャンヌが生きて、自分の預言が実現されるのを見たとすれば、彼女は四十一歳になっていた。

ラ・ピュセルの敵はひとり、またひとりと死んでいき、友は増殖していった。現実離れした噂が広まった。聖ミカエルがジャンヌを解放しなかったとしても、人間の騎士たちが彼女の救出に駆けつけた。敵が騎士たちを遠ざけておくには、その数はあまりにも多く、彼らはあまりにも優れていて、十字軍がエルサレムを席巻するように、ヴュー・マルシェに襲いかかった。彼らはイングランド人を蹂躙し、オルレアンを解放してフランス国王のもとに王冠を運んだおとめを解放した。

目撃情報だけではなかった。生身の詐称者もいた。次つぎと現われた自称ラ・ピュセルのひとりは国際的な注目を集めた。クロード・デ・ザルモワーズという名の女は余興の芸に手品もできた（割れたガラスや裂けたナプキンを元通りにできると言われた）が、一四三六年に登場した。あろうことかジャンヌの兄弟ふたりがその詐欺に加担していた。兄プティ・ジャン、あるいは本人が好んでそう呼ばれたがったジャン・ド・リスが、シャルルに会いにいく道すがら、八月五日にオルレアンに立ち寄った。彼は妹からの伝言をシャルルに伝えにいくと言った。二週間後、彼は町にもどり、国王は一〇〇リーヴルを約束したのに、国王の役人は二〇リーヴルしか支払わなかったと文句を言った。そこで、感謝の念を忘れていないオルレアン市民は一二リーヴルを加えてやった。しかしながら、ラ・トレモイユの側近たちのあいだを無理やりかき分け、国王と財政状況について話をする手段として、いまは亡き著名な妹の使者と称することと、聴衆の前で詐欺に加担することとは別の話である。『サン＝ティボー・ド・メスの長老の日記』は一四三六年五月二〇日に、ラ・ピュセルを自称し、別名クロード・デ・ザルモワーズを使う女本人がメスにきて、地元の名士だけでなく、ジャンヌの兄弟ピエールとジャンにも会ったと記録している。彼らは「彼女が焼かれたと思っていたが、女を見分け、女も兄弟を見分けた」[7]。こちらの「ジャンヌ」が最後に記述されるのは、一四三九年七月一八日のオルレアンにおける宴会の来賓としてである。『パリの一市民の日記』によれば、クロード・デ・ザルモワーズは結局、化けの皮を剝がされ、「パリ大学の博士たちの前で、自分は詐称者だと自白した」[8]。

無効化裁判が開かれるころまでには、ラ・ピュセルとの関係から金銭を得ようとする希望はすでに霧散しており、ジャンは責任を果たし、妹の無実を証言した。一般的にジャンヌ・ダルクの「再審」と呼ばれる裁判について人口に膾炙する話は、裁判が深く悲しみ、ひどく傷つけられた母の要請でおこなわれたことを示唆するが、審理の先鞭をつけたのはもちろんシャルルとその廷臣たちだった。彼らはジャンヌがシャルルの塗油に果たした役割のなかに、なにか非合法な点が汚点として残っているのであれば、それをすべて消し去ろうと決意していた。この汚点はジャンヌの死後二〇年を経過しても消えていなかったし、変化もしていなかった。ジャンヌは国民的アイコンとなる道の途上にいて、年を追うごとにますます愛されるようになっていった。一四五〇年二月一五日、シャルルは処刑裁判の調査を開始するために、パリ大学教授ギヨーム・ブイエ枢機卿を任命した。ブイエはパリ大学がジャンヌの迫害と死に果たした軽蔑すべき役割を恥じていることで知られていた。

「昔むかし」と国王はおとぎ話を始めるかのように書き出した。「ジャンヌ・ラ・ピュセルはわれらの古《いにしえ》の敵に捕らえられ、逮捕され……この裁判のあいだに、彼らは多くの誤謬と乱用とを犯し」、「ジャンヌをきわめて残酷に、邪悪に、そして道理に反して死刑に処した」[9]。この恥ずべき不正義を正すために、シャルルはブイエにジャンヌの名誉回復のための弁護手続きを開始するのに必要な証拠を集めるよう「命じ、指示し、明確に委託する」。王の勅令によって代理人を務める枢機卿には、望む資料すべてを閲覧する権利があたえられた。彼に対する拒否は国王への不服従を意味した。王冠にとってと同様に、教会にとっても都合の悪いことを正したいと熱望した聖職者はブイエひとりではない。一四五二年にはフランス異端審問官ジャン・ブレアルが調査に加わった。彼らが発見したのは、適切におこなわれた裁判というよりはひとつの茶番劇だった。この調査中に作成された書類のほとんどは失われたが、一四五二年五月二日から八日のあいだに、二二名の証人が調べられ、そのなかにはギヨーム・マンション、ジャン・マシュー、イザンバール・ド・ラ・ピエール、マルタン・ラドヴニュがいたことがわかっている。教皇特使デストゥトヴィル枢機卿は五月二二日にシャルルにメッセージを送った。国王が検討できるように、異端審問官ブレエルとブイエがまもなく資料をもって到着するだろう、と枢機卿は知らせた。「彼らはジャンヌ・ラ・ピュセル裁判でおこなわれたことすべてを陛下にきわめて明確に明かすだろう。本件が陛下の名誉と身分に大きな関りをもつことを知っているので、わたしは自分の全権限を行使して行動する」[10]。正式な調査を委任するのにはルーアンで集められた証言があれば充分であり、これらの証言はのちに無効化裁判記録に収録された。

一四五五年六月一一日、ローマ教皇カリクストゥス三世はパリとコンスタンスの司教、およびランス大司教に書翰を送り、「この不当にこうむった汚名のしるしを拭い去る」[11]のに必要な作業を開始する任務にあたらせた。教皇庁の政治は現在と同様、当時も複雑な策略に満ちていたため、ローマの基準では決して長いとは言えないが、その間に三年が経過した。無効化裁判は一四五五年一一月七日にパリで、イザベル・ロメの嘆願により開始された。イザベルは用意された声明文を読みあげ、イザベルいわく、娘の生命を奪ったことだけでなく、「統治者たちと人民に対する侮辱的で非道で軽蔑すべき行動」を正すことを教会に求めた。

「……みずからの潔白を証明するすべての手段を奪ったあと」とイザベルは続けた。「彼らは娘を有害で不公平なやり方で告発し、裁判手続きのすべての規則を無視し、多くの犯罪について、彼女に対し不正な偽りの告発をした」。最後に、彼らは「彼女をきわめて残酷に焼き殺して、彼らの魂を地獄に堕とし、すべての人に涙を流させ、このイザベルと彼女の家族に、恥辱と汚名と修復しようのない誤りを投げつけた」[12]。

一か月のうちに、調査官たちがドンレミに派遣され、ジャンヌの子ども時代を知る人びとの証言を集めた。ヴォクルールやトゥルに派遣された者もいた。一四五六年二月と三月に、四一名の証人がオルレアンで宣誓証言をし、そのなかにはオルレアンの私生児デュノワもいた。シモン・シャルル、アランソン公、ジャン・パスクレル、ルイ・ド・クート、トマ・ド・クルセル、ジャンヌを獄中で診察したジャン・ティフェーヌとギヨーム・ド・ラ・シャンブルの医師二名、以上の全員が四月にパリで証言をおこなった。ギヨーム・マンション、ジャン・マシュー、スガン・スガンは五月にルーアンで、ジャンヌの従者ジャン・ドロンは五月二日にリヨンで宣誓証言をした。最後に一四五六年七月七日、処刑裁判について判断を下すために教皇によって選ばれた高位聖職者三名が、二五年前にジャンヌが足枷をはめられてピエール・コションの前に引きずられていったルーアンの大司教宮殿に集まった。「われわれは、虚偽、中傷、法と事実についての明らかな誤謬を含むこの裁判と判決、執行とそのあとに続いたすべては、過去においても現在においても無効・無価値で、効力も価値もないと判断したことを告げ、宣言する。さらに必要とあれば、そして理性が要求するように、われわれはそのすべてを打ち消し、削除し、取り消し、その効力すべてをとり去る」。こうして、ジャンヌ・ダルクの家族に残っていたかもしれない「不名誉のしるしや染み」は、なんであれ公式に消し去られた。

判決文は「われわれの判決[13]」は「始めるべき一般的手続きと公開説教とともに、この市の二か所における厳粛なる発表によって」行使されると規定していた。「二か所、すなわちサン＝トゥアン広場」――ジャンヌが改悛を強いられ、書けたはずの名前を十字でおきかえた場所――「においてただちに」。翌日、裁判無効の判決がふたたび「ヴュー・マルシェ、すなわちジャンヌが残酷で恐ろしい炎のなかで息絶えた場所」で読みあげられ、スペクタクルの第二部が展開する。加えて「ジャンヌを永遠に記念して、立派な十字架が立てられる」だろう。この十字架はルーアンの聖ジャンヌ・ダルク教会のすぐそばに現存する。

このようにして、ジャンヌがルーアンでたどった道は記念されることとなった。処刑裁判の法廷を提供した大司教宮殿からサン＝トゥーアンの墓地、そしてジャンヌが焼かれたヴュー・マルシェまで、巡礼者はジャンヌの足跡をたどる。まるでエルサレムで、キリストが有罪を宣告され、鞭打たれ、その上でみずからが息絶えることになる十字架の重みで三度倒れた場所を標す十字架の道行きの留を、ひとつずつたどるように。

ジャンヌ・ダルク初の公式の伝記は一五〇〇年に国王ルイ十二世の命令で書かれた。そのころまでに、彼女は無数の歴史書を駆け抜けてきたが、あくまで端役としてであった。ロレーヌからきた処女の物語は、彼女が通過した諸都市の年代記にはさみこまれていた。この本は彼女自身のものであり、金細工師ヨハネス・グーテンベルクの可動活字が雪崩のような勢いで広がって、ヨーロッパ全域の無数の代書人たちの鵞ペンを凌駕したため、ジャンヌの人生の物語は大量に印刷され、翻訳された。

英仏海峡の向こう側では、ジャンヌが物語のなかに登場するのは一五九三年であり、彼女はいまだにイングランド人を嘲るのをやめてはいなかった。「栄光というものは、水面に広がる波紋のように」とジャンヌが王太子に言うのを、シェイクスピアは盗み聞きする。「いつまでもどんどんひろがっていって、ついには／ひろがりきったところでむなしく消えてしまう。／ヘンリーの死でもって、イギリスの栄光の波紋は行き着くところまで行きつき、消えてしまったわ」。

「マホメットが鳩によって霊感を得たのなら」と、シャルルは自分のお抱え魔女の力に驚嘆して言う。
「おまえはどうやら鷲によって霊感を得たらしい[14]」。

故郷フランスにもどれば、一六三六年にアカデミー・フランセーズの創設会員ジャン・シャプランが、自分ではフランス版『アエネイス』となると考えた[15]詩作にとりかかり、残念なことに、続く二〇年間を、そう吹聴することに費やした。シャプランが『歴史詩　ラ・ピュセル、あるいは解放されたフランス』をようやく完成させたとき、それは十二巻に及んでいた。時間をかけ、身を削って執筆した作品は、その野心の重みに絶えきれず崩壊し、彼の同時代においても退屈な衒学者の仕事として広く嘲笑の的となった。

その嘲笑はしつこく残り続けた。

「諸君」と、ヴォルテールは一七六〇年に義憤を装ってアカデミー会員にいたずらっぽく呼びかけ、「われわれに帰させられるこの恥ずべき濫用、われわれの手によるものではない作品、われわれの作品を変造し、傷つけ、したがってわれわれの名前を〔利用して〕売られている作品」[16]を嘆いた。ヴォルテールは三〇年前、リシュリュー公爵アルマンの宴会の余興として始まったことに、アカデミー会員として落とし前をつけようとした。宴会で公爵は、ジャンヌ・ダルクの叙事詩を書いてみろとヴォルテールを挑発した。ヴォルテールは言った。話はあまりにも奇想天外だから、自分には風刺詩として書くことしかできない。彼はその言葉を実行し、シャプランへの皮肉も含めた武勲詩もどきの二十一歌を一気に書きあげた。これはジャンヌの生涯の記述でもっとも人気のひとつとなる。ヴォルテールは啓蒙の輝きのなかで斜に構え。自分のペンはラ・ピュセルの剣よりも強いと考えた。彼もまたジャンヌの金色のマントの裾をつかんで引きずりおろし、デュノワが「用心深さにもかかわらず、しばしば邪な目でジャンヌを眺めた」と描いた。

ヴォルテールは自分は神話化されたおとめを嘲っているのであり、ジャンヌその人ではないと強調したものの、『オルレアンのラ・ピュセル』は読者を激怒させた[17]ので、十八世紀と十九世紀を通して、ヨーロッパ全域で禁書とされて焼かれ、そのおかげでかえって幅広い読者を獲得した。手の届かない高みにあって摘みとれない処女戦士ではなく、「長いあいだ守られてきたものを奪いたい」[18]欲望をかき立てるバーレスクな官能のヒロインとしての自分を、ジャンヌが不幸にも目にしたならば、高いところから復讐の矢を射かけずにはいられなかっただろう。淫らな性的言及は剽窃され、模倣され、マラリアのように再発し、ヴォルテールを困惑させた。一回の発作が収まるとすぐに新しい発作が始まった。オルレアンにおける大勝利のあとデュノワがおとめに襲いかかる場面は、サロンのお芝居としてとくに好まれた。

女の都は「永遠に続くでしょう」と理性夫人はクリスティーヌ・ド・ピザンに約束する。「それは決して陥落したり、占領されたりはしないでしょう……それは決して敗れたり、倒されたりはしないでしょう[19]」。理性夫人はクリスティーヌに「都の基礎を文学の野……平らで肥沃な地面……すべての善きものが豊かに育つところ[20]」に掘る作業を始めさせた。クリスティーヌは『女の都』のなかで風景を描写し、理性夫人がどのようにして煉瓦とモルタルを運んできて「都の内側が攻撃から安全なほど高い壁を[21]」建設したかを語る。

廉直夫人は「正しいことと悪しきことを分け、善と悪とを区別する真実の物差し[22]」をもってくる。廉直は説明する。物差しはクリスティーヌ・ド・ピザンが「建設を依頼される都の設計図を引き」、その「すべてが輝かしい黄金で覆われる塔、家屋、宮殿[23]」を測る役に立つ。

正義夫人は、ひと組の秤をもつことを免除され、神が「それぞれの人と、彼あるいは彼女が正確にあたいするものを、分ちあうために[24]」彼女にあたえた「黄金の器」――聖杯――を右手に掲げている。都が完成したとき、正義夫人は聖処女マリアの頭に王冠を載せ、マリアを全住民の女王と名づける。

廉直夫人は言う。それは「立派な貴婦人たちで満ちた都[25]」になるはずだ。そして正義夫人は都の頑丈な門を閉じ、その鍵をクリスティーヌの手に渡す。理性夫人は尋ねる。「女全体を忌まわしいものと見なすように男たちを説得するため、すべての女を攻撃してきた[26]」人びとから自分自身を引き離す以外に、女たちにはどんな選択肢があるというのか?

しかしジャンヌは天の王に約束した。剣を手にし、「キリスト教世界でこれまでに成されたなかでもっとも正しい偉業を達成する」と。女の都の壁ほど「高い壁」[27]のうしろに閉じこめられていたら、どうしてこのような探求を達成できるだろうか？　ジャンヌは女の都にとどまっていることはできなかった。都の門の彼方にある危険のあいだに自分の道を切り開いていかなければならなかった。

⊕

ドンレミからヴォクルール、シノン、そしてポワティエへ、さらにオルレアンとランスへと、ラ・ピュセルは死が曇らせるにはあまりにも明るい光の輪のなかを馬で進んでいった。ロレーヌの沼地からきた処女を見分けなかった者などいるだろうか？　それは神の天使たちが語りかけた少女、当たり前の人間にはあまりにも熱すぎる言葉で少女の耳を焼くために、空中から歩み出てきた天使たち。「正しくありなさい」と、天使たちは少女に告げた。「純潔で穢れを知らずにいなさい」。そして、きらきらと輝く甲冑を着せかけ、少女を白馬の背の高みへともちあげた。天使たちは天の王の旗印を少女の頭上に掲げ、それを掲げつづけるための旗棹を少女にあたえた。

⊕

ジャンヌ・ダルクは教会に命を捧げ、教会のために命を失った。その教会によって、彼女は七回、裁かれた。一四二八年には、父親が嫁がせると約束をした相手の青年から召喚され、十六歳で土地の司教の前に出頭し、自分が一度も同意したことのない結婚契約を守らずにすませた。

一四二九年三月四日のシノン到着後には、急遽、召集された法廷で審問を受けた。法廷はジャンヌをポワティエに送り、彼女は三月一一日から三月二二日まで、集まった聖職者たちが神のミッションという彼女の主張を評価するのを待った。イングランド人に宛てて手紙を書くことでいらだちを鎮めたのはこの三回目の裁判の休止期間のあいだである。

「そして固く信ぜよ。天の神は、あなたたちが彼女と彼女の善き武人たちに対しておこなうすべての攻撃以上の軍隊をラ・ピュセルに送る、と」と彼女は書記に口述した。「そして激しい殴打によって、人はだれが天の神のよりよき正統性をもつかを見るであろう」。

一四三一年五月、彼女は二度裁かれた。二四日には異端で有罪とされ、牢獄内での無期刑が言い渡された。三〇日には異端再犯者として有罪となり、火刑台で焼かれた。

六番目の裁判は五番目の判決を無効とし、一四五六年七月七日、判決の無効がジャンヌの火刑台が立てられ、その生涯が終わりを迎えたヴュー・マルシェで読みあげられた。

一八六九年、彼女の列福申請に初めて挑戦したのはオルレアン司教フェリックス・デュパンルーである。デュパンルーはジャンヌが通過した司教区の司祭全員を召集することから始めた。その死後の数世紀のあいだに、彼女がなにを表象するようになったにせよ、オルレアンのラ・ピュセルは聖女である。彼はそのことを確信し、その情熱には説得力があった。同僚たちが教皇への嘆願に加わった。しかしある二十世紀の高位聖職者が説明したように、「列福は決して喫緊の課題ではなく」[28]、ローマは一八七三年から一八七七年まで、クリストファー・コロンブスの列福の嘆願で忙しかった。これは、最終的には「コロンブスが息子フェルディナンの母親、ベアトリーチェ・エンリケス・デ・アラーナと結婚していた証拠が不充分」であり、偉大な征服者の性的不行跡に疑いを投げかけるという「理由で」[29]却下された。

ジャンヌは、ふたたび本人不在のまま臨んだ七度目の裁判で、彼女にとってはあまりにもおなじみになったので、おそらく彼女自身が予測していたであろう罪状で告発された。悪魔の代弁者〔Advocatus Diaboli：候補者の欠点や証拠の欠陥を指摘する〕三人の最初のひとりが、彼女は「処女であることを自慢した……しかしつねに慎みを気にかけていたわけでも、軽薄を免れていたわけでもない……軍人の習いである怒りを慎むこともなかった」[30]と言った。彼女は自分の幻視と啓示を教会と共有するのを拒み、「殉教者として死に立ち向かったのではなく、大いなる不安と恐怖をもって死に甘んじた」[31]。

ふたり目は尋ねた。「彼女の信仰のどこが英雄的なのか？」[32]。彼女はボルヴォワールの棟から飛び降りた。負傷したときには啜り泣き、ヒロインには「ふさわしくないやり方で運ばれた」。「神への愛から、積極的に苦痛を欲した歴史上の聖人たち」[33]とは異なり、牢獄にいくのが怖いことを隠さずに認めた。

証人が足りない、と三人目は言った。彼は、彼女の擁護者たちが、五世紀前の資料からときには矛盾する証言をつくりだすことに異議を唱えた。そしてだれかは明確ではないが、ある卓越した神父の意見を引用した。神父は「いとも聖なる処女に神聖なる贖い主の受肉を告げたのはガブリエルひとりだったのに対し、ジャンヌの目の前にはふたりの大天使ガブリエルとミカエルが、彼女が実際に目にし、耳にし、触れて敬慕するような形で姿を現わしたと〔いう文章を〕読むのは驚くべきことだ」[34]と考えた。「だれにわかるだろう。彼女がなんらかの幻覚を経験していた、あるいは自分の才能と一致するように、その幻覚を育てあげたのではない、と」。

告発は有効とはされなかった。ジャンヌ・ダルクは一九〇九年四月一八日に列福され、一九二〇年五月一六日に列聖された。

聖書は尋ねる。「天使たちを風とし、／御自分に仕える者たちを燃える炎とする」[35]のはどなたなのか？

「声たちは美しかった」とジャンヌは審問官に告げた。「優しく慎ましやかだった」。

ジャンヌの道程

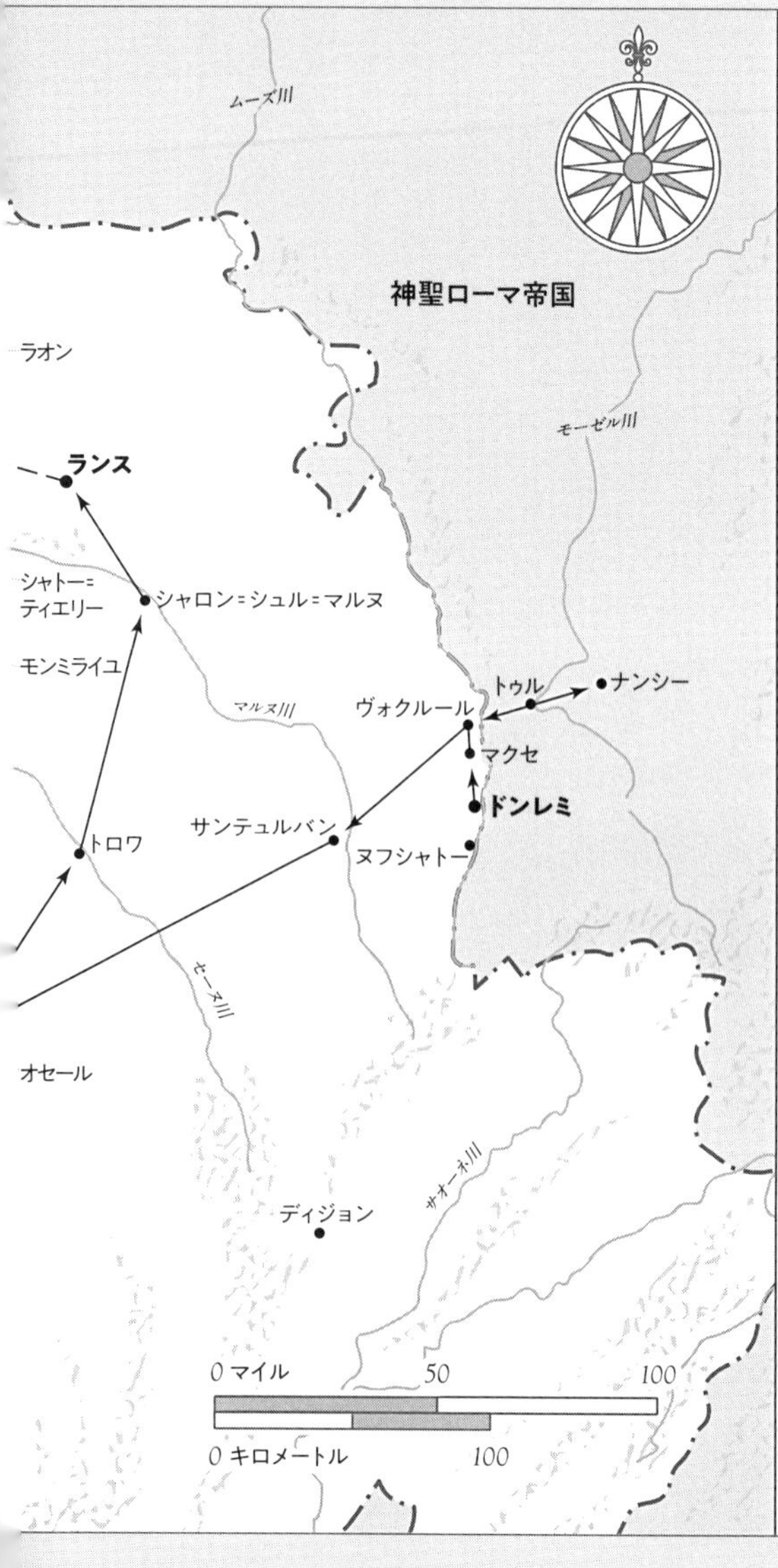
ムーズ川
神聖ローマ帝国
ラオン
モーゼル川
ランス
シャトー=
ティエリー
シャロン=シュル=マルヌ
モンミライユ
マルヌ川
トゥル
ナンシー
ヴォクルール
マクセ
ドンレミ
サンテュルバン
トロワ
ヌフシャトー
セーヌ川
オセール
サオーヌ川
ディジョン
0 マイル
50
100
0 キロメートル
100

英仏海峡
アラス
ル・クロトワ
ユー
ディエップ
ルーアン
ボルヴォワール
オワーズ川
ボリュー
ノワヨン
コンピエーニュ
ショワジー
ボヴェ
クレロワ
ソワソン
クレピ=アン=ヴァロワ
モンテピロワ
サンリス
ダンマルタン
サン=ドニ
セーヌ川
ラニー
パリ
クロミエ
リジュー
ドルー
プロヴァン
ムラン
ドンレミからオルレアンを経由してランスまで
ランスからパリを経由してコンピエーニュまで
コンピエーニュからランスまで
ジャンヴィル
サンス
モンタルジ
クルトネ
パテ
シェシ
オルレアン
ジャルジョー
シャトールナール
マン
シャトーヌフ
ボジャンシー
シュリ
ジャン
ブロワ
トゥール
ロワール川
ロモランタン
ソミュール
セル = アン = ベリ
ラ・シャリテ=
シュル=ロワール
シノン
サント=カトリーヌ=
ド=フィエルボワ
ロッシュ
メアン
ブルジュ
ヌヴェール
フランス
サン=ピエール=ル=ムティエ
ロワール川
ポワティエ

年表

1412年
1月　ジャンヌ・ダルク、生まれる。

1424年
夏　ジャンヌは「わたしを助け、導くための神からの声」を初めて聞く。

1425年
ブルゴーニュ派がドンレミ村を襲撃、ジャンヌの家族も含めて村民はヌフシャトーに避難する。

1428年
5月13日　ジャンヌはデュラン・ラクサールとヴォクルールに出かける。自分のミッションへの支援をロベール・ド・ボドリクールから得るための第一回目の試み。
7月　ブルゴーニュ軍がふたたびドンレミ村を襲撃。ジャンヌ一家はヌフシャトーに避難し、ラ・ルスが経営する旅籠に二週間滞在する。
10月12日　イングランド軍がオルレアンを攻囲。
ジャンヌはトゥルに召喚される。トゥル教区の司教は地元の若者からジャンヌに対して提出された訴訟を却下する。

1429年

1月　ジャンヌはデュラン・ラクサールの妻の出産を手伝うという口実で、ヴォクルール近くビュレのラクサール宅まで彼に同行する。再度、ボドリクールと会う。

2月　ジャンヌは男装をする。ロレーヌ公爵シャルルと会う。

ボドリクールはジャンヌにシノンまで護衛をつけることを許可する前に、教区の司祭にジャンヌを「悪魔祓い」させる。

2月12日夜　ジャンヌはヴォクルールを出発。敵の占領地を通過して、西に三〇〇マイルのシノンを目指す。ジャン・ド・メス、ベルトラン・ド・プランジ、弓兵リシャール、さらに彼らの従者が同行する。

2月21日〜3月3日　サント＝カトリーヌ＝ド＝フィエルボワで、ジャンヌは西に二五マイルのシノンに滞在中の王太子に近づく許可を待つ。

3月4日　ジャンヌは護衛の一行とともにシノンに到着。

3月6日　ジャンヌは王太子シャルルと謁見し、彼を説得する。シャルルはジャンヌをクドレの塔に滞在させる。

3月7日　アランソン公はジャンヌの乗馬術を見て、彼女に専用の軍馬をあたえる。

3月10日　ジャンヌは、シノンに急遽、召集できた地元の神学者数名による審問を受ける。彼らは王太子にジャンヌをポワティエでさらに詳しく調べさせるよう進言する。

3月11日〜22日　著名な神学者一八名よる法廷がポワティエでジャンヌを審問し、「彼女のなかに危険はない」と判断する。

3月27日　ジャンヌはシノンでより幅広い宮廷人に公式に紹介される。

4月6日　ジャンヌは新しい従者ジャン・ドロンと、ルイ・ド・クートおよび軍の新出納係ジャン・ド・メスの二名の従卒を同行して、トゥールに到着。戦闘用の装備を整える。彼女の天使たちの指示に従って旗印が作成される。ジャンヌはジャン・パスクレルに紹介され、パスクレルはジャンヌの聴罪司祭となる。

4月10日頃　ジャンヌの要請により、カール・マルテルの剣がサント＝カトリーヌ＝ド＝フィエルボワの聖堂から回収される。

4月21日　ジャンヌはトゥールからブロワに出発。ブロワでオルレアンに糧食を供給する隊列と合流。オルレアンの私生児ジャン・デュノワと会う。

4月24日　ジャンヌはブロワから「イングランド人への手紙」を送る。

4月29日　オルレアン市民はラ・ピュセルを市内に歓迎する。

5月4日　ジャンヌはサン＝ルー堡塁の戦いで自軍を勝利に導く。

5月6日　ジャンヌ軍はオギュスタン要塞を落とす。

5月7日　ジャンヌはクロスボルトで負傷するも、戦線に復帰し、レ・トゥレルを落とす。

5月8日　オルレアンが解放される。

5月13日　ジャンヌはロッシュ（あるいはトゥールの可能性もある）にいき、シャルルにジャルジョー攻撃のための人員と糧食の増強を嘆願。

5月22日　セル＝アン＝ベリ（現セル＝シュル＝シェール）で、ジャンヌはギとアンドレのラヴァル兄弟と会う。

5月27日〜29日頃　ジャンヌはアランソン公をサン＝ロランの邸宅に訪れ、公の母マリ・ド・ブルターニュ、妻ジャンヌと会う。

5月29日〜6月6日　セル＝アン＝ベリで、ジャンヌはジャルジョーのために動員をかける。

6月11日〜12日　ジャンヌ軍は激戦の末、ジャルジョーを落とす。

6月15日　フランス軍はマン＝シュル＝ロワールを奪還。

6月16日〜17日　フランス軍はボジャンシーを占領。

6月18日　パテにおいて、牡鹿がイングランド軍を驚かせ、壊走させる。フランス軍が勝利。

6月19日　ジャンヌと配下の隊長たちはオルレアンにもどり、ジャンの宮廷にいくためのシャルルの許可を待つ。

6月25日　ジャンヌとジャンヌ軍はジャンに到着。ジャンヌはジャンからロワール戦役の勝利を告げる回状を発送する。

6月27日　ジャンヌ、ジャンヌ軍、王太子、フランス宮廷はランスに向けて出発。

6月29日〜7月16日　ロワールの諸都市、クラヴァン、ボニ、ラヴォ、サン＝ファルジョー、クランジュ＝ラ＝ヴィヌーズ、オセール、サン＝フロランタン、ブリノン、サン＝ファルはシャルルをフランス国王として歓迎する。

7月17日　ランスでシャルルはフランス国王として塗油される。

7月21日〜23日　シャルルはコルブニで瘰癧患者に触れる。

7月29日　ジャンヌはシャトー＝ティエリで自軍を動員。

7月31日　シャルルはドンレミとグルーの住民に対する租税免除を発表。

8月7日　ベッドフォード公とブルゴーニュ公はシャルルの塗油は無効だと宣言。

8月14日　ジャンヌ軍はモンテピロワでイングランド軍と小規模な戦闘を交わす。

8月28日　シャルルはブルゴーニュ公と四か月の休戦協定を結ぶ。ジャンヌはこの協定に気づかなかった。

9月8日　ジャンヌは攻撃中にクロスボウで大腿を負傷。攻撃は失敗する。

9月9日 ジャンヌは命や自由を失わなかったことを感謝して、サン＝ドゥニの祭壇に甲冑を奉納する。
10月 ジャンヌはブルジュで大腿の負傷から回復中に、カトリーヌ・ド・ラ・ロシェルに「白い貴婦人」を出現させてみようと挑戦する。
11月4日〜8日 ジャンヌはサン＝ピエール＝ル＝ムティエを攻囲する。
11月24日〜12月24日 ジャンヌはラ・シャリテ攻囲を試みて失敗する。
12月25日 ジャンヌはジャルジョーに撤退。彼女と家族を貴族に列するシャルルの書翰を受けとる。

1430年

1月19日 ジャンヌはオルレアンで彼女を主賓とする宴会に出席。
2月〜3月 ジャンヌはシュリ＝シュル＝ロワールで待機させられる。
3月29日 ジャンヌはラニーを占領。
4月 証言によると、ジャンヌは新生児を生き返らせる。
5月23日 ジャンヌは弟ピエール、従者ドロンとともに、コンピエーニュにおいて、ジャン・ド・リュクサンブール＝リニーの臣下に捕らえられる。
5月24日〜7月10日 ジャンヌはボリュー＝レ＝フォンテーヌで監禁される。自分と仲間の囚人をほとんど解放しかける。
7月11日〜11月初旬 ジャンヌはボルヴォワールで監禁される。
10月 ジャンヌは逃亡を試み、ボルヴォワールの塔の最上階から飛び降りる。
11月9日〜11日 ジャンヌはアラスに留め置かれる。
11月21日〜12月20日 ジャンヌはル・クロトワに留め置かれる。
12月23日 ジャンヌはルーアンに到着する。

１４３１年

1月9日　処刑裁判第一日。ドンレミとヴォクルールにおいて、ジャンヌの性格に関する予備的調査が開始される。
1月13日　陪席判事は、この時点でジャンヌに対してどのような証拠があるかを検討する。
2月13日　コション司教は法廷執行官らを任命。
2月21日　ジャンヌは処刑裁判第一回公開審理において判事の前に引き出される。
2月21日～3月1日　判事たちはジャンヌを公開の場で審問する。
3月4日～9日　コション司教は非公開会議を開催。ジャンヌが公開の場に出るのはきわめて問題が多いので、非公開の場が必要であると決められる。
3月10日　審問はジャンヌの独房に移される。司教の中核グループだけが立ち会える。
4月15日　ジャンヌはコションが差し入れた魚を食べたあと、体調をひどく崩す。
4月18日　コションはジャンヌの独房で「慈悲深き訓戒」をおこなう。
5月1日　マルタン・ラドヴニュ、ジャン・ド・ラ・フォンテーヌ、イザンバール・ド・ラ・ピエールは、教皇に訴えるようジャンヌに密かに助言する。
5月2日　ジャンヌは戦闘の教会に服従せず、男装に固執し、魔術を実践したことについて公開説諭を受ける。
5月9日　コションは、ジャンヌに冷静さを失わせられなかったことに落胆し、彼女を拷問で脅すが、効果はない。
5月13日　ウォリック伯がコションも含めた宴会の客数名をジャンヌの独房に連れていく。そこでかつてジャンヌの捕縛者だったジャン・ド・リュクサンブール＝リニーがジャンヌをからかう。
5月14日～19日　ジャンヌの異端審問官たちは彼女に対する十二箇条の告発箇条を執筆する。
5月23日　判事たちは、ルーアンの司教座聖堂参事会員ピエール・モリスがジャンヌを異端と魔術で正式に告発するのを聞くために集まる。
5月24日　ジャンヌはサントゥアン墓地に集まった群衆の前に引き出され、公開の場で告発される。彼女は異端放棄を誓ったとされる。監獄に連れもどされ、女の服を着る。
5月28日　ジャンヌはふたたび男装をし、結果として、異端再犯で告発される。
5月29日　判事たちは審議する。
5月30日　ジャンヌはルーアンのヴュー・マルシェで生きたまま、火刑に処される。

1450年

2月15日　シャルルはギヨーム・ブイエ枢機卿を任命し、ジャンヌ処刑裁判調査を開始させる。

1456年

1月28日　ドンレミで聞き取り調査開始。

2月12日～3月16日　引き続きオルレアンで聞き取り調査。

7月7日　1431年のジャンヌ処刑裁判は、裁判手続き上の瑕疵のために無効とされる。

1909年

4月18日　ジャンヌ・ダルク、列福される。

1920年

5月16日　ジャンヌ・ダルク、列聖される。

謝辞

私の着想あふれる編集者ジェリー・ハワードはジャンヌ・ダルクを主題にとりあげるよう勧めてくれた。私にはわかっている。私は、この本に捧げた時間を私の作家人生でもっとも厳しく、そして幸福なもののひとつとして、振り返ることになるだろう。ジェリーに無限の感謝を捧げる。ジェレミー・メディナ、ベット・アレクサンダー、イングリッド・スターナー、ベンジャミン・ハミルトンはこの本が生まれるのを助け、ジョン・フォンタナはそれにすばらしいジャケットを着せかけてくれた。私のエージェント、アマンダ・アーバンは最初からすべてを可能にしてくれた。

リア・オッタヴィアノ、サマンサ・クリスティア・スミスは専門的な調査で私を補佐し、サラ・ハリソンは巻末の注記を引き受けてくれた。クリスとカトリーヌ・スナイドウはフランスにおける熟練のガイトであり、トーマス・テュビアーハは私が確実に家にたどり着けるようにしてくれた。

夫のコリンと私たちの子ども、サラ、ウォーカー、ジュリアはつねに寛大そのものだった。みんなが知っている。たくさんのディナーがテイクアウトだったこと、そして私が最後にソックスを整理してから何年も経つこと、を。

Jehanne

訳者あとがき

フランスには救国の英雄がふたりいる。ひとりはもちろん本書のヒロイン、一四二九年五月八日、イングランド軍に包囲されていたオルレアンを解放して百年戦争の流れを変えたジャンヌ・ダルク、そしてもうひとりは第二次世界大戦で自由フランス軍を率い、敗戦国だったはずのフランスを戦勝国の地位に導いたシャルル・ドゴールである。自由フランス軍の将軍ルクレール麾下の第二機甲師団は一九四四年八月二五日、ドイツ軍の手からパリを解放した。パリのピラミッド広場を初めとして、小さな村から大都市までフランスのあらゆるところに、甲冑に身を包んだジャンヌの騎馬像が立つ。一九七〇年、パリのエトワール広場はシャルル＝ドゴール広場と改称され、フランスの三六〇〇以上の市町村にドゴールの名を冠した街路、大通り、広場がある。ジャンヌ・ダルクとシャルル・ドゴールはフランスの集団的記憶に深く刻みこまれている。だいいち祖国解放を目指すドゴール自身が、政府首班としてのみずからの正統性を主張するのにジャンヌ・ダルクの記憶を呼び起こしている。一九四三年一月二二日、アルジェリアのアンファにおける連合国首脳会談で「あなたは選挙で選ばれていないのだから、あなたを［フランス政府の首班として］承認はできないと言うアメリカ合衆国大統領ローズヴェルトに、ドゴールはこう答えた。「ジャンヌ・ダルクも選挙で選ばれてはいないが、その正統性は侵略者に対して武器をとったことから生まれたのだ」（ジュリアン・ジャクソン『シャルル・ドゴール伝』拙訳、白水社、二〇二二年）。

本書は*Kathryn Harrison, Joan of Arc — A Life Transfigured*, Anchor Books, 2014の全訳である。

著者のキャスリン・ハリソンは一九六一年、ロサンジェルスに生まれた。誕生後まもなく両親が離婚したために、ロサンジェルスで母方の祖父母に育てられる。スタンフォード大学で英語と美術史を専攻、スタンフォードを一九八二年に卒業したあと、アイオワ大学の作家養成講座を受講、一九八七年には同大学より美術の修士号を得ている。一九九二年に発表した小説第一作*Thicker Than Water*が好意的に迎えられ、作家としての第一歩を踏み出した。これまでに、小説*Exposure*（1993）、*A Thousand Orange Trees*（1995）、*Poison*（1995）、*The Binding Chair*（2000）、*The Seal Wife*（2002）、*Envy*（2005）、*Enchantments*（2012）のほか、伝記*Saint Therese of Lisieux*（2003）、自伝的作品*The Kiss*（1997）、*The Road to Santiago*（2003）、*The Mother Knot*（2004）、ノンフィクション*While They Slept: An inquiry into the Murder of a Family*（2008）などの著作がある。幼いハリソンを捨てて家を出ていった母親との確執と、実の父親との近親相姦関係を語った一九九七年発表の*The Kiss*は評論家のあいだで賛否が分かれ、大きな議論を巻き起こした。現在はニューヨーク在住。夫の小説家コリン・ハリソンとのあいだに三人の子どもがいる。

戊辰戦争を戦った新島八重が「会津のジャンヌ・ダルク」と呼ばれるように、十七歳の若さで、男たちの先頭に立って、イングランド軍に戦いを挑んだジャンヌ・ダルクはひとつの大義を守るために、武器を手にして軍隊を率いる若い女性の象徴になった。しかし、ハリソンが「ジャンヌの生涯と同じほどにありえない生涯を送った者はほかにただひとりしかいない」（一三ページ）と述べるとおり、彼女の人生が描いたような軌跡をたどった者はイエス・キリストをのぞいてほかにはいない。その数奇な運命は作家の創作意欲をかき立て、ジャンヌ・ダルクについてはこれまでに星の数ほどもの作品がつくられてきた。ジャンヌは小説や戯曲、オペラ、映画、ライトノベル、コミック、アニメーションのヒロインになり、詩に詠まれて、歌にうたわれた。多くの画家や彫刻家が、同時代の肖像画が残されていないジャンヌの姿を想い描き、それぞれのジャンヌ像を創造してきた。しかしジャンヌ・ダルクはまた実在の人物でもあり、百年戦争終結に向けて決定的な役割を果たして、世界史と歴史学のなかに名を残した。神の声を聞いたこと、通常の人間を超えた肉体的能力を発揮したことなどから、神学や医学、精神分析学の研究対象にされた。本書の著者ハリソンは、歴史的事実を踏まえたうえで、さまざまな領域におけるジャンヌ研究の成果と芸術作品による表象の両面からこの複雑な人物にアプローチし、その実像と象徴的意味に、とくにフェミニズム的とも言える視点から迫っている。農民の出であり、まだ十七歳の処女であるジャンヌが男装をして、軍隊の先頭に立ったことを、ハリソンは家父長制と女性嫌悪《ミソジニー》、伝統的なジェンダー観が支配する社会への果敢な挑戦として読者に提示する。主題にふさわしく意味が多層に重なるその文体は、複雑な構文、否定形や antithesis（比較対照法）、litotes（緩叙法）の多用、抽象的概念の擬人化など、きわめて高度なレトリックを駆使した長文が特徴である。著者がこのような文体を編み出した理由のひとつには、父権性社会においてさまざまな要素を取りこみながら、長い時間をかけて形成されてきたミソジニーという複雑な構造体を記述するために、その構造体のすみずみにまで手の届く、長くて執拗かつ精度の高い文体が必用だったことがあると思われる。またニカイア信条（五四─五五ページ）を見てもわかるとおり、英語では「人間」「人類」を表わすのに man / men が使用される。ハリソンが man を避けるために、まず思い浮かぶ human being（人間的存在。human も語源はラテン語の homo［男］である）ではなく、mortal（死すべき存在）を使用している点を指摘しておきたい。

翻訳にあたっては、これまでに出版された多くの研究書・翻訳書・文学作品などを参考にさせていただいた。いちいち書名はあげないが、先人たちの偉大なる業績に敬意と称讃、感謝を捧げたい。本文中に引用される著作については、既訳を使用させていただいたものもある。そのために送り仮名や固有名詞などが本文と統一されていない場合がある。読者諸氏のご海容をお願いする次第である。処刑裁判・無効化裁判からの引用の翻訳原典については、凡例を参照されたい。固有名詞の読み方は https://ja.forvo.com/ などの発音ガイド・サイトを参照した。

フランス語には日本語のようないわゆる「女言葉」はないが、ジャンヌ・ダルクの発言は、純粋無垢の可憐なおとめというイメージを強調するためか、これまでことさらに女性的に訳されてきたようにも思われる。また王侯貴族や処刑裁判における判事とのやりとりでは、ジャンヌのへりくだった丁寧な物言いに対して、貴族や判事の言葉遣いは高圧的に表現されることが多い。しかし同時代の目撃証言や処刑裁判・無効化裁判の記録からは、ジャンヌが貴族や審問官に対して対等の立場で話していたようすがうかがえる。フランス語の二人称単数には親称の tu と敬称の vous がある。処刑裁判記録では判決文のなかで、tu を使って罪の宣告をしてはいるものの、審問の過程では判事たちの側もジャンヌに対して必ずしもつねに目下に対する tu を使っていたわけではなく、vous で質問をしていたようである。ときに vous から tu に切り替えたことには威嚇の効果もあっただろう。イングランド国王ヘンリーには vous と呼びかけたジャンヌもまた、敵の隊長を威嚇するときには tu を使っている。本書では、tu の使用が明らかな場合をのぞいて、ジャンヌと貴族・審問官のあいだに上下をつけずに訳出した。甲冑を身につけ、軍馬にまたがり、幟を掲げて戦場を疾走したジャンヌが「やんごとなき公爵さま、あなたの部下に用意をさせておいてくださいませ」などと言ったはずはないのである（と訳者は思う）。

白水社編集部の和久田頼男氏は訳稿を丁寧に読みこみ、いくつもの的確かつ有用な指摘をしてくださった。和久田氏に心よりの感謝を捧げる。また本書の翻訳を勧めてくださった白水社編集部の藤波健氏にもお礼を申しあげる。

本書を刊行しようとしているいま、ウクライナやパレスチナでは、本質的にはジャンヌの時代と変わらない戦争の殺戮が繰り広げられている。世界にはアフガニスタンのように、いまなお女性の人権が大きく損なわれている場所もある。実のところ、本書で描きだされる戦場の光景や虜囚の身のジャンヌの姿が、いま起きている現実と重なり合い、翻訳をしながら胸が苦しくなることもあった。六百年を経ても変わらぬ人間の愚かさを前にするとき、わたしたちは大きな虚無感、無力感に襲われる。それでもなお、信念と意志の力で不可能を可能にし、平和への道を切り開き、ジェンダーの壁に立ち向かったひとりの若き女性ジャンヌ・ダルクのなかに、わたしたちは未来への希望を見出すことができるのではないだろうか。

二〇二四年一一月

北代美和子

著者略歴

キャスリン・ハリソン[Kathryn Harrison]
1961年生まれ。アメリカの作家。スタンフォード大学で英語と美術史の学士号を、アイオワ大学で美術修士号を取得。1992年、『Thicker than Water』でデビュー。自伝的作品『キス』(1997年)がベストセラーとなる。その後も、小説、回顧録、伝記など多彩な作品で知られ、家族関係や個人の葛藤をテーマにし、その鋭い洞察力と独自の文体で多くの読者に支持されている。。

訳者略歴

北代美和子[きただい・みわこ]
1953年生まれ。翻訳家。日本通訳翻訳学会元会長。ビュフォード『フーリガン戦記』、パークス『狂熱のシーズン』、ビーヴァー+クーパー『パリ解放　1944-49』、マッシー『エカチェリーナ大帝』、コリンズ『ラグビーの世界史』、ジャクソン『シャルル・ドゴール伝』(以上、白水社)、モランテ『嘘と魔法』(河出書房新社)ほか多数。

ジャンヌ・ダルクの物語《ものがたり》

象《かたど》られた人《じん》生《せい》

2024年 11月15日 印刷
2024年 12月10日 発行

著　者　キャスリン・ハリソン
訳　者© 北代美和子
発行者　岩堀雅己
発行所　株式会社白水社
電話　03-3291-7811(営業部) 7821(編集部)
住所　〒101-0052 東京都千代田区神田小川町3-24
www.hakusuisha.co.jp
振替　00190-5-33228
編集　和久田頼男(白水社)
装丁　奥定泰之
印刷　株式会社理想社
製本　株式会社松岳社
乱丁・落丁本は送料小社負担にてお取り替えいたします。

ISBN978-4-560-09143-2
Printed in Japan

[索引]

⚜ジャンヌ・ダルクは割愛した。

ア

カ

サ

タ

ナ

ハ

マ

ヤ

ラ

[注記]

第１章　初めに言があった

⚜1　ヨハネ1:1.
⚜2　Pernoud, *Retrial of Joan of Arc*, 99.
⚜3　本書全体を通して、筆者はW. P. Barrettによる処刑裁判記録の英訳を参考にした。特記されている場合をのぞき、ジャンヌあるいは判事たちの発言はこの翻訳から引用されている。中世では証言を一人称ではなく三人称で記述するのが習慣だった。筆者は異端審問官によるジャンヌの審問を時に応じてもとの会話体にもどした。
⚜4　ルカ8:10.
⚜5　末日聖徒イエス・キリスト教会によるイザヤ書55:3、エレミヤ書32:40、ヘブライ人への手紙8:13と12:24の合成。
⚜6　Twain, *Personal Recollections*, xvi.(トウェイン『マーク・トウェインのジャンヌ・ダルク』p.21)
⚜7　Craig Taylor, *Joan of Arc*, 105.
⚜8　『ジャンヌ頌』は一般的に『ジャンヌ・ダルク頌』として知られているが、末尾の「ダルク」はジャンヌ死後、数世紀を経て加えられたアナクロニズムである。筆者は「ダルク」を省略した。
⚜9　Craig Taylor, *Joan of Arc*, 102.
⚜10　Fraioli, *Joan of Arc*, 61.
⚜11　Heraclitus, 12th frag.
⚜12　Fraioli, *Joan of Arc*, 62.
⚜13　イザヤ書Isaiah 9:5.
⚜14　預言者イザヤとホセアは紀元前8世紀。ダニエルは紀元前2世紀。
⚜15　ゼカリヤ書9:9.
⚜16　マタイ26:56.
⚜17　イザヤ書58:6.
⚜18　Pernoud, *Retrial of Joan of Arc*, 115.
⚜19　Huizinga, *Waning of the Middle Ages*, 22.
⚜20　Ibid., 28.
⚜21　イザヤ書40:11 および44:28、エゼキエル書34:12, 23,24、ゼカリヤ書11:16.
⚜22　Duby, *France in the Middle Ages*, 288.
⚜23　Tuchman, *Distant Mirror*, 32.（タックマン『遠い鏡』p.53）
⚜24　Cervantes, *Don Quixote*, 601.
⚜25　Hubert Demory, *Monsieur Antoine: Grand maître de la haute coiffure française*（Paris: L'Harmattan, 2006）.:

第２章　天使たちの話しかたと言葉で

⚜1　Gies, *Joan of Arc*, 19.
⚜2　1380年生まれとする資料もある。
⚜3　Pernoud, *Retrial of Joan of Arc*, 73.

✤4 Ibid., 71.
✤5 Richey, *Joan of Arc*, 26.
✤6 Sackville- West, *Saint Joan of Arc*, 31.
✤7 Ibid., 31.
✤8 ミカ書5:1.
✤9 マタイ2:6.
✤10 ヨハネ1:45.
✤11 Gies, *Joan of Arc*, 48.
✤12 Pernoud, *Retrial of Joan of Arc*, 160.
✤13 Ibid., 174.
✤14 Wheeler and Wood, *Fresh Verdicts*, 299.
✤15 William Shakespeare, *Henry VI, Part One*, act 1,（シェイクスピア『ヘンリー六世』第1部第1幕第2場27、小田島雄志訳、白水社、1983年, pp.25-26.）
✤16 Craig Taylor, *Joan of Arc*, 229.
✤17 Schiller, *Joan of Arc*, 136.
✤18 Anouilh, *Lark*, adapt. Hellman, 35.（アヌイ『ひばり』鈴木力衛訳、p.234-235.）
✤19 Charlesworth, *Historical Jesus*, 65.
✤20 マタイ3:16.
✤21 Larissa Juliet Taylor, *Virgin Warrior*, 6.
✤22 Craig Taylor, *Joan of Arc*, 112.
✤23 Ibid., 90.
✤24 Pernoud, *Retrial of Joan of Arc*, 61.
✤25 Ibid., 72.
✤26 Ibid., 84.
✤27 Warner, *Joan of Arc*, 41.
✤28 Huizinga, *Waning of the Middle Ages*, 9.
✤29 Michelet, *Joan of Arc*, 7.（ミシュレ『ジャンヌ・ダルク』p.25.）
✤30 Larissa Juliet Taylor, *Virgin Warrior*, 12.
✤31 Pernoud, *Retrial of Joan of Arc*, 87.
✤32 Ibid., 143.
✤33 Ibid., 142.
✤34 ヨハネの黙示録12:9.
✤35 Huizinga, *Waning of the Middle Ages*, 56.
✤36 James, *Varieties of Religious Experience*, 74.
✤37 Teresa of Avila, *Life of Saint Teresa of Jesus*, 158.
✤38 Saint Bridget of Sweden, *Birgitta of Sweden*,203.
✤39 Kempe, Margery Kempe, 42.
✤40 Julian of Norwich, *Revelations of Divine Love*, 19.
✤41 Ibid., 21.
✤42 Péguy, *Mystery of the Charity of Joan of Arc*, 34.（ペギー『ジャンヌ・ダルクの愛の神秘』p.155.）
✤43 Julian of Norwich, *Revelations*, 153.
✤44 Teresa of Avila, *The Life of Saint Teresa of Jesus*, 168.
✤45 Anouilh, *Lark*, trans. Fry, 7.
✤46 Sackville- West, *Saint Joan of Arc*, 298.
✤47 Anouilh, Lark, adapt. Hellman, 7.
✤48 Michelet, *Joan of Arc*, 9.（ミシュレ『ジャンヌ・ダルク』pp.27-28.）

⚜49 Duby et al., *History of Women in the West*, 29.（デュビイ『女の歴史』p.60.）
⚜50 Ibid., 74.（デュビイ『女の歴史』p.132.）
⚜51 Ibid.
⚜52 Rogers, *Troublesome Helpmate*, 67.
⚜53 Duby et al., *History of Women in the West*, 65.（デュビイ『女の歴史』p.118.）
⚜54 Ibid.（ハリソンの英文に合わせて訳文を一部変更した）
⚜55 Grant, *Journal of the American Academy of Religion*, 483. この言葉をマルキオンに帰すのは誤解であり、グラントはそれを訂正している。
⚜56 マタイ23:27.
⚜57 Michelet, *Joan of Arc*, 9（ミシュレ『ジャンヌ・ダルク』p.27.）.
⚜58 Anouilh, *Lark*, adapt. Hellman, 54.(アヌイ『ひばり』岩切正一郎訳、p.194.)
⚜59 Pernoud, *Retrial of Joan of Arc*, 84–85.
⚜60 Ibid., 79.
⚜61 Ibid., 87.
⚜62 Péguy, *Mystery of the Charity of Joan of Arc*, 17–18.（ペギー『ジャンヌ・ダルクの愛の神秘』pp.130-131.）
⚜63 Pernoud, *Retrial of Joan of Arc*, 81.
⚜64 Ibid., 72.
⚜65 Anouilh, *Lark*, adapt. Hellman, 11–12.（アヌイ『ひばり』岩切正一郎訳、pp.33-34.）

第３章　小さな、いえ、ほんのつまらぬこと

⚜1 Larissa Juliet Taylor, *Virgin Warrior*, 30.
⚜2 Craig Taylor, *Joan of Arc*, 109.
⚜3 Schiller, *Joan of Arc*, 173.
⚜4 Gies, *Knight in History*, 54.
⚜5 Pelikan, *Mary Through the Centuries*,107.336（ペリカン『聖母マリア』p.141.）
⚜6 Anonymous, *The Gospel of the Nativity of Mary*, chap. 7.
⚜7 Schiller, *Joan of Arc*, 157–58.
⚜8 ルカ14:26, 33.
⚜9 Péguy, *Mystery of the Charity of Joan of Arc*, 46.（ペギー『ジャンヌ・ダルクの愛の神秘』p185.）
⚜10 Pernoud, *Retrial of Joan of Arc*, 86.
⚜11 Ibid., 86.
⚜12 Ibid.
⚜13 Ibid., 102.
⚜14 Sackville- West, *Saint Joan of Arc*, 74.
⚜15 Anouilh, *Lark*, adapt. Hellman, 15.
⚜16 Anouilh, *Lark*, trans. Fry, 20.
⚜17 Craig Taylor, *Joan of Arc*, 250.
⚜18 Brecht, *Saint Joan of the Stockyards*, 13.(ブレヒト『屠殺場の聖ヨハンナ』p.22)
⚜19 Ibid., 7.（ブレヒト『屠殺場の聖ヨハンナ』pp.15–16）
⚜20 Ibid., 9.（ブレヒト『屠殺場の聖ヨハンナ』p.17）
⚜21 Pernoud, *Retrial of Joan of Arc*, 85.
⚜22 Péguy, *Mystery of the Charity of Joan of Arc*, 36–38.（ペギー『ジャンヌ・ダルクの愛の神秘』pp.159-160.）

⚜23　Ibid., 81.
⚜24　Ibid., 82.
⚜25　Ibid., 84.
⚜26　Shaw, *Saint Joan*, 1.（ショー『聖女ジョウン』p.429.）
⚜27　Ibid., 3.（ショー『聖女ジョウン』pp.430-431.）
⚜28　Pernoud, *Retrial of Joan of Arc*, 87.
⚜29　Ibid., 96.
⚜30　Ibid.
⚜31　Ibid., 100.
⚜32　ルカ 4:43
⚜33　Pernoud, *Retrial of Joan of Arc*, 98.
⚜34　Ibid., 99.
⚜35　Tuchman, *Distant Mirror*, 53.（タックマン『遠い鏡』p.98.）
⚜36　Goldstone, *The Maid and the Queen*, 70.
⚜37　Pernoud, *Retrial of Joan of Arc*, 98–99.
⚜38　Gies, *Joan of Arc*, 185.
⚜39　Pernoud, *Retrial of Joan of Arc*, 96–97.
⚜40　Ibid., 97.
⚜41　Tuchman, *Distant Mirror*, 20–21.（タックマン『遠い鏡』p.24.）
⚜42　Huizinga, *Waning of the Middle Ages*, 49.
⚜43　Duby, *History of Private Life*, 569.
⚜44　Michelet, *Joan of Arc*, 91.（ミシュレ『ジャンヌ・ダルク』p.117.）
⚜45　Shaw, *Saint Joan*, 95.（ショー『聖女ジョウン』p.501.）
⚜46　Craig Taylor, *Joan of Arc*, 127.
⚜47　Schiller, *Joan of Arc*, 136.
⚜48　Huizinga, *Waning of the Middle Ages*, 56.
⚜49　Loomis, *Grail*, 152.
⚜50　Campbell, *Power of Myth*, 249.
⚜51　マタイ 27:57-60, マルコ　15:43-46, ルカ 23:50-54, ヨハネ 19:38-41.
⚜52　Tuchman, *Distant Mirror*, 62.（タックマン『遠い鏡』p.108.）
⚜53　Gies, *Knight in History*, 125.
⚜54　Ibid., 43.
⚜55　Ibid.
⚜56　Pernoud, *Retrial of Joan of Arc*, 123.
⚜57　Craig Taylor, *Joan of Arc*, 255.
⚜58　Anouilh, *Lark*, trans. Fry, 16.（アヌイ『ひばり』岩切正一郎訳 p.43）
⚜59　Ibid., 9.（アヌイ『ひばり』鈴木訳、p.158-159）
⚜60　Pernoud, *Retrial of Joan of Arc*, 96.
⚜61　Shaw, *Saint Joan*, 45.（ショー『聖女ジョウン』p.464.）

第 4 章　国王の宝

⚜1　ルカ 4:43.
⚜2　*Joan of Arc Leaving Vaucouleurs*: 1887, Musée des Beaux-Arts, Orléans.
⚜3　Acocella, *Twenty-Eight Artists*, 510.
⚜4　Ibid.

⚜5 Craig Taylor, *Joan of Arc*, 157.
⚜6 Larissa Juliet Taylor, *Virgin Warrior*, 19.
⚜7 Warner, *Joan of Arc*, 90.
⚜8 Twain, *Personal Recollections*, 53.（トウェイン『マーク・トウェインのジャンヌ・ダルク』pp.87-88.）
⚜9 Richey, *Joan of Arc*, 16.
⚜10 Ibid., 15.
⚜11 Ibid., 20.
⚜12 Ibid.
⚜13 Michelet, *Joan of Arc*, 17.（ミシュレ『ジャンヌ・ダルク』p.37.）
⚜14 Pernoud, *Retrial of Joan of Arc*, 112.
⚜15 Ibid., 122.
⚜16 Ibid., 119–20.
⚜17 Ibid., 124.
⚜18 Ibid., 98.
⚜19 Tuchman, *Distant Mirror*, 26.（タックマン『遠い鏡』p.45.）
⚜20 Sackville-West, *Saint Joan of Arc*, 256 n.
⚜21 Warner, *Joan of Arc*, 163.
⚜22 Pernoud, *Retrial of Joan of Arc*, 182.
⚜23 Ibid., 107.
⚜24 Ibid., 108.
⚜25 Anderson, *Joan of Lorraine*, 26.
⚜26 Pernoud, *Retrial of Joan of Arc*, 108.
⚜27 Schiller, *Joan of Arc*, 153–54.
⚜28 Fraioli, *Joan of Arc*, 12–13.
⚜29 Ibid., 17.
⚜30 Ibid., 18–19.
⚜31 Gastyne, *La merveilleuse vie de Jeanne d'Arc*.
⚜32 Anderson, *Joan of Lorraine*, 23.
⚜33 Pernoud, *Retrial of Joan of Arc*, 108.
⚜34 Anouilh, *Lark*, adapt. Hellman, 25.（アヌイ『ひばり』鈴木力衛訳、p.206.）
⚜35 Pernoud, *Retrial of Joan of Arc*, 108.
⚜36 Ibid., 116.
⚜37 Gies, *Joan of Arc*, 48.
⚜38 Anderson, *Joan of Lorraine*, 27.
⚜39 Pernoud, *Retrial of Joan of Arc*, 162.
⚜40 Ibid., 108.
⚜41 Pernoud and Clin, *Joan of Arc*, 24.
⚜42 Pernoud, *Retrial of Joan of Arc*, 153.
⚜43 Ibid.
⚜44 Craig Taylor, *Joan of Arc*, 93.
⚜45 Pernoud, *Retrial of Joan of Arc*, 116.
⚜46 Ibid., 182.
⚜47 Ibid., 161.
⚜48 Ibid., 163.
⚜49 Ibid., 175.
⚜50 Gies, *Knight in History*, 196.

✤51 Tuchman, *Distant Mirror*, 42.（タックマン『遠い鏡』p.66.）
✤52 ヘロデは妻を捨てて、自分の兄弟の妻を奪った。マルコ6:17-18.
✤53 マタイ26:24-25，マルコ14:18-21，ルカ22:21-23，ヨハネ18:4.
✤54 マルコ14:56-59.
✤55 Craig Taylor, *Joan of Arc*, 15.
✤56 Ibid., 110.
✤57 Fraioli, *Joan of Arc*, 49.
✤58 Pernoud, *Retrial of Joan of Arc*, 112.
✤59 Fraioli, *Joan of Arc*, 48.
✤60 Craig Taylor, *Joan of Arc*, 14.
✤61 Ibid., 73.
✤62 Fraioli, *Joan of Arc*, 45.
✤63 Pernoud, *Retrial of Joan of Arc*, 154.
✤64 *New Oxford Annotated Bible*, 298.
✤65 士師記4:14.
✤66 *New Oxford Annotated Bible*, 603.
✤67 *New Oxford Annotated Apocrypha*, 76.
✤68 ユディト記13:15.
✤69 マルコ13:6.
✤70 コリントの信徒への手紙11:15.
✤71 Craig Taylor, *Joan of Arc*, 117.
✤72 申命記　22:5.
✤73 ガラテヤの信徒への手紙3:28.
✤74 テモテへの手紙一2:14.
✤75 Ibid., 2:12.
✤76 Pernoud, *Retrial of Joan of Arc*, 113.
✤77 Ibid.
✤78 Ibid.
✤79 Sophocles, *Tragedies and Fragments*, 2:165.
✤80 Pernoud, *Retrial of Joan of Arc*, 113.
✤81 Ibid.
✤82 Ibid.
✤83 マタイ12:39.
✤84 Pernoud, *Retrial of Joan of Arc*, 118, 124.
✤85 Craig Taylor, *Joan of Arc*, 73.
✤86 Ibid., 80.
✤87 Anouilh, *Lark*, trans. Fry, 56.（アヌイ『ひばり』岩切正一郎訳、p.118.）
✤88 Sackville- West, *Saint Joan of Arc*, 122.
✤89 Pernoud, *Retrial of Joan of Arc*, 108.
✤90 Brecht, *Saint Joan of the Stockyards*, 19.（ブレヒト『屠殺場の聖ヨハンナ』p.29）
✤91 Craig Taylor, *Joan of Arc*, 250.
✤92 Huizinga, *Waning of the Middle Ages*, 191.

第５章　いったい、この方はどなたなのだろう。風や湖さえも従うではないか

✤1 マルコ4:41.

⚜2 "Royal Financial Records Concerning Payments for Twenty- Seven Contingents in the Portion of Joan of Arc's Army Which Arrived at Orléans on 4 May 1429," Joan of Arc: Primary Sources Series (Historical Academy for Joan of Arc Studies, 2006), online.

⚜3 Larissa Juliet Taylor, *Virgin Warrior*, 52.

⚜4 Pernoud and Clin, *Joan of Arc*, 224.

⚜5 Taylor, *Virgin Warrior*, 52.

⚜6 www.oakeshott.org/metal.html.

⚜7 Gies, *Knight in History*, 145.

⚜8 最初に登場したのは、Harriett Jay（男性の筆名Charles Marlowe を使用した）による英国のコメディ*When Knights Were Bold*（騎士たちがはげだったころ）のなかなので、文字通り「笑劇」的。わかっているかぎりで初演は1907年である。

⚜9 http://www.metmuseum.org/toah/hd/aams/hd_aams.htm#details.

⚜10 http://www.metmuseum.org/toah/hd/aams/hd_aams.htm#details_b.

⚜11 Pernoud and Clin, *Joan of Arc*, 224.

⚜12 ジャンヌは審問官に、剣をとりにやらせたとき、「トゥールかシノンにいた」と語っている——どちらだったかは覚えていなかった。「トゥールの甲冑師」が剣をとりにいったことは、ジャンヌがトゥールにいたことを示唆する。

⚜13 黙示録1:16.

⚜14 マタイ10:34.

⚜15 DeVries, *Joan of Arc*, 51 – 52.

⚜16 Pernoud, *Retrial of Joan of Arc*, 160.

⚜17 http://www.metmuseum.org/toah/hd/aams/hd_aams.htm#weight_b.

⚜18 Anderson, *Joan of Lorraine*, 34.

⚜19 ヨハネ2:14-15.

⚜20 コリントの信徒への手紙一6:19.

⚜21 Brecht, *Saint Joan of the Stockyards*, 55.（ブレヒト『屠殺場の聖ヨハンナ』pp.69-70.）

⚜22 Michelet, *Joan of Arc*, 52.（ミシュレ『ジャンヌ・ダルク』p.75.）

⚜23 Larissa Juliet Taylor, *Virgin Warrior*, 52.

⚜24 Duby, *France in the Middle Ages*, 15.

⚜25 Pierre-Augustin Boissier de Sauvages, *Dictionnaire languedocien- françois* (1765), 253.

⚜26 マタイ7:28-29.

⚜27 Fleming, *Joan of Arc*.

⚜28 Pernoud, *Retrial of Joan of Arc*, 184.

⚜29 Anouilh, *Lark*, adapt. Hellman, 43.

⚜30 W. P. Barrett訳。「イングランド人への手紙」は処刑裁判記録に収録されている。

⚜31 Fraioli, *Joan of Arc*, 73.

⚜32 Ibid., 76.

⚜33 出エジプト記6:1.

⚜34 Michelet, *Joan of Arc*, 28.（ミシュレ『ジャンヌ・ダルク』p.51. ハリソンの英文に合わせて訳文を一部変更した。）

⚜35 Anderson, *Joan of Lorraine*, 14.

⚜36 Ibid., 16.

⚜37 Twain, *Personal Recollections*, 100..（トウェイン『マーク・トウェインのジャンヌ・ダルク』p.146）

⚜38 Huizinga, *Waning of the Middle Ages*, 146.

⚜39 Pernoud, *Retrial of Joan of Arc*, 114.

⚜40 Twain, *Personal Recollections*, 102..（トウェイン『マーク・トウェインのジャンヌ・ダルク』p.149.）

⚜41 Pernoud, *Retrial of Joan of Arc*, 125.

⚜42　マルコ15:24，マタイ27:35.
⚜43　Pernoud, *Retrial of Joan of Arc*, 144.
⚜44　Ibid., 184.
⚜45　Tuchman, *Distant Mirror*, 75.（タックマン『遠い鏡』p.137.）
⚜46　Villemarqué, *Barzaz- Breiz*, 321.
⚜47　Twain, *Personal Recollections*, 103..（トウェイン『マーク・トウェインのジャンヌ・ダルク』p.150.）
⚜48　Pernoud, *Retrial of Joan of Arc*, 184 – 85.
⚜49　Sackville- West, *Saint Joan of Arc*, 151.
⚜50　Pernoud, *Retrial of Joan of Arc*, 134.
⚜51　Gastyne監督 *La merveilleuse vie de Jeanne d'Arc*のシナリオ・ライターJean- José Frappaによる。
⚜52　Pernoud, *Retrial of Joan of Arc*, 134.
⚜53　Ibid., 136.
⚜54　Ibid.
⚜55　Gies, *Joan of Arc*, 68 – 69.
⚜56　Gondoin, *Joan of Arc and the Passage to Victory*, 40.
⚜57　DeVries, *Joan of Arc*, 70 – 71.
⚜58　Gies, *Joan of Arc*, 62.
⚜59　Pernoud, *Retrial of Joan of Arc*, 136.

第６章　おとめに降伏せよ

⚜1　Larissa Juliet Taylor, *Virgin Warrior*, 56.
⚜2　DeVries, *Joan of Arc*, 74.
⚜3　Pernoud, *Retrial of Joan of Arc*, 137.
⚜4　"Royal Financial Records Concerning Payments for Twenty- Seven Contingents in the Portion of Joan of Arc's Army Which Arrived at Orléans on 4 May 1429."
⚜5　Pernoud, *Retrial of Joan of Arc*, 145.
⚜6　DeVries, *Joan of Arc*, 75.
⚜7　Pernoud, *Retrial of Joan of Arc*, 145.
⚜8　Sackville- West, *Saint Joan of Arc*, 166.
⚜9　Pernoud, *Retrial of Joan of Arc*, 125.
⚜10　Péguy, *Mystery of the Charity of Joan of Arc*, 22.（ペギー『ジャンヌ・ダルクの愛の神秘』p.133-135.）
⚜11　ルカ8:45 – 46.
⚜12　Péguy, *Mystery of the Charity of Joan of Arc*, 32.（ペギー『ジャンヌ・ダルクの愛の神秘』p.148.）
⚜13　Brecht, *Saint Joan of the Stockyards*, 29 – 30.（ブレヒト『屠殺場の聖ヨハンナ』p.51.ハリソンの英文に合わせて訳文を一部変更した。）
⚜14　マタイ8:20.
⚜15　Sackville- West, *Saint Joan of Arc*, 176.
⚜16　DeVries, *Joan of Arc*, 77.
⚜17　Pernoud, *Retrial of Joan of Arc*, 176.
⚜18　DeVries, *Joan of Arc*, 77.
⚜19　Pernoud, *Retrial of Joan of Arc*, 176.
⚜20　Gies, *Joan of Arc*, 85.
⚜21　Sackville- West, *Saint Joan of Arc*, 172.

⚜22 Pernoud, *Retrial of Joan of Arc*, 138.
⚜23 Ibid., 146.
⚜24 DeVries, *Joan of Arc*, 77.
⚜25 Ibid.
⚜26 Gies, *Joan of Arc*, 68.
⚜27 DeVries, *Joan of Arc*, 78.
⚜28 Pernoud, *Retrial of Joan of Arc*, 166.
⚜29 Sackville- West, *Saint Joan of Arc*, 166– 67.
⚜30 Pernoud, *Retrial of Joan of Arc*, 166.
⚜31 Ibid., 176.
⚜32 Ibid.
⚜33 Ibid., 167.
⚜34 Ibid., 186.
⚜35 Gies, *Joan of Arc*, 86.
⚜36 Anonymous, *Lancelot of the Lake*, 52.
⚜37 Anonymous, *Song of Roland*, 115.
⚜38 Pernoud, *Retrial of Joan of Arc*, 167.
⚜39 Anderson, *Joan of Lorraine*, 40– 41.
⚜40 Schiller, *Joan of Arc*, 175.
⚜41 Craig Taylor, *Joan of Arc*, 84.
⚜42 Pernoud, *Retrial of Joan of Arc*, 167.
⚜43 Ibid., 187.
⚜44 Ibid., 168.
⚜45 DeVries, *Joan of Arc*, 62.
⚜46 Richey, *Joan of Arc*, 15.
⚜47 Gies, *Knight in History*, 165.
⚜48 Richey, *Joan of Arc*, 17.
⚜49 Pernoud, *Retrial of Joan of Arc*, 109.
⚜50 DeVries, *Joan of Arc*, 84.
⚜51 Pernoud, *Retrial of Joan of Arc*, 168.
⚜52 DeVries, *Joan of Arc*, 84.
⚜53 Ibid.
⚜54 Pernoud, *Retrial of Joan of Arc*, 168.
⚜55 Ibid., 188.
⚜56 Ibid.
⚜57 Ibid.
⚜58 使徒言行録13:41　使徒言行録の著者は福音書記者ルカと考えられている。
⚜59 ハバクク書1:5.
⚜60 ハバクク書2:4.
⚜61 DeVries, *Joan of Arc*, 87.
⚜62 Ibid.
⚜63 Sackville- West, *Saint Joan of Arc*, 191– 92.
⚜64 Pernoud, *Retrial of Joan of Arc*, 138.
⚜65 Ibid., 189.
⚜66 Ibid., 178.
⚜67 Ibid., 189.
⚜68 Gies, *Joan of Arc*, 81.

⚜69 Pernoud, *Retrial of Joan of Arc*, 139.
⚜70 Craig Taylor, *Joan of Arc*, 281.
⚜71 Pernoud, *Retrial of Joan of Arc*, 171.
⚜72 Craig Taylor, *Joan of Arc*, 110.
⚜73 DeVries, *Joan of Arc*, 95.
⚜74 Craig Taylor, *Joan of Arc*, 239.
⚜75 Pernoud, *Retrial of Joan of Arc*, 155.
⚜76 Richey, *Joan of Arc*, 64.
⚜77 Sackville- West, *Saint Joan of Arc*, 196.
⚜78 DeVries, *Joan of Arc*, 91.
⚜79 マタイ17:2.
⚜80 マルコ9:3.
⚜81 マタイ17:8.
⚜82 マルコ11:20.
⚜83 ルカ9:29.
⚜84 使徒言行録9:3－5.
⚜85 出エジプト記34:29－30.
⚜86 マタイ17:5. -
⚜87 Craig Taylor, *Joan of Arc*, 111－12.
⚜88 Ibid., 303－4.
⚜89 ルカ6:19.
⚜90 Pernoud, *Retrial of Joan of Arc*, 125.

第7章 跳ねる牡鹿

⚜1 Pernoud, *Retrial of Joan of Arc*, 139.
⚜2 マタイ26:26.
⚜3 Craig Taylor, *Joan of Arc*, 296.
⚜4 Huizinga, *Waning of the Middle Ages*, 30.
⚜5 Sackville- West, *Saint Joan of Arc*, 199.
⚜6 Ibid., 200.
⚜7 Schiller, *Joan of Arc*, 172.
⚜8 Pernoud, *Retrial of Joan of Arc*, 172.
⚜9 DeVries, *Joan of Arc*, 99.
⚜10 Pernoud, *Retrial of Joan of Arc*, 141.
⚜11 Craig Taylor, *Joan of Arc*, 283.
⚜12 Sackville- West, *Saint Joan of Arc*, 165.
⚜13 Craig Taylor, *Joan of Arc*, 86.
⚜14 DeVries, *Joan of Arc*, 99.
⚜15 Craig Taylor, *Joan of Arc*, 93.
⚜16 Pernoud, *Retrial of Joan of Arc*, 157.
⚜17 Craig Taylor, *Joan of Arc*, 306.
⚜18 Ibid., 157.
⚜19 DeVries, *Joan of Arc*, 104.
⚜20 Ibid., 105.
⚜21 Ibid.

⚜22 Pernoud, *Retrial of Joan of Arc*, 158.
⚜23 Ibid., 157.
⚜24 DeVries, *Joan of Arc*, 108.
⚜25 Ibid.
⚜26 Pernoud, *Retrial of Joan of Arc*, 159.
⚜27 Craig Taylor, *Joan of Arc*, 308.
⚜28 Ibid., 111.
⚜29 Goldstone, *The Maid and the Queen*, 248.
⚜30 DeVries, *Joan of Arc*, 112.
⚜31 Pernoud, *Retrial of Joan of Arc*, 159.
⚜32 DeVries, *Joan of Arc*, 114.
⚜33 Pernoud, *Retrial of Joan of Arc*, 159.
⚜34 Ibid., 121.
⚜35 Ibid., 160..
⚜36 Ibid., 117.
⚜37 Richey, *Joan of Arc*, 22.
⚜38 DeVries, *Joan of Arc*, 118.
⚜39 Ibid.
⚜40 Pernoud and Clin, *Joan of Arc*, 61.
⚜41 Martin, *Book of Symbols*, 285.
⚜42 詩篇42:1, 18:33.
⚜43 Craig Taylor, *Joan of Arc*, 96–97.
⚜44 DeVries, *Joan of Arc*, 218.
⚜45 Ibid., 120.
⚜46 Richey, *Joan of Arc*, 71.
⚜47 Pernoud, *Retrial of Joan of Arc*, 141.
⚜48 Larissa Juliet Taylor, *Virgin Warrior*, 200.
⚜49 Gies, *Knight in History*, 43.
⚜50 Craig Taylor, *Joan of Arc*, 283.
⚜51 DeVries, *Joan of Arc*, 125.
⚜52 Craig Taylor, *Joan of Arc*, 94.
⚜53 Ibid.
⚜54 Larissa Juliet Taylor, *Virgin Warrior*, 80.
⚜55 DeVries, *Joan of Arc*, 128–29.
⚜56 Ibid., 131.
⚜57 Michelet, *Joan of Arc*, 4 n.（ミシュレ『ジャンヌ・ダルク』p.22.）
⚜58 Pernoud, *Retrial of Joan of Arc*, 101.
⚜59 Craig Taylor, *Joan of Arc*, 94.
⚜60 Pernoud, *Retrial of Joan of Arc*, 143.
⚜61 DeVries, *Joan of Arc*, 132.
⚜62 Ibid.
⚜63 Schiller, *Joan of Arc*, 199.
⚜64 Sackville-West, *Saint Joan of Arc*, 221.
⚜65 Anonymous, *Song of Roland*, 76.
⚜66 DeVries, *Joan of Arc*, 133.
⚜67 Grimm and Grimm, *Grimm's Fairy Tales*, 475.
⚜68 Sackville-West, *Saint Joan of Arc*, 221.

⚜69 Huizinga, *Waning of the Middle Ages*, 229.
⚜70 Larissa Juliet Taylor, *Virgin Warrior*, 94.
⚜71 Pernoud and Clin, *Joan of Arc*, 67.
⚜72 Sackville- West, *Saint Joan of Arc*, 224.
⚜73 DeVries, *Joan of Arc*, 134.
⚜74 Huizinga, *Waning of the Middle Ages*, 33.
⚜75 Lovejoy, *Great Chain of Being*, 190.
⚜76 Anderson, *Joan of Lorraine*, 39.
⚜77 Wheeler and Wood, *Fresh Verdicts*, 43.
⚜78 出エジプト記7:14– 12:29.
⚜79 Horrox, *Black Death*, 130.
⚜80 Shaw, *Saint Joan*, 82.（ショー『聖女ジョウン』p.491.）
⚜81 Pernoud, *Retrial of Joan of Arc*, 143– 44.
⚜82 Ibid., 160.
⚜83 Pernoud and Clin, *Joan of Arc*, 70.
⚜84 Craig Taylor, *Joan of Arc*, 100– 101.
⚜85 Ibid., 98.
⚜86 Shaw, *Saint Joan*, 72.（ショー『聖女ジョウン』p.483.）
⚜87 Craig Taylor, *Joan of Arc*, 95– 96.
⚜88 Ibid., 97.
⚜89 Michelet, *Joan of Arc*, 64.（ミシュレ『ジャンヌ・ダルク』pp.88-89.）

第８章　黒い騎士

⚜1 Craig Taylor, *Joan of Arc*, 119.
⚜2 Richey, *Joan of Arc*, 59.
⚜3 Frazer, *Golden Bough*, 26– 27.（フレイザー『初版　金枝篇』（上）p.30.）
⚜4 Ibid., 489.（フレイザー『初版　金枝篇』（下）p.64.）
⚜5 Anderson, *Joan of Lorraine*, 64.
⚜6 Shaw, *Saint Joan*, 69.（ショー『聖女ジョウン』p.481.）
⚜7 Ibid., 73.（ショー『聖女ジョウン』p.484.）
⚜8 Richey, *Joan of Arc*, 40.
⚜9 DeVries, *Joan of Arc*, 148.
⚜10 Shaw, *Saint Joan*, 76.（ショー『聖女ジョウン』p.486.）
⚜11 中世のほとんどの人数がそうであるように、この数字も資料によって数千単位で異なる。
⚜12 DeVries, *Joan of Arc*, 142.
⚜13 Craig Taylor, *Joan of Arc*, 118.
⚜14 Twain, *Personal Recollections*, 213.（トウェイン『マーク・トウェインのジャンヌ・ダルク』p293.）
⚜15 Michelet, *Joan of Arc*, 44.（ミシュレ『ジャンヌ・ダルク』p.67.）
⚜16 Craig Taylor, *Joan of Arc*, 118– 19.
⚜17 Ibid., 119– 21.
⚜18 DeVries, *Joan of Arc*, 142.
⚜19 Pernoud and Clin, *Joan of Arc*, 74.
⚜20 Ibid.
⚜21 Ibid.
⚜22 Richey, *Joan of Arc*, 79.

⚜23 Ibid., 74.
⚜24 DeVries, *Joan of Arc*, 145.
⚜25 Pernoud and Clin, *Joan of Arc*, 76.
⚜26 Anderson, *Joan of Lorraine*, 64.
⚜27 DeVries, *Joan of Arc*, 136.
⚜28 Pernoud and Clin, *Joan of Arc*, 76.
⚜29 DeVries, *Joan of Arc*, 136.
⚜30 Ibid., 149.
⚜31 Ibid., 150.
⚜32 Ibid.
⚜33 Gies, *Joan of Arc*, 126.
⚜34 DeVries, *Joan of Arc*, 151.
⚜35 Craig Taylor, *Joan of Arc*, 230.
⚜36 Ibid., 256–57.
⚜37 DeVries, *Joan of Arc*, 152.
⚜38 Ibid.
⚜39 Ibid., 153.
⚜40 Gies, *Joan of Arc*, 127.
⚜41 ヨハネ 5:16–18.
⚜42 マルコ 2:27–28.
⚜43 DeVries, *Joan of Arc*, 156.
⚜44 Twain, *Personal Recollections*, 212.（トウェイン『マーク・トウェインのジャンヌ・ダルク』p.291.）
⚜45 Pernoud and Clin, *Joan of Arc*, 200.
⚜46 Sackville-West, *Saint Joan of Arc*, 244–45.
⚜47 Pernoud and Clin, *Joan of Arc*, 80.
⚜48 Ibid., 200.
⚜49 DeVries, *Joan of Arc*, 157.
⚜50 Ibid., 157–58.
⚜51 シャルル6世は古い金エキュ、つまり黄金の盾――紋章入りの盾のデザインから名づけられた――を銀エキュの10倍の価値のある王冠のエキュに変更した。1577年、ヴァロワ朝最後の国王アンリ3世はリーヴルを公式に廃止して、エキュを採用した。Philip Grierson, *Coins of Medieval Europe*（London: Seaby, 1991）, 144.
⚜52 Pernoud, *Retrial of Joan of Arc*, 172–73.
⚜53 Craig Taylor, *Joan of Arc*, 131.
⚜54 DeVries, *Joan of Arc*, 164.
⚜55 Pernoud and Clin, *Joan of Arc*, 81.
⚜56 Ibid.
⚜57 Ibid., 82
⚜58 Gies, *Knight in History*, 85.
⚜59 Pernoud and Clin, *Joan of Arc*, 82.
⚜60 Craig Taylor, *Joan of Arc*, 131.
⚜61 Ibid., 105.
⚜62 Ibid., 132.
⚜63 Shaw, *Saint Joan*, 65–66.（ショー『聖女ジョウン』p.479.）
⚜64 Pernoud and Clin, *Joan of Arc*, 71.
⚜65 Brecht, *Saint Joan of the Stockyards*, 38.（ブレヒト『屠殺場の聖ヨハンナ』p.50.）
⚜66 Ibid., 56.（ブレヒト『屠殺場の聖ヨハンナ』p.71.）

❦67 Pernoud and Clin, *Joan of Arc*, 82.
❦68 Ibid., 83.
❦69 Craig Taylor, *Joan of Arc*, 133.
❦70 DeVries, *Joan of Arc*, 168.
❦71 Larissa Juliet Taylor, *Virgin Warrior*, 111.
❦72 Pernoud and Clin, *Joan of Arc*, 85.
❦73 Gies, *Joan of Arc*, 138.
❦74 ヨハネ 10:38.
❦75 ヨハネ 11:22.
❦76 ヨハネ 11:42–44.
❦77 ヨハネ 11:47–48.
❦78 ヨハネ 11:53.
❦79 Péguy, *Mystery of the Charity of Joan of Arc*, 56.（ペギー『ジャンヌ・ダルクの愛の神秘』p.213. ハリソンの英文に合わせて訳文を変更した。）
❦80 Pernoud and Clin, *Joan of Arc*, 85.
❦81 Gies, *Joan of Arc*, 138.
❦82 Bresson, *Trial of Joan of Arc*.
❦83 Ibid.
❦84 Schiller, *Joan of Arc*, 193.
❦85 DeVries, *Joan of Arc*, 169.
❦86 Ibid., 171.
❦87 Sackville-West, *Saint Joan of Arc*, 256.
❦88 Ibid.
❦89 DeVries, *Joan of Arc*, 172.
❦90 Sackville-West, *Saint Joan of Arc*, 259.
❦91 DeMille, *Joan the Woman*.
❦92 Ibid.

第9章　金色のマント

❦1 Pernoud and Clin, *Joan of Arc*, 86.
❦2 Sackville-West, *Saint Joan of Arc*, 259.
❦3 DeVries, *Joan of Arc*, 172.
❦4 Sackville-West, *Saint Joan of Arc*, 260.
❦5 Ibid., 259.
❦6 マタイ 27:43.
❦7 DeVries, *Joan of Arc*, 174.
❦8 Ibid., 173.
❦9 Sackville-West, *Saint Joan of Arc*, 260.
❦10 DeVries, *Joan of Arc*, 174.
❦11 France, *Joan of Arc*, 152.
❦12 DeVries, *Joan of Arc*, 174.
❦13 Sackville-West, *Saint Joan of Arc*, 261.
❦14 DeVries, *Joan of Arc*, 176.
❦15 Ibid., 177.
❦16 マタイ 26:39.

⚜17 Pernoud, *The Retrial of Joan of Arc*, 209.収録のピエール・ダロンの証言より作成。
⚜18 マタイ24:36.
⚜19 使徒言行録　2:2.
⚜20 Besson, *The Messenger.*
⚜21 Twain, *Personal Recollections*, 217.（トウェイン『マーク・トウェインのジャンヌ・ダルク』p.297.）
⚜22 Schiller, *Joan of Arc*, 227.
⚜23 Péguy, *Mystery of the Charity of Joan of Arc*, 75–76.（ペギー『ジャンヌ・ダルの愛の神秘』pp.244–245.）
⚜24 DeVries, *Joan of Arc*, 175.
⚜25 Pernoud and Clin, *Joan of Arc*, 91.
⚜26 Sackville-West, *Saint Joan of Arc*, 256.
⚜27 Shaw, *Saint Joan*, 103.（ショー『聖女ジョウン』p.507.ハリソンの英文に合わせて訳文を一部変更した。）
⚜28 Sackville-West, *Saint Joan of Arc*, 262.
⚜29 Larissa Juliet Taylor, *Virgin Warrior*, 118.
⚜30 Sackville-West, *Saint Joan of Arc*, 264.
⚜31 Pernoud and Clin, *Joan of Arc*, 88.
⚜32 Ibid., 90.
⚜33 Ibid., 91.
⚜34 Ibid., 98.
⚜35 Pernoud, *Retrial of Joan of Arc*, 237.
⚜36 Michelet, *Joan of Arc*, 65.（ミシュレ『ジャンヌ・ダルク』p.89.）
⚜37 Pernoud and Clin, *Joan of Arc*, 92.
⚜38 Ibid
⚜39 Sackville-West, *Saint Joan of Arc*, 266.
⚜40 Ibid., 266–67.
⚜41 Gies, *Joan of Arc*, 48.
⚜42 Michelet, *Joan of Arc*, 67.（ミシュレ『ジャンヌ・ダルク』p.92.）
⚜43 France, *Joan of Arc*, 190.
⚜44 Sackville-West, *Saint Joan of Arc*, 264.
⚜45 Ibid.
⚜46 Pernoud and Clin, *Joan of Arc*, 209.
⚜47 Ibid., 97.
⚜48 いつくかの資料によれば、6,000リーヴルだった。
⚜49 Pernoud and Clin, *Joan of Arc*, 192.
⚜50 Sackville-West, *Saint Joan of Arc*, 267.
⚜51 Ibid., 268.
⚜52 Anonymous, *Song of Roland*, 72.
⚜53 France, *Life of Joan of Arc*, 181.
⚜54 Gies, *Joan of Arc*, 149.
⚜55 Michelet, *Joan of Arc*, 69.（ミシュレ『ジャンヌ・ダルク』p.93.）
⚜56 マタイ4:5–6.「主はあなたのために、御使いに命じて/あなたの道のどこにおいても守らせてくださる。/彼らはあなたをその手にのせて運び/足が石にあたらないように守る。」詩編91.11-12.:
⚜57 マタイ4:7、申命記6:16を引用。
⚜58 Anderson, *Joan of Lorraine*, 64.
⚜59 Craig Taylor, *Joan of Arc*, 106.
⚜60 DeVries, *Joan of Arc*, 181–82.

⚜61　中世英語cunteから中世の低地ドイツ語を通して派生。初出は14世紀。
⚜62　Sackville-West, *Saint Joan of Arc*, 276.
⚜63　Ibid., 277.

第10章　塔の監獄

⚜1　Pernoud, *Retrial of Joan of Arc*, 211.
⚜2　Ibid.
⚜3　Ibid.
⚜4　Gies, *Joan of Arc*, 152.
⚜5　Pernoud, *Retrial of Joan of Arc*, 210.
⚜6　Ibid.
⚜7　Ibid.
⚜8　Ibid., 215–16.
⚜9　Ibid., 194.
⚜10　Ibid., 213.
⚜11　Bresson, *Trial of Joan of Arc*.
⚜12　Gies, *Joan of Arc*, 154.
⚜13　Michelet, *Joan of Arc*, 107.（ミシュレ『ジャンヌ・ダルク』p.135.）
⚜14　Allen Williamson, "Primary Sources," 1–2.
⚜15　Gies, *Joan of Arc*, 154.
⚜16　Ibid.
⚜17　Pernoud, *Retrial of Joan of Arc*, 202.
⚜18　Ibid.
⚜19　Ibid., 208.
⚜20　Gies, *Joan of Arc*, 156.
⚜21　Pernoud, *Retrial of Joan of Arc*, 206.
⚜22　Ibid., 205.
⚜23　Ibid., 207.
⚜24　Gies, *Joan of Arc*, 156.
⚜25　Pernoud, *Retrial of Joan of Arc*, 274.
⚜26　Ibid., 215.
⚜27　Ibid., 62.
⚜28　Ibid., 92.
⚜29　Gies, *Joan of Arc*, 158.
⚜30　Pernoud and Clin, *Joan of Arc*, 211.
⚜31　Gies, *Joan of Arc*, 159.
⚜32　Ibid.
⚜33　Pernoud and Clin, *Joan of Arc*, 214.
⚜34　Pernoud, *Retrial of Joan of Arc*, 50.
⚜35　Gies, *Joan of Arc*, 159.
⚜36　Anouilh, *Lark*, trans. Fry, 3.
⚜37　*New Oxford Annotated Bible*, 1209.
⚜38　マタイ26:66–68.
⚜39　マタイ　26:59.
⚜40　マタイ　26:64.

✤41 ダニエル書7:13–14.
✤42 Pernoud, *Retrial of Joan of Arc*, 217.
✤43 Ibid.
✤44 Gies, *Joan of Arc*, 163.
✤45 Pernoud, *Retrial of Joan of Arc*, 225.
✤46 Ibid., 216.
✤47 Pernoud and Clin, *Joan of Arc*, 208.
✤48 Craig Taylor, *Joan of Arc*, 148.
✤49 Perrault, *Complete Fairy Tales*, 104.
✤50 Tuchman, *Distant Mirror*, 22.（タックマン『遠い鏡』p.25.）
✤51 Ibid., 479.
✤52 民数記　22:23.
✤53 士師記　6:11
✤54 創世記　32:24.
✤55 創世記　28:12.
✤56 民数記　22:31.
✤57 民数記　22:28.
✤58 士師記　13:20.
✤59 Warner, *Joan of Arc*, 128.
✤60 Gies, *Joan of Arc*, 174–75.
✤61 Pernoud, *Retrial of Joan of Arc*, 221–22.
✤62 マタイ　27:13–14.
✤63 マタイ　27:19.
✤64 Pernoud, *Retrial of Joan of Arc*, 225.
✤65 Gies, *Joan of Arc*, 176.
✤66 Pernoud, *Retrial of Joan of Arc*, 273.
✤67 Larissa Juliet Taylor, *Virgin Warrior*, 172.
✤68 Gies, *Joan of Arc*, 190.
✤69 Pernoud, *Retrial of Joan of Arc*, 222–23.
✤70 Michelet, *Joan of Arc*, 94.（ミシュレ『ジャンヌ・ダルク』p.121.）
✤71 Gies, *Joan of Arc*, 191.
✤72 Ibid.
✤73 Pernoud, *Retrial of Joan of Arc*, 227.
✤74 Ibid., 57.

第11章　燃えない心臓

✤1 Pernoud, *Retrial of Joan of Arc*, 214.
✤2 Ibid., 215.
✤3 Ibid., 214.
✤4 Ibid.
✤5 マタイ 4:19.
✤6 Pernoud, *Retrial of Joan of Arc*, 228–29.
✤7 Ibid., 209.
✤8 Ibid., 213.
✤9 DuBois, *Torture and Truth*, 5.

⚜10 Pernoud, *Retrial of Joan of Arc*, 224.
⚜11 Michelet, *Joan of Arc*, 89.（ミシュレ『ジャンヌ・ダルク』p.115.）
⚜12 Pelikan, *Mary Through the Centuries*, 133.（ペリカン『聖母マリア』p.172. ハリソンの英文に合わせて訳文を一部変更した。）
⚜13 Michelet, *Joan of Arc*, 25.（ミシュレ『ジャンヌ・ダルク』p.46.）
⚜14 *Infancy Gospel of James* 4:1–2.
⚜15 Ibid., 7:1.
⚜16 Pernoud and Clin, *Joan of Arc*, 128.
⚜17 Anouilh, *Lark*, adapt. Hellman, 6.（アヌイ『ひばり』岩切正一郎訳、p.11.）
⚜18 Pernoud, *Retrial of Joan of Arc*, 194.
⚜19 Ibid., 195.
⚜20 Ibid.
⚜21 Craig Taylor, *Joan of Arc*, 213.
⚜22 ベリアルは旧約聖書と新約聖書の両方に登場する。サムエル記上2:12、箴言6:12.
⚜23 ヨブ記 40:15–24.
⚜24 Craig Taylor, *Joan of Arc*, 214.
⚜25 Pernoud and Clin, *Joan of Arc*, 216.
⚜26 使徒言行録 2:1–4.
⚜27 Pernoud, *Retrial of Joan of Arc*, 129.
⚜28 Gies, *Joan of Arc*, 211–12.
⚜29 Pernoud, *Retrial of Joan of Arc*, 236.
⚜30 Pernoud and Clin, *Joan of Arc*, 130.
⚜31 Pernoud, *Retrial of Joan of Arc*, 237.
⚜32 Ibid., 239.
⚜33 Michelet, *Joan of Arc*, 106.（ミシュレ『ジャンヌ・ダルク』p.134.）
⚜34 マタイ 27:20–23.
⚜35 Pernoud, *Retrial of Joan of Arc*, 240.
⚜36 Ibid.
⚜37 Gies, *Joan of Arc*, 214.
⚜38 Pernoud, *Retrial of Joan of Arc*, 241.
⚜39 Ibid., 241.
⚜40 Ibid., 242.
⚜41 Ibid., 241.
⚜42 Gies, *Joan of Arc*, 218.
⚜43 マタイ 27:27–31.
⚜44 DeMille, *Joan the Woman*.
⚜45 Pernoud, *Retrial of Joan of Arc*, 245.
⚜46 Ibid., 245.
⚜47 Ibid.
⚜48 ルカ 23:39–43.
⚜49 Pernoud, *Retrial of Joan of Arc*, 250を脚色。
⚜50 Ibid., 248.
⚜51 Micheletは800人、Giesは80人とする。Michelet, *Joan of Arc*, 115（ミシュレ『ジャンヌ・ダルク』p.144.）; Gies, *Joan of Arc*, 222.
⚜52 Pernoud, *Retrial of Joan of Arc*, 254.
⚜53 Gies, *Joan of Arc*, 222.
⚜54 Sackville-West, *Saint Joan*, 325.

⚜55 Michelet, *Joan of Arc*, 104.（ミシュレ『ジャンヌ・ダルク』p.132.）
⚜56 Craig Taylor, *Joan of Arc*, 228.
⚜57 たとえば創世記8:21を見よ。
⚜58 Pernoud, *Retrial of Joan of Arc*, 250.
⚜59 Ibid., 247.
⚜60 Péguy, *Mystery of the Charity of Joan of Arc*, 42.（ペギー『ジャンヌ・ダルクの愛の神秘』p.167.）
⚜61 Pernoud, *Retrial of Joan of Arc*, 248.
⚜62 Michelet, *Joan of Arc*, 116.（ミシュレ『ジャンヌ・ダルク』pp.145-146.）
⚜63 Besson, *The Messenger*.
⚜64 Leonard Cohen, "Joan of Arc," *Songs of Love and Hate*, Universal Music Publishing Group, Sony/ATV Music Publishing LLC, 1970.
⚜65 マルコ15:33.
⚜66 ルカ23:45.
⚜67 マルコ15:34.
⚜68 マルコ15:37－38.
⚜69 マタイ27:51－53.
⚜70 Craig Taylor, *Joan of Arc*, 233–34.
⚜71 Schiller, *Joan of Arc*, 238.
⚜72 Anouilh, *Lark*, adapt. Hellman, 56.
⚜73 Pernoud, *Retrial of Joan of Arc*, 283.
⚜74 Ibid., 254.

第12章　永遠の命

⚜1 Craig Taylor, *Joan of Arc*, 234.
⚜2 Pernoud and Clin, *Joan of Arc*, 236－37.
⚜3 Ibid., 209－10.
⚜4 Ibid., 210.
⚜5 Richey, *Joan of Arc*, 85.
⚜6 Ibid.
⚜7 Pernoud and Clin, *Joan of Arc*, 234.
⚜8 Ibid.
⚜9 Craig Taylor, *Joan of Arc*, 260.
⚜10 Ibid., 261.
⚜11 Ibid., 264.
⚜12 Ibid., 265.
⚜13 Ibid., 349.
⚜14 Shakespeare, *Henry VI*, Part One, act 1, scene 2.（シェイクスピア『ヘンリー六世』第1幕第2場、小田島雄志訳、白水社、1983年, p.29.）
⚜15 *Pernoud, Retrial of Joan of Arc*, 238.
⚜16 Voltaire, *Maid of Orleans*, 143.
⚜17 Heimann, *Joan of Arc in French Art and Culture*, 13.
⚜18 Voltaire, *Maid of Orleans*, 84.
⚜19 Christine de Pizan, *City of Ladies*, 12.
⚜20 Ibid., 16.
⚜21 Ibid., 13.

⚜22 Ibid.
⚜23 Ibid., 15.
⚜24 Ibid., 14.
⚜25 Ibid., 15.
⚜26 Ibid., 17.
⚜27 Ibid., 13.
⚜28 Woodward, *Making Saints,* 23.
⚜29 Wheeler and Wood, *Fresh Verdicts*, 208.
⚜30 Ibid., 210.
⚜31 Ibid.
⚜32 Ibid., 217.
⚜33 Ibid.
⚜34 Ibid.
⚜35 ヘブライ人への手紙1:7.

[資料]

Abbott, Elizabeth. *A History of Celibacy*. New York: Scribner, 2000.

Acocella, Joan. *Twenty- Eight Artists and Two Saints*. New York: Pantheon, 2007.

Allmand, Christopher, ed. *War, Government, and Power in Late Medieval France*. Liverpool, U.K.: Liverpool University Press, 2000.

Anderson, Maxwell. *Joan of Lorraine*. New York: Dramatists Play Service, 1974.

Anonymous. *Lancelot of the Lake*. Translated by Corin Corley. Oxford: Oxford University Press, 1989.

Anonymous. *The Gospel of the Nativity of Mary*. The Library of Alexandria, 2000.

Anonymous. *The Song of Roland*. Translated by W. S. Merwin. New York: Modern Library Classics, 2001.

Anouilh, Jean. *The Lark*. Adapted by Lillian Hellman. New York: Dramatists Play Service, 1985.

———. The Lark. Translated by Christopher Fry. Oxford: Oxford University Press, 1956.（ジャン・アヌイ『ひばり』鈴木力衛訳、『アヌイ作品集　第一巻』所収、白水社、1957年。ジャン・アヌイ『ひばり』岩切正一郎訳、早川書房、2007年）

Astell, Ann W., and Bonnie Wheeler, eds. *Joan of Arc and Spirituality*. New York: Palgrave Macmillan, 2003.

Barstow, Anne Llewellyn. *Joan of Arc: Heretic, Mystic, Shaman*. Lewiston, N.Y.: Edwin Mellon, 1986.

Besson, Luc, dir. *The Messenger: The Story of Joan of Arc*. Gaumont, 1999.

Brecht, Bertolt. *Saint Joan of the Stockyards*. Edited by John Willett and Ralph Manheim. Translated by Ralph Manheim. London: Methuen Drama, 1991.（ベルトルト・ブレヒト『屠殺場の聖ヨハンナ』岩淵達治訳、三修社、1979年）

Bresson, Robert, dir. *The Trial of Joan of Arc*. Agnes Delahaie, 1962.

Bridget of Sweden. *Birgitta of Sweden: Life and Selected Writings*. Edited by Marguerite T. Harris. Mahwah, N.J.: Paulist Press, 1989.

Bynum, Caroline Walker. *Holy Feast and Holy Fast: The Religious Significance of Food to Medieval Women*. Berkeley: University of California Press, 1988.

Campbell, Joseph. *The Power of Myth*. New York: Anchor Books, 1991.

Cassagnes- Brouquet, Sophie. *La vie des femmes au moyen âge*. Rennes: Ouest-France, 2009.

Cervantes, Miguel de. *Don Quixote*. Translated by Edith Grossman. New York: HarperCollins, 2003.

Charlesworth, James H. *The Historical Jesus: An Essential Guide*. Nashville: Abingdon Press, 2008.

Christine de Pizan. *The Book of the City of Ladies*. New York: Penguin Books, 1999.

D'Aquili, Eugene G., and Andrew B. Newberg. *The Mystical Mind: Probing the Biology of Religious Experience*. Minneapolis: Fortress, 1999.

DeMille, Cecil B., dir. *Joan the Woman*. Cardinal Film, Paramount Pictures, 1916.

DeVries, Kelly. *Joan of Arc: A Military Leader*. Stroud, U.K.: Sutton, 1999.

DuBois, Page. *Torture and Truth*. New York: Routledge, 1991.

Duby, Georges. *France in the Middle Ages, 987–1460*. Translated by Juliet Vale. Malden, Mass.: Blackwell, 2009.

Duby, Georges, Michelle Perrot, and Christiane Klapisch-Zuber, eds. *History of Women in the West. Vol. 2, Silences of the Middle Ages*. Translated by Arthur Goldhammer. Cambridge, Mass.: Harvard University Press, 1992.（ジョルジュ・デュビイ、ミシェル・ペロー監修『女の歴史　II』杉村和子・志賀亮一監訳、藤原書店、1994年）

Duby, Georges, ed. *A History of Private Life: Revelations of the Medieval World*. Cambridge, Mass.: The Belknap Press of Harvard University Press, 1988.

Enders, Jody. *The Medieval Theater of Cruelty: Rhetoric, Memory, Violence*. Ithaca, N.Y.: Cornell University Press, 1999.

Fraioli, Deborah A. *Joan of Arc: The Early Debate*. Woodbridge, U.K.: Boydell, 2000.

———. *Joan of Arc and the Hundred Years War*. Westport, Conn.: Greenwood Press, 2005.

France, Anatole. *The Life of Joan of Arc*. Vol. 2. Translated by Winifred Stephens. Oxford: Benediction Classics, 2011.

Frazer, James George. *The Golden Bough: A Study in Magic and Religion*. Edited by Robert Fraser. Oxford: Oxford University Press, 2009.（J・G・フレイザー『初版金枝篇』上・下、吉川信訳、ちくま学芸文庫、2003年）

Gastyne, Marco de, dir. *La merveilleuse vie de Jeanne d'Arc*. Pathé-Natan, 1929.

Gies, Frances. *Joan of Arc: The Legend and the Reality*. New York: Harper & Row, 1981.

———. *The Knight in History*. New York: Harper & Row, 1984.

Girault, Pierre-Gilles, and Angela Caldwell. *Joan of Arc*. Paris: Jean-Paul Gisserot, 2004.

Goldstone, Nancy. *The Maid and the Queen: The Secret History of Joan of Arc*. New York: Viking, 2012.

Gondoin, Stéphane W., and Ludovic Letrun. *Joan of Arc and the Passage to Victory, 1428–29: The Siege of Orléans and the Loire Campaign*. Translated by Jennifer Meyniel. Paris: Histoire & Collections, 2010.

Gordon, Mary. *Joan of Arc*. New York: Viking, 2000.

Grant, Robert M. Review, *The Body and Society: Men, Women and Sexual Renunciation in Early Christianity* by Peter Brown, in Journal of the American Academy of Religion. Vol. 58, no. 3.

Greene, E. A. *Saints and Their Symbols: A Companion in the Churches and Picture Galleries of Europe*. London: Isaac Pitman, 1924.

Grimm, Jacob, and Wilhelm Grimm. *Grimm's Fairy Tales*. New York: Pantheon, 1994.

Happold, F. C. Mysticism: *A Study and an Anthology*. New York: Penguin, 1986.

Heimann, Nora M. *Joan of Arc in French Art and Culture (1700–1855)*. Burlington, Vt.: Ashgate, 2005.

Hobbins, Daniel, trans. *The Trial of Joan of Arc*. Cambridge, Mass.: Harvard University Press, 2005.

Horrox, Rosemary, ed. and trans. *The Black Death*. Manchester, U.K.: Manchester University Press, 1994.

Hotchkiss, Valerie R. *Clothes Make the Man: Female Cross Dressing in Medieval Europe*. New York: Garland, 1996.

Huizinga, Johan. *The Waning of the Middle Ages*. Lexington, Ky.: Benediction Classics, 2010.（ヨーハン・ホイジンガ、堀越孝一訳『中世の秋』上下、中公文庫、1976年）

Inglis, Erik. *Jean Fouquet and the Invention of France*. New Haven, Conn.: Yale University Press, 2011.

James, William. *The Varieties of Religious Experience*. New York: First Library of America, 2010.

Jewell, Helen M. *Women in Late Medieval and Reformation Europe, 1200– 1550*. Basingstoke, U.K.: Palgrave Macmillan, 2007.

Johnston, Ruth A. *All Things Medieval: An Encyclopedia of the Medieval World*. Santa Barbara, Calif.: Greenwood, 2011.

Julian of Norwich. *Revelations of Divine Love*. Guildford, U.K.: White Crow Books, 2011.

Kelly, John. *The Great Mortality*. New York: Harper Perennial, 2005.

Kempe, Margery. *The Book of Margery Kempe*. Translated by B. A. Windeatt. New York: Penguin, 2004.

Lang, Andrew. *The Maid of France, Being the Story of the Life and Death of Jeanne d'Arc*. New York: Cosimo, 2007.

Le Roy Ladurie, Emmanuel. *Montaillou: The Promised Land of Error*. Translated by Barbara Bray. New York: George Braziller, 2008.

Levack, Brian P. *The Witch Hunt in Early Modern Europe*. 3rd ed. Harlow, U.K.: Pearson Education, 2006.

Lightbody, Charles Wayland. *The Judgements of Joan: Joan of Arc: A Study in Cultural History*. London: George Allen and Unwin, 1961.

Loomis, Roger Sherman. *The Grail: From Celtic Myth to Christian Symbol*. Princeton, N.J.: Princeton University Press, 1991.

Lovejoy, Arthur O. *The Great Chain of Being: A Study of the History of an Idea*. Cambridge, Mass.: Harvard University Press, 1936.

Magill, R. Jay, Jr. *Sincerity*. New York: Norton, 2012.

Martin, Kathleen, ed. *The Book of Symbols: Reflections on Archetypal Images*. Cologne: Taschen, 2010.

McBrien, Richard P. *Catholicism*. Minneapolis: Oak Grove, 1981.

Michelet, Jules. *Joan of Arc*. Translated by Albert Guérard. Ann Arbor: University of Michigan Press, 2006.（ジュール・ミシュレ『ジャンヌ・ダルク』森井真。田代葆訳、中公文庫、2019年）

Murphy, G., and S. J. Ronald. *The Owl, the Raven, and the Dove: The Religious Meaning of the Grimms' Magic Fairy Tales*. Oxford: Oxford University Press, 2000.

The New Oxford Annotated Bible with the Apocrypha. Edited by Herbert G. May and Bruce M. Metzger. Oxford: Oxford University Press, 1977.

Otto, Rudolf. *The Idea of the Holy: An Inquiry into the Non- rational Factor in the Idea of the Divine and Its Relation to the Rational*. Translated by John W. Harvey. New York: Oxford University Press, 1958.

Pagels, Elaine H. *Adam, Eve, and the Serpent*. New York: Random House, 1988.

———. *Revelations: Visions, Prophecy, and Politics in the Book of Revelation*. New York: Penguin, 2012.

Péguy, Charles. *The Mystery of the Charity of Joan of Arc*. Translated by Jeffrey Wainwright. Adapted by Jean- Paul Lucet. Manchester, U.K.: Carcanet, 1986.（シャルル・ペギー『ジャンヌ・ダルクの愛の神秘』島朝夫訳、『キリスト教文学の世界3』所収、主婦の友社、1978年）

Pelikan, Jaroslav. *Jesus Through the Centuries: His Place in the History of Culture*. New Haven, Conn.: Yale University Press, 1985.

———. *Mary Through the Centuries: Her Place in the History of Culture*. New Haven, Conn.: Yale University Press, 1996.（ヤロスラフ・ペリカン『聖母マリア』関口篤訳、青土社、1998年）

Pernoud, Régine. *The Retrial of Joan of Arc: The Evidence for Her Vindication*. Translated by J. M. Cohen. San Francisco: Ignatius, 2007.（レジーヌ・ペルヌー『ジャンヌ・ダルク復権裁判』高山一彦訳、白水社、2002年）

———. *Those Terrible Middle Ages: Debunking the Myths*. Translated by Anne Englund Nash. San Francisco: Ignatius, 2000.

Pernoud, Régine, and Marie- Véronique Clin. *Joan of Arc: Her Story. Edited by Bonnie Wheeler*. Translated by Jeremy duQuesnay Adams. New York: St. Martin's, 1998.（レジーヌ・ペルヌー、マリ＝ヴェロニック・クラン『ジャンヌ・ダルク』福本直之訳、東京書籍、1992年）

Perrault, Charles. *The Complete Fairy Tales*. New York: Oxford University Press, 2009.

Perroy, Édouard. *The Hundred Years War*. New York: Capricorn, 1965.

Peters, Edward. *Inquisition*. Berkeley: University of California Press, 1989.

Prestwich, Michael. *Knight: The Medieval Warrior's Unofficial Manual*. London: Thames & Hudson, 2010.

Procès de condamnation et de réhabilitation de Jeanne d'Arc, dite La Pucelle. Paris: Libraires de la Société de l'Histoire de France, 1844.

Rankin, Daniel S., and Claire Quintal, trans. *The First Biography of Joan of Arc, with the Chronicle Record of a Contemporary Account*. Pittsburgh: University of Pittsburgh Press, 1964.

Richey, Stephen W. *Joan of Arc: The Warrior Saint*. Westport, Conn.: Praeger, 2003.

Rogers, Katharine M. *The Troublesome Helpmate: A History of Misogyny in Literature*. Seattle: University of Washington Press, 1966.

Ronnenberg, Ami, and Kathleen Martin, eds. *The Book of Symbols*. Cologne: Taschen, 2010.

Sacks, Oliver. *Hallucinations*. New York: Knopf, 2012.

Sackville- West, Vita. *Saint Joan of Arc*. New York: Grove, 1936.

Salih, Sarah, ed. *A Companion to Middle English Hagiography*. Cambridge, U.K.: D. S. Brewer, 2006.

Schiller, Johann Christoph Friedrich von. *Joan of Arc. In Mary Stuart/Joan of Arc*. Translated by Robert David MacDonald. London: Oberon, 1995.（シルレル『オルレアンの少女』、佐藤通次訳、岩波文庫、2020年）

Schneider, Kirk J. *Horror and the Holy: Wisdom- Teachings of the Monster Tale*. Chicago: Open Court, 1993.

Schweitzer, Albert. *The Quest of the Historical Jesus*. New York: Macmillan, 1961.

Shaw, George Bernard. *Saint Joan*. Lexington, Ky.: GBS, 2011.（ジョージ・バーナード・ショー『聖女ジョウン　年代記劇六場およびエピローグ』中川龍一・小田島雄志訳、バーナード・ショー名作集所収、白水社、1966年）

Sophocles. *Tragedies and Fragments, with Notes Rhymed, Choral Odes, and Lyrical Dialogues*. Translated by E. H. Plumptre. Charleston, S.C.: BiblioBazaar, 2009.

Spoto, Donald. *Joan: The Mysterious Life of the Heretic Who Became a Saint*. New York: HarperOne, 2007.

Stone, Merlin. *When God Was a Woman*. San Diego: Harvest, 1976.

Sullivan, Karen. *The Interrogation of Joan of Arc*. Minneapolis: University of Minnesota Press, 1999.

Taylor, Craig. *Joan of Arc: La Pucelle*. Manchester, U.K.: Manchester University Press, 2006.

Taylor, Larissa Juliet. *The Virgin Warrior: The Life and Death of Joan of Arc*. New Haven, Conn.: Yale University Press, 2010.

Teresa of Avila. *Life of Saint Teresa of Jesus*. Middlesex, U.K.: The Echo Library, 2011.

The Très Riches Heures of Jean, Duke of Berry. New York: George Braziller, 1969.

The Trial of Jeanne d'Arc. Translated by W. P. Barrett. New Orleans: Cornerstone, 2008.

Tuchman, Barbara Wertheim. *A Distant Mirror: The Calamitous 14th Century*. New York: Ballantine, 1978.（バーバラ・W・タックマン『遠い鏡——災厄の14世紀ヨーロッパ』徳永守儀訳、朝日出版社、2013年）

Twain, Mark. *Personal Recollections of Joan of Arc*. New York: Dover, 2002.（マーク・トウェイン『マーク・トウェインのジャンヌ・ダルク』大久保博訳、角川書店、1996年）

Villemarqué, Théodore Hersart de la. *Barzaz- Breiz: Chants populaires de la Bretagne*. Vol. 1. Paris: A. Frank, 1846.

Voltaire. *The Maid of Orleans (La Pucelle d'Orléans)*. New York: DuMont, 1901.

Ward, Benedicta, ed. *The Life of Teresa of Jesus: The Autobiography of Teresa of Avila*. New York: Doubleday, 1991.

Warner, Marina. *Alone of All Her Sex: The Myth and Cult of the Virgin Mary*. Oxford: Oxford University Press, 2013.

———. *Joan of Arc: The Image of Female Heroism*. Berkeley: University of California Press, 2000.

Wheeler, Bonnie, and Charles T. Wood. *Fresh Verdicts on Joan of Arc*. New York: Garland, 1996.

Williamson, Allen. "Primary Sources and Context Concerning Joan of Arc's Male Clothing," Historical Academy for Joan of Arc Studies, 2006.

Wilson- Smith, Timothy. *Joan of Arc: Maid, Myth, and History*. Stroud, U.K.: History Press, 2006.

Woodward, Kenneth L. *Making Saints: How the Catholic Church Determines Who Becomes a Saint, Who Doesn't, and Why*. New York: Simon & Schuster, 1996.

Young, Robert. *Analytical Concordance to the Bible on an Entirely New Plan*. Grand Rapids, Mich.: William B. Eerdmans, 1964.

[図版クレジット]

図3 Courtesy Thomas Dubiaha
図4 Courtesy Thomas Dubiaha
図5 © Cardinal Film Corporation
図6 Courtesy the Metropolitan Museum of Art
図8 Musée des Beaux- Arts, Orléans, France / Giraudon / The Bridgeman Art Library
図9 Jeanne la Pucelle I: Les Batailles © Bac Films
図10 Louvre, Paris, France / Giraudon / The Bridgeman Art Library
図11 © RKO Radio Pictures
図12 Courtesy the Metropolitan Museum of Art
図14 Henri- Alexandre Wallon, Jeanne d'Arc (2 vols., 1860 ; 2nd ed., 1875)
図16 Bibliothèque nationale de France
図17 Wolverhampton Art Gallery, West Midlands, UK / The Bridgeman Art Library
図18 Society of Antiquaries of London, UK / The Bridgeman Art Library
図19 Musée des Beaux- Arts, Dijon, France / Giraudon / The Bridgeman Art Gallery
図20 Musée des Beaux- Arts, Orléans, France / Giraudon / The Bridgeman Art Library
図21 Louvre, Paris, France / Giraudon / The Bridgeman Art Library
図22 Joan of Arc at the Coronation of Charles VII at Reims, 1429, painted by Jules Eugène Lenepveu, © Stephane Compoint
図24 United Artists / Photofest, © United Artists
図26 Bibliothèque nationale de France
図27 © RKO Radio Pictures
図28 © Columbia Pictures
図29 Courtesy Thomas Dubiaha
図31 Photofest
図33 Procès de Jeanne d'Arc, Pathé Contemporary Films / Photofest, © Pathé Contemporary Films
図34 © Cardinal Film Corporation
図36 Library of Congress Prints and Photographs Division, Washington, D.C.
図37 Joan of Arc (December, 1950) by Classics Illustrated, © Gilberton Company, Inc.